Forschung und Praxis

Band T42

Berichte aus dem

Fraunhofer-Institut für Produktionstechnik und Automatisierung (IPA), Stuttgart

Fraunhofer-Institut für Arbeitswirtschaft und Organisation (IAO), Stuttgart

Institut für Industrielle Fertigung und Fabrikbetrieb (IFF) der Universität Stuttgart und

Institut für Arbeitswissenschaft und Technologiemanagement (IAT) der Universität Stuttgart

Herausgeber: H.-J. Warnecke und H.-J. Bullinger

IPA/IAO-Forum
9./10. Februar 1994

VIRTUAL REALITY '94
Anwendungen & Trends

Herausgegeben von H.-J. Warnecke
　　　　　　　　　H.-J. Bullinger

Springer-Verlag
Berlin Heidelberg GmbH 1994

Dr.-Ing. Dr. h. c. mult. H.-J. Warnecke
o. Professor an der Universität Stuttgart
Fraunhofer-Institut für Produktionstechnik und Automatisierung (IPA), Stuttgart

Dr.-Ing. habil. Dr. h. c. H.-J. Bullinger
o. Professor an der Universiät Stuttgart
Fraunhofer-Institut für Arbeitswirtschaft und Organisation (IAO), Stuttgart

ISBN 978-3-540-57768-3   ISBN 978-3-662-10795-9 (eBook)
DOI 10.1007/978-3-662-10795-9

Dieses Werk ist urheberrechtlich geschützt. Die dadurch begründeten Rechte, insbesondere die der Übersetzung, des Nachdrucks, der Entnahme von Abbildungen und Tabellen, der Funksendung, der Mikroverfilmung oder der Vervielfältigung auf anderen Wegen und der Speicherung in Datenverarbeitungsanlagen, bleiben, auch bei nur auszugsweiser Verwertung, vorbehalten. Eine Vervielfältigung dieses Werkes oder von Teilen dieses Werkes ist auch im Einzelfall nur in Grenzen der gesetzlichen Bestimmungen des Urheberrechtsgesetzes der Bundesrepublik Deutschland vom 9. September 1965 in der Fassung vom 24. Juni 1985 zulässig. Sie ist grundsätzlich vergütungspflichtig. Zuwiderhandlungen unterliegen den Strafbestimmungen des Urheberrechtsgesetzes.

© Springer-Verlag Berlin Heidelberg 1994

Ursprünglich erschienen bei Springer-Verlag Berlin Heidelberg New York 1994

Die Wiedergabe von Gebrauchsnamen, Handelsnamen, Warenbenbezeichnungen usw. in diesem Werk berechtigt auch ohne besondere Kennzeichnung nicht zu der Annahme, daß solche Namen im Sinne der Warenzeichen- und Markenschutz-Gesetzgebung als frei zu betrachten wären und daher von jedermann benutzt werden dürften.

Sollte in diesem Werk direkt oder indirekt auf Gesetze, Vorschriften oder Richtlinien (z.B. DIN, VDI, VDE) Bezug genommen oder aus ihnen zitiert worden sein, so kann der Verlag keine Gewähr für Richtigkeit, Vollständigkeit oder Aktualität übernehmen. Es empfiehlt sich, gegebenenfalls für die eigenen Arbeiten die vollständigen Vorschriften oder Richtlinien in der jeweils gültigen Fassung hinzuzuziehen.

Grafische Gestaltung: G. Walter, IPA
Druck und Herstellung: böttler-satz-technik, Walddorfhäslach

Vorwort

Erst seit wenigen Jahren wird intensiv im Bereich Virtual Reality geforscht und entwickelt. Mehrere Studien prognostizieren ein enormes Marktwachstum für die Virtual Reality und Auswirkungen dieser Technologie auf sehr viele verschiedene Industriezweige. Deshalb erkennen weltweit immer mehr Unternehmen und Forschungseinrichtungen die strategische Bedeutung dieses Arbeitsgebiets. Um dem daraus resultierenden Interesse an der Virtual Reality gerecht zu werden, veranstalten die beiden Fraunhofer-Institute IAO und IPA erneut das Forum:

"Virtual Reality '94 - Anwendungen und Trends".

Bereits 1993 wurde das Forum als erstes seiner Art im deutschen Sprachraum mit großem Erfolg aufgenommen.

Das Forum soll den Erfahrungsaustausch über die wachsende Zahl von Anwendungen, besonders in den Bereichen Medizintechnik, Telerobotik und Architektur, fördern. Neben den Einsatzgebieten der Virtual Reality werden die Fachvorträge über den Stand der Technik und über laufende Entwicklungsarbeiten informieren.

Die Referenten wurden aufgefordert, insbesondere die wirtschaftlichen Rahmenbedingungen, d.h. Kosten und Nutzen der Anwendung von Virtual Reality, zu beleuchten. Auch die zunehmende gesellschaftliche Relevanz der Virtual Reality in den Bereichen Neue Medien und Unterhaltung ist notwendigerweise Fokus wissenschaftlicher Untersuchungen und wird hier vorgestellt.

Diese Veranstaltung wendet sich sowohl an Firmen, die Virtual Reality bereits anwenden oder in Zukunft anwenden wollen, als auch an Entwickler aus Industrie und Forschung.

Eine Ausstellung von Produkten und Anwendungen bildet den Rahmen für diese Vortragsveranstaltung.

Stuttgart, im November 1993

H.-J. Warnecke
H.-J. Bullinger

Inhalt

Einführung

Strategische Dimensionen der Virtual Reality 13
H.-J. Bullinger

Applied Virtual Reality 27
Pierre du Pont

Bringing VR Into The Mainstream 39
J. Larson-Mogal

Virtual Reality - Zukunftsaussichten für ein neues Medium. Was uns die Markteinführung "alter" Medien für die Entwicklung von VR lehren kann 49
L. Goertz

Anwendungen und Trends

Echtzeitorientierte interaktive Simulation mit VR4RobotS am Beispiel eines Industrieprojektes 59
T. Flaig

Responsive Workbench 73
W. Krüger, B. Froehlich

CIA-Tool: Kooperativ-interaktives Planen in virtuellen Räumen 81
W. Bauer, M. Bues, O. Riedel

Interaktion und Navigation

Störgrößenaufschaltung der Kopfbewegung auf das Augenfolgesystem des Menschen über die Bogengangsorgane 101
P. Lässig, J.-U. Molski

Hyperwalk: Ein verhaltensbasiertes Virtual Reality-System 113
J. Emhardt, R. Preininger, J. Semmler

Non Immersive Control of Virtual Environments 127
Ch. Maggioni

Software Tools

Nutzen objektorientierter Datenbanksysteme für virtuelle Planung 145
U. Häfner, A. Rößler

Low Cost-3D Visualization of Neural Networks 159
A. Zell, R. Hübner

Dynamische Geometriedatenhaltung für schnelles Rendern in effizienten Virtual Reality-Systemen 167
R. Däinghaus

Raumakustische Simulation und Auralisation-Methoden und Anwendungen 181
U. Stephenson

Anwendungen

Virtual Reality zur intelligenten Sichtsteuerung in der Endoskopie 215
M. Wapler

Virtual Reality im Sprachunterricht für Lernbehinderte 227
B. Cleal, W. Giles, R. Schroeder

Simulation von Umstellungsoperationen mit Virtual Reality 241
A. Hinkenjann, K. Krämer, O. Riedel, S. Völter

Industrielle Anwendungen der Virtual Reality - Beispiele, Erfahrungen, Probleme und Zukunftsperspektiven 259
P. Astheimer, W. Felger, M. Göbel, S. Müller, R. Ziegler

Nutzungskonzepte von Virtual Reality

ROTEX - Die Telerobotik-Konzepte des ersten Roboters im Weltraum   283
G. Hirzinger, K. Landzettel, L. Heindl, B. Brunner

Untersuchungsdesigns zur Nutzung von Virtual Reality-Anwendungen   311
L. Goertz

Effizienzsteigerung bei der rechnerunterstützten Konstruktionstätigkeit durch die Synthese aus CAD und Virtueller Realität   323
K. Büttner, J. Reinemuth, H. Birkhofer

Perspektiven der Virtual Reality

Virtuelles Modellunternehmen für Forschung, Lehre und Technologietransfer   341
J. Gausemeier, P. Ebbesmeyer, M. Grafe

Zur sozialen Dimension nutzerfreundlicher Virtual Reality-Systeme   365
N. Degele

Virtual Reality and the Future of Interactive Games   377
W. Giles, R. Schroeder, B. Cleal

Einführung

Strategische Dimensionen der Virtual Reality

H.-J. Bullinger

Strategische Dimensionen der Virtual Reality

Hans-Jörg Bullinger und Wilhelm Bauer,

Fraunhofer-Institut für Arbeitswirtschaft und Organisation (IAO)
Nobelstraße 12, 70569 Stuttgart

Abstract

In the last few years, Virtual Reality has become a theme very strongly covered by the media and is supposed to have an extremely promising future. Countless publications, courses, demonstration events, conferences, and exhibitions indicate that Virtual Reality will be one of the future themes of information technology, and that there will be varied approaches to commercial VR Applications. The lecture covers fundamental strategic dimensions of the further development of Virtual Reality. Besides the technological development, there will be looked at economical and market dimensions, perspectives of application visible today, as well as possible social effects of this new technology.

1 Einleitung

Mit dem Begriff der *Virtual Reality* wird meist die rechnergestützte Generierung eines möglichst perfekten sensorischen Abbildes unseren realen Umwelt assoziiert. Damit scheinen wesentliche Anforderungen an Virtual Reality-Systeme eine Kombination rechnergestützter 3D-Wahrnehmungs- und geeigneter Interaktionstechniken. Die in virtuellen Welten befindlichen Objekte können dabei unterschiedliche Qualitäten und Ausprägungen besitzen. Beispiele hierfür sind dreidimensionale Bilder, Ton, Text, Daten etc. Unter Ausnutzung der entsprechenden menschlichen Sensorik wird versucht, ein möglichst realistisches Abbild der virtuellen Objekte in den menschlichen Wahrnehmungssinnen zu erzeugen.

Zur Beschreibung des Themenbereiches haben sich neben *Virtual Reality* - im Deutschen *Virtuelle Realität* - mehrere Begriffe etabliert. So spricht man beispielsweise von Artifical Reality, Virtual Enviroments, Virtual Worlds, Telepräsenz, Cyberspace oder benutzt einfach die Kurzform VR. In der wissenschaftlichen Literatur wird jedoch vorrangig der Begriff *Virtual Reality* verwendet. Weitgehend anerkannt ist die Unterscheidung zwischen Virtual Reality als Oberbegriff für rechnergenerierte, interaktive dreidimensionale Szenen, Cyberspace als Ausprägung der VR mit mehreren kommunizierenden Teilnehmern.

In vielen Veröffentlichungen wird davon gesprochen, daß Virtual Reality eine der zukünftigen Mensch-Maschine-Schnittstellen sein wird. So wie heute die bekannten Fenstertechniken und entsprechende graphische Systeme in nahezu allen Anwendungsbereichen Verwendung finden, könnten künftig VR-Techniken und -geräte die Kommunikation zwischen den Menschen und der Maschine tragen. Die Abgrenzung zu heute bekannten Man-Machine-Interfaces wird mit solchen Definitionsversuchen schwierig und ist damit wohl weniger geeignet, Virtual Reality im Kern zu beschreiben.

Ein Beitrag zur Entwicklung einer umfassenderen gedanklichen Konzeption für das, was Virtual Reality ist bzw. sein soll, sollen nachfolgende Gedanken leisten. Stellt man die Frage, was Virtual Reality im Grunde ist bzw. welche Kriterien erfüllt sein müßten, um von **guter** Virtual Reality zu sprechen, bietet sich der Begriff der *Grad oder Güte der Immersion* dar. Immersion soll hierbei in einem umfassenden Sinne verstanden werden als möglichst natürlicher Umgang eines Menschen mit einer virtuellen Realität bzw. Welt. Nach dieser Auffassung ist Immersion eine Funktion zweier Dimensionen, nämlich der Benutzer- oder Wahrnehmungsdimension und der virtuellen Welt bzw. virtuellen Umgebungsdimension.

Der VR-Benutzer nimmt die virtuelle Welt über seine Sinnesorgane wahr (visuelle Wahrnehmung, auditive Wahrnehmung, kinestetische Wahrnehmung, taktil/ haptische Wahrnehmung, olfaktorische Wahrnehmung, thermoreszeptive Wahrnehmung etc.). Der Grad der Immersion ist von der Güte der Wahrnehmung direkt abhängig. Dabei spielen die Kriterien Wahrnehmungsqualität (z. B. Pixelauflösung, Tragekomfort für Headmounted Display, Trackinggenauigkeit, Verzögerungsverhalten etc.) eine entscheidende Rolle und andererseits wird die Güte der Wahrnehmung durch die Kombination mehrerer Wahrnehmungskanäle deutlich verbessert.

Die Auseinandersetzung des Menschen mit virtuellen Welten erfolgt über Interaktionen, die entweder denen in der realen Welt nachempfunden sind oder auch nur gedanklicher Art sein können.

Die Güte bzw. der Grad der Immersion wird zum zweiten insbesondere von dem Verhalten der virtuellen Welt geprägt. Hierbei ist insbesondere die Frage des Objektverhaltens bzw. des Virtuelle Welt-Verhaltens von besonderer Bedeutung. Entscheidend wird dabei sein, daß das Objektverhalten in sich logisch, vom Benutzer nachvollziehbarist und mit erwartbaren Aktionen und Reaktionen zum Benutzer hin interagiert Dabei wird eine genügend hohe Reaktionsgeschwindigkeit erwartet. Möglichst natürliches Objektverhalten ist immer dann besonders wichtig, wenn mit Hilfe von Virtual Reality eine Nachbildung oder gedankliche Vorwegnahme einer realen Situation vorgenommen werden soll. Dann sind Objektverhalten, die den Naturgesetzen folgen (z.B. Schwerkraft, Biegung, Widerstand gegen mechanische Verformung etc.) äußerst wichtig und von entscheidender Bedeutung für die Güte der Immersion.

2 Die ökonomische Dimension der Virtual Reality

Warum kann die seit drei Jahren anhaltenden Euphorie der VR-Forscher in Europa nicht auf industrielle Anwender übertragen werden? Verschiedene Studien prognostizieren ein enormes Marktpotential für Anwendungen und Technologien der VR. Der amerikanische Vize-Präsident Al Gore hält VR für einen der entscheidenden Wachstumsmotoren der US-Wirtschaft. Amerikanische Hersteller dominieren die Märkte in nahezu allen VR-Sektoren: ob Grafikcomputer, HeadMountedDisplay oder DataGlove. Fast alle Komponenten müssen in den Vereinigten Staaten beschafft werden. Die japanische Industrie versucht den technologischen Vorsprung zu Amerika aufzuholen. Praktisch alle Großkonzerne der japanischen Elektronik- und Informationsindustrie entwickeln VR-Komponenten und -Systeme.

In der europäischen Industrie gibt es erste zaghafte Versuche VR *anzuwenden*. Bei der Anwendung gibt es allerdings noch technologische *Hindernisse*. Zunächst ist die Ergonomie der HMDs noch völlig unzureichend. Die Auflösung ist zu gering, das

Gewicht noch zu hoch und der Tragekomfort unzureichend. Eine mehrstündige Benutzung an einem VR-Arbeitsplatz kann deshalb niemandem zugemutet werden.

Das zweite Hindernis für die Anwendung von VR ist das derzeitige Kosten/Nutzenverhältnis. Insbesondere die notwendige Grafikleistung der Computer muß teuer bezahlt werden. Für klein- und mittelständische Unternehmen - die Innovationsmotoren in Deutschland - ist es deshalb nicht möglich, in die neue Technologie einzusteigen. Institutionelle VR-Förderprogramme zur Unterstützung dieser Unternehmen sind selten: das Demonstrationszentrum Virtuelle Realität zur Förderung klein- und mittelständische Unternehmen ist eine der Ausnahmen.

Das dritte Hindernis sind die fehlenden Standards, die eine Investition in VR-Technologie sichern. Es existiert eine Vielzahl von inkompatiblen Insellösungen, Datenformaten und Kommunikationsprotokollen. Eine Integration dieser Komponenten zu funktionierenden Gesamtsystemen einerseits und die Integration der Gesamtsysteme in ein Unternehmenskonzept ist deshalb nur sehr schwierig zu bewerkstelligen.

Viele Entwicklungen von derzeitig verfügbaren Komponenten kommen von Kleinstfirmen, deren finanzielle Basis manchmal nicht ausreicht. Auch deshalb zögern viele potentielle Anwender mit einer Investition in die Virtuelle Realität. Das Motto der industriellen Anwender lautet also im Moment: "Erst mal abwarten".

Für einen Teil der oben beschriebenen Hindernisse lassen sich bereits heute Lösungen vorhersehen, die einen Durchbruch bei der Anwendung von VR verursachen werden. So gibt es bereits erste hochauflösende HMDs auf Basis kleiner Bildröhren, die noch sehr teuer sind. In Zukunft werden allerdings hochauflösende farbige LCDs verwendet werden, die von Stuttgarter Forschern entwickelt wurden. Der Durchbruch bei HMDs wird mit hoher Wahrscheinlichkeit von japanischen Unternehmen vorbereitet. Neben den Videospieleherstellern Nintendo und Sega entwickeln auch Olympus, Sony, Torishima und Nissan neue HMDs. Diese japanischen Unternehmen haben erkannt, daß HMDs in Zukunft sehr preisgünstig zu fertigen sind und ein sehr starkes Marktpotential besitzen. In einigen Jahren werden HMDs voraussichtlich herkömmliche Monitore und Fernsehgeräte zum Teil ersetzen.

Daß Computersysteme ständig billiger und leistungsfähiger werden ist beinahe schon ein Naturgesetz. Dieses Gesetz kann auch auf Grafikcomputer angewendet werden. Das bisher wirkende Monopol bei Hochleistungs-Grafiksystemen wird sicherlich durch weitere Anbieter, die in diesen lukrativen Markt drängen, aufgebrochen. Prozessoren, die dreidimensionale Grafik durch die Hardware unterstützen, sind bereits heute für PCs und Spielkonsolen verfügbar. In spätestens drei Jahren wird es deshalb VR-Systeme mit ausreichender Leistungsfähigkeit geben, die unter 10 TDM kosten. Spätestens dann kann eine Vielzahl von Ideen umgesetzt werden, die heute in den Köpfen der Entwickler vorhanden sind.

Für das dritte Hindernis, die fehlenden Standards, sind die Perspektiven leider nicht so positiv. Für einen Durchbruch von VR fehlt das Engagement eines oder mehrerer Softwarehersteller, die diese Standards gemeinsam definieren und am Markt durchsetzen. Der Durchbruch der graphischen Benutzungsoberflächen im PC-Bereich wurde letztendlich durch das Microsoft-Produkt "Windows" vollzogen. Im VR-Bereich gibt es zwar einige Basisprodukte wie Sense8's WorldToolKit oder dVS von Division, die sich jedoch am Markt noch nicht durchsetzen konnten.

Auch das letzte Hindernis - die Solidität mancher Hersteller - wird in Zukunft überwunden: einerseits weil auch im VR-Markt eine Reinigung stattfinden wird, andererseits, weil immer mehr große Unternehmen in VR einsteigen - allerdings hauptsächlich in Japan. Neben den obengenannten Entwicklern von HMDs beschäftigen sich auch Mitsubishi, Shimizu, Sanyo, NEC und Hamamatsu in einer vom MITI koordinierten Projekt mit VR. Ein Institut des MITI entwickelt außerdem ein VR-System, die als Basis für zukünftige Entwicklungen geeignet ist.

In Europa sieht die VR-Landschaft anders aus: entwickelt wird fast ausschließlich in Forschunginstitutionen wie der Fraunhofer-Gesellschaft oder der GMD. In den Fällen, wo in der Industrie entwickelt wird, passiert dies fast ausschließlich für den "Eigenbedarf". Mit anderen Worten: in Europa gibt es bisher keine VR-Industrie, sondern lediglich VR-anwendende Unternehmen. Zumindest im Bereich der industriellen VR-Anwendung ist Europa und insbesondere Deutschland noch weltweit führend.

Durch die sich abzeichnenden Entwicklungen der VR-Hardware-Komponenten werden sich neue Anwendungen von VR durchsetzen. Die Initialzündung erfolgt voraussichtlich im Unterhaltungssektor. Seit November 1993 ist die erste Spielkonsole, die dreidimensionale Grafik durch Hardware unterstützt, auf dem amerikanischen Markt für unter 300$ erhältlich. Weitere Hersteller von Spielkonsolen, u.a. die Kooperation zwischen Nintendo und Silicon Graphics, haben für 1994 und 1995 neue Gerätegenerationen angekündigt, die VR-Elemente enthalten.

Allerdings ist dies erst der Anfang einer Entwicklung. Es ist möglich, daß in fünf Jahren bereits 15-20% aller deutschen Haushalte über Konsolen mit VR-Komponenten verfügen. Diese Konsole - zunächst für Videospiele angeschafft - wird die Leistungsfähigkeit heutiger Workstations enthalten und die Basis für eine Vielzahl von anderen Anwendungen bilden. Gemeinsam mit einem CD-ROM-Laufwerk können Kataloge von Reiseveranstaltern oder Fertighausherstellern mit einem "Walk-Through" erlebt werden. Die Synthese aus VR-Konsole und interaktivem Fernsehen wird in Zukunft ein neues Medium bilden. Das Mitspielen von bisher passiven Fernsehzuschauern in Multi-User Szenarien wird wahrscheinlich in 10 Jahren Realität. Von dem durch die Anwendung in der Unterhaltungsindustrie verursachten Preisverfall werden auch die "ernsten" Anwendungen profitieren.

3 Technologische Dimensionen der Virtual Reality

Virtual Reality hat eine ganze Reihe technologischer Entwicklungen in Gang gebracht bzw. bestehende Technologieentwicklungen aufgegriffen und mit spezifischen Anforderungen weiterentwickelt. Insbesondere sind folgende Technologie-Themen zu berücksichtigen:

- Computerhardware
  - CPU-Systeme
  - I/O-Subsysteme (insbesondere für Netzwerke),
- Grafische Subsysteme (Grafikpipelines),
- Displaysysteme,
- Trackingsysteme,
- Audiosysteme,
- Interaktionssysteme.

Anfang 1989 wurde erstmals VR-fähige *Hardware* verfügbar, die damals noch auf gängiger 16 bit-Technik basierte. Damals verfügbare Grafiktechnik war im Bereich von 8 bit Farbtiefe angesiedelt, die mit einer Leistungsfähigkeit von bis zu 15k Tmesh/sec. bzw. von 6k Polygone/sec. aufwarten konnte. Ab Anfang 1991 liefen die Entwicklungen im Bereich der Grafikhardware nicht mehr mit der Performance der CPUs synchron, was unter anderem auch daran liegt, daß auf den Grafikpipelines zunehmend anwendungsspezifische Chip-Systeme eingesetzt wurden. Durch Verwendung neuer Bausteine wurden schnellere und auch flexiblere Grafiksysteme vorgestellt, die in der Lage waren,Texturen auch für Echtzeitsimulation zur Verfügung zu stellen Diese Systeme hatten Leistungsdaten im Bereich von 48bit Farbtiefe, 1100k Tmesh/sec und 180k Polygone/sec.. Die Texturfähigkeit lag im Bereich von ca. 35k Texturen/sec., was aber immer noch nicht ausreichte, um voll texturierte VR-Applikationen mit einer Framerate von über 8 Hz laufen zu lassen.

Der nächste Schritt in der Technologie wurde u.a. auch dadurch ausgelöst, daß in Filmen wie Jurassic-Park oder Terminator II ganz massiv texturierte Grafik eingesetzt wurde, um realitätsnahe Animationen durchzuführen. Hierbei war die Verwendung von sog. Live-Texturen sehr bedeutend, d.h. Bilder, die aus der Realität kamen, in diese Animationen mit einzubauen. Nach Abschluß dieser Arbeiten wurden dann auch kommerzielle Systeme verfügbar, die zwar immer noch auf der 64 bit-Technologie basierten, aber schon mit 150MHz getaktet wurden. Diese Grafiksysteme, auch Reality-Engines genannt, boten dann mit Leistungsdaten bis zu 192bit Farbtiefe, 1100 TMesh/sec., 180k Polygone/sec. und bis zu 600k Texturen/ sec. Die Verwendung von 192bit Farbtiefe war notwendig, um die sensible Farbwahrnehmung des Auges im Blaubereich zu bedienen, was beispielsweise im Bereich der Flugsimulatoren notwendig ist, um den Tiefeneindruck der Szene zu erhöhen.

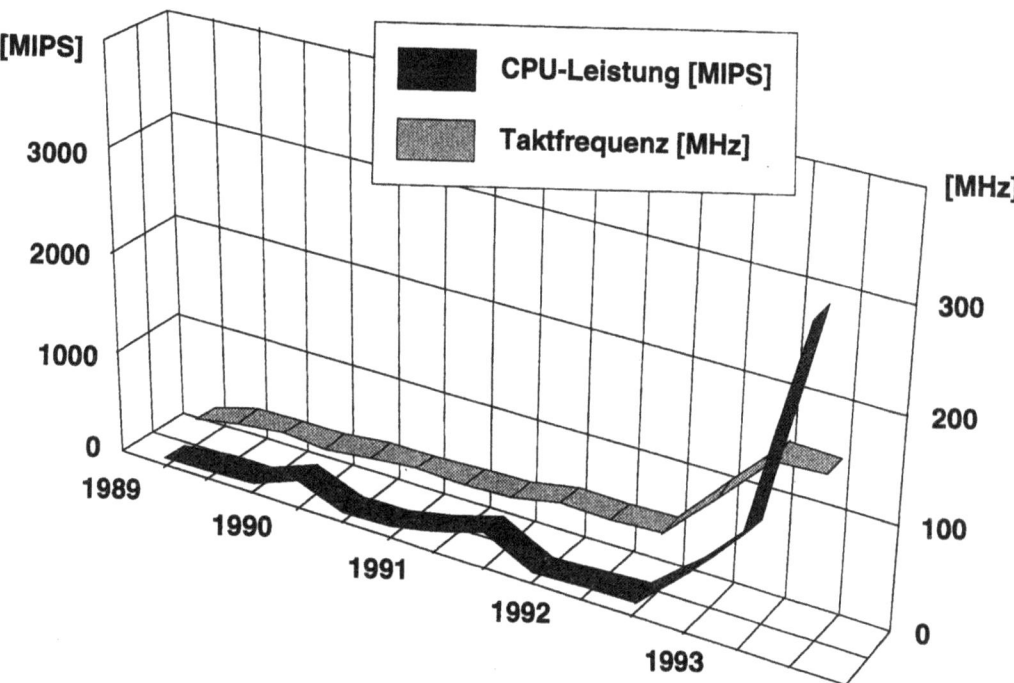

Bild 1: CPU-Leistung und Taktfrequenz der VR-Grafik-Hardware

Die kurz danach folgende Technik der sogenannte Reality-Engine II war mit derselben CPU-Technik ausgestattet, jedoch mit einer nochmals erhöhten Leistungsfähigkeit im Bereich der Grafik. Die Tmesh-Zahl wurde auf 1600k/sec. erhöht, die Polygone auf 200k/Sec. Bei den Texturen wurde nochmals eine ca. 50%ige Steigerung erreicht, wodurch man jetzt in der Lage ist, mit ca. 900k/sec. Texturen-Rendering durchzuführen.

Eine weitere Neuerung, die zu neuen Systemen noch anzumerken ist, ist die relativ freie Skalierbarkeit der CPU-Power. Beispielsweise kann man heutige Silicon Graphics Onyx-Systeme auf bis zu 24 Prozessoren aufrüsten. Dies ist z. B. wichtig bei einer Quasi-Echtzeit-Berechnung von Radiosity-Daten.

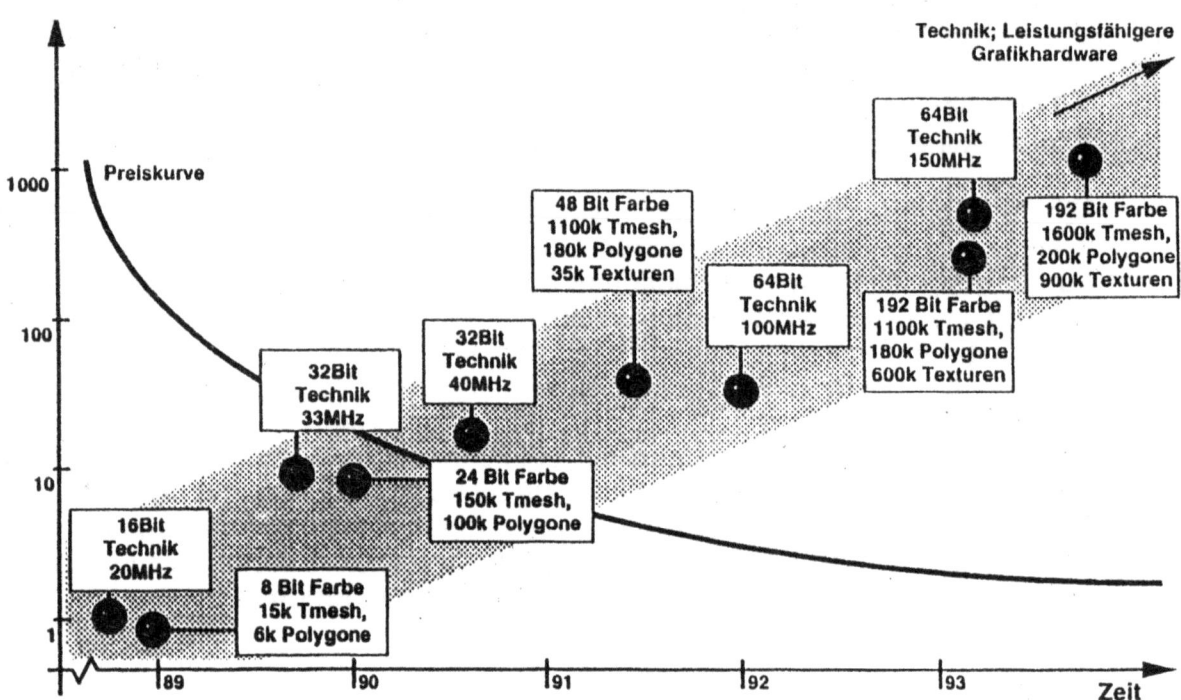

Bild 2: Leistungsentwicklung der VR-Grafikhardware

Die Trends der zukünftigen Entwicklungen im Bereich der Grafikworkstations lassen sich prinzipiell in zwei Bereiche einteilen: Zum einen die Reduzierung der Kosten pro System bei gleicher Leistungsfähigkeit und bei gleichen Features. Der zweite Bereich ist bei der Erhöhung der Performance und Erweiterung der Features zu sehen, um neuen Applikationen den Weg zu ebnen. Als Kennzahlen dieser Entwicklung kann z. B. die Leistungsfähigkeit bzw. die Packungsdichte der Memorybausteine an geführt werden, die sich alle zwei bis vier Jahre ungefähr vervierfacht. Dies erlaubt natürlich, wesentlich mehr Memory in den Grafiksubsystemen zu integrieren, was dann wiederum zur Eröhung der Auflösung im Bereich von Farbe und Textur führt. Im Bereich der CPU-Technologie kann man als magisches Intervall ca. 5 Jahre ansehen. In diesem Zeitraum verdoppelt sich nahezu die Kapazität der CPUs. Im gleichen Zeitraum sanken die Kosten für vergleichbare Systeme um mehr als 75%.

Im Moment sieht es so aus, als ob sich dieser Trend fortsetzen wird, so daß eine Kostenreduzierung um Faktor 4 innerhalb eines Intervalls von 4 bis 5 Jahren angenommen werden kann.

Entwicklungstrends im Bereich der CPU-Technologie werden die sogenannten TFP-Prozessoren sein, die in 128 bit-Technik realisiert werden. Weitere Trends sind z. B. optische Prozessoren oder gar biochemische Systeme. Über die Leistungsfähigkeit von solchen Prozessoren, im speziellen der optischer Systeme, lassen sich derzeit

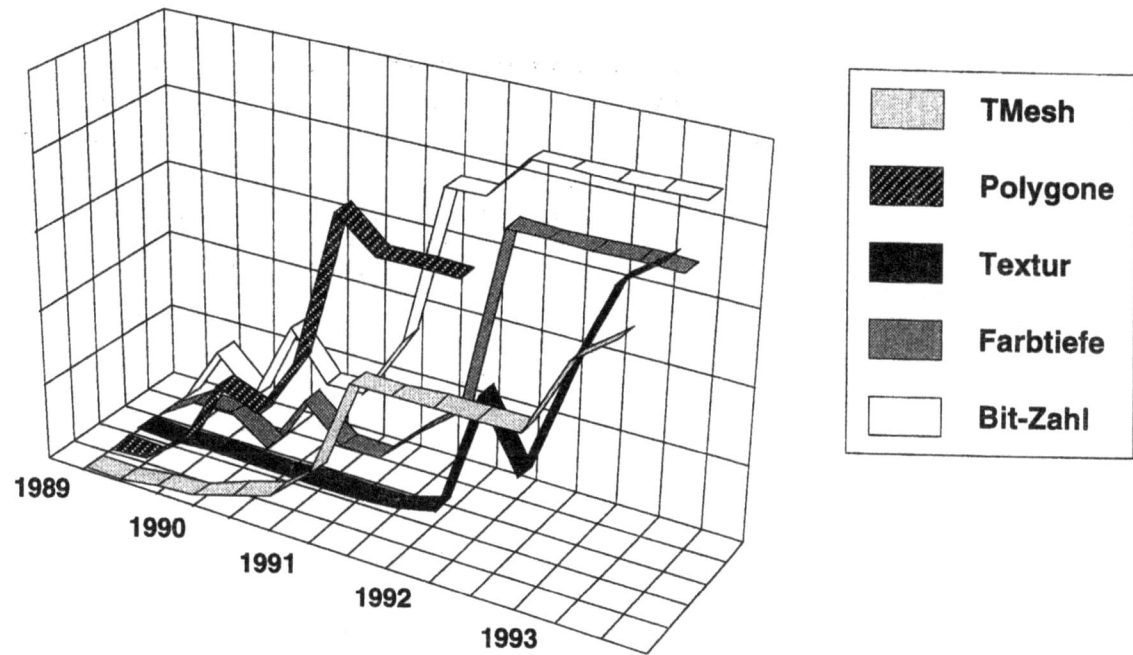

Bild 3: Wesentliche Grafikleistungsmerkmale der VR-Grafik-Hardware

noch keine Aussagen machen. Erste in Laboratorien verfügbare Prototypen sind in der Lage, einfache binäre Operationen durchzuführen. Die Problematik bei den optischen Prozessoren liegt insbesondere darin, die optische Kopplung bzw. optische Schaltelemente entsprechend klein zu integrieren. Im Bereich der Grafikhardware kann man vielleicht für die nächsten Jahre damit rechnen, daß Algorithmen (oder Teile davon) wie z.B. Radiosity in die Grafikhardware integriert werden, um somit eine weitere Erhöhung sowohl der Performance als auch der Realitätsnähe zu erreichen.

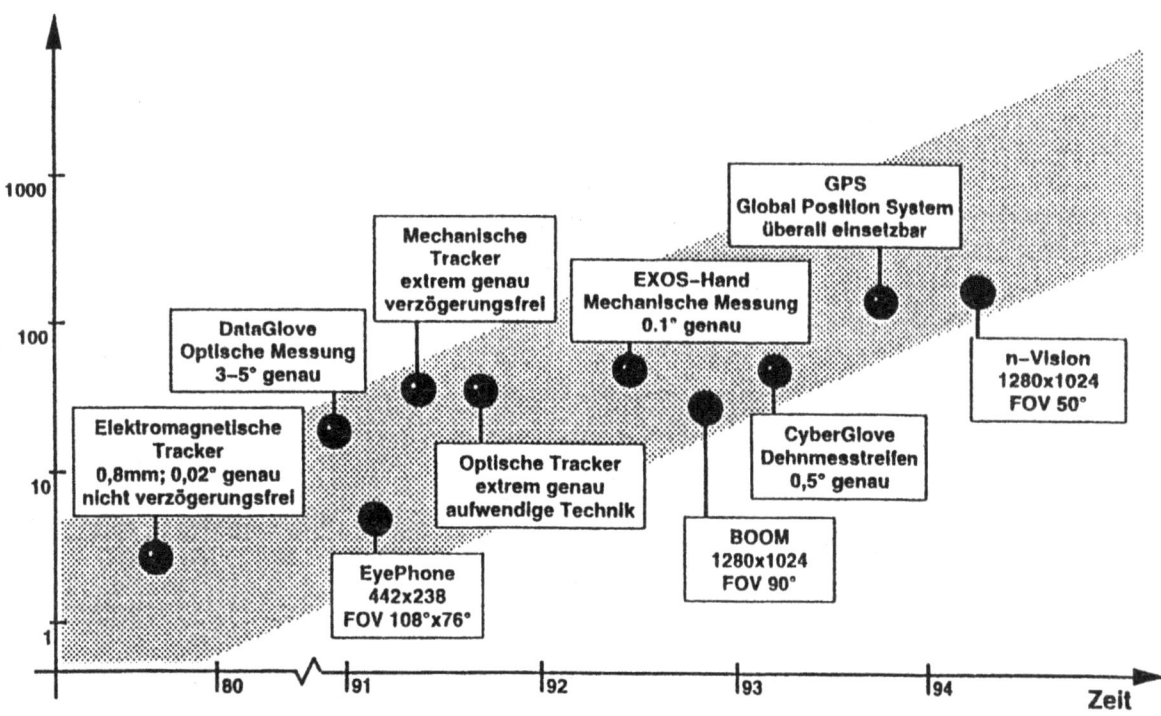

Bild 4: Entwicklung der VR-Peripheriegeräte

Das erste elektromagnetische *Trackingsystem* kam 1979 auf den Markt. Die Fa. Polhemus stellte dort einen Tracker vor, dessen Genauigkeit ca. im Bereich von 0,8 mm in der Positionsmessung und 0,02° bei der Orientierungsmessung lag. Heute verfügbare Technologien für das Tracking von Objekten sind zum einen orthogonale elektromagnetische Trackingsysteme, offene kinematischen Ketten, Ultraschall, Methoden der Bildverarbeitung, reversive Videoauswertung und inertiale Meßsysteme. Als tatsächlich eingesetzte Systeme sind auf dem Markt außer den elektromagnetischen z. B. mechanische Tracker (BOOM) verfügbar. Diese mechanischen Tracker arbeiten extrem genau und verzögerungsfrei. Weiterhin werden optische Tracker eingesetzt. Auch diese sind äußerst genau, erfordern aber eine sehr aufwendige Technik. Anwendungsfelder, die für diese optischen Tracker denkbar wären, sind z. B. Präzisionchirurgie im Hirnbereich, da im OP-Bereich sämtliche elektromagnetischen Trackingverfahren nicht eingesetzt werden können.

Ein weiterer Trend der z.Z. zu beobachten ist, ist der Einsatz des Global Position System (GPS), das auf Satellitennavigation und einem zusätzlichen stationären Sender basiert. Diese Systeme sind theoretisch überall einsetzbar und können durch zusätzliche Sendersysteme beliebig genau gehalten werden. Z. Zt. sind diese Geräte allerdings noch handflächengroß und lassen sich aus diesem Grund kaum für Kopf- oder Hand-Tracking einsetzen.

Das erste kommerziell verfügbare Head-Mounted-Display (HMD) war das VPL-LX-Eyephone mit 442 x 238 Bildpunkten, bei einem FOV (Field of View) von 108° horizontal und 76° vertikal. Die Auflösung war für damalige Zeiten revolutionär, stellte sich aber sehr bald als ungenügend heraus, um anspruchsvolle VR-Applikationen damit zu betreiben. Das System BOOM, das 1992 zu erträglichen Preisen auf den Markt kam und auf CRT-Basis arbeitete, war mit einer Auflösung von 1280 x 1024 monochrom erhältlich mit einem diagonalen FOV von 90°. Die Auflösung war dann tatsächlich revolutionär, denn hier wurde dieselbe Auflösung wie bei Computergrafikmonitoren erreicht.

Eine weitere Entwicklung im Bereich der CRT-basierten Systeme ist der farbdarstellende n-Vision-Helm der VR-group, der über dieselbe Auflösung wie der BOOM verfügt und preislich in der gleichen Region liegt. Durch seinen Aufbau zählt er schon eher zur Gruppe der echten HMDs. Weitere Fortschritte in der LCD-Technik sind u. a. von Kaiser-Optics zu erwarten. Dort ist ein neues Display namens Vision-Immersion-Module in der Erprobung. Erste Prototypen konnten bereits auf der SIGGRAPH 93 in Anaheim besichtigt werden. Die Auflösung liegt hier im Bereich von ca. 190000 Pixeln. Die Besonderheit des Helms liegt in den vier nebeneinander angeordneten LCDs, die einen wesentlich höheren horizontalen FOV ermöglichen.

Eine andere strategische Entwicklung ist in dem ebenfalls von Kaiser-Optics produzierten SimEye 40 zu sehen. Dieser aus der Militärtechnik stammende Helm verfügt über eine phantastisch hohe Auflösung bei voller Farbechtheit. Der Vorteil dieses Systems liegt darin, daß es mit halbdurchlässigen Spiegeln arbeitet, was eine Überlappung des realen Bildes mit den computergenerierten Bildern erlaubt.

Ein zukunftsweisender Trend ist in der sogenannten Scanned Laser-Technologie zu sehen. Diese Systeme arbeiten mit einer direkten Projektion der simulierten Bilder auf die Netzhaut mittels Laser. Zur Zeit sind diese Systeme aber noch zu groß und zu schwer, um sie in HMDs einzubauen, so daß man erst innerhalb der nächsten 3 - 4 Jahre mit einem auf dieser Technologie basierenden System rechnen kann.

Als die *wesentlichen Forschungsgebiete* im Bereich der VR-Technik sollen zusammenfassend einige Themen skizziert werden. Bei den Displays sind dies die Erhöhung der Auflösung sowohl im Bereich der Bildpunkte als auch der Farbe. Für die Trackingsysteme und die LCD-Technik gilt es, die Verzögerung zu verringern. Bei den Trackingsystemen muß auch die Reichweite erhöht werden, die heute nicht wesentlich über 5 m liegt. Durch eine höhere Reichweite könnte auch das Verkabelungsproblem zwischen Computer und Benutzer gelöst werden. Für die Computergrafiksysteme gilt die wesentliche Erhöhung des Datendurchsatzes, die zu einer höheren Framerate bei gleicher Applikationsgröße oder zu komplexeren Applikationen führt, als große Herausforderung.

4 Anwendungsperspektiven

Nachdem Anfang der 80er Jahre Wissenschaftler am Massachusetts Institute of Technology (MIT) den ersten 3-dimensionalen, virtuellen Arbeitsraum entwickelt hatten, begann die Weltraumbehörde NASA 1984 mit der Erforschung dieser Technik als Werkzeug für *Telepräsenz* - also für die Fernbedienung von Instrumenten im Weltraum. Aus diesen ersten vorsichtigen Schritten zur professionellen Anwendung der VR-Techniken ist inzwischen ein weltweit immenses Interesse an dieser Technologie entstanden. In unzähligen Forschungs- und Forschungsanwendungsprojekten werden die industriellen Anwendungsmöglichkeiten untersucht und entsprechende Applikationen entwickelt.

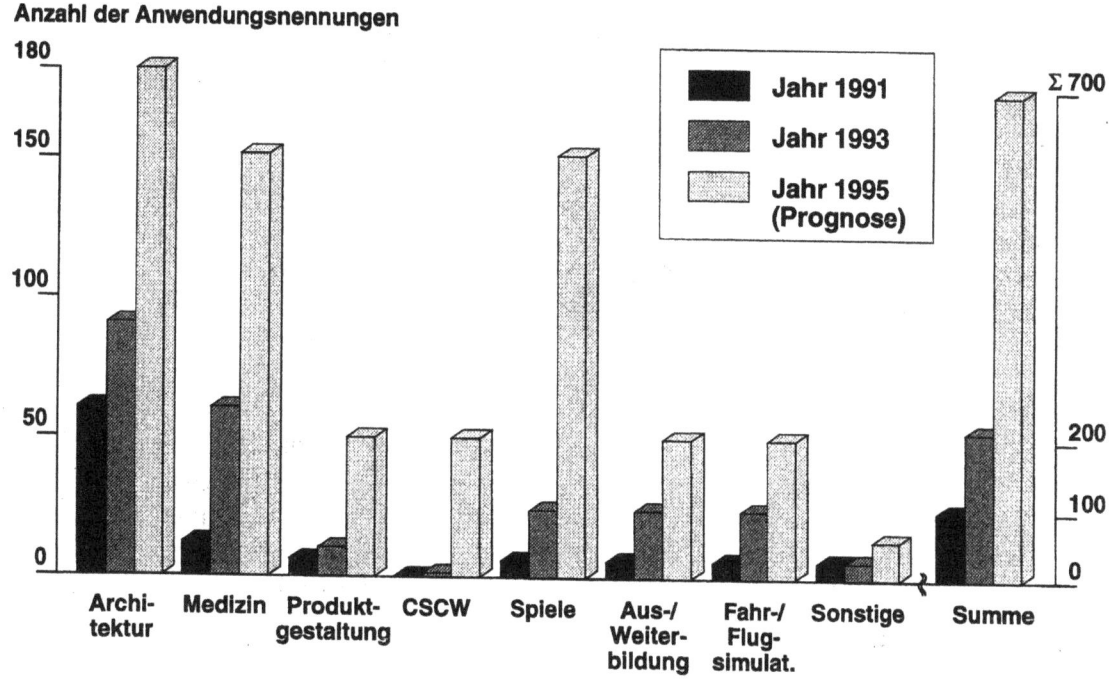

Bild 5: Relevanz der VR-Anwendungsgebiete (nach Nennungen in der Literatur)

Nachfolgend beschriebene Themenbereiche sind dabei von besonderem Interesse und können zu ersten wirtschaftlich begründbaren Anwendungen führen:

- **Training, Schulung, Aus- und Weiterbildung**

Eines der ersten Anwendungsgebiete, das sich der verfügbaren VR-Technologien bediente, ist die Flug- und Fahrsimulation. Lagen die Ursprünge noch eindeutig in der militärischen Forschung, wo man mit Hilfe von VR-Flugsimulatoren Kampfszenen in Kampfflugzeugen, Helikoptern und Panzern simulierte, so sind inzwischen auch zivile Fahrsimulatoren in der Entwicklung. Ziel ist es dabei, die sehr aufwendigen und immens teuren Fahrsimulatoren durch einfachere Technik auf VR-Basis zu ersetzen.

In den USA werden auch erste Versuche des Einsatzes von VR im schulischen Unterricht unternommen. Insbesondere im Kunst- und Designunterricht soll VR mit dazubeitragen, kreatives und schöpferisches Wirken der Schüler zu fördern. Ein anderes Beispiel ist die Anwendung von VR im Sprachunterricht. So kann man sich vorstellen, daß Schüler, die beispielsweise die französische Sprache erlernen, mittels VR-Techniken in eine französische Umwelt versetzt werden und somit das Lernen der Sprache deutlich vereinfacht und intuitiver wird.

- **Produktgestaltung und Produktdesign**

Die derzeit bekannten Methoden zur direkten Manipulation mittels DataGlove oder ähnlichen Eingabeinstrumenten haben Produktgestalter und Designer sehr interessiert. Es ist heute mehr als vorstellbar, daß man mit Hilfe virtueller Gestaltungswerkzeuge (z. B. virtuelle Säge, virtuelle Feile, virtuelles Schleifpapier, virtuelle Airbrushpistole etc.) an einem virtuellen Produkt entsprechende formale Gestaltveränderungen vornimmt. Künstler und Gestalter haben erkannt, daß ihre Fähigkeiten und insbesondere Fertigkeiten bei der Benutzung klassischer Grafikcomputersysteme nicht voll zum Tragen kommen und suchen hier nach neuen Formen zur Interaktion mit dem "Computerprodukt". Die Chancen stehen gut, mittels entsprechender VR-Methoden den natürlichen Umgang mit dem Material wieder zu beleben und somit eine gewisse Ursprünglichkeit in das Gestalten zurückzubringen. Natürlich bestehen auch Ansätze zur Erweiterung von bekannten CAD-Systemen in die o. g. Entwicklungsrichtungen.

- **Medizintechnik, Operationsplanung und Medizinerausbildung**

Die Medizin ist neben der Architektur der Bereich, der im Moment am stärksten in die Virtuelle Realität involviert ist. Anwendungsgebiete wie Training von Medizinern, Teleoperation oder Telediagnostik werden daraus entstehen.

Realisiert werden Anwendungen, mit denen Bestrahlungstherapien entworfen werden. Der Radiologe kann im virtuellen Raum um ein grafisches Modell des Patienten 'herumgehen'. Dieses Modell zeigt neben der Oberfläche (Haut) auch die Lage der inneren Organe an, wodurch eine genaue Ausrichtung der Strahlenquelle erfolgen kann. Die Strahlen selbst können hier auch visualisiert und somit genau verfolgt werden. Die Positionierung der Strahlen erfolgt mit einer handgeführten Einrichtung (Datenhandschuh o.ä.). Denkbar ist der Einsatz von VR auch in der minimalinvasiven Chirurgie. Komplizierte Einblicke in das Gehirn, auf die zu betrachtenden Operationsstellen können gewonnen werden. Der Operateur kann während eines Eingriffs diese Stellen von beliebigen Blickwinkeln aus betrachten und so seine Geräte optimal einsetzen. Zur Generierung von Modelldaten in der Medizin werden sowohl CT- (Computer-Tomographie), also auch NMR (nuclear magnetic resonance) -Daten verwendet. Aus diesen Schichtdaten wird die originale 3D-Information rekonstruiert.

• **Architektur- und Infrastrukturplanung**
Eine durchaus interessante und auch bereits gut akzeptierte Anwendung ist der Bereich der Stadtplanung und der Landschaftsplanung. So wurden bei den Überlegungen und Entscheidungen zur Neuplanung und Bebauung des Potsdamer Platzes in Berlin Methoden der Virtuelle Realität angewandt. Insbesondere die Verknüpfung von virtueller Information mit optischer Realinformation aus Fotografien oder Videoaufnahmen bietet hier bisher noch nicht gekannte Möglichkeiten der Darstellung künftiger Bebauungssituationen. Weitere Beispiele sind die Planung von Trassenführungen für Transportsysteme, die Planung von Großanlagen, wie Großflughäfen oder die Simulation von Großausstellungen und Gartenanlagen. Aber auch das Thema Denkmalspflege im Zusammenhang mit Fassadengestaltungsfragen ist VR-relevant.

• **Gebäudeplanung und Innenarchitektur**
Eine der naheliegensten Anwendungen der Virtuellen Realität ist die Planung, Gestaltung und Bewertung von Gebäuden und Räumen. Insbesondere die Möglichkeiten der 3-dimensionalen Wahrnehmung in Verbindung mit der Echtzeitortveränderlichkeit zusammen mit einer hochqualitativen Visualisierung machen die Anwendung in diesem Arbeitsgebiet sehr profitabel. Dabei sind sowohl Planungsfragen im Fertigungs- und Produktionsbereich als auch im Büro- und Verwaltungsbereich interessant. Neben der Planung und Gestaltung von Gebäuden (z. B. Fertigungshallen, Bürohäuser, Kraftwerksanlagen etc.) ist die Ausstattung und Einrichtung mit Produktionsanlagen (Maschinen, Lagersysteme etc.) und Büroeinrichtungen (Büromöbel, EDV- Geräte etc.) von besonderem Interesse.

Natürlich hat VR auch bei der Planung und Einrichtung von privaten Bauobjekten seine Berechtigung. Z. B. ist die Planung einer Einbauküche oder einer Badezimmereinrichtung mittels VR für jeden 'Häuslesbauer' ein interessantes Thema. So ist es nicht verwunderlich, daß eine große Anzahl von handelsüblichen VR-Systemen bisher an Kücheneinrichter verkauft wurden.

• **Telerobotik**
Ein sehr wichtiger Anwendungsbereich der VR liegt im Bereich Telemanipulation und Telepräsenz. Gerade das Manipulieren von technischen Geräten in nicht zugänglichen, das heißt entweder zu weit entfernten, zu gefährlichen oder aufgrund anderer Behinderungen nicht einfach zugänglichen Bereichen bietet erhebliche Potentiale für die VR-Technologien. So gehört das Steuern von Manipulatoren in Chemie- und Kerntechnikbereichen, bei der Fernerkundung und Exploration sowie in der Robotik zu den im Moment am intensivsten erforschten VR-Themengebieten.
Auch die Anwendung in der Medizintechnik ist von sehr hohem Interesse. Hier sind Fragen der Planung endoskopischer Operationen und komplizierter chirurgischer Eingriff, zum Beispiel in der Hirnchirurgie oder bei der Implantierung von Kunstgelenken, aktuelle Forschungsthemen.

• **Computational Sciences**
Ein letztes großes derzeit bearbeitetes Anwendungsgebiet für VR-Technologien ist die interaktive Exploration großer Datenräume. Hier geht es um die Wahrnehmung großer Datenmengen, wie z. B. medizinischer Tomographiedaten, metereologischer Daten oder Umweltdaten ebenso wie astronomischer oder geologischer Daten. Als eines der interessantesten Beispiele ist das interaktive Designen von großen Molekülstrukturen in der chemischen Anwendung. Bei all diesen Anwendungsgebieten ist die Güte der Visualisierung von entscheidender Bedeutung. Aber auch die Möglichkeiten zur interaktiven Veränderung der Datensysteme hat hohe Priorität.

- **Interaktive Spiele**

Ein nicht zu vernachlässigendes Anwendungsgebiet ist der Bereich der interaktiven Spiele. Hier ist festzustellen, daß eine ganze Reihe von klassischen 2D-Video- und Computerspielen (Adventuregames, Rollenspiele, „Ballerspiele", Wirtschafts-/Strategiespiele, Sportspiele und Flugsimulationsspiele) weiterentwickelt werden in Richtung auf 3D-Visualisierung, ggf. unterstützt durch 3D-Audioanwendung. Ein interessanter Ansatz ist der Trend zu verstärkter Multiuserfähigkeit, das heißt die Möglichkeit zum gemeinsamen Spielen in virtuellen Welten. Hier bestehen erhebliche Chancenpotentiale, da durch die Mehrspielerinterakation auch wieder soziale Dimensionen in Spiele zurückfinden, die durch die intensive "One-Person-One-Machine"-Spiele verloren gegangen waren. Insbesondere die japanische Spieleindustrie (Sega, Nintendo) hat erhebliche Entwicklungskapazitäten für diese Anwendungen aufgebaut.

6 Zusammenfassung

Durch Virtual Reality werden neue Industrien und neue Arbeitsfelder in einem Ausmaß entstehen, das heute noch nicht abzusehen ist. Deshalb ist es notwendig sich bereits heute mit dieser Technologie zu beschäftigen und die Entwicklungsrichtung mit zu beeinflussen.

"Wie andere Technologien ist auch Virtual Reality nicht ein Entweder-Oder sondern ein Sowohl-Als-Auch. Einige werden ihn als Mischung aus Unterhaltung, Flucht und Sucht benutzen, andere werden mit seiner Hilfe durch die gefährlichen und komplexen Probleme des 21. Jahrhunderts navigieren."

Zitat nach Howard Rheingold, 1992.

8 Literatur

Bauer, W.; Bullinger, H.-J.; Riedel, O.: Virtual Reality as a Tool for Office Design Applications - Visions and Realities. In: Posters Book of the 5th International Conference on Human-Computer Interaction, Orlando, Florida, USA, August 8-13, 1993, S. 276

Bauer, W.; Riedel, O.: Der Blick in eine faszinierende künstliche Welt. Technische Rundschau (1993), Nr. 15, S. 30-39.

Bauer, W.; Riedel, O.: VR: A tool for Office Design Applications. In: Proceedings of the VR User Show Conference, 30.11-2.12.1993, London.

Bullinger, H.-J.: Informationsmanagement für schlanke Unternehmen. In: Zülch (Hrsg.). Vereinfachen und Verkleinern - die neuen Strategien der Produktion, Stuttgart: Peschel/Schäfer 1994, im Druck

Rheingold, H.: The Wildest Dreams of Virtual Reality. M Magazine, 3/1992, S. 84-89

Applied Virtual Reality
Pierre du Pont

Applied Virtual Reality

Mr. Pierre du Pont
Marketing Director
Division Limited

I. WHAT IS *VIRTUAL REALITY*?

Virtual reality is a set of computer technologies which, when combined, provide an interface to the computer with which the user can believe he or she is *actually in* a computer-generated world. This computer-generated world might be a model of a real-world object such as a house that has not yet been built, an engineering model of a factory, or a product under design, or it might be an abstract world which does not exist in the real sense, such as a chemical molecule, a representation of fluid flow-lines in a CFD model, or even a 3D representation of a multi-dimensional financial dataset.

The computer interface provided by virtual reality is very three-dimensional. The world or model to be viewed by the user is apparently real, completely surrounding the user, and responds appropriately to the user's natural motion and interactions. The user is fooled into believing that the model being viewed is real - and a deep and accurate understanding of the model is thus obtained.

Two key concepts of virtual reality are *immersion* and *interaction*. The user must feel immersed in the virtual environment, and must be able to interact with the world using hands, arms, head, legs, etc. Without both immersion and interaction, the user does not readily believe that the world is real, and does not gain the same depth of understanding of the model or data.

I.A. User Benefits

What are the principal benefits of virtual reality? The benefits can be lumped into three areas: understanding, experiencing, and learning. In all cases, virtual reality is providing a view that, to the user, is apparently real, and it is from this that the ultimate benefits are derived.

Understanding

When there is a three dimensional object or relationship to be understood, virtual reality brings clear benefit. If two piece-parts have to be designed to interrelate, virtual reality (VR) can allow the user to see prototype designs of these parts as full-sized or larger (relative to the user), solid, three dimensional objects. They can be manipulated together or apart by the user with his hands, in much the same way as he might pick up a 3D puzzle and examine it with hands and eyes.

Seeing objects as full-size is one very important benefit of the extra understanding virtual reality can bring. Looking at a computer-generated photograph of the façade of a building is not nearly as beneficial as standing on street level and looking up at the three storey building, with the building properly placed in its context. The VR view wins hands down every time.

Experiencing

Being able to have nearly-real experiences is another benefit of virtual reality. Whether these be for entertainment purposes, or to properly appreciate a situation that you may someday be faced with, VR lets you experience a situation or environment with a high degree of realism.

The simplest proof of the value of VR in experiencing things accurately is in airline pilot flight training. (While today's flight simulators pre-date what is now called VR, they are *exactly* what immersive virtual reality is all about.) There is a certain level of stress that is important in training pilots to fly. Flight simulators, and immersive VR, recreate this situational stress very well, to the point that pilots can take on quite a 'sweat' along with fear of failure.

Learning

Finally, many applications of virtual reality can be lumped under the heading of learning, or training. The benefit that VR brings by faithfully re-creating a situation is valuable training to the user, presumably at a much-reduced cost.

Take an example from the military training scenario. Every shoulder-mounted anti-tank missile fired in practice costs χ hundreds or thousands of dollars. Using virtual reality, there is a fixed up-front cost, and virtually no per-session consumable cost. The key is to accurately reproduce the training scenario. That's what virtual reality is all about.

Or consider the layout and operation of a complex control room, maybe for a power plant, or ship. By building the control room *first* in virtual reality, and then testing it out with real users, the designers will gain tremendous information about the suitability of the layout and ease of use. Further, trainee operators can familiarise themselves with the layout, and even practice operational situations, all in a virtual environment. Multi-user VR systems enhance this by allowing for the training of whole teams of operators.

All of the benefits that VR brings to understanding, experiencing, and learning, derive from the immersive and interactive capabilities that virtual reality brings the user. Without immersion and interaction, VR is no more than the high-quality graphics already available today.

I.B. Technical Overview

How is virtual reality achieved by computer? There are a number major activities that the computer must perform.

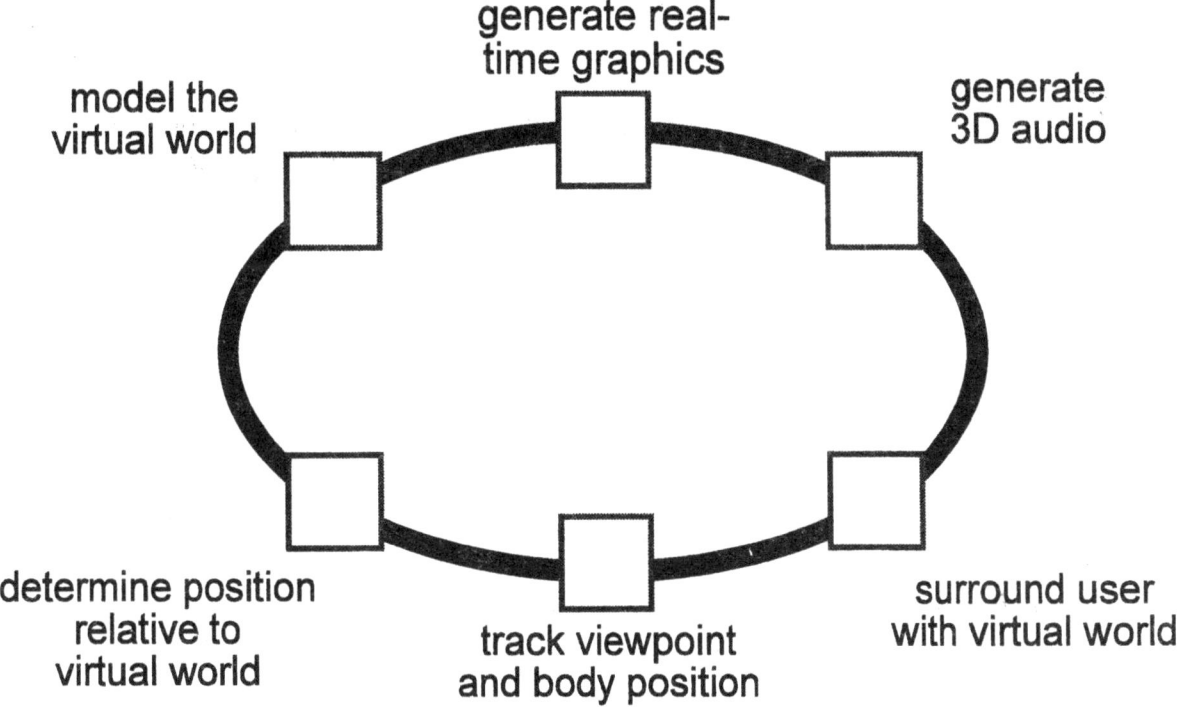

- Generate real-time graphics
  If the user is to see the virtual world, the computer must generate thirty frames per second of images of the world. This is so that, as the user moves his head or walks or reaches out and picks up an object, the images drawn by the computer quickly and accurately reflect what the user is doing and his new view of the world.

- Generate three-dimensional audio
  Similarly, the sounds heard by the user must be real and accurate. This includes the three dimensional spatialisation of the sounds, the inclusion of reflections and echoes, and the Doppler effects heard with moving sounds or moving listeners. It should be remembered that, while graphics are commonly considered to be the critical element necessary for good virtual reality, the human ears are much more important for understanding a real-world three dimensional volume, and any virtual reality capability will be incomplete if the world is not full of the appropriate sounds, however small and insignificant they may appear to be. Further, full binaural, spatialized audio is necessary to match the characteristics of real-world sound.

- Surround the user with the virtual world
  This is usually achieved today by wearing an immersive headset, and within a few years this will be replaced with a simple visor and ultimately eyeglasses. In any case, small television screens are suspended in front of the eyes, and earphones are placed in each ear. The result is that wherever the user moves to or however he turns, the virtual image is always displayed around him.

- Track user's viewpoint and hand position
  For the computer to know what image to generate into the headset, there must be some form of tracking of the positions of the head and hands of the user. This often takes the form of a very simple magnetic field source, with several magnetic sensors placed on the user - typically one on the head, and one on each hand.

- Determine user's position relative to objects in world
  Given 3D position tracking of the user, the computer must then compare this position with each and every object in the virtual world. This allows the computer to show the virtual objects in the correct position relative to the user, and to determine when the user has touched any virtual object.

- Model the virtual world
  Finally, the computer must maintain an accurate model of the virtual world. These models often start with today's three dimensional computer-aided design (CAD) packages, but they must be enhanced to provide additional information necessary to the virtual world but not included in the CAD package. Examples of such additional information include animation, sound, reactive properties (for when the user touches the objects), motion constraints, etc.

Each of these is critical to the success and value of the virtual reality. All must operate simultaneously and in tandem, combining into a single virtual world that is alive and acts and react appropriately.

Division believe all of these tasks can most effectively be accomplished on a distributed computing platform, so that individual tasks can operate in parallel on a separate processor when necessary. For instance, real-time rendering is most effectively done on a processor which is optimised to keep a graphics pipeline full. Tracker interrupts, collision detection, or generation of audio waveforms will detract heavily from graphics performance if the processor is shared.

Equally importantly, the distributed platform may span several different hosts, which may be physically located apart. If you are running in a Silicon Graphics environment, you might use your Crimson RealityEngine2 for rendering, while off-loading the tracking tasks to an Indigo connected via TCP/IP. And multi-user simulations (in which two or many users share and interoperate in the same virtual environment) very definitely must use two or many machines. With *dVS*, the inter-user communications are at a fairly high level, so they can happen effectively across a standard network.

The virtual reality application development cycle goes as follows:

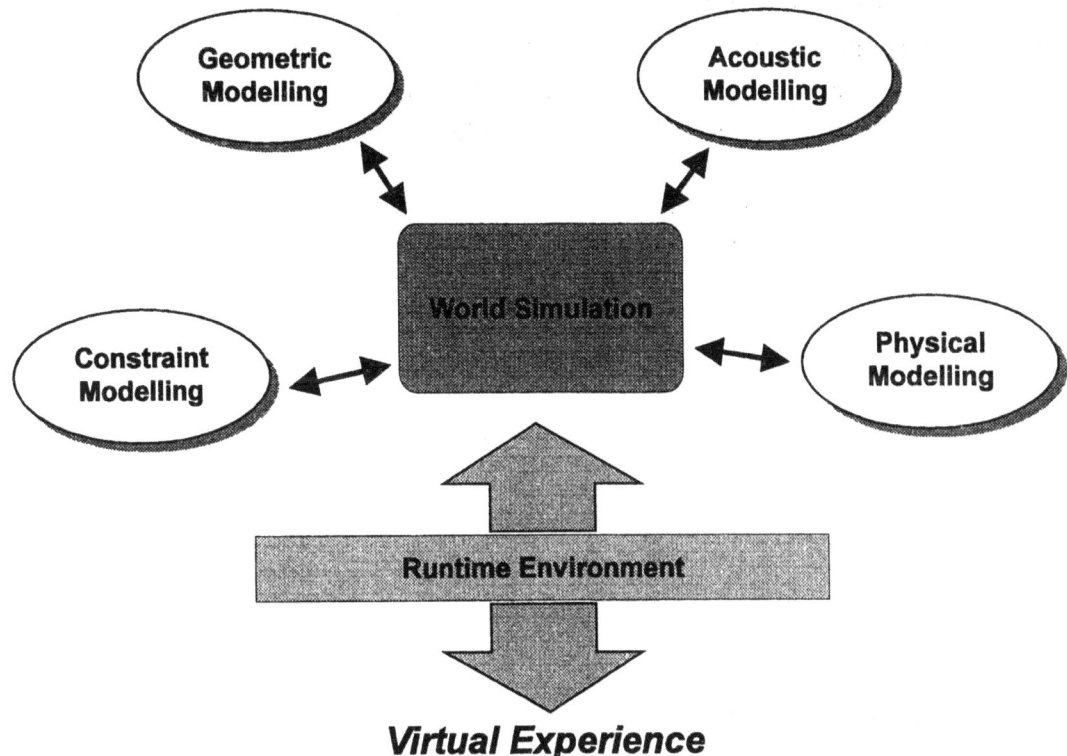

Software systems are available to help the applications developer integrate virtual reality with existing and new applications. Division's *dVS* VR operating system provides a layered approach which is clean and simple, requiring a minimum of attention to the VR systems side of the development cycle. Further it effectively hides a distributed software and hardware environment from the developer.

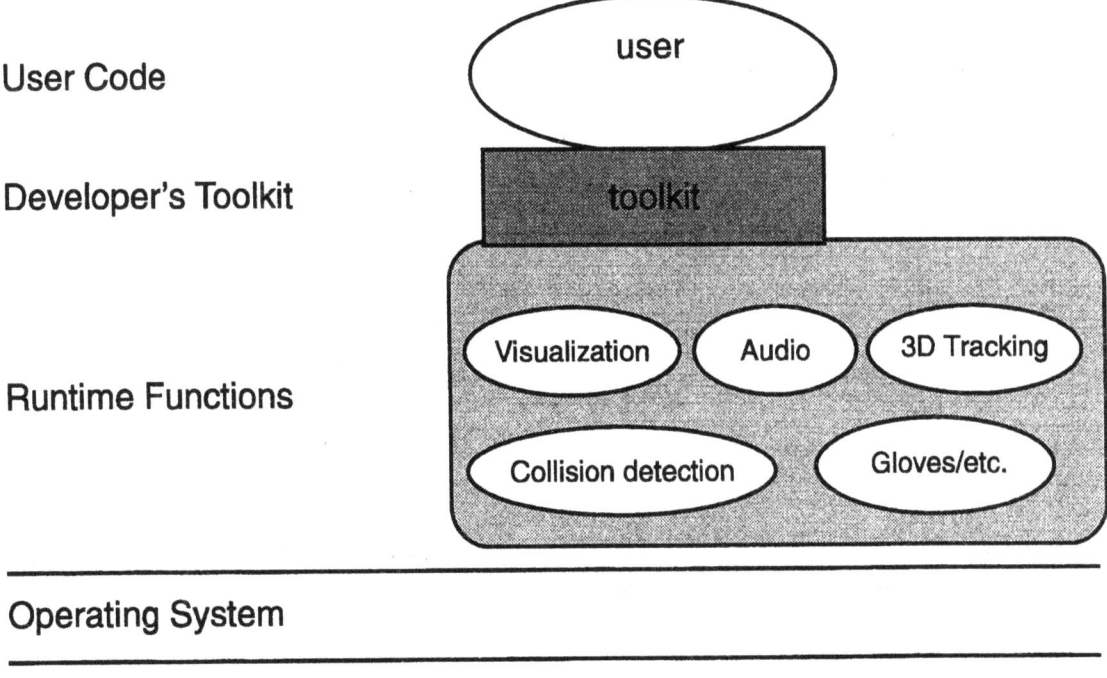

To further simplify the user's work, and to remove the requirement for any programming, Division has developed *dVISE* which allows the importing, assembly, and specification of VR-properties for objects designed in existing CAD packages. Using *dVISE*, a complete virtual environment can be quickly built, from <u>within</u> the virtual environment. Thus, starting with a basic building geometry, the user can walk around in the virtual simulation, placing tables and chairs, defining door pivots, assigning audio properties, recording animations by tracing them with your hand in three-space, etc.

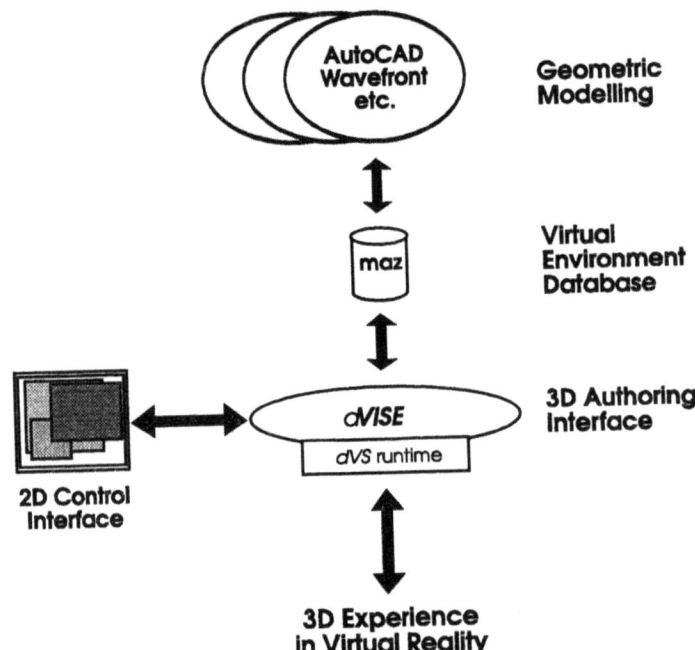

II. APPLICATION EXAMPLES

II.A. Computational chemistry

In conjunction with the University of York, Division, and IBM (UK), Glaxo Group Research are collaborating on the development of virtual reality tools for molecular modelling, and ultimately, for rational drug design.

Existing molecular graphics systems allow the scientist to interact with and manipulate a representation of a molecule in an attempt to understand and model the relationship between the three-dimensional structure and the function and properties of the molecule.

Virtual reality makes this activity <u>much</u> more intuitive for the molecular chemist: instead of trying to understand what is clearly a three-dimensional problem on a two-dimensional screen with a two-dimensional mouse, the chemist can hold the molecules in his hands, twist them, turn them, see how their shapes relate, understand the different energy levels represented by different positions, *as if the molecules were real, solid objects, in his hands.*

For example, when two molecules are brought together, or when a complex protein chain is twisted to a new shape, particular atoms within the structure repel other atoms as they move into close proximity. The Glaxo system can show this *steric hindrance* in real time, by representing the changing resistance of atoms by changing colours. As the hindrance is computed in real-time as the relative position of the atoms changes, the chemist gets an immediate feedback, and using his natural eye-hand co-ordination, he can adjust the position and shape appropriately.

II.B. Complex lighting visualization

Thorn EMI's Central Research Laboratories use virtual reality to visualise lighting designs. Proposed architectural designs and lighting fixture layouts are modelled with a radiosity-based lighting algorithm. Both flat-screen and immersive views are obtained, and again and again, the immersive views have given a much deeper and clearer understanding of the design. The designer fully appreciates the critical nuances, while the customer or client can be placed directly in the design to communicate its features and benefits.

In one example, Thorn created two identical rooms connected by a doorway. In one room, the lights were mounted directly against the ceiling, while in the other, the lights are suspended by cables. Looking at a 2D perspective screen shot, the rooms look very much the same. However, stand in one in VR, and walk into the other, and the difference in spaciousness becomes immediately apparent. Sit down in a real chair (located where the VR chair is) and stand up in the low-hanging lights virtual room, and your reflex action will be to duck your head. This is the nuance VR makes apparent.

II.C. Kitchen showroom sales

One of the most visible virtual reality successes world-wide has been Matsushita's kitchen design project. The goal has been to produce a system suitable for use in kitchen showrooms that can let customers see their new kitchen before they buy it. Customers bring a floor plan of their existing kitchen to the showroom, where they specify the new units they wish to buy, including colours, product type, layout, etc. The design is quickly assembled into a VR model, and the customer is placed right in the kitchen.

This concept has also been applied in other areas. One of Division's customers is using virtual reality to sell landscape designs, by putting the customer right into the landscape, and letting them walk around as if it were real. And we've seen several examples of customers who have shown virtual reality models of new buildings. In one case, forty not-yet-built houses on a new housing estate were sold by virtual reality simulations!

II.D. Living environment simulation

The Living Environmental Systems Laboratory (LEL) at Matsushita Electric Industrial Co. has developed a system for simulating complete living environments in virtual reality. The goal of this fully immersive application is to provide building designers with an accurate simulation of the air conditioning, lighting, and acoustical characteristics of a room or building under design.

There is a growing demand for detailed simulations to improve the overall environmental amenity of a building. In the past, this has been done by building full-scale mock-ups, and testing the actual air conditioning units, lighting fixtures, and furniture layout. This has proved costly, time-consuming, and inflexible, and is a limiting factor in designing better building environments.

Instead, by using virtual reality, LEL can experience and interact with the simulation of the room. A detailed simulation, including airflow & temperature distribution (using a computational fluid dynamics model), sound levels, and lighting levels (using radiosity algorithms), are run in advance on a supercomputer. The resulting data is overlaid on a geometry of the room, with fixtures such as walls, windows, tables, air-conditioning units, speakers, etc.

The user can then walk around the room (in the virtual environment,) and see the data levels at any point. For instance, by holding out his hand, airflow streamers shoot out from the hand showing where the air flows from that point, and what the temperature distribution is like. Or, the user can drag a semi-transparent sheet (or plane) across the room, and watch a colourful contour map dynamically change as the cross-section is dragged through the volume of the room.

The result is a quantitative evaluation of the room environment, as perceived by the human. And as the user is actually in the virtual room, he can walk around and understand all aspects of the environment, from any position in the room.

II.E. Industrial concept design

Turning to the automotive engineering field, students at the Coventry University School of Art & Design are using virtual reality to visualise their automotive designs <u>in full size and in a natural context</u> long before mock-ups and scale models are built. The goal is ultimately to do away with many of the concept design models which are built at great expense during the life of a vehicle design, while eliminating design flaws much earlier in the design process.

Looking at a photograph, even a large one projected on a wall, doesn't give the same information as standing next to a car and walking around it. Watching the specular reflections on the hood move as you move or watching the car drive by on a street gives you a better understanding of the form of a car than just a photo.

Equally important, being able to open the doors and the boot, both to check the articulated function and to see the new appearance, are actions you can <u>only</u> perform in virtual reality. And a new level of design-for-manufacturability or maintenance is possible when you can guide a virtual hoist to place your engine under the hood of a vehicle under design.

This work can be extended beyond cars - it applies equally well to trains, aeroplanes, even manufacturing plants under design.

II.F. Office furniture in context

You've all experienced the change over the last twenty years from individually-assigned enclosed offices, to open-plan work areas in which individuals sit within their own half-height partitions. One of the world's largest office furniture manufacturers is using virtual reality to simulate the complete open-plan office. The challenge is to design furniture that is attractive, fits with the open-plan concept, maximises privacy, minimises office noise, and is pleasing to view.

II.G. Astronaut training

In the Netherlands, TNO-FEL have been studying virtual reality for training astronauts about manoeuvring during space walks. The difficulties of zero gravity are compounded by bulky space suits, and virtual reality makes a perfect simulation tool to re-create this experience.

Consider two examples: first, as there is no gravity to give a natural orientation, and no ground for stability, simple acts such as moving are difficult. If the astronaut tries to push a heavy beam away, he will actually impart the motion on himself rather than the beam.

Second, when using jet propulsion system, astronauts find they can easily project themselves well beyond their target, or impart a rotational motion on themselves. This is because there is no friction from the atmosphere or the ground to constrain motion. Even for simple motions, vector mathematics must be considered, and careful planning of any action is necessary.

Using a VR simulation system that properly models motion in space, the trainee can practice working under these conditions. Even with only ten or fifteen minutes in the system, the user quickly gains a new appreciation for how to manoeuvre.

TNO's space walk system to allows two users to train simultaneously, for example to co-ordinate the joint assembly of a space experiment. Again, the dynamics of two people working in space are challenging to master, and a device such as this provides a very realistic simulation of motion in weightlessness and in a vacuum.

One lesson has been learned from this simulator: three-dimensional audio could be of great value in helping astronauts to communicate in space. Since space suits do not have rotating helmets, and therefore the astronaut cannot turn his head around to view behind him, there is a difficulty of identifying where other astronauts are located. 3D audio was found to be invaluable when simulated radio communications were spatialized, as the ears can identify where the sound source is coming from when the source is out of sight.

II.H. Stinger missile training

TNO-FEL have also developed a prototype virtual environment-based trainer for Stinger portable air defence missile systems. The trainee receives a full simulation, in which they are there, standing in an apparently real landscape, with realistic targets, activities and trainee interaction. They can practice operating procedures, target identification and acquisition, and missile firing, without the complexity of the traditional dome display system.

II.I. Marketing drugs to doctors

An international drug company is looking at virtual reality in a totally different context: as an aide to marketing their products to doctors. The function of a particular drug is complex to explain; using virtual reality, the doctor can *be the drug* and understand its function from an interior view.

Here VR is used to play back a three-dimensional script of action and re-action, between molecules representing critical portions of the dangerous virus, for instance, and the drug designed to destroy it. The doctor sees a clear representation of how the drug works and the molecular level, and the drug company gains a marketing tool that effectively explains a difficult concept.

Further, as the doctor can play an interactive role in the simulation, for instance by selecting which site to bond at, or changing the position and shape of the drug, their learning experience is enhanced.

III. CONCLUSION

In short, virtual reality allows you to be somewhere, or to experience something, that you cannot easily experience. Maybe the building doesn't exist (VR in architecture) or the event is expensive to reproduce (VR in training) or a model is complex and hard to visualise (VR in abstract data modelling). Virtual reality can give you the experience at a minimum of cost and with a high degree of realism.

Bringing VR Into The Mainstream
J. Larson-Mogal

Bringing VR Into The Mainstream

Joshua Larson-Mogal

Silicon Graphics Computer Systems
Advanced Graphics Division
Mountain View, California

Virtual Reality has no shortage of proponents or detractors. Worldwide, the interest in Virtual Reality continues to grow even though true commercial application of the technologies involved have been slow in coming. Yet Virtual Reality or VR has, more than almost any other technology-oriented endeavor, brought out more than its share of philosophers and visionaries.

Yet visionaries do not make a market. Visionaries do not solve the problems of commercialization. Successful visionaries, on the other hand, combine vision with practicality and seek to apply technology in ways that will appeal to those that have the funding to support the growth and evolution of that technology. Silicon Graphics did not grow to become a billion dollar organization because three dimensional interactive graphics generated pretty pictures. The growth occurred because the technology was applied to real problems in science, engineering, and the creative arts.

Born On The Fringe

Virtual Reality traces its roots back to Ivan Sutherland in the 1960s where the frontiers of interactive computer graphics were being tested and explored. The first organizations outside of academia to be able to afford the funding of the display and tracking technologies required to build immersive systems came from the source of much of the funding for basic research in the United States, the US givernment. NASA and the US Air Force funded a number of projects which pushed along the development of I/O devices which would allow an individual to enter into and be surrounded by a computer-generated virtual environment.

This all occured ten to fifteen years ago. There were few thoughts of commercialization at that point as the technologies were still quite crude and were capable of little more than proving a concept.

Proof Of Concept

Indeed the work at NASA resulted in the early 1980s in the formation of VPL to commercialize the DataGlove and to build the first turnkey VR systems. Jaron Lanier, the founder of VPL, could certainly be called no less than a visionary. His ideas were far reaching, with few bounds, and spanned across application areas. Jaron believed that VR could be used in virtually any endeavor, from Chemistry and Medicine to Architecture, Design, and Entertainment.

To execute this vision, Jaron formed VPL (named after his other interest - a Visual Programming Language) and started work in both software and hardware to build the world's first commercial VR systems. These efforts resulted in the development of custom display and I/O devices, the EyePhones and the DataGlove as well as a visual programming interface to application development.

Even with a product, a vision, and an uncanny sense for PR, VPL never quite delivered upon the promise. The problem was that while VR held much promise for all of the application areas that Jaron suggested, the technology was not ready. Most large software vendors were (any many still are) interested in, but not ready to commit resources to, VR because the benefits had not been proven. This is a typical quandry for new technologies. People won't buy in until the technology is proven and mature, but how can the technology get proven or mature unless people buy?

The Limits of Technology

Still, today, there is much less business in VR than there is interest. Once a business case is made for the use of VR, there can be little doubt of its acceptance...with a few caveats. VR is fundamentally different from desktop interactive graphics. In our world, we, as humans, grow up and develop a spatial sense that tells us how far away things are, that helps us predict what we will see when we move our eyes or heads, that helps us keep our physical balance and leaves us feeling comfortable.

Thus, when we are interacting with the computer on our desktop, we retain our spatial sense and we know that the monitor screen is 10-20 inches from our eyes and that the graphics on the screen are also 10-20 inches from our eyes even though we may be representing something in 3D that would be quite large in the real world, like a model of an aircraft. When immersed in a virtual environment, however, the rules change.

Immersive technology takes us out of our normal environment and places us into one of the computer's making. The problem with making this work is that all too often, the people designing these virtual environments do little or nothing to make sure that the environment is compatible with our instinctual sense of spatial awareness. The result is that people in virtual environments often find it difficult to operate normally and interact naturally with the objects in that environment.

The Limits of Technology

Perception and Action

To make an application which provides an immersive interface, one must understand the critical factors in making that application usable on a daily basis as an effective business tool. These characteristics have implications on the design of every part of the VR system, including:

- Visual Database
- Real-Time Software
- Operating System Software
- CPU Subsystem
- I/O Subsystem
- Networking Software/Hardware
- Graphics Subsystem
- Display Device
- Tracking Devices
- I/O Devices

No piece is clearly more of the problem than the others, but rather it should be clear that any element of a VR system design can be the bottleneck that prevents the entire application from being useful. All of these different elements must contribute to and not detract from making the application successful. The problem that has faced virtually all VR systems to date is that one or more of the above elements has always sabotaged the system as a whole. Fast graphics does not necessarily a fast system make.

The problem faced by all of these systems is time. If computer graphics on the desktop is slow, the problem is mostly an inconvenience. But if computer graphics is too slow in a VR system, the users loses their ability to apply their built-in sense of spatial awareness to effectively interact with objects in the space. An example would be trying to pick up an object in a vritual room. Assume that the graphics system being used can only draw the room at 10 or 15 frames per second and that you are using a glove-style input device to reach out in the virtual space to pick up the object.

To successfully complete the task, you rely upon your years of experience in moving your own hand and coordinating its motion to what you see with your eyes. But if your eyes are only getting a new image every 1/4 second, your hand is likely to look like it is not as close to the object as it actually is. Since your eyes say that your hand must keep moving to get to the object, you continue to move, but when the image finally arrives showing that your virtual hand has reached the object, you are still moving it since it actually reached the object 1/4 second before you visually perceived it to be there. As a result you move your hand too far past the object, then pull back and once again come back too far.

Latency and Physical Discomfort

It is possible to train yourself to account for the delays (or latency) in the system, but why should humans have to train themselves to work the way the computer has to due to its limitations? But we do that all the time. We learn to use UNIX, we learn to use the

Mouse as an input device. There is a fundamental difference, however, since our loss of visual correlation with physical experience in virtual environments or on VR systems with inadequate performance can lead us to vestibular problems that resul in physical ailments. W a user turns their head to look around the virtual environment, the tracking system registers the movement and sends a signal to the computer. The computer takes the new positional information and decides how to draw the next frame to be displayed. The rendering takes some more time as does the display refresh. By the time the new image gets to the display that the user has in front of them some time has elapsed. This is the total latency. When this number exceeds a certain amount of time, it becomes noticeable.

A VR system running at 20 frames per second might have a graphics latency (not total latency) of 120 milliseconds; more than a tenth of a second. This is a clearly noticeable length of time (and the total latency is likely to add another 20-100 milliseconds). The problem comes when you start to move and your inner ear detects the motion but your eyes (looking at the head-mounted display [HMD]) tell you that you are not moving. Then, some time later you stop moving and your inner ear detects the change, but your eyes, lagging your physical sense by 1/10 to 1/4 second still say that you are moving as the images update in the HMD. This can cause dizzyness and even nausea.

Not good characteristics for a commercially viable product.

So what does it take to make a VR system that can be applied into a range of application areas and sold broadly for use as a standard tool? This is a complex question which unfortunately demands a complex answer.

Competition and Product Evolution

In the Free Market system of economics, the idea is that companies, if left free to compete with one another will be forced to develop better products less expensively in order to compete effectively and stay alive. What this means is that the economic system demanded that VPL get out there early on and give the technology a try to jump start the industry and get the competitive and innovative blood flowing.

To a large degree, the process worked. Despite the lack of stellar technological performance by the early VPL systems, early adopters across a spectrum of industries bought systems from VPL. VPL was the only vendor in an emerging market and had the market to themselves for several years. VPL's success was bound to attract competition. Display and I/O device manufacturers popped up, as did turnkey system vendors. Today, Silicon Graphics works with over 60 third party hardware and software companies that sell products associated with VR.

The State of The Industry

But what has that meant for the products and their level of evolutionary progress? Are the products finally ready to go mainstream or is VR likely to remain at the technological fringe for some time to come?

Competition and Product Evolution

While there are no definitive answers, a few things are clear.

1. Virtual Reality has star quality. It has attracted incredible levels of attention from the media and from a wide range of industries.
2. VR is still young. As a result, there are many small players who will either grow or disappear. At some point, like with the Aerospace, Processed Foods, and Entertainment industries, there must be some consolidation.
3. Many of the VR vendors are unaware of how their technologies fit with the needs of their user base (i.e. resolution of displays, accuracy and range of trackers, update rate of graphics systems, etc.) and are competing with one another without seeking to meet any kind of specifications targeted at particular customers.

Products must meet the needs of consumers. If the product promises to add value and doesn't deliver on the promise, the product, and in fact, other products of the same type all suffer. This is what happened with Artificial Intelligence some years back and with MultiMedia as well. The promises exceeded the ability of the technologies to deliver upon them...at the time.

For VR to go mainstream to the point where an engineer, scientist, or physician is as likely to use a VR system as a desktop 3D graphics system, the technology must be proven on a market by market basis. Only after a production-quality system is in place in each of the targeted industries can we expect that the growth can begin. This can be correlated directly with the growth of 3D interactive graphics over the last decade.

The State of The Art

Beyond all the hype, there has been progress in the development of VR technologies. In the last couple of years, technologies have arisen in displays, trackers, I/O devices, and graphics and compute systems which hold much promise for the creation of production-quality VR systems.

Some examples of new technologies and the fundamental problems they address are as follows:

TABLE 1. BREAKTHROUGH VR PRODUCTS OF 1993

Product Type	Product	Problem Addressed
Display	nuColor	Resolution for lightweight color displays:
		Field Sequential RGB monitor from Tektronix takes color components sequentially instead of in parallel and enables the development of 1" Color CRTs with 1280x960 resolution

Competition and Product Evolution

TABLE 1.   BREAKTHROUGH VR PRODUCTS OF 1993 (Continued)

Product Type	Product	Problem Addressed
Tracker	Fastrak	Latency reduction: The Fastrak from Polhemus brought tracking latencies down as low as 4 milliseconds (unfiltered) offering a chance to build systems with better response times (low latency)
Graphics	RealityEngine^2	Visual Artifact Reduction: RealityEngine was the first general-purpose graphics system to offer multi-sample anti-aliasing for removing jaggies from complete scenes at once.

But even these products do not address all issues for all markets. For those that are performance-sensitive but not price-sensitive. There are some very usable technologies available today. For those that are more cost-conscious, there are few systems today that avoid the problems described above with respect to excessive latencies in the entire system. As a result, there are certain industries, such as the automotive and aerospace industries, where the most important criteria they have is that utilize new technologies to become more competitive within their own industries.

Thus, even if the system is expensive, it may be saving many times its cost in improved efficiency of the design, development, or manufacturing process. On the other hand, the cost of acceptably performing hardware and software is preventing many who would like to take advantage of the current state-of-the-art from joining in. Thus we are back to the free-market and competition.

Competition will drive the development of new products. It certainly does at Silicon Graphics, but usually it is with ourselves, trying to deliver the right systems to match the needs of our customers who themselves are on the technological edge. So while competition exists today and products exist today, many of the core criteria of VR have simply not been addressed yet. Until the issues have been addressed, it is unlikely that the market for VR technologies (outside of low-cost, low-performance entertainment devices) will grow as rapidly as the interest in the industry might suggest.

Conclusions

Below are a few of the core technical criteria behind VR and may be used to judge whether a given technology meets the needs of a particular market:

TABLE 2. CORE VR MEASUREMENTS

Measure	Applicable Product	Issue
Resolution	Displays	The eye can resolve down to one arc-minute within the active field of view. If our field of view is 160 degrees horizontal by 60 degrees vertical, this means our effective visual resolution would be 9600 x 3600 pixels, although our visual acuity is dramatically reduced outside of the center 40-60 degrees.
Latency	Tracker, Display, Graphics System, Compute System	The human nervous system can detect changes as brief as 20 milliseconds long. If the total latency through all the pieces of the VR system get too high (above 50 milliseconds), the lag becomes noticeable and has an effect on the operator.
Weight	Display, Tracker	If wearing the display and tracker, their weight could have serious impact on the usability of the system.
Range	Display, Tracker	If the display and tracker are wired between the user and the computer (/graphics) system, the range constraint could limit motion and possibly the utility of the system
Isolation	Tracker, Computer	The sensitivity of the tracking and computer devices to their environment (magnetic, acoustic, optical, thermal, etc.) can limit their applications
Frame Rate	Graphics System	The frame rate measures the number of new images which get drawn and displayed each second. There is a direct correlation between frame rate and latency. At 30 frames/second (30Hz), each frame takes 33 milliseconds to draw. If the tracker sends new data just after the system began drawing a new frame, the system must wait for the current fram to enter before drawing the next. Thus at 30Hz, the graphics latency could be 2 x 33 milliseconds plus the screen refresh time (16.7 milliseconds) for a total of 83 milliseconds.

Conclusions

The key to moving VR into the mainstream is to be aware of how critical each of the above criteria are as applied to each individual application. Technology moves very quickly. What cost $10M (US) a decade ago in the computer market is available today on the desktop for three orders of magnitude less money. We have to make some assumptions about what is going to happen with VR technologies to determine our

Conclusions

course of action for today. Assuming that graphics technology drops 50-75% in cost every three years, we must develop our applications on the leading edge systems of today, assuming that by the time the application software is well understood and solid, the technology will be available to deliver the solutions at the targeted pricepoint even if the target platform is only a glimmer in some system designer's eye.

Virtual Reality - Zukunftsaussichten für ein neues Medium. Was uns die Markteinführung "alter" Medien für die Entwicklung von VR lehren kann

L. Goertz

Virtuelle Realität - Zukunftsaussichten für ein neues Medium. Was uns die Markteinführung "alter" Medien für die Entwicklung von VR lehren kann

Lutz Goertz

Wie die "Virtuelle Realität" in den kommenden Jahren von der Fachwelt und einer breiten Öffentlichkeit akzeptiert wird, können wir besser voraussagen, wenn wir die Markteinführung anderer Medien betrachten. Technische Standards, neue Medieninhalte, die Unterhaltungsindustrie sowie Skepsis und Kritik in der Gesellschaft werden auch bei der VR eine ähnliche Rolle spielen.

Dr. Lutz Goertz, wissenschaftlicher Mitarbeiter am Institut für Journalistik und Kommunikationsforschung an der Hochschule für Musik und Theater, Hannover

1. Einführung in die "Medienevolution"

Mit der Einführung des Mediums "Virtual Reality" kommt ein Medium auf den Markt, dessen Erfolg sich in dieser frühen Pionierphase noch schlecht abschätzen läßt. Von vielen wird es überschwenglich als "ultimate medium" gelobt, ja sogar als "medium to end all media" (Bröckers 1990, S.18).

Ob diese Prophezeiungen je zutreffen werden, läßt sich vom heutigen Standpunkt aus nur schwer beurteilen. Betrachten wir aber die Markteinführung anderer Medien wie dem Fernsehen, dem Personal Computer oder der Videocassette, so lassen sich die dort gemachten Erfahrungen auch auf die Virtuelle Realität übertragen.

Mit Vergleichen wie diesen beschäftigt sich das kommunikationswissenschaftliche Teilgebiet *"Medienevolution"*. Es beleuchtet die Art und Weise, wie neue Medien entstehen, wie sie auf dem Markt eingeführt werden und welche Konsequenzen dies für Wirtschaft, Gesellschaft sowie für die übrige Medienlandschaft hat.

2. Verlauf der Marktentwicklung und variierende Einflüsse

Jedes Medium durchläuft im Laufe seiner Entwicklung mehrere Phasen (vgl. Goertz 1993, S.9):

	Radio	Videospiel
● Erprobung	Detektor, Radiobastler	einfache Programme
● Serienreife	Radiogeräte	Commodore PET, Microcomputer
● Preissenkung	Volksempfänger, 38 RM	C64, ZX-Spectrum
● Miniaturisierung	Kofferradio, Walkman	Gameboy, Sega
● Speicherfähigkeit	Stationstasten	Catridges
● Diversifikation	Programmvielfalt, Bänder	Programmvielfalt
● Digitalisierung	Satellitenradio	von Anfang an.

Wie die Beispiele Radio und Videospiel zeigen, läßt sich dieses Schema sowohl auf klassische Massenmedien als auch auf neuere interaktive Medien übertragen. Die VR befindet sich derzeit noch in der Pionierphase, Ansätze zur Massenfertigung und zur Miniaturisierung sind aber bereits vorhanden. Unterschiedlich sind hingegen Einflüsse durch

- ● die bestehende Medienlandschaft
- ● technische Errungenschaften
- ● wirtschaftliche Interessen von Medienunternehmen
- ● gesellschaftliche Interessen.

3. Konstanten bei der Markteinführung

Betrachten wir aber nun einige Phänomene, die bei der Markteinführung vieler Medien in ähnlicher Form aufgetreten sind.

3.1 Technische Voraussetzungen

Die Erfahrungen vor allem aus den letzten 30 Jahren haben uns gelehrt, daß die massenhafte Verbreitung eines Mediums erst dann zu erwarten ist, wenn sich die Hersteller auf eine einheitliche Gerätenorm bzw. einen Software-Standard einigen. So war z.B. die Einführung eines bundesweiten Fernsehprogramms erst möglich, als die Norm für die Bildaufteilung von 625 Zeilen verbindlich festgeschrieben wurde.
Dies gilt aber nicht nur für Massenmedien, sondern auch für solche Medien, bei denen Sender und Empfänger durch den Einsatz von Speichermedien zeitlich getrennt sein können. So stieg der Kauf von Videorecordern erst dann deutlich an, als sich 1986 die VHS-Cassette als Standard abzuzeichnen begann. Bemerkenswerterweise setzt sich dabei nicht unbedingt der technisch beste Standard durch, sondern der, der einerseits für die Verbraucher preisgünstig, praktikabel und ausreichend ist und der andererseits von den Herstellern am stärksten gefördert wird. Ein gutes Beispiel hierfür ist das Betriebssystem MS-DOS, das nicht zuletzt aufgrund der aggressiven Firmenpolitik von Microsoft zum Marktführer wurde.

Ein Standard währt allerdings auch nicht ewig. Immer wieder kommt es vor, daß ein zweiter Standard Marktanteile erobert - vorausgesetzt, er bietet seinen Benutzern andere Möglichkeiten (und andere Inhalte) als die gängige Norm. Bestes Beispiel hierfür ist das Video-System "Video 8", das mit besserer Bildqualität und einer kleineren Cassetten-Abmessung vor allem für Camcorder im Privatbereich verwendet wird.

Um eine größere Akzeptanz für das Medium VR zu erreichen, müßte danach möglichst bald ein Soft- und Hardwarestandard gefunden werden, der sowohl für eine große Zahl von *VR-Geräten* als auch für viele VR-Anwendungen geeignet ist. Bei späteren technischen Verbesserungen muß zumindest eine Aufwärtskompatibilität gewährleistet sein.

3.2 Kaufbedürfnisse - individuelle Akzeptanz

Wenn neue Medien auf den Markt kommen, ist bei potentiellen Käufern nur selten das Bedürfnis bereits *vorhanden*, sich ein solches Gerät anzuschaffen. Meist werden die Bedürfnisse erst durch die Markteinführung angeregt.

Ein Mechanismus hat sich dabei herauskristallisiert: Das neue Medium muß Inhalte transportieren, die andere Medien nicht vermitteln können. Neue Inhalte finden sich z.B. bei der Verbreitung des Kabel- und Satellitenfernsehens - unrühmlicherweise durch das Angebot von Spielfilmen aus den Sparten Action und Soft-Porno. Auch Video-Kaufcassetten waren zu Anfang sehr begehrt, weil sie Spielfilme präsentierten, die das (damals ausschließlich) öffentlich-rechtliche Fernsehen nicht zeigte.

Die neuen Inhalte der Virtuellen Realität dürften daher nicht unbedingt im reinen Transfer von PC-Anwendungen in die dritte Dimension bestehen, wie es bereits jetzt bei einigen Spielanwendung der VR der Fall ist. Vielmehr sollten die angebotenen Programme neben den bereits vorhandenen Simulationsanwendungen auch *Möglichkeiten zur freien Gestaltung* bieten, denn kein Medium offeriert bisher in dem Maße Eingriffsmöglichkeiten in die "Medienrealität" wie VR.

Ein zweiter Trend besagt, daß es häufig die *Unterhaltungsangebote* sind, die einem Medium zu breiterer Akzeptanz verhelfen. Dies haben wir bei der Einführung des Fernsehens, des Videorecorders, aber auch des Micro-Computers selbst miterlebt. So wird wahrscheinlich auch für VR der Siegeszug mit Unterhaltungsprogrammen, z.B. Simulationen, "Voomies" (Virtual moovies, vgl. Biocca, Lanier 1992, S.158) und Adventure-Spielen beginnen. Die Unterhaltungsindustrie besitzt z.Zt. die größten Entwicklungspotentiale und es ist zu erwarten, daß alle weiteren Anwendungen mehr oder weniger zu "Trittbrettfahrern" der Unterhaltungsindustrie werden (vgl. Willim 1992, S.261). Um aber zu verhindern, daß VR zum reinen Spielgerät verkommt, ist die Initiative anderer Software-Hersteller gefragt. Es gilt, die "Fahrt auf dem Trittbrett" zu gestalten, d.h. einem breiteren Publikum solche Anwendungen nahe zu bringen, die zwar die Standards der Unterhaltungsindustrie nutzen, aber andere Inhalte vermitteln (z.B. Bewältigung von Alltagssituationen).

3.3 Gesellschaftliche Akzeptanz

Die Einführung neuer Medien wurde vor allem in den letzten 20 Jahren immer wieder zum gesellschaftspolitischen Thema. Dies gilt besonders für Medien, bei denen staatliche Institutionen ein Mitspracherecht besitzen (z.B. Kabel- und Satellitenfernsehen), aber auch bei Individualmedien wie der Videocassette oder dem PC.

Die Kritik und die Proteste lassen sich in folgende Phasen einteilen:

1. Unmittelbar zu dem Zeitpunkt, da das Medium der Öffentlichkeit präsentiert wird, entsteht eine unspezifische Angst vor der Macht und den Manipulationsmöglichkeiten durch das Medium.
2. Kurz danach befürchtet man gesundheitliche Schäden und Folgen für Wahrnehmungsmuster bei längerer und regelmäßiger Rezeption.

3. Ca. 10 Jahre später äußert man spezifische Kritik an bestimmten Medien*inhalten*, die meist als Verstöße gegen die allgemeinen Moralvorstellungen angesehen werden (z.B. Pornographie, Gewaltdarstellungen).

Bisher ist die erste Phase für das Medium VR noch nicht angebrochen. Die Thematisierung von sehr speziellen Anwendungen wie Cyber-Sex und militärischen Gefechtsfeldsimulatoren durch die Nachrichtenmagazine FOCUS und SPIEGEL können allerdings eine diffuse Angst vor VR durchaus provozieren.

Auch typische VR-Krankheitssymptome sind mit der "Simulator-Krankheit" (vgl. Willim 1993, S.278) bereits ins Gespräch gekommen.

4. Verdrängt oder ergänzt VR andere Medien?

Kommen wir noch einmal auf die "Virtual reality" als "medium to end all media" zurück: Wie wahrscheinlich ist es, daß VR alle anderen Medien bedeutungslos werden läßt?

Die Antwort lautet: Sehr unwahrscheinlich, denn obwohl beim Auftauchen eines neuen Mediums stets der Tod "alter" Medien beschworen wurde, blieben sie uns dennoch erhalten. Verändert hat sich aber ihre Funktion - sie konzentrierten sich fortan auf Bereiche, in denen ihre Stärken liegen. Das Radio wurde zum "Nebenbeimedium", das Kino zum "Erlebnismedium", die Zeitung zum "Hintergrundmedium". Diesen Funktionswechsel alter Medien erkannte Wolfgang Riepl bereits im Jahre 1913. Man spricht in diesem Zusammenhang auch vom "Rieplschen Gesetz".

Die Einführung von VR könnte allerdings zu einer Modifikation dieses Gesetzes führen. Hier ist es denkbar, daß die "alten" Medien als Anwendung *innerhalb* der virtuellen Realität weiterexistieren. Beispielsweise ist es heute im virtuellen Raum bereits technisch möglich zu telefonieren. Es stellt sich demnach nicht die Frage, ob VR andere Medien ergänzt oder verdrängt. VR wird wahrscheinlich als Medium in die Geschichte eingehen, daß andere Medien *integriert*.

Literatur

F. Biocca, J. Lanier: *An Insider's View of the Future of Virtual Reality.* In Journal of Communication, 42, 150-172, 1992

M. Bröckers: *Digital Magic: Das Cyberthon in San Francisco - Computerwelten des 21. Jahrhunderts*, 2. Folge. In Taz, 3.11.1990, S.18

L. Goertz: *Was ist Virtuelle Realität? Eine Beschreibung für Skeptiker und Neugierige.* Landesmedienstelle im Niedersächsischen Landesverwaltungsamt, 1993

W. Riepl: *Das Nachrichtenwesen des Altertums: Mit besonderer Rücksicht auf die Römer.* B.G.Teubner-Verlag, 1913.

B. Willim: *Zukünftige Berufsperspektive: Cyberspace Designer. In ders.: Designer im Bereich Animation und Cyberspace: Aus- und Weiterbildungsmöglichkeiten in Deutschland.* Drei-R-Verlag, 1993

Anwendungen und Trends

Echtzeitorientierte interaktive Simulation mit VR4RobotS am Beispiel eines Industrieprojektes

T. Flaig

Echtzeitorientierte interaktive Simulation mit VR4RobotS am Beispiel eines Industrieprojektes

Thomas Flaig

VR4RobotS ist ein neues Robotersimulationssystem zur Einsatzplanung von Fertigungszellen. Die Erweiterung herkömmlicher Simulationssysteme durch Virtual Reality Technologien hin zu einer mehr echtzeitorientierten interaktiven Simulation wird gezeigt. Anhand eines vom IPA durchgeführten Industrieprojektes werden der Einsatz und die Leistungsfähigkeit von VR4RobotS aufgezeigt.

Dipl.-Ing. Thomas Flaig, wissenschaftlicher Mitarbeiter des Fraunhofer-Instituts für Produktionstechnik und Automatisierung (IPA), Stuttgart.

1. Einleitung

In Folge ständig steigender Material- und Personalkosten sowie der Tendenz zu kleineren Losgrößen, hoher Variantenvielfalt und kürzeren Innovationszeiten, müssen in den Unternehmen alle vorhandenen Rationalisierungspotentiale ausgeschöpft werden. Die Verringerung der Fertigungstiefe und die Internationalisierung der Beschaffungs- und Absatzmärkte verschärft die Situation zusätzlich /1,3/.

Das Unternehmen im Spannungsfeld zwischen Markt, Umwelt und Gesellschaft zeigt <u>Bild 1</u>. Diese Bereiche wirken dynamisch auf das Unternehmen ein. Der Gesetzgeber erläßt veränderte Gesetze, Umwelt und Ökologie gewinnen zunehmend an Bedeutung, Kundenanforderungen wechseln immer schneller und erfordern kürzere Innovationszeiten und eine wachsende Internationalisierung erfordert eine Ausweitung des Marktes. Die strategischen Unternehmensziele Flexibilität, Qualität, Kosten, Auslastung und Durchlaufzeit müssen kontinuierlich überdacht und flexibel neue Schwerpunkte gesetzt werden.

Der rasante technische Fortschritt ist maßgeblich gekennzeichnet durch steigende Entwicklungszeiten für neue Produkte aufgrund zunehmender Komplexität und gleichzeitiges Sinken der Innovationszeiten. Dieser

Bild 1: Das Unternehmen im Spannungsfeld - Markt, Umwelt und Gesellschaft

Entwicklung muß von Seiten der Unternehmen mit einer effizienteren Produktentwicklung und -einführung begegnet werden, wobei gezielt neue Informationstechnologien eingesetzt werden müssen /2/.

Im folgenden wird besonders auf den Einsatz der Simulation bei der Produktion eingegangen und die Erweiterung durch Virtual Reality Technologien gezeigt.

2. Planungswerkzeug Simulation

Nach Definition des Vereins Deutscher Ingenieure (VDI) ist Simulation wie folgt umschrieben /4/:

> *Nachbildung eines dynamischen Prozesses in einem Modell zum Sammeln von Erkenntnissen, die dann in der Realität umgesetzt werden.*

In Simulationsprojekten wird von geplanten oder bereits realisierten realen Systemen ausgegangen, Bild 2.

Die Modellbildung erfordert eine Abstraktion dieses Systems. Das entstehende Simulationsmodell muß im Grade der Abstraktion an die geforderte Nachbildung angepaßt werden. Hierbei ist nach dem Leitsatz "So detailliert wie nötig, so abstrakt wie möglich" zu verfahren. Mit Hilfe der Simulationsexperimente wird versucht, formale Ergebnisse aus der Nachbildung des dynamischen Prozesses zu gewinnen. Eine Interpretation und Bewertung stellt diese Ergebnisse dann wieder in den Zusammenhang mit dem realen Prozeß. Modifizierungen können nun durchgeführt werden, um die gewünschten Verbesserungen zu erreichen. Gegebenenfalls können weitere Simulationsläufe mit dem modifizierten Prozeß durchgeführt werden, um iterativ zu einer Optimierung zu gelangen.

Die Vorteile des Einsatzes von Simulationssystemen in der Produkt- und Produktionsplanung sind folgende Hauptpunkte:

1) Dynamische Analyse

In einem Simulationssystem werden die nachgebildeten realen Verhältnisse dynamisch abgebildet. Der Benutzer kann Veränderungen vornehmen und deren Auswirkungen anhand des Simulationslaufes untersuchen.

2) Sichere Planung

Der simulierte Ablauf der realen Verhältnisse erlaubt die unterschiedlichsten Betrachtungsweisen. Spezielle Fragestellungen bei der Planung können ausführlich untersucht und somit Fehler vermieden werden.

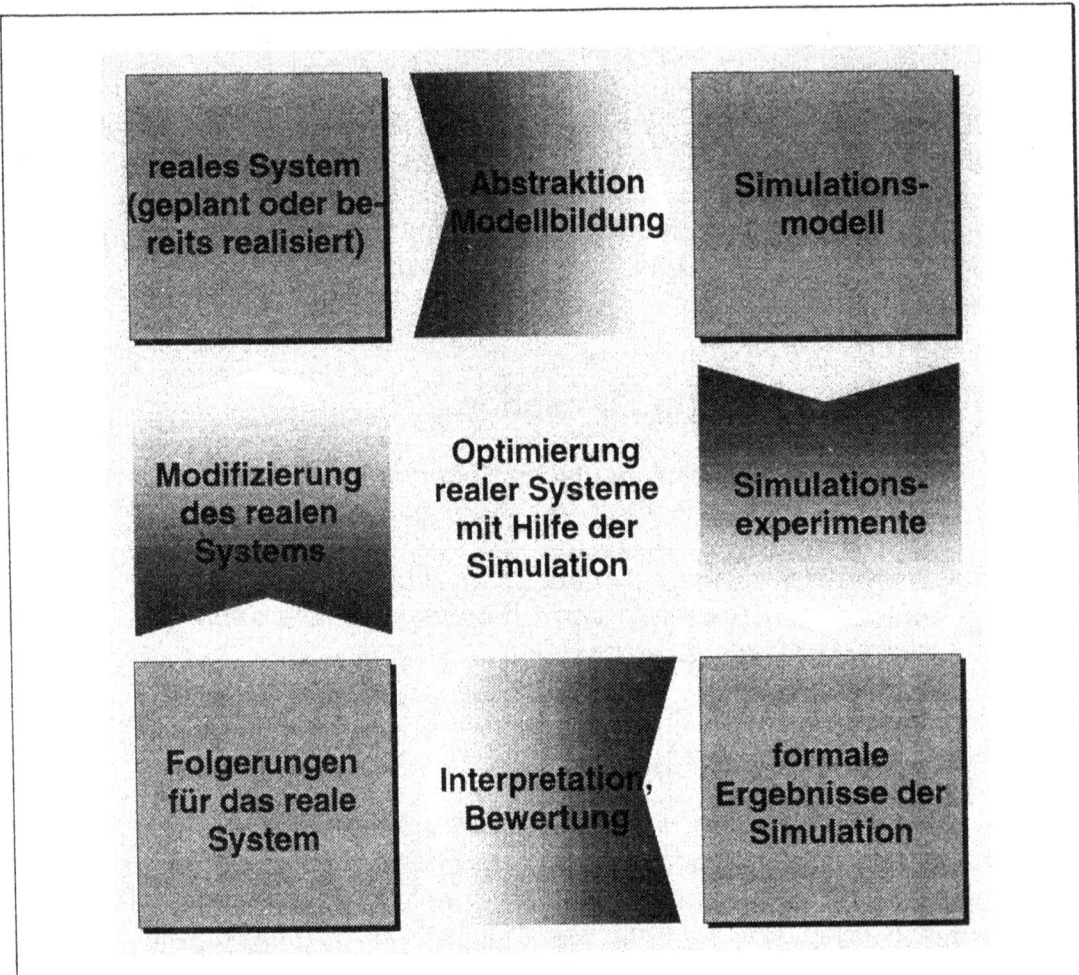

Bild 2: Ablauf einer Simulation nach ASIM

3) Objektive Entscheidung

Der Entwickler ist durch ein Simulationssystem nicht mehr nur auf seine Erfahrung und Wissen angewiesen, sondern kann das zu entwickelnde System austesten.

4) Reduzierte Kosten

Die höhere Planungssicherheit und die Verschiebung der Realisierung eines Prototypen in eine spätere Phase der Planung reduziert die Kosten der Entwicklung.

Die stark gesunkenen Kosten von leistungsstarker Computerhardware ermöglichen die Entwicklung verbesserter leistungsstärkerer Simulationssysteme, welche sich noch stärker an Echtzeitabläufen orientieren. Der Einsatz von Virtual Reality Technologie ermöglicht den Übergang von herkömmlichen Monitoringsystemen in der Simulation hin zu mehr Echtzeitverhalten und Interaktivität.

3. Virtual Reality in der Simulation

Anfang 1991 begann das IPA mit eigenen Entwicklungsarbeiten auf dem Gebiet Virtual Reality. Um Aufschluß über die Einsatzmöglichkeiten dieser neuen Schnittstelle zu erhalten, wurden die bestehenden Kontakte zu NASA-Spezialisten genutzt, um über Anwendungen im Bereich Automatisierung und Robotik zu diskutieren und sich über die Möglichkeiten dieser neuen Technik zu informieren.

Nachdem sich herausstellte, daß nur ein geringer Teil der Anforderungen, die sich im Automatisierungsbereich stellen, mit einem kommerziellen System realisiert werden können, wurde konsequent mit der Entwicklung eines eigenen Virtual Reality Systems begonnen. Dieses System ist den Echtzeitanforderungen im Automatisierungsbereich angepaßt /5,6/.

Mit dieser Workstation kann der Bediener in einer virtuellen Welt agieren. Die Kopf- und Handbewegungen werden über Sensoren erfaßt und in Echtzeit in die Simulation einbezogen. Die von den Graphikrechnern erzeugten Bilder werden direkt von den Kopfbewegungen des Bedieners gesteuert und auf das tragbare Stereodisplay übertragen, so daß er die simulierte Welt stereoskopisch erfassen und begreifen kann. Mit einer 6D-Steuerkugel kann sich der Bediener in der virtuellen Welt bewegen, ohne seinen (realen) Platz verlassen zu müssen. Die Handbewegungen des Bedieners können mittels Datenhandschuh oder Freeflying Joystick direkt

Anwendung \ Kennzeichen	Interaktivität	Universalität	Multimedialität	Immersibilität	Dynamik
Kinosysteme	○	●	●	●	●
Computergrafische Systeme	◐	●	○	◐	◐
diskrete Simulationssysteme	◐	●	◐	○	●
Virtual Reality Systeme	●	●	●	●	●

○ nicht erfüllt   ◐ teilweise erfüllt   ● erfüllt

Bild 3: Vergleich von Systeme zur Darstellung und Simulation von dynamischen Prozessen

zur Manipulation von graphischen Objekten wie z. B. das Greifen und Bewegen von Objekten, umgesetzt werden.

Der lauffähige Prototyp (VR4RobotS) wurde im Rahmen einer Pressekonferenz und auf Messen wie CeBit 92, Hannover Messe Industrie 92 und der CAT 92 in Stuttgart der interessierten Öffentlichkeit präsentiert.

Weiterentwicklungen am Prototyp wurden am IPA in Stuttgart durchgeführt. Hierbei stand die Erweiterung herkömmlicher Simulationssysteme in der Produktion durch Virtual Reality Technologien im Vordergrund. <u>Bild 3</u> zeigt den Vergleich der unterschiedlichen Systeme zur Darstellung und Simulation von dynamischen Prozessen /7/.

Kinosysteme bieten durch Rundumprojektion von Bildern und Geräuschen eine nahezu perfekte Illusion. Hierbei ist eine Interaktion mit dem System nicht möglich. Der Benutzer kann nicht in den dramaturgischen Ablauf eingreifen. Computergraphische Systeme sind ähnlich gebaut wie Kinosysteme. Berechnete Bilder mit sehr hoher Realitätstreue werden von einem Speichermedium dem Betrachter auf einem Bildschirm oder Leinwand vorgespielt.

Diskrete Simulationssysteme sind gekennzeichnet durch eine gute Darstellung des dynamischen Verhaltens von Prozessen. Die Realisierung dieser Systeme erfolgt als Monitoringsysteme mit dem Nachteil der eingeschränkten Interaktion.

Virtual Reality Systeme bieten gegenüber herkömmlicher Computersimulation zwei Hauptvorteile:

1) Immersibilität und Multimedialität

Die graphische Darstellung ist stereoskopisch und damit dreidimensional. Hinzu kommt, daß der Blickwinkel nicht über manuelle Hilfsmittel eingestellt werden muß sondern interaktiv durch Kopfbewegungen bestimmt wird. Der Bediener kann sich also in der "virtuellen Welt" umsehen. Diese Immersibilität wird jedoch nur gewährleistet durch echtzeitorientiertes Erzeugen der virtuellen Welt.

2) Interaktivität

Durch die Eingabemöglichkeit mittels Datenhandschuh oder Freeflying Joystick besteht die Möglichkeit, interaktiv dreidimensionale Eingaben zur Manipulation von graphischen, virtuellen Objekten vorzunehmen. Räumliche Eingaben und Veränderungen können so wesentlich schneller, sicherer und komfortabler vorgenommen werden.

4. Simulation mit VR4RobotS

Für die Firma Boehringer Mannheim GmbH realisierte das IPA in Stuttgart eine interaktive Computersimulation einer Industrieroboterlinie zur Abfüllung von Kunststoffflaschen. Die Simulation wurde durchgeführt mit dem echtzeitorientierten interaktiven Simulationssystem VR4RobotS.

Die Firma Boehringer Mannheim GmbH ist ein pharmazeutisches Unternehmen, das sich in den letzten 10 Jahren zu einem der weltweit bedeutendsten Diagnostika-Hersteller entwickelt hat. Diagnostikaprodukte bestehen aus flüssigen, pulver- oder granulatförmigen Rezepturen, die in unterschiedlichsten Füllmengen in unterschiedlichsten Flaschenformaten abgefüllt werden. Für kleine Losgrößen werden heute manuelle Abfüllstationen eingesetzt. Diese sind durch enorme Flexibilität bei hohem Personalaufwand gekennzeichnet. Für große Chargen werden hohe automatisierte Abfüllanlagen mit teilweise sehr hohen Austragsleistungen eingesetzt, die jedoch aufgrund ihrer spezifischen Anpassung an einzelne Produkte sehr unflexibel bezüglich Produktwechsel sind. Eine steigende Produktvielfalt bei gleichzeitig abnehmenden Chargengrößen bedingt jedoch ein vermehrtes Umrüsten der Abfüllanlagen. Aufwendige manuelle Umrüstarbeiten werden notwendig, die lange unproduktive Stillstandszeiten zur Folge haben.

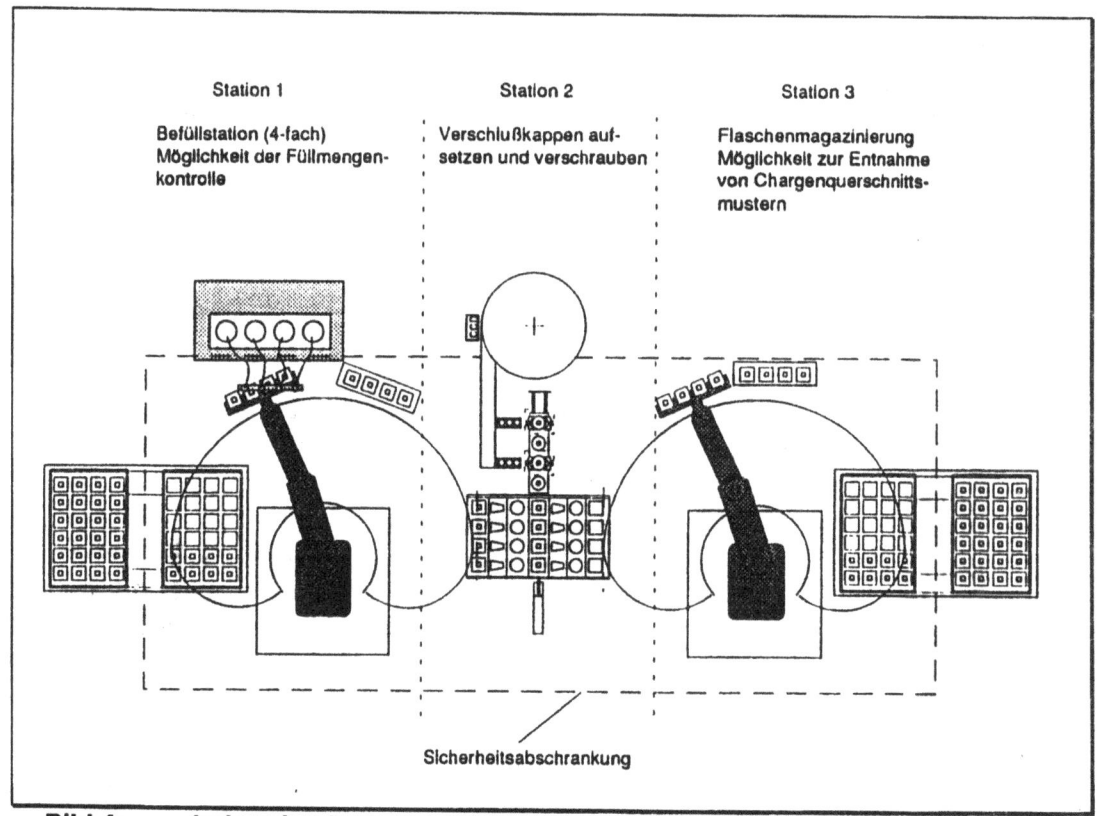

Bild 4: Industrieroboterlinie für Kunststoffflaschen

Mit dem Konzept einer, vom IPA entwickelten Roboterabfüllanlage wurde eine neue, innovative Abfülltechnologie aufgezeigt. Die entscheidenden Vorteile dieses Anlagenkonzeptes sind die sehr hohe Flexibilität bezüglich der Flaschenformate sowie die auf ein Minimum reduzierten manuellen Umrüsttätigkeiten, die zusammen eine wesentliche Erhöhung der Anlagenverfügbarkeit bewirken. Zum Nachweis der Machbarkeit und Evaluierung der Taktzeiten und Systemzuverlässigkeiten wurde am IPA eine interaktive Computersimulation mit Hilfe der Virtual Reality Technologie durchgeführt.

Die Industrieroboterlinie hat die Aufgabe, Kunststoffflaschen für Diagnostika in drei aufeinanderfolgenden Stationen einem Magazin zu entnehmen, zu befüllen, zu verschließen und wieder in einem Magazin abzustellen. Zwei Industrieroboter führen die notwendigen Handhabungsaufgaben aus. In einer ersten Station werden die Kunststoffflaschen einem Magazin entnommen und an einer flexiblen Befüllstation mit programmierbarem Füllvolumen befüllt. Die zweite Station versieht die Flaschen mit einer Verschlußklappe, welche aufgesetzt und verschraubt werden muß. An der dritten Station werden die Flaschen wieder magaziniert. Ein schnelles Umrüsten der Abfüllanlage auf unterschiedliche Flaschenformen mit unterschiedlichen Füllmengen ist schnell möglich.

Mit Hilfe der Virtual Reality Technologie ist es nun erstmals möglich, eine Simulation dieser Abfüllanlage in Echtzeit durchzuführen. Diese interaktive Echtzeitsimulation bietet die Möglichkeit, die flexible Abfüllanlage in einem frühen Stadium auf Funktionalität und Tauglichkeit zu prüfen. Rechtzeitige Änderungen zur Erhöhung der Flexibilität können so im frühen Planungsstadium durchgeführt und Folgekosten vermieden werden. Der dreidimensionale Eindruck der Simulation durch die Virtual Reality Technologie läßt den Betrachter vergessen, sich in einer Simulation zu befinden. Er gewinnt einen intuitiven Eindruck von der geplanten Anlage und kann jedes gewünschte Detail nach seinem eigenen Belieben untersuchen. Die realitätsgetreue Simulation der in der Anlage auftretenden Bewegungsabläufe in Echtzeit bietet die notwendige Voraussetzung für eine verbesserte Evaluierung der systemrelevanten Taktzeiten. Ohne eine Echtzeitsimulation sind diese Taktzeiten nur annähernd abzuschätzen, was bei nicht korrekten Zeiten zu einer falschen Abschätzung der Rentabilität einer solchen Anlage führen würde.

Die Evaluierung der flexiblen Roboterabfüllanlage wurde mit Hilfe der echtzeitorientierten interaktiven Simulation am Demonstrationszentrum Virtuelle Realität des Fraunhofer-Instituts für Produktionstechnik und Automatisierung in Stuttgart durchgeführt. Die Anlagensimulation erfolgte in mehreren Schritten. Zu Beginn wurde ein Anlagenmodell bestehend aus 3D-Objekten im Rechner erstellt. Dieses Modell bildet im weiteren die Grundlage für die Evaluierung der Funktionalität, der Taktzeitabschätzung und des Platzbedarfs.

Die Durchführung der Funktionalitätsüberprüfung der flexiblen Roboterabfüllanlage erforderte die Nachbildung der Anlagenkomponenten, Bild 5. Die Realisierung erfolgte in zwei Stufen. Stufe eins beinhaltete die Modellierung der Anlagenkomponenten als 3D-CAD-Modell. Folgende Auflistung zeigt eine Zusammenfassung der charakteristischen Kenngrößen des Simulationsmodells.

Kenngrößen des Simulationsmodells:

- 1920 Objekte mit zusammen 15888 Polygonen
- 174 bewegliche Objekte
- 6,5 Bilder pro Sekunde

In einem zweiten Schritt wurde die Ablaufsteuerung für die flexible Roboterabfüllanlage erstellt. Die Steuerung aller Bewegungen in der Simulation wird auf einem Transputersystem im Hintergrund berechnet. Dies hat den Vorteil, daß die Bewegungen und deren gegenseitige Abhängigkeiten in Echtzeit bestimmt und auch ausgeführt werden.

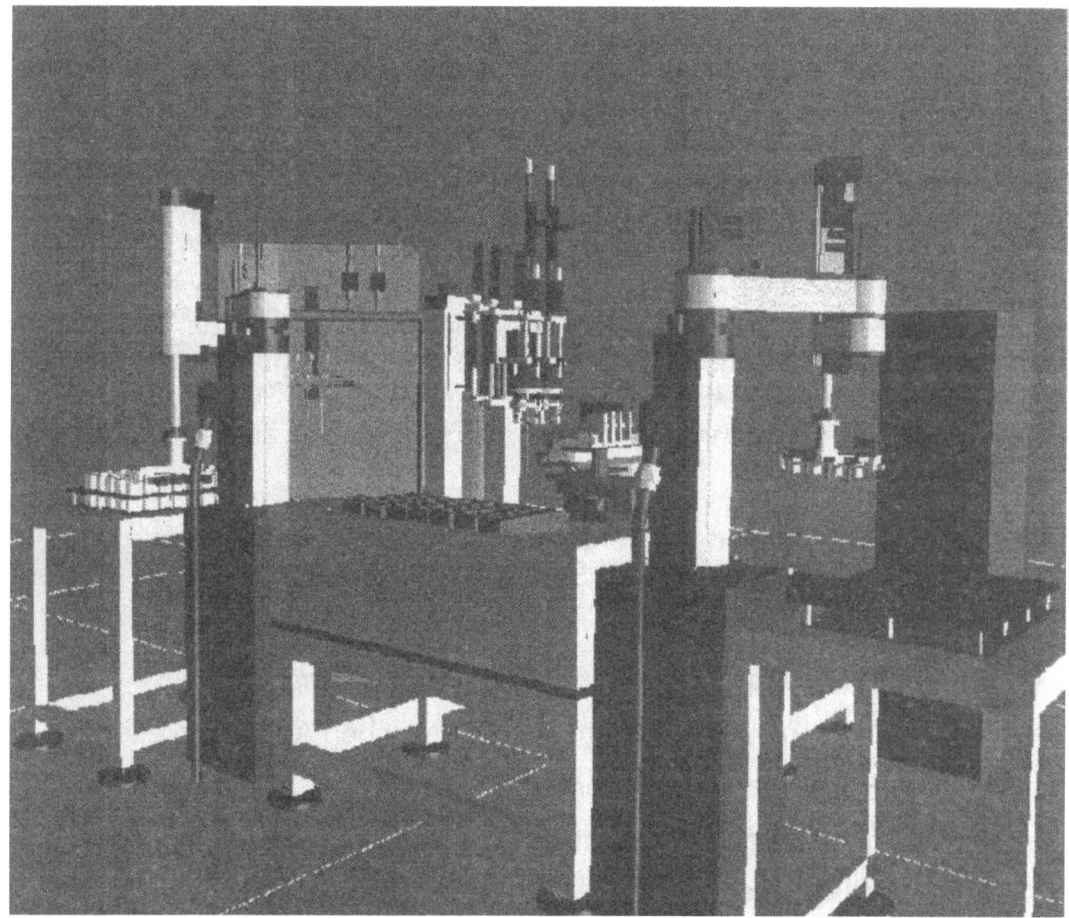

Bild 5: Modell der Industrieroboterlinie für Kunststoffflaschen

Die Bestimmung der Taktzeiten innerhalb der flexiblen Roboterabfüllanlage wurde durch die Simulation der Bewegungsabläufe durchgeführt. Wie bereits beschrieben, wird die Steuerung der Bewegungen nicht auf den Graphikrechnern durchgeführt. Die Berechnung wird von einem Parallelrechnersystem übernommen und kann so, unabhängig von der gezeichneten Bildfrequenz der Graphikrechner, in Echtzeit durchgeführt werden. In der Ablaufsteuerung der Bewegungen wurden folgende Randbedingungen berücksichtigt:

- Paralleles Abarbeiten von überlagerten Bewegungen.
- Vorgabe von Geschwindigkeiten für die Bewegungen der beiden Industrieroboter, der Verfahrachse des Takttisches und der Schrauberwerkzeuge anhand der Kenndaten und aus Erfahrungswerten am IPA.

Abschließend wurde in der flexiblen Roboterabfüllanlage der Platzbedarf abgeschätzt und die Aufstellung der Anlagenkomponenten nochmals optimiert.

5. Zusammenfassung

Simulation gilt als eine der Schlüsseltechnologien der 90er Jahre. Der Nutzen der Simulation mit VR4RobotS liegt zum einen darin, daß durch die Datenanalyse für die Modellerstellung eine bessere Kenntnis der Produktionsprozesse erhalten wird. Die Datenanalyse erhöht somit die Transparenz der Produktionsprozesse. Zusätzlich können komplexe Problemstellungen mit hoher Genauigkeit bewertet werden. Zum anderen können durch die schnelle und praxisnahe technische Bewertung von Lösungsansätzen die Planungszyklen erheblich verkürzt werden. Dies ist vor allem für das Simultaneous Engineering eine wertvolle Unterstützung, da bei der Parallelisierung von Entwicklungsprozessen Wartezeiten für konventionell durchzuführende Bewertungen eine schnelle Planung verzögern /2/.

Bei der echtzeitorientierten interaktiven Simulation in der Planung und der Unterstützung des Betriebes von Systemen lassen sich folgende Vorteile zusammenfassen:

- Erhöhung der Transparenz von Produktionsprozessen.
- Bewertung von multivariablen und dynamischen Abhängigkeiten.
- Erhöhung der Planungssicherheit.
- Verkürzung von Planungszeiten.
- Wirtschaftlichkeitsanalyse.
- Erschließung von Rationalisierungspotentialen.

Zusammenfassend läßt sich feststellen, daß durch die interaktive Simulation der flexiblen Roboterabfüllanlage eine Erhöhung der Planungssicherheit erreicht wurde. Hierdurch wurde der Aufwand an Zeit und Kosten bei der Umsetzung der Konzeptideen verringert.

Literatur

/1/ Berthold Leibinger: *"Baden Württemberg auf dem Weg in das Jahr 2000"*, Zukunftskongress Wirtschaft 2000, Haus der Wirtschaft, Stuttgart, 1993.

/2/ W. Eversheim: *"Simultaneous Engineering - eine organisatorische Chance"*, VDI Gesellschaft Produktionstechnik (ADB), Simultaneous Engineering, VDI-Verlag, 1989.

/3/ B. Schönwald: *"Von der Idee zum Produkt - Simultaneous Engineering als Bestandteil von Forschung und Entwicklung"*, VDI Gesellschaft Produktionstechnik (ADB), Simultaneous Engineering, VDI-Verlag, 1989.

/4/ N. N.: *"Anwendung der Simulationstechnik zur Materialflußplanung"*, VDI 3633.

/5/ Thomas Flaig: *"Einsatz von Transputersystemen zur Simulation und Steuerung von Industrierobotersystemen"*, Tagungsunterlagen des 1. VR-Forum '93, Anwendungen und Trends, Februar 1993, Stuttgart, Deutschland.

/6/ W.-M. Strommer, J.-G. Neugebauer, T. Flaig: *"Transputer-based Virtual Reality Workstation as Implemented for the Example of Industrial Robot Control"*, Proceedings of the 2nd International Conference Informatique '93, March 1993, Montpellier, France.

/7/ P. Lorenz: *"Simulation und Virtuelle Realität"*, VDI Berichte 989 - Simulation von Systemen in Logistik, Materialfluß und Produktion, Oktober 1992, München.

Responsive Workbench
W. Krüger, B. Froehlich

Responsive Workbench

Towards a user-centered, application-driven multimedia human-computer interface

Wolfgang Krueger, Bernd Froehlich
German National Research Center for Computer Science,
Scientific Visualization Department

The standard metaphor for human-computer interaction has been based on the daily experience of a white-collar office worker. Since 20 years more and more enhanced desktop-systems have been developed providing the user with tools as line and raster graphics, WIMP GUI's and advanced multimedia extensions. With the advent of immersive virtual environments the user arrived in 3D space. Walkthrough experiences, manipulation of virtual objects, and meetings with synthesized collaborators have been proposed, the special human-computer interfaces for pilots and telepresence tasks became available to the ordinary user.

There is another approach to the design problem for future human-computer interfaces. Based on the early ideas of Myron-Krueger [1] non-immersive interactive multimedia environments have been developed. Basically, they refer rigorously to the user's point of view. Application-oriented environments have been proposed and built to support the specific problem solving process. The computer acts as an intelligent server in the background providing necessary information across multi-sensual interaction channels (see [2, 3] for instance).

Virtual working environment for scientists, physicians and architects

The "Responsive Workbench" concept has been developed as an alternative model to the multimedia and virtual reality sytems of the past decade. Analyzing the daily working situation of such different computer users as scientists, architects, pilots, physicians, service people in travel agencies and at ticket counters we recognized that almost nobody would like to live with simulations of the world one is interested in on a desktop environment. Generally, the users want to focus on their tasks rather than on operating the computer. The future computer system should use and adapt to the rich human living environments. It should be designed to work as a part of a responsive environment.

Scenario

Virtual objects and control tools are located on a real "workbench" (see Fig. 1). The objects, displayed as computer-generated stereo-images are projected onto the surface of the workbench. This setting corresponds to the actual work situation in an architect's office, at surgery environments, on the workbench for 3D atlases, etc. A guide uses the virtual working environment while several observers can also watch events through shutter glasses (see Fig. 2). The participants operate within a non-immersive virtual environment. Depending on the application, various input and output modules can be integrated, such as motion, gesture and language recognition systems which characterize the general trend away from the classical human-machine interface. Several guides can work together on similar environments either locally or by using broadband communication networks. A responsive environment, consisting of powerful graphic workstations, tracking systems, cameras, projectors, and microphones, replaces the traditional multimedia desktop workstation.

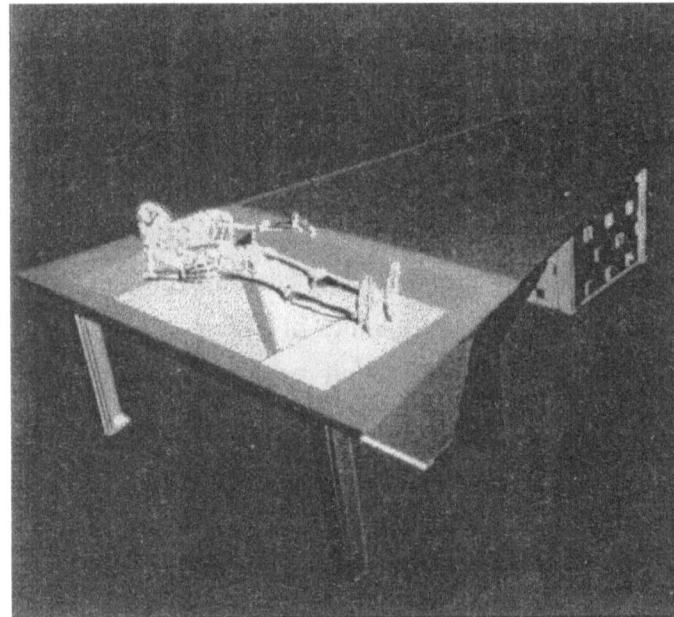

Fig. 1 Scheme of Responsive Workbench   Fig 2 Cooperative work of architects

Realization

- *Application Interface*

To get correct stereo rendering from any location around the workbench it is necessary to keep track of the observers' eyes positions. This is done by mounting a Polhemus at the side of the shutterglasses, which delivers position and orientation data for the head allowing the calculation of the position for each eye (see Fig. 2).

The most important and natural manipulation tool for virtual environments is the user's hand, in our environment the real hand, not a computer generated representation. The user has to wear a dataglove with a Polhemus mounted on the back of the hand. Gesture recognition and collision detection algorithms, based on glove and Polhemus data, compute the users interaction with the virtual world objects. Operations on topology and geometry of objects were implemented on top of this basic level, e. g. removing and adding vertices to objects, tweaking of vertices as well as picking and moving around objects.

Another approach for interaction with virtual world objects, which fits excellently in our responsive environment, is via natural language. Commands like "zoom in", "rotate" or "transparency" are issued by the user and recognized with a neuronal network running on a dedicated CPU or separate workstation.

- *Feedback*

Low latency plays an important role in virtual environments. The head movement needs the fastest possible visual feedback, because incorrect perspective rendering strongly reduces the realistic appearance of virtual objects. Therefore, the latest available Polhemus data is read directly before the culling process starts, defining the new viewing frustra. Hand tracking and speech recognition are not such real time critical, a delay of two or three frames seems not noticeable compared to delayed head movement response. Fast sound feedback coupled to collision detection yields a more realistic feeling of user interaction.

- *Rendering*

The project is implemented on a Silicon Graphics Onyx RE2 workstation. Rendering is done using IRIS Performer, which uses efficiently multiprocessors and multiprocessing to achieve realtime graphics performance. Performer supports parallel processes for application computations, culling and rendering as well as static and dynamic objects.

Applications

Based on current research projects in the field of computer graphics and visualization, the following applications have been embedded in this new type of environment:

- Surgery planning and non-sequential medical training.

    This application shows a model of a patient, called the transparent woman, in a teacher/student scenario. The patient's skin can become transparent and the arrangement of the bones becomes visible (see Fig. 3-5). Now it's possible to pick a bone with the dataglove and examine the joints where it is connected to or take a close look at the bone itself (Fig. 6). A different scenario is surgery planing with real data sets from CT or MRI measurements.

- Design and discussion process in Architecture, landscape and environment planning.

    An architectural model is shown on the workbench, in our case the area around the buildings of our company. In front of the table a couple of architects discuss about the model, moving around buildings or other objects like trees in the virtual world (see Fig. 2). Additionally lightsources can be set by the Data Glove to simulate different times of the day. For this environment the concept of active objects appears to be essential, e.g. cars driving around, pedestrians walking along the street, and so on. The problem of generating an animation path for each object is easily solved by an additional Polhemus, which can be moved around in the virtual world like an object to be animated. The Polhemus generates the position, orientation and velocity data for the animation path.

Future Work

This project is designed to demonstrate the ideas and power of future cooperative responsive environments. Further applications on this virtual workbench will be an adapted "virtual windtunnel" for car design and the simulation of air and ground traffic on airports. Generally, the issue is to discuss and analyze the specific tasks and working situations with other classes of users, not used to work around a workbench, for example. As with other virtual environments the technical problems are given by realtime rendering of complex scenes and by latency. Special prediction filters will lower the time delay to less than 0.1 second. All our experiments show that tactile feedback via the data glove is most desirable.

Acknowledgement

We thank our colleagues and students Manfred Berndtgen, Christian Bohn, Heinrich Schueth, Thomas Sikora, Josef Speier, Wolfgang Strauss and Juergen Ziehm for their extraordinary involment in SW/HW management and modelling.

References

[1] M. W. Krueger, Artificial Reality II, Addison-Wesley, Reading, 1991

[2] J. Nielsen, Noncommand User Interfaces,
Communication of the ACM 36, No. 4 (April 1993), 83-99

[3] A. Marcus, Human Communications Issues in Advanced UI's,
Communication of the ACM 36, No. 4 (April 1993), 101-109

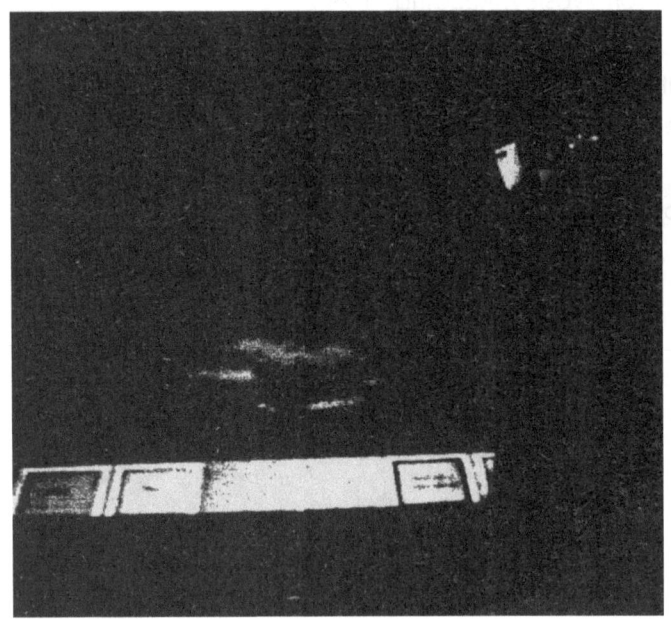

Fig. 3 Medical application on Responsive Workbench

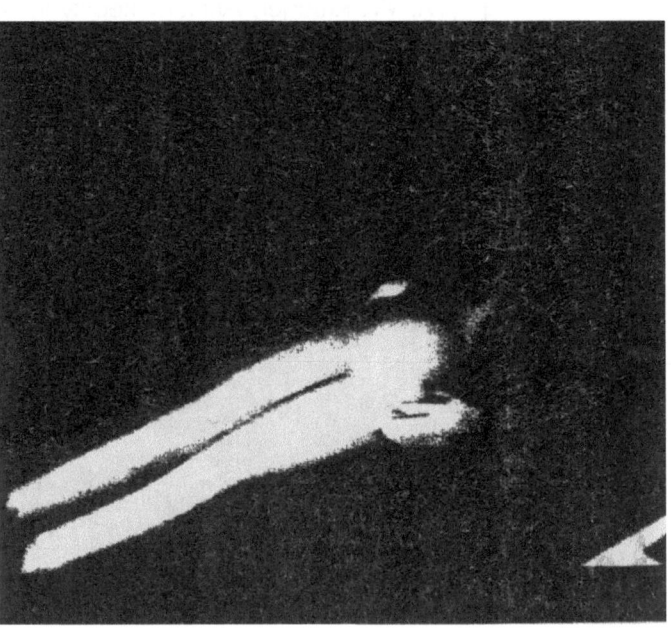

Fig. 4 Stereo rendered body

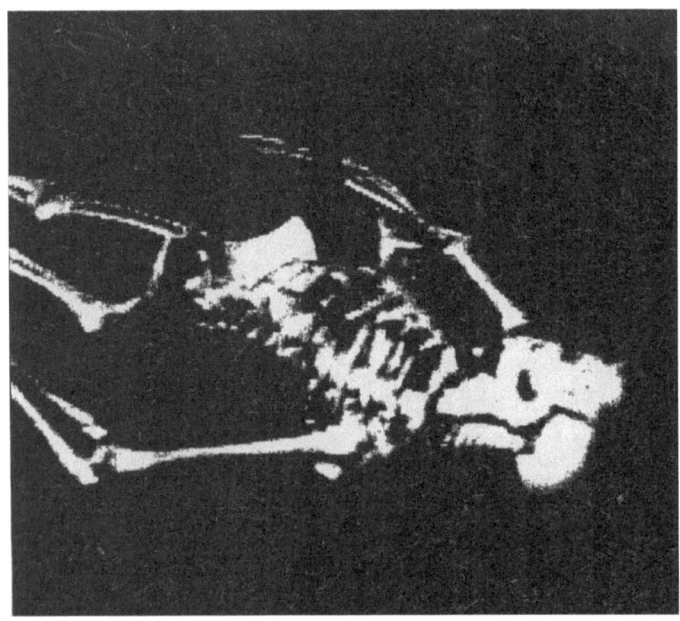

Fig. 5 Zooming in and variation of transparency

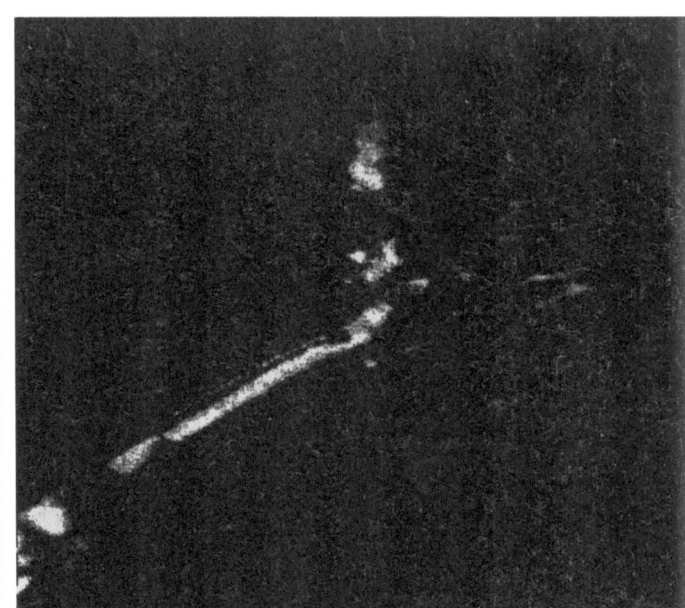

Fig. 6 Interactive Simulation of bone surgery

CIA-Tool: Kooperativ-interaktives Planen in virtuellen Räumen

W. Bauer, M. Bues, O. Riedel

CIA-Tool:
Kooperativ-interaktives Planen in virtuellen Räumen

Wilhelm Bauer, Matthias Bues, Oliver Riedel

Fraunhofer-Institut für Arbeitswirtschaft und Organisation (IAO)
Nobelstraße 12, 70569 Stuttgart
email: [w_bauer | m_bues | o_riedel]@iao.fhg.de

1 Abstract

In many planning tasks the planning specialist sooner or later is confronted with the necessity of presenting his/her design to the future user and altering the design if necessary. In the ideal case the iterative planning process should be carried out interactively with the user to essential reduce the duration of each step in the iterative planning spiral. Further advantages of such a general cooperation between planer and user in a design would be the reduction of costs which nearly is inseperable from the shortening of the time duration. In addition, there is the possiblity to more quickly evaluate various varients of the design.

This approach was partially already applied in a prototype for the planning of rooms [Bauer93a] wherein the main focus of the planning was on the *interactive* aspects and less focus was placed on the conception of the Computer Supported Cooperative Work (CSCW). The reasons for this were the lack of suitable quality and quantity of the necessary hardware, as well as the unsolved problems of integrating several VR-devices within an application. Through a strategic alliance with the British firm, Division, which include the common development of new software package, the realization of most of the concepts of the Cooperative-Interactive Application Tool (CIA-Tool) was made possible. The possibilities of the CIA-Tool with an application such as interior design was already established in 1993 ([Bauer93b], [Bauer93c]). A part of the software will be made commercial available with the next release of the product Xdvise from the Division company.

2 Einleitung und Problemstellung

Bei vielen Planungsaufgaben steht der Fachspezialist früher oder später vor der Aufgabe, die Entwürfe seiner dann realisierten Planung dem zukünftigen Anwender zu präsentieren und aufgrund von Diskussionsergebnissen wiederum Änderungen vorzunehmen. Im Idealfall sollte dieser iterative Planungsprozeß interaktiv mit dem Anwender durchgeführt werden können, um die Dauer der Planungsschritte wesentlich zu verkürzen. Weitere Vorteile eines solchen gemeinsamen Arbeitens von Planer und Anwender an einem Entwurf sind die fast automatisch mit der verkürzten Zeitdauer einhergehende Reduktion der Kosten, sowie die Möglichkeit zur schnelleren und gleichzeitigen Evaluierung mehrerer Entwurfsvarianten.

Dieser Ansatz wurde in Teilen schon in einen Prototyp zur Planung von Arbeits- und Büroräumen umgesetzt [Bauer93a]. Hierbei lag der Schwerpunkt auf der *interaktiven* Planung, weniger auf dem Gedanken des Computer Supported Cooperativ Work (CSCW). Gründe dafür waren zum einen der Mangel an geeigneter Qualität und Quantität der dafür notwendigen Hardware, sowie die bis dahin noch nicht gelösten Probleme der Koppelung mehrerer VR-Anlagen innerhalb einer Applikation. Durch eine strategische Allianz mit der britischen Firma Division, die eine gemeinsame Entwicklung eines neuen Softwarepaketes einschloß, wurde die Realisierung der wesentlichen Konzepte des Cooperativ-Interactiv Application Tool (CIA-Tool) ermöglicht. Die Funktionalität des CIA-Tools innerhalb einer Anwendung, wie z.B. der Innenraumgestaltung, wurden bereits 1993 vorgestellt ([Bauer93b], [Bauer93c]). Teile dieser Software werden mit dem nächsten Release des Produktes Xdvise der Firma Division kommerziell verfügbar sein.

3 Grundkonzeption des CIA-Tool

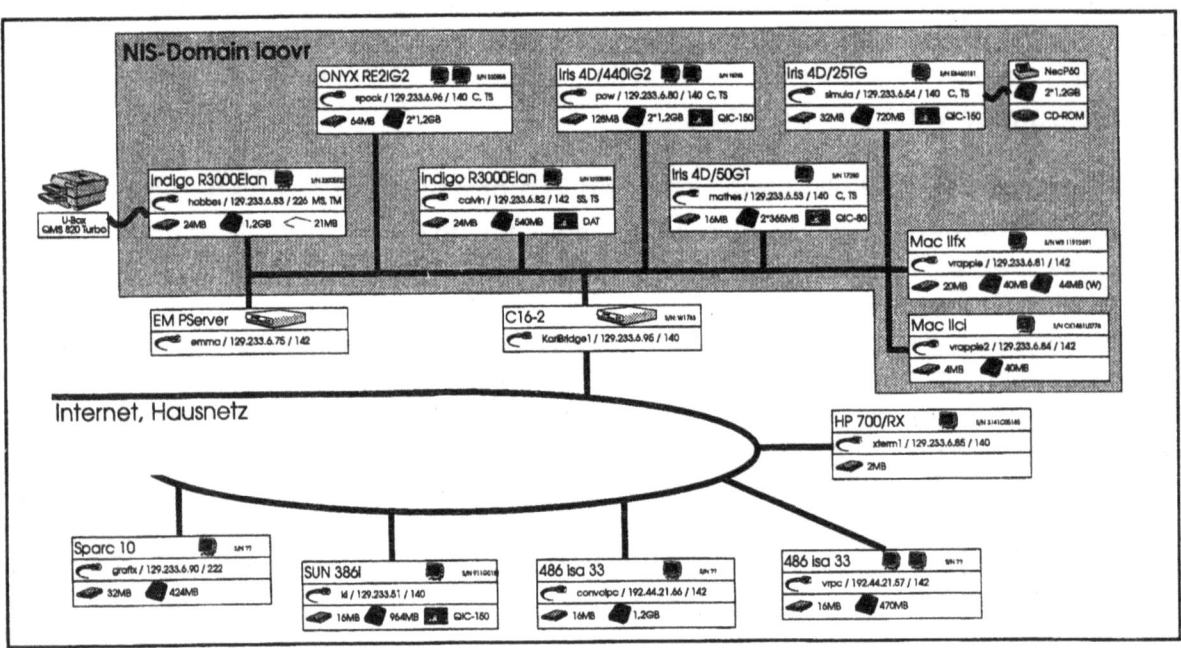

Abbildung 1: CIA-Hardware-Umgebung am IAO

Die Grundkonzeption des CIA-Tools geht von einer erweiterten Objektstruktur auf der Basis einer objektorientierten Datenbank aus. Diese Struktur, sowie die Implementierung mit Hilfe der C++-Erweiterung POET ist in [Häfner94] näher beschrieben. Weitere Kriterien bei der Erstellung der Grundkonzeption waren u.a. die Verwendung der bereits in früheren Applikationen eingesetzten Benutzeroberfläche VIRUSI (siehe [Riedel93], [Musil93]) sowie die Unabhängigkeit von der Grafikhardware. Die Plattform für die Realisierung sollten Rechner der Firma SiliconGraphics sein, wobei der Schwerpunkt auf die Verwendung von Dual-Headed-Grafikmaschinen gelegt wurde.

Aufgrund der fast vollständigen Binärkompabilität der Produktpalette, die schon in früheren Projekten untersucht wurde, wurde hier auf einen Test der Abwärtskompabilität verzichtet.

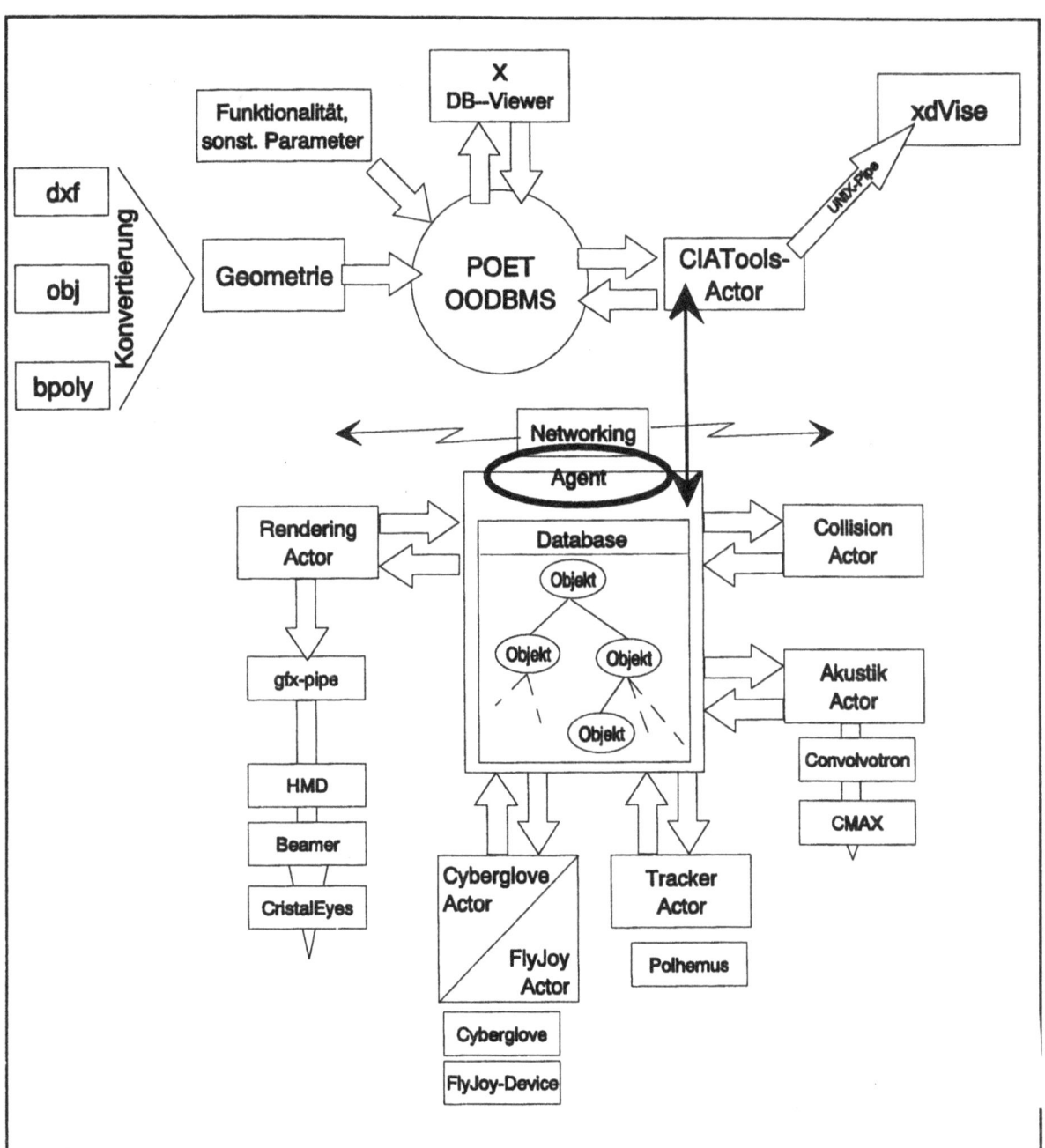

Abbildung 2: Soft- und Hardwarekonzept des CIA-Tools

Als Hardwareumgebung ist die in Abbildung 1 dargestellte Konfiguration im Einsatz. Die beiden Dual-Headed-Maschinen sind zum einen eine Skywriter VGXT und zum anderen einer ONYX RE², die beide sowohl als Enwicklungsplattform, als auch als Runtime-Maschine benutzt werden können. Um die erforderliche Netzgeschwindigkeit erzielen zu können, sind die beiden Rechner vom übrigen Ethernet-Hausnetz durch eine Bridge entkoppelt, die bidirektional bis auf Socket-Ebene hinunter den Netzverkehr filtern kann, um unerwünschte Kommunikation zu verhindern. Die übrigen Computer in dem Teilnetz werden hauptsächlich zur Software-Entwicklung eingesetzt oder können im laufenden Betrieb des CIA-Tools die Resourcen wie z.B. Texturen erweitern.

An die Funktionalität des CIA-Tools wurden folgende Anforderungen gestellt:

- Freie Plazierung und Orientierung der Objekte,
- Plazierungs- und Orientierungshilfen mit frei einstellbarem Raster,
- Freie Farbgestaltung der Objekte,
- Freie Gestaltung der Objektoberflächen mit Texturen,
- Freie Skalierbarkeit der Objekte,
- Ergonomische Benutzeroberfläche (Arbeiten hierzu siehe u.a. [Ziegler93]),
- Im- und Export von Basisobjekten auf Regelgeometriebasis aus CAD-Systemen,
- Freie Skalierbarkeit der Benutzer,
- Optische und akustische Repräsentation der anderen Benutzer,
- Auswahl der Objekte und ihrer Parameter in ihrem jeweiligen Kontext,
- Manipulierbare Objekthierarchie, etc.

In Abbildung 2 ist das Grundkonzept der Implementierung dieser Anforderungen mit der eingesetzten Hard- und Software zu sehen. Zentraler Bestandteil dieser Implementierung ist der "Agent", der die Steuerung der Applikation übernimmt. Er steht in einer bidirektionalen Verbindung zum "Actor" des CIATools, über den er ständig Verbindung zur Datenbank hat. Der Agent hält jedoch eine lokale Kopie der Szene und sendet Nachrichten über Veränderungen an den CIATool-Actor und mögliche andere, verteilt laufende CIATool-Agenten. Das bedeutet, daß Veränderungen, die vom VR-System aus durchgeführt werden, jederzeit auch von der normalen Datenbankoberfläche aus verwendet werden können. Dies ist z.B. wichtig, wenn auf eine Planung eines Innenraumes mit herstellerspezifischen Möbeln ein Facility-Management folgen soll. Erwähnenswert ist auch die hardwareunabhängige Implementierung auf Actorebene. Die entsprechenden Geräte (Tracker, HMD's, etc.) werden über spezielle Treiber an den Actor angeschlossen.

4 Software-Konzept

4.1 Benutzerinterface

Frühere software-ergonomische Untersuchungen des IAO [Riedel93] haben ergeben, daß eine vorwiegend iconorientierte Benutzerführung einer eher gestengesteuerten vorzuziehen ist. Hinzu kommt, daß für die CIATools als Interaktionswerkzeug alternativ ein Datenhandschuh oder ein Flying Joystick [Heffner94] eingesetzt werden soll. Daher wurde für CIATools eine Icon-orientierte Benutzerführung gewählt. Die Anordnung der Icons wurde gegenüber früheren Applikationen des IAO modifiziert, wobei Erfahrungen aus der oben erwähnten Untersuchung eingingen.

Beim Einsatz eines Flying Joystick wird dieser in der virtuellen Welt als dreidimensionaler Pfeil dargestellt; mit diesem kann der Benutzer nach Objekten greifen und die Bewegungsrichtung bestimmen. Die Zuordnung der Tasten des in dieser Applikation verwendeten Flying Joysticks zeigt Abbildung 3.

Bewegungen über die Vorwärts-/Rückwärts-Tasten sind jederzeit möglich, unabhängig von einer eventuell gleichzeitig aktivierten anderen Funktion (Dies ist einer der Hauptvorteile gegenüber der Steuerung mit einem DataGlove, bei dem die Trennung zwischen Bewegung und Halten/Interaktion mit einem Objekt nur sehr schwer durchgeführt werden kann.)

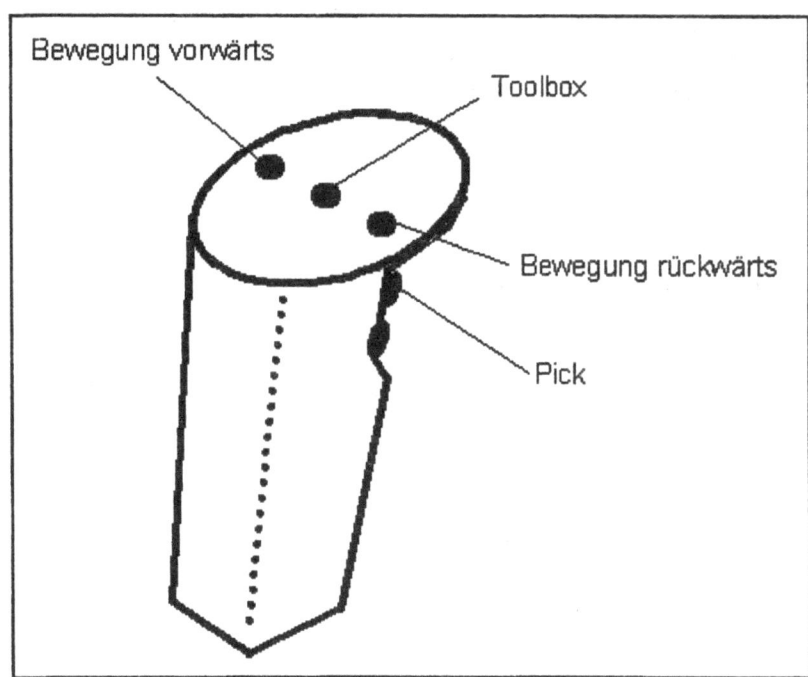
Abbildung 3 Flying Joystick - Tastenbezeichnung

Die Verschiebung bzw. Rotation von Objekten kann ebenfalls ohne Aktivierung einer Werkzeugkasten-Funktion durchgeführt werden. Dazu wird das betreffende Objekt mit dem Pfeil berührt und mit der Pick-Taste festgehalten. Die Bewegung des Objektes ist dann an die Bewegung der Hand gekoppelt, solange die Pick-Taste gedrückt bleibt. Diese Art der Interaktion erlaubt eine schnelle und präzise Positionierung der Objekte. Die Freiheitsgrade und Grenzen, in denen das Objekt bewegt werden kann, sind in der Objektdefinition enthalten. Auf die gleiche Weise können Funktionsteile von Objekten, beispielsweise Schubladen und Schranktüren bewegt werden, soweit diese Funktionalitäten in der Objektdefinition angegeben sind.

Alle anderen Funktionen werden über ein virtuelles Menü ausgewählt. Dieses wird über die Toolbox-Taste aktiviert. Die Icons der dann angezeigten obersten Menüebene und deren Bedeutung zeigt Abbildung 4. Zur Auswahl einer Funktion berührt der Cybernaut das ent-

Abbildung 4 Toolbox-Menü

sprechende Icon mit dem Pfeil bzw. mit der Hand und wählt es mit der Pick-Taste bzw. der entsprechenden Geste aus. Abhängig von dem ausgewählten Icon wird als nächstes ein Untermenü angezeigt oder unmittelbar die gewählte Funktion ausgeführt.

4.2 Funktionen und Tools

4.2.1 Erzeugen von Objekten

Das L-Icon (L steht hierbei für "Lager") ermöglicht es, der Szene neue Objekte hinzuzufügen. Dies ist der erste Schritt bei der Erstellung eines Layouts. Die Objekte, die erzeugt werden können, werden als Icons angezeigt. Ein ausgewähltes Objekt wird instanziert, der Objekthierarchie der Szene hinzugefügt und an einer in der Objektdefinition bestimmbaren Stelle positioniert. Der Katalog der erzeugbaren Objekte läßt sich über die Datenbankschnittstelle der Applikation beliebig variieren.

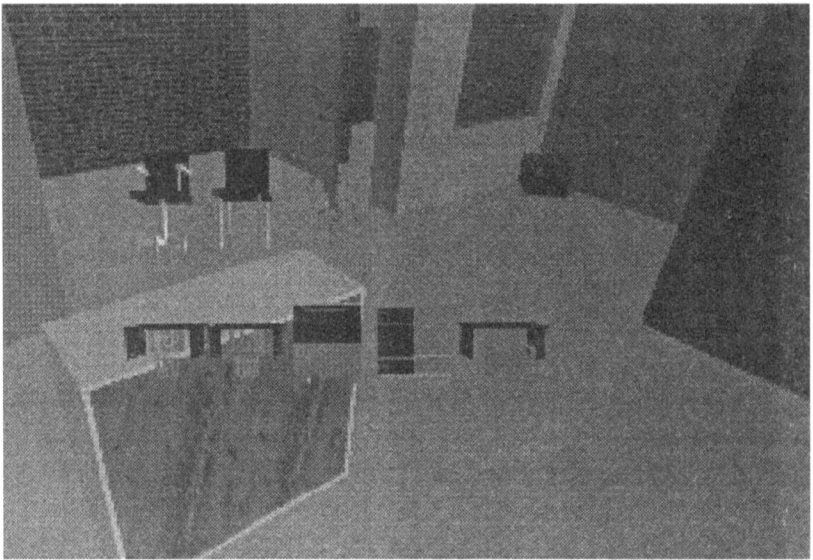
Abbildung 5 Beispiele für Objekticons

4.2.2 Oberflächen-Funktionen

Alle Funktionen, die die Oberflächeneigenschaften eines Objektes verändern, sind unter einem Menüpunkt zusammengefaßt. Nach Auswahl des Icons können zunächst die Objekte ausgewählt werden, auf die die Funktion angewendet werden soll. Es können mehrere Objekte gleichzeitig ausgewählt werden. Dann wird aus dem Untermenü "Oberfächenfunktionen" das entsprechende Werkzeug ausgewählt:

● **Farbtool**

Das Farbtool ermöglicht die freie Wahl der Oberflächenfarbe der ausgewählten Objekte. Standard-

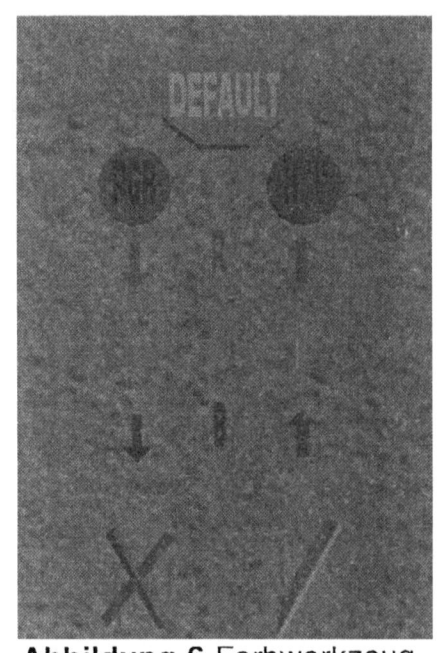
Abbildung 6 Farbwerkzeug

mäßig werden 24 Bit Farbtiefe unterstützt, so daß 16,7 Millionen Farben auswählbar sind. Das Farbtool wurde aus früheren Applikationen des IAO übernommen, in seiner Gestaltung jedoch modifiziert. In früheren Implementierungen des Farbtools war die Wahl der Farbe nur im RGB-Farbmodell möglich, d.h. durch separate Einstellung der Rot-, Grün und Blauanteile der Farbe. Im Design- und Architekturbereich sind jedoch andere Farbmodelle gebräuchlich, hauptsächlich das hsv-Modell, auch als HSB (Hue / Saturation / Brightness) - Modell bekannt [Foley90]. Beim HSB-Modell werden keine separaten Farbanteile angegeben, sondern die drei Parameter Farbart (Hue), Sättigung (Saturation) und Helligkeit (Brightness).

Beim hier implementierten Farbtool stehen beide Farbmodelle (HSV/RGB) zur Verfügung. Eine im Farbmodell gewählte Farbe bleibt beim Wechsel in das andere Farbmodell erhalten und kann in diesem weiter verändert werden.

● **Texturtool**

Die Möglichkeit der freien Auswahl der Textur einer Objektoberfläche ist ein wesentlicher Aspekt bei der Raumlayout-Gestaltung. Die RealityEngine-Grafik bietet erstmals die Möglichkeit, innerhalb einer Szene ohne Performance-Verlust eine große Anzahl verschiedener Texturen darstellen zu können. Das Texturwerkzeug des CIATool erlaubt, eine Textur für jedes ausgewählte Objekt aus einem Katalog auszuwählen. Der Katalog selbst ist dabei Bestandteil der Objektdefinition in der Datenbank; so können z.B. den Möbeln eines bestimmten Herstellers die tatsächlich dafür lieferbaren Oberflächenmaterialien zugeordnet werden. Der eigentliche Inhalt des Texturenkataloges kann zur Laufzeit verändert werden. Ebenfalls Bestandteil der Objektdefinition sind Skalierung und Orientierung, in der die Texturen jeweils aufgebracht werden; diese Parameter lassen sich bis auf Polygonebene des einzelnen

Abbildung 7 Texturbearbeitungs-Werkzeug

Objektes hinunter variieren. Die Farben der gewählten Textur werden gegebenenfalls mit der gewählten Farbe des Objektes gewichtet; dies gestattet es beispielsweise, mittels einer reinen Graustufen-Textur die Struktur der Oberfläche zu bestimmen und dann deren Farbe zu wählen.

Die Gestaltung des Texturtools zeigt Abbildung 7. Das Blättern im Texturkatalog geschieht mit den beiden Pfeiltasten oberhalb bzw. unterhalb des Sliders. Der Slider zeigt die Position innerhalb des Texturenkataloges an. Die ausgewählte Textur wird sowohl auf der quadratischen Referenzfläche angezeigt, als auch unmittelbar auf die ausgewählten Objekte aufgebracht. Das 'None'-Icon wählt untexturierte Oberflächen.

4.2.3 Geometrie und Objekthierarchie-Tools

Das durch Auswahl des Geometrie-Icons angezeigte Untermenü zeigt Abbildung 8. In ihm sind Funktionen zur Änderung der Objekthierarchie und -geometrie sowie Snap-Tools anwählbar.

● **Snap-Tools**

Es stehen zwei unabhängig voneinander aktivierbare Snap-Tools zur Verfügung, eines für die Position eines Objektes und eines für die Orientierung. Die Snap-Raster sowie die Lagen der Referenzpunkte sind Bestandteil der Definition der Objekte. Das Snap-Raster kann für

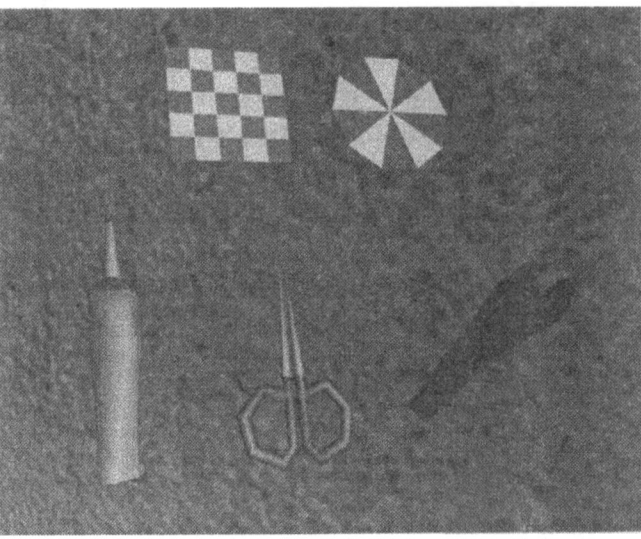

Abbildung 8 Geometrie-Werkzeuge

alle 6 Freiheitsgrade separat angegeben werden. Ist das jeweilige Snap-Tool ausgewählt, wirkt es auf alle Objekte, für die ein Snap-Raster definiert wurde. Bei Möbelprogrammen wird das Snap-Raster entsprechend dem des Möbelprogrammes gewählt, so daß sich einzelne Elemente besonders schnell und einfach zu Funktionsgruppen kombinieren lassen.

● **Verbinden und Lösen von Objekten**

Die über das Klebstofftuben-Icon auswählbare Funktion ermöglicht es, Objekte im Sinne der Objekthierarchie miteinander zu verbinden. Dadurch kann beispielsweise eine Pflanze auf einem Tisch plaziert und dann in der Hierarchie als dem Tisch untergeordnet definiert werden. Die Pflanze ist dann auf dem Tisch verschiebbar; wird jedoch der Tisch verschoben, wird die Pflanze mitbewegt.

Das Verbinden von Objekten erfolgt einfach durch aufeinanderfolgendes Anwählen des Sohn- und des Vaterobjektes. Der Pfeil, der normalerweise den Flying Joystick repräsentiert, ist während der Ausführung der Funktion durch eine Klebstofftube ersetzt, deren Farbe sich als Feedback nach Anwahl der jeweiligen Objekte ändert.

Über das Scheren-Icon können Verbindungen innerhalb der Objekthierarchie gelöst werden. Dies geschieht wiederum durch einfaches Anwählen des betreffenden Objektes. In dem abgetrennten Zweig bleibt die Hierarchie ebenso erhalten, wie in dem übergeordneten "Stamm" der Hierarchie. Dies kann insbesondere für eine "Cut-and-Paste"-Funktion ausgenutzt werden.

● **Skalieren von Objekten**

Diese Funktion ermöglicht es, Objekte in allen drei Achsen frei zu Skalieren. Dadurch kann beispielsweise die optimale Größe für ein bestimmtes Möbelstück ermittelt werden. Sind für das betreffende Objekt Funktionalitäten definiert (beispielsweise bewegliche Schubladen), so bleiben diese auch nach der Skalierung erhalten. Die Grenzen für Translationen werden dabei mitskaliert, so daß das Verhältnis der maximalen Öffnung einer Schublade zur Größe des gesamten Objektes stets dasselbe bleibt.

4.2.4 Verwerfen von Objekten

Über das Mülleimer-Icon können erzeugte Objekte wieder verworfen werden. Dazu wird einfach das betreffende Objekt mit dem Mülleimer, der während der Ausführung der Funktion den Pfeil bzw. die Hand ersetzt, angewählt.

4.2.5 Beleuchtung

Diese Funktion ermöglicht die Betrachtung des Raumes unter verschiedenen Beleuchtungsverhältnissen. Dazu kann der Benutzer eine gerichtete Lichtquelle verwenden; diese ist als Taschenlampe dargestellt. Der Benutzer kann nun den Raum aus verschiedenen Richtungen beleuchten und so den Einfluß unterschiedlicher Lichtverhältnisse untersuchen.

4.3 Die xdVise-Oberfläche

Zusätzlich zu den Interaktionsmöglichkeiten des Cybernauten kann ein weiterer Benutzer am Bildschirm die Objektstruktur des bearbeiteten Raumes betrachten und gegebenenfalls manipulieren. Dieses Werkzeug dient im praktischen Einsatz des CIATool nur zu Kontrollzwecken; die eigentliche Planungsarbeit erfolgt durch den/die Cybernauten.

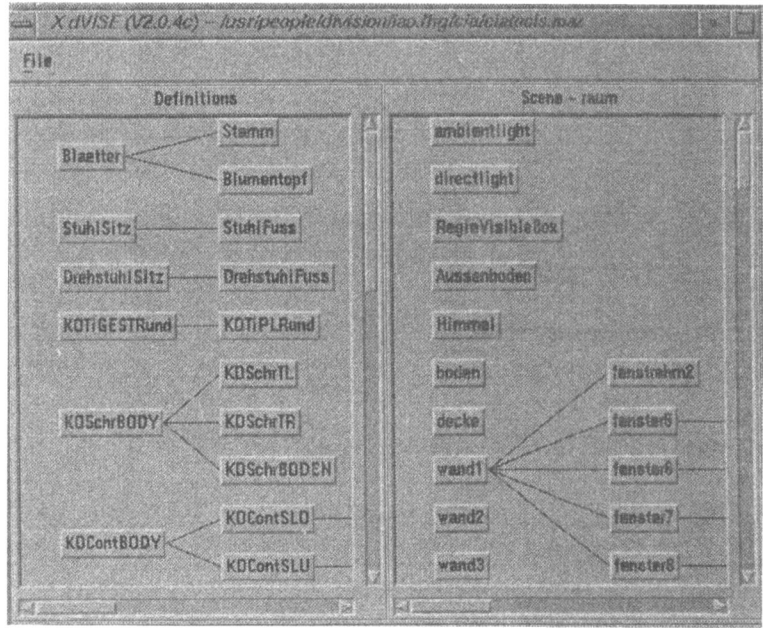

Abbildung 9 xdVise-Oberfläche

4.4 Mehrere Benutzer in einer virtuellen Welt

CIATool ist als verteiltes System konzipiert; die Applikation kann gleichzeitig auf mehreren Rechnern mit Zugriff auf eine gemeinsame Datenbasis ablaufen. Dies ermöglicht es, mehrere Benutzer gleichzeitig am Layout eines Raumes arbeiten zu lassen. Die Konsistenz der gemeinsamen Datenbasis ist dabei stets sichergestellt; Lock-Mechanismen verhindern den gleichzeitigen Zugriff mehrerer Benutzer auf das gleiche Objekt.

Am IAO ist durch das Vorhandensein zweier Dual Headed-Maschinen (SkyWriter VGXT, Onyx RE2) samt der zugehörigen VR-Hardware (Head Mounted Displays, Trackingsysteme etc.) der Einsatz zweier Cybernauten mit optimaler Performance möglich. Zusätzliche Benutzer können an kleineren Systemen (Indigo ELAN etc.) ebenfalls in der gleichen virtuellen Welt interagieren; dies beeinträchtigt die Performance der anderen Systeme nicht.

5 Details der Implementierung

5.1 Die Softwareplattform: Division dVs

Wichtigste Forderung für die Auswahl der Softwareplattform war die Realisierbarkeit einer verteilten Applikation mit mehreren Benutzern, die gleichzeitig in ein und derselben virtuellen Welt agieren können. Diese Forderung erfüllte unter den in Betracht gezogenen Systemen am besten das dVs-System des britischen Herstellers Division. dVs ist ein verteiltes Runtime-System für VR-Applikationen. Kernstück von dVs ist der sogenannte Agent, der auf jedem beteiligten Rechnerknoten läuft. Der Agent verwaltet eine Datenbasis, die die virtuelle Welt abbildet, mit der die Applikation arbeiten soll. Außerdem stellt der Agent die Netzwerkschnittstelle zur Verfügung, über die bei verteilten Implementierungen die einzelnen Agents miteinander kommunizieren. Jeder Agent verwaltet eine Kopie der Datenbasis. Änderungen in einer lokalen Kopie der Datenbasis werden über die Netzwerkschnittstelle an die anderen Agents propagiert, so daß stets die Konsistenz der Datenbasen sichergestellt ist. Das Nachrichtenaufkommen zwischen den einzelnen Agents liegt bei den bisher getesteten Konfigurationen mit maximal drei beteiligten Rechnern in einem Bereich, der mit einer gewöhnlichen Ethernet-Vernetzung zu bewältigen ist. Voraussetzung dafür ist allerdings, daß das Netz nicht mit anderen Kommunikationsdiensten mit großer Bandbreite belastet wird. Aus diesem Grund sind die an der CIATool-Applikation beteiligten Rechner über eine intelligente Bridge vom übrigen Hausnetz separiert. Diese Bridge kann bis hinunter auf Socket-Ebene den Netzverkehr filtern und so unerwünschte Netzbelastungen verhindern.

Auf die vom Agent verwaltete Datenbasis greifen mehrere unabhängige Prozesse, die sogenannten Actors, zu. Diese stellen die für eine VR-Applikation erforderlichen Funktionen zur Verfügung. Für die grundlegenden, in jeder Applikation benötigten Funktionen (Ansteuerung externer Ein-/Ausgabegeräte, Rendering) stehen Standard-Actors zur Verfügung. Durch dieses modulare Konzept können neue Hardwarekomponenten sehr einfach in das bestehende System integriert werden. Die eigentliche Applikation, hier also der Code, der das Verhalten der Objekte in der virtuellen Welt bestimmt, ist ebenfalls durch einen oder mehrere Actors realisiert.

Die einzelnen Actors des dVs-Systems laufen asynchron; dadurch wird verhindert, daß die Geschwindigkeit des Gesamtsystems durch einzelne, langsame Actors beeinträchtigt wird. Bei Applikationen mit mehreren Benutzern, die auf mehreren Rechnern verteilt laufen, bedeutet dies zudem, daß die Geschwindigkeit der einzelnen Applikation auf einem Rechner weder von der Anzahl noch der Geschwindigkeit anderer beteiligter Rechnerknoten abhängig ist. Daher können verschiedene Rechner unterschiedlicher Leistungsklassen gleichzeitig eingesetzt werden, ohne daß dadurch die Performance des schnellsten Systems reduziert wird.

Die erste Implementierung von dVs erfolgte auf Transputern des britischen Herstellers INMOS. Transputer sind stackorientierte RISC-Prozessoren, die für den Aufbau lose gekoppelter MIMD-Parallelrechner konzipiert sind. Wesentliches Merkmal des Transputerkonzeptes ist das der verteilten Ressourcen, d.h. jeder Transputerknoten verfügt über einen eigenen lokalen Speicher und gegebenenfalls I/O-Kanäle zur Kommunikation mit der Außenwelt. Die Kommunikation der einzelnen Transputerknoten untereinander erfolgt über schnelle serielle Schnittstellen, die sogenannten Links. Transputernetze lassen sich je nach Aufgabenstellung als symmetrische oder asymmetrische Netze konfigurieren. dVs etabliert ein asymmetrisches Netz, bei dem auf den einzelnen Knoten verschiedene Actors ablaufen.

Schwachstelle dieser Implementierung ist die geringe Performance der verwendeten Grafiksubsysteme. Diese basieren auf je einem Intel i860-Prozessor, einer für 3D-Grafikanwendungen optimierten RISC-CPU. Die Leistung dieser Grafiksubsysteme reicht nicht aus, um Szenen der bei dieser Anwendung vorhandenen Komplexität mit der geforderten Framerate (> 10 Hz) darzustellen.

5.2 dVs auf SiliconGraphics-Systemen

Aus diesem Grund wurde eine dVs-Version für SiliconGraphics-Systeme entwickelt. Die SiliconGraphics-Produktpalette umfaßt Grafikworkstations verschiedener Leistungsklassen. Am oberen Ende dieser Skala findet sich mit der RealityEngine[2] die derzeit leistungsfähigste kommerziell verfügbare Echtzeit-Grafikhardware. Gemeinsames Merkmal aller High End-Systeme von SiliconGraphics ist die Verlagerung der grafikspezifischen Funktionen in eigene Subsysteme mit optimierter Architektur. Dadurch werden die CPUs von diesen Aufgaben entbunden und stehen der eigentlichen Applikation zur Verfügung.

Alle SiliconGraphics-Systeme laufen unter dem Betriebssystem IRIX, einer UNIX- (System V-)Implementierung mit Echtzeit- und Multiprocessing-Erweiterungen. Die einzelnen Actor-Prozesse von dVs kommunizieren mit dem Agent-Prozeß über die Standard-IPC-Mechanismen von UNIX V (Shared Memory und Semaphore). Eine geplante Umstellung auf die IRIX-spezifischen IPC-Mechanismen bietet hier noch Raum für Performance-Verbesserungen.

Der in dVs für die Berechnung der Augbilder zuständige Rendering-Actor basiert auf der Performer-Bibliothek von SiliconGraphics. Diese stellt grundlegende Funktionen zur Verfügung, die für das Echtzeitrendering komplexer Geometrie erforderlich sind. Dazu gehört eine Culling-Funktion, welche Objekte, die außerhalb der Sichtpyramide liegen, bereits am Anfang des Rendering-Prozesses verwirft. Ebenfalls ist eine Level of Detail-Funktion (LOD) integriert, die es erlaubt, Objekte in Abhängigkeit von der Entfernung zum Betrachter mit unterschiedlich komplexer Geometrie darzustellen. Performer unterstützt außerdem ein Multiprocessing-Modell, das die Verteilung der drei Teilschritte Application (Datenaquisition und Simulationssteuerung), Cull (siehe oben) und Draw (Ausgabe der Grafikprimitive zum Grafiksubsystem) auf maximal drei separate CPUs ermöglicht. Die Performer-Bibliothek wurde für die CIATools dahingehend modifiziert, daß auch Änderungen der Geometrie der darzustellenden Objekte zur Laufzeit möglich sind. Performer bietet zur Zeit nicht die Möglichkeit des Visibility-Culling, d.h. das Verwerfen von Objekten bzw. Teilbäumen, die gänzlich durch andere verdeckt sind. Diese Funktion wurde insoweit im CIATool realisiert, daß nur die Objekte, die sich im Raum befinden, in dem sich der Cybernaut gerade aufhält, in der Performer-Datenstruktur gehalten werden; dieses entlastet zusätzlich die Prozesse Application und Cull.

5.3 CIATool auf dVs-Basis

Die eigentliche Applikation CIATool ist ihrerseits ein Actor-Prozeß, der mit dem Agent kommuniziert und auf die gemeinsame Datenbasis zugreift. Dieser Actor bildet die gesamte Funktionalität des CIATool ab, also alle Interaktionen, das Menüsystem und die einzelnen Tools. Die Toolbox ist modular aufgebaut und kann daher einfach um zusätzliche Funktionen erweitert werden. Das grafische Benutzerinterface xdvise ist ein eigenständiger Prozeß, der mit dem CIATool-Prozeß über eine Pipe kommuniziert.

Bei Mehrbenutzer-Implementierungen kann die geometrische Repräsentation des Cybernauten, die für die anderen Benutzer sichtbar ist, variiert werden. Dies ist für jeden Benutzer und jedes System separat möglich.

Das Einbringen neuer Objekte in die Datenbank ist bei Verfügbarkeit der Geometrie als CAD-Daten mit sehr geringem Aufwand möglich. Es stehen Konverter als separate Module zur Verfügung, die die Objektgeometrie im in dVs verwendeten Format erzeugen. Dieses Format verwendet als Grafikprimitive nur Polystrips und Triangle Meshes. Insbesondere letztere sind für die SiliconGraphics-Grafikhardware optimal; es stehen daher Optimierungsmodule zur Verfügung, die Geometriefiles erzeugen, die soweit wie möglich nur aus TMeshes bestehen.

5.4 Performance-Messung

Mit dem CIATool wurden auf Basis einer normalen Szene (11050 Polygone) Performance-Messungen durchgeführt. Die verwendete Hardware deckt fast die komplette Leistungspalette der verfügbaren Grafikrechner ab.

Um die hardwarespezifischen Vorteile aufzuzeigen, wurden Messungen mit und ohne Texturen durchgeführt. Die Minimal-, Maximal- und Mittelwerte wurden über einen Zeitraum von je 5 Minuten Laufzeit des Programms ermittelt und statistisch

(Alle Zahlen: Frames pro Sekunde)		min.	max.	mittel	Alle Polygone
ONYX RE2	mit Textur	10	20	14	15
	ohne Textur	10	20	14	15
SkyWriter VGXT	mit Textur	0,8	15	1,1	1,1
	ohne Textur	7,5	15	11,5	10
Indigo Elan R300	mit Textur	<0,1	0,7	<0,1	<0,1
	ohne Textur	6,7	20	9	12

Abbildung 10 Ergebnisse der Performance Messung des CIATools

ausgewertet. Die Ergebnisse sind in Abbildung 10 zu sehen. Die Spalte "Alle Polygone" repräsentiert den Messwert mit allen Polygonen der Szene in der dargestellten Sicht.

Bei der VGXT wurden keine Messungen mit 100% Füllung des Texturspeichers durchgeführt, obwohl prinzipiell 35.000 texturierte Polygone pro Sekunde möglich wären. Das CIATool kann aber zur Zeit solche Einschränkungen noch nicht garantieren. Wesentliche Steigerungen der Framerate sind bei der ONYX zu erwarten, wenn:

- Die Anwendung mit 4 Prozessoren läuft,
- ein stabiles Betriebssystem als Basis dient (z.Z. IRIX 5.1.1.2),
- Optimierungen im Datenbank-Handling durchgeführt werden,

Vorsichtige Schätzungen der dann erzielbaren Framerate liegen bei ca. 30-40 Frames pro Sekunde.

6 Anwendungen

CIATool wird als Planungswerkzeug für Innenarchitekten und Designer eingesetzt. Dabei ist ein typischer Anwendungsfall für eine Einbenutzer-Konfiguration die Erstellung von Raumlayouts mit neuen, noch nicht als Prototypen verfügbaren Möbelstücken.

Mehrbenutzer-Konfigurationen werden insbesondere für Kundenpräsentationen eingesetzt. Dabei kann sich der Kunde frei im Raum bewegen; von ihm gewünschte

Änderungen können dann vom Architekten oder Designer unmittelbar vorgenommen und ihre Auswirkungen betrachtet und diskutiert werden.

Die Planung, Gestaltung und Bewertung von Gebäuden und Räumen ist eine der naheliegendsten Anwendungen der Virtuellen Realität. Insbesondere die Möglichkeiten der 3-dimensionalen Wahrnehmung in Verbindung mit der Echtzeitortveränderlichkeit zusammen mit einer hochqualitativen Visualisierung machen die Anwendung in diesem Arbeitsgebiet sehr profitabel. Dabei sind sowohl Planungsfragen im Fertigungs- und Produktionsbereich als auch im Büro- und Verwaltungsbereich interessant. Neben der Planung und Gestaltung von Gebäuden (z.B. Fertigungshallen, Bürohäuser, Kraftwerksanlagen etc.) ist die Ausstattung und Einrichtung mit Produktionsanlagen (Maschinen, Lagersysteme etc.) und Büroeinrichtungen (Büromöbel, EDV-Geräte etc.) von besonderem Interesse. Aber auch bei der Planung und Einrichtung von privaten Bauobjekten hat VR seine Berechtigung. Z. B. ist die Planung einer Einbauküche oder einer Badezimmereinrichtung mit Hilfe von VR für jeden "Häuslesbauer" ein interessantes Thema. So ist es nicht verwunderlich, daß eine große Anzahl von handelsüblichen VR-Systemen an Kücheneinrichter verkauft wurden. Übergeordnete Fragestellungen, wie die Beleuchtungsplanung, Tageslichtsimulation oder Akustikgestaltung von Räumen sind für alle oben genannten Anwendungsbereiche höchst interessant. Gerade das Licht als die entscheidende Voraussetzung für die Wahrnehmung optischer Informationen bedarf einer hochqualifizierten und anwendungsgerechten Planung. Hier bietet das CIATool immense Vorteile gegenüber herkömmlichen Planungs- und Simulationsmethoden.

Insbesondere die derzeit bekannten Methoden zur direkten Manipulation mittels DataGlove oder ähnlichen Eingabeinstrumenten sind für Produktgestalter und Designer von großem Interesse. Es ist heute mehr als vorstellbar, daß man mit Hilfe virtueller Gestaltungswerkzeuge (z.B. virtuelle Säge, virtuelle Feile, virtuelles Schleifpapier, virtuelle Airbrushpistole etc.) an einem virtuellen Produkt entsprechende formale Gestaltveränderungen vornimmt. Künstler und Gestalter haben erkannt, daß ihre Fähigkeiten und insbesondere Fertigkeiten bei der Benutzung klassischer Grafikcomputersysteme nicht voll zum Tragen kommen und suchen hier nach neuen Formen zur Interaktion mit dem "Computerprodukt". Die Chancen stehen gut, durch entsprechende VR-Methoden den natürlichen Umgang mit dem Material wieder zu beleben und somit eine gewisse Ursprünglichkeit in das Gestalten zurückzubringen. Diese doch sehr reizvollen Perspektiven gelten z.B. auch für Anwendungsgebiete bei der Gestaltung von Arbeitsplätzen, von Maschinen und Anlagen, an denen der Mensch arbeitet und mit dem technischen Produkt interagiert. Als ein sehr interessantes Anwendungsgebiet sei hier noch das Gestalten von Fahrzeugcockpits, also Fahrerarbeitsplätzen, genannt.

7 Literaturverzeichnis

[Bauer93a] Bauer, W.; Riedel, O.; Setzer, S.: VILAGE: Virtueller Layoutgestalter. In: Virtual Reality: Anwendungen und Trends; IAO-Forum, 4./5.2.1993 in Stuttgart/Hrsg.: H.-J. Bullinger. Berlin, u.a.: Springer, 1993, S. 47-59

[Bauer93b]   Bauer, W.; Riedel, O.: VR: A tool for Office Design Applications. In: Proceedings of the VR User Show Conference, 30.11-2.12.1993, London.

[Bauer93c]   Bauer, W.; Riedel, O.: VR in Space- and Building-Planning. In: Proceedings of the Virtual Reality Vienna, 1.-3.12.1993, Wien.

[Breen93]   Breen, P.; Grinstein, G.: The MITRE Virtual Reality Architecture and Prototype Applications. In: Goebel, M. (ed.): First Eurographics Workshop on Virtual Reality, Barcelona, 1993.

[Chan88]   Chan, K.; Moeltzel, D.A.: A Knowledge-Based User Interface for the Interactive Design of Three-Dimensional Objects. AI EDAM 1988, S. 1-16.

[Furness87] Furness, T.: Designing in Virtual Space. In: Rouse, W.B.; Boff, K.R. (eds.): System Design, North Holland, 1987.

[Häfner94]   Häfner, U.; Rössler, A.: Nutzen objektorientierter Datenbanksysteme für viruelle Planung. Eingereicht zur: Virtual Reality: Anwendungen und Trends; IAO-Forum, 9./10.2.1994.

[Heffner94] Heffner, R.: Flying Joystick - Erstellung eines 3D-Interaktionsinstrumens auf Joystickbasis. Diplomarbeit IAO, 1994.

[Musil93]   Musil, S; Pigel, G.: Virgets: Elements for Building 3-D User Interfaces. In: Proceedings of the Virtual Reality Vienna, 1.-3.12.1993, Wien.

[Riedel93]   Riedel, O.; Bauer, W.; : New Techniques for Interaction in Virtual Worlds - Contents of Development an Examples. In: Advanced in Human Factors/Ergonomics, 19B:Proceedings of the 5th International Conference on Human-Computer Interaction, 8.-13.8.1993, Orlando/Florida, Volume 2. Ed.: Salvendy, Gavriel; Smith, Michael; Amsterdam, u.a.: Elsevier, 1993. S. 687-693.

[Ziegler93] Ziegler, J.; Ilg. R.: Benutzergerechte Software-Gestaltung - Standards, Methoden und Werkzeuge. R. Oldenbourg Verlag, München, 1993.

Interaktion und Navigation

Störgrößenaufschaltung der Kopfbewegung auf das Augenfolgesystem des Menschen über die Bogengangsorgane

P. Lässig, J.-U. Molski

Störgrößenaufschaltung der Kopfbewegungen auf das Augenfolgesystem des Menschen über die Bogengangsorgane

P. H. Lässig und J.-U. Molski

Der Aufsatz beschreibt mittels Signalflußdiagramm und Simulation das Zusammenspiel von horizontalen Augen- und Kopfbewegungen unter Vermittlung des Bogengangssystems. Es wird darauf eingegangen, wie in der virtuellen Realität durch Gesichtsfeldverschiebungen, die nicht völlig den Kopfbewegungen entsprechen, ein Schwindelgefühl (motion sickness) auftreten kann.

Dr.-Ing. habil. Peter H. Lässig, wiss. Ass.,
Carl-Ludwig-Institut f. Physiologie
Universität Leipzig

Dipl.-Ing. Jens-Uwe Molski

1. Einleitung

Diese Arbeit bildet bezüglich des Augenfolgesystems des Menschen eine Weiterführung und damit Ergänzung der Arbeit von Lässig und Molski (1993) "Direkte und übergeordnete Steuerungsebene in der Sensomotorik des Menschen". Indem das Bogengangssystem und die Kopfbewegung mit in die systemtheoretische Beschreibung einbezogen werden, ermöglicht das den direkten Bezug zur Technik der VR.

Das Augenfolgesystem dient der Stabilisierung des optischen Umfeldes oder einzelner Zielobjekte auf der Netzhaut, bzw. auf der Fovea, der Stelle schärfsten Sehens. Zur Vereinfachung wird im weiteren davon ausgegangen, daß die optischen Zielobjekte in der Umwelt feststehen, so daß keine Relativverschiebungen zwischen Zielobjekt und optischem Umfeld als Hintergrund auftreten. Außerdem werden nur horizontale Rotationen berücksichtigt, so daß nur die Bogengangsorgane und nicht auch die Statolithenorgane als Meßglieder wirksam sind. Bild 1 zeigt die prinzipiellen funktionellen Zusammenhänge in einem Signalflußdiagramm.

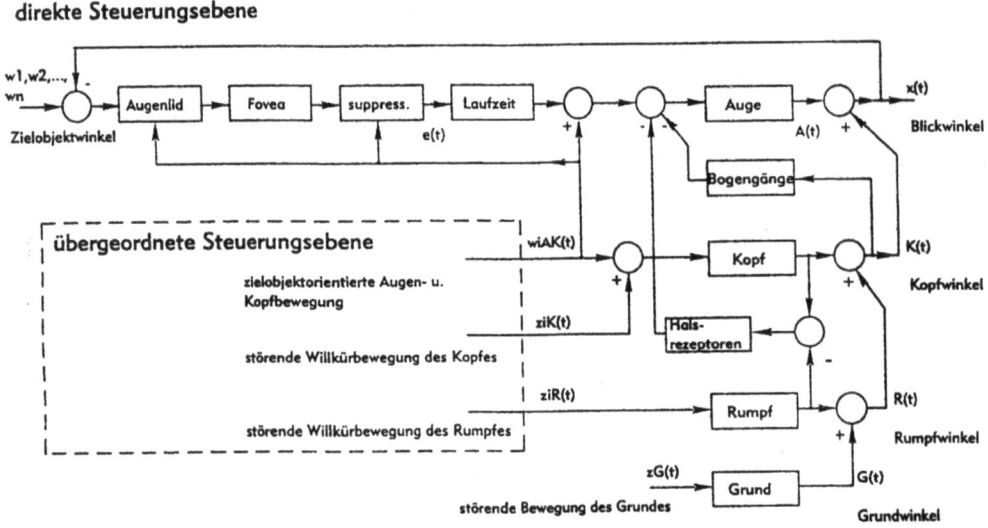

Bild 1: Signalflußdiagramm zur horizontalen Folge- und Blickbewegung mit Augen-, Kopf- und Rumpfbewegungen sowie störenden Bewegungen des Grundes

Auf der direkten Steuerungsebene, auf der ein Mensch über Sinnesorgane in seine Umwelt eingebunden ist und mit ihr eine funktionelle Einheit bildet, ist das Augenfolgesystem der wichtigste Regelkreis (Blöcke: "Augenlid", "Fovea", "suppress.", "Laufzeit"," Auge"). Es führt die Blicklinie $x(t)$ einem bewegten optischen Zielobjekt mit gleitenden Augenbewegungen nach oder hält sie an einem ruhenden Zielobjekt (w1 v w2 v ... v wn) fest. Alle Winkel sind auf ein raumfestes Koordinatensystem bezogen.

Von der übergeordneten Steuerungsebene aus werden mit impulsförmigen

Signalen (wiAK(t), ziK(t), ziR(t)), die der Geschwindigkeit der ausgeführten Bewegung entsprechen, Augen- Kopf- und Rumpfbewegungen (A(t), K(t), R(t)) gesteuert. Mit der inneren Führungsgröße wiAK(t) werden optische Zielobjekte für das Augenfolgesystem ausgewählt und mit den bezüglich der Blicklinienrichtung störenden Willkürimpulsen ziK(t) bzw. ziR(t) Bewegungen von Kopf und Rumpf bzw. des ganzen Körpers in anderen Funktionszusammenhängen gesteuert. Diese Störungen werden im Sinne einer Störgrößenaufschaltung über das Bogengangssystem ("Bogengänge") und bei Relativbewegungen zwischen Kopf und Rumpf auch über die Halsrezeptoren ("Halsrezeptoren") bezüglich der Blickrichtung kompensiert.

Ein Zielobjektwechsel, d.h. der Übergang von einer äußeren Führungsgröße w1 zu einer anderen w2, erfolgt mit ruckartigen Augenbewegungen bei feststehendem Kopf. Ist der Blickwinkel zu groß, so kommen zu den Augenbewegungen Kopfbewegungen hinzu. Diese wirken über das Bogengangssystem, das die Drehgeschwindigkeit des Kopfes mißt, und die Halsrezeptoren, welche die Relativbewegung zwischen Kopf und Rumpf messen, derart auf das Augenbewegungssystem zurück, daß die Summe von Augen- und Kopfbewegungen x(t) wieder ruckartig verläuft. Bei dieser zielobjektorientierten Kopfbewegung wirkt die Störgrößenaufschaltung der Kopfbewegung K(t) für die Erreichung des Zielobjekts mit der Blicklinie x(t) unterstützend.

Ein Zielobjektwechsel hat zwei Voraussetzungen. Erstens muß eine nichtlineare statische Kennlinie ("Fovea", siehe dazu Bild 2), die die Wirkung von anderen potentiellen Zielobjekten w ausschaltet, und zweitens mindestens ein Schalter zur Unterbrechung des Folgeregelkreises während der Blickbewegung, um Gegenregelungen im Übertragugsbereich der nichtlinearen Kennlinie unmöglich zu machen, gegeben sein. Einen Schalter im nervalen Bereich bildet die sog. Sehhemmung oder "suppression" und einen zweiten bildet das Augenlid. Lidschläge begleiten beim Menschen fast alle Blickwechsel, wodurch Scheinverschiebungen auf der Netzhaut verhindert werden (Haberich, Fischer 1958). Cranach et al. (1969) stellten fest, daß bei Blickwendungen über 60 Grad Lidschläge nahezu obligatorisch auftreten. Lidschläge und Sehhemmung werden mit von dem Signal wiAK(t) für die Blickbewegung von Kopf und Auge gesteuert.

Zur Hervorhebung der prinzipiellen Zusammenhänge bei der Simulation werden nur Augen- und Kopfbewegungen berücksichtigt, d.h. von der übergeordneten Steuerungsebene ausgehende störende Willkürbewegungen des Rumpfes ziR(t) und störende Bewegungen des Grundes zG(t) unmittelbar auf der direkten Steuerungsebene werden nicht in die Simulation einbezogen (Bild 2). Außerdem werden nur die Lidschläge und nicht auch die Sehhemmung simuliert. Letztere bringen nur eine qualitativ andere Dynamik bei kleinen Blickwendungen, die nicht zwanghaft mit Lidschlägen verknüpft sind. Ebenso bleiben die Halsrezeptoren unberücksichtigt, da sie relativ zu den Bogengängen eine geringe Wirkung haben und in unserem Zusammenhang, in dem die relative Lage von Kopf und Rumpf nicht von Bedeutung ist, nicht wesentlich zur Dynamik beitragen.

2. Horizontale Blickbewegungen mit Augen- und Kopfbewegungen

Bei Menschen liegt eine unterschiedliche Bereitschaft Kopfbewegungen einzusetzen vor, und Bard et al. (1992) unterscheidet z.B. "head-movers" und "non-head-movers". Allerdings beträgt der Bereich für horizontale Augenbewegung für den Menschen ± 55 Grad (Guitton and Volle, 1987), so daß Zielobjektwechsel über diesen Bereich hinaus prinzipiell mit Kopfbewegungen verbunden sind.

Die Augenbewegung wird unabhängig davon programmiert, ob eine Kopfbewegung stattfindet (Bizzi et al. 1972). Dichgans et al. (1973) entfernten chirurgisch die Bogengänge beim Affen und beobachteten danach die Augen- und Kopfbewegungen. Es zeigte sich, daß die ruckartigen Bewegungen des Auges das Zielobjekt bei festgelegtem Kopf trafen, bei mitbewegtem Kopf die Blicklinie jedoch über das Ziel hinausgeführt wurde. Das läßt sich mit dem Simulationsprogramm von Bild. 2 beschreiben.

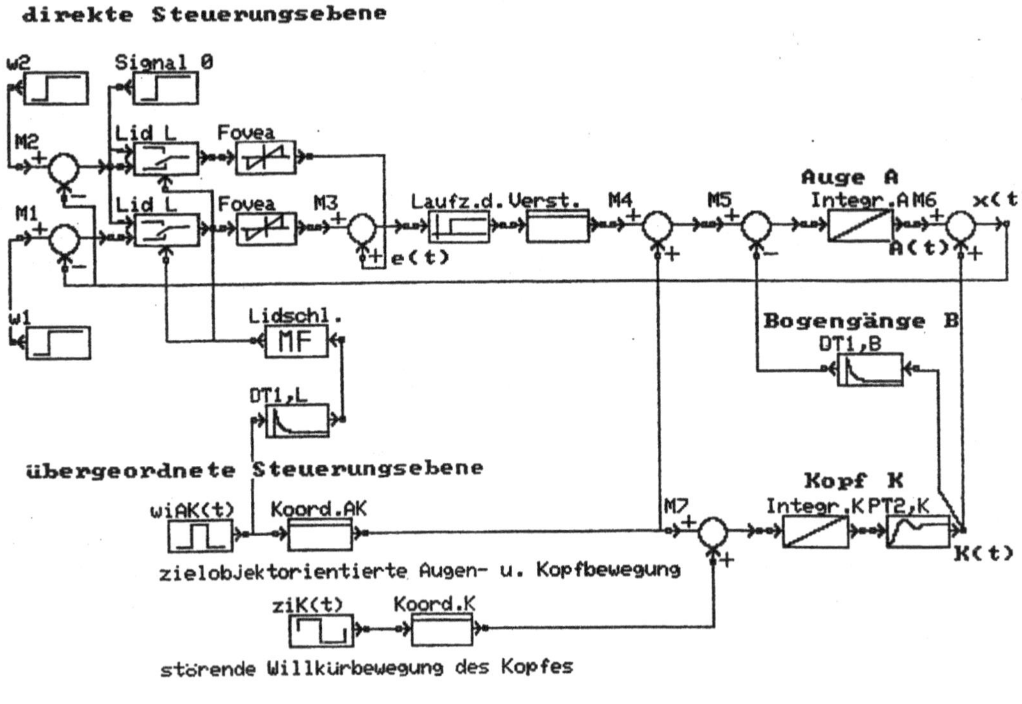

Bild 2: Simulationsprogramm[1] zur horizontalen Blickbewegung mit Augen- und Kopfbewegungen

Das Simulationsprogramm entspricht in seiner Struktur und in den Bezeichnungen, abgesehen von schon genannten Vereinfachungen, Bild 1; nur daß

---

[1] Die Simulation erfolgte mit dem Programm SIREG Ver. 3.0 der Firma INCAM Software-Entwicklung und computergestützte Automation GmbH

Einzelheiten im Detail ausgeführt sind. Vor allem gehört dazu die formale Beschreibung der Möglichkeit des Zielobjektwechsels. Zu den verschiedenen potentiellen Zielobjekten gehören die Zielobjekte wn (auf Bild 2 w1 und w2). Die einzelnen wn greifen solange nicht in den Regelkreis ein, wie die ihnen zugeordneten Fehler in dem Bereich der Kennlinie "Fovea" liegen, in dem kein Signal zur Korrektur weitergegeben wird. Durch eine Änderung der inneren Führungsgröße wiAK(t), die eine Änderung der Blickrichtung x(t) bewirkt, kann man mit dem Übertragungsbereich der nichtlinearen Kennlinie zu jeder der potentiellen äußeren Führungsgrößen wn gelangen. Diese Tatsache ist formal beschrieben durch die 2 nichtlinearen Übertragungsglieder "Fovea", die beide dem gleichen Gebiet der Fovea centralis entsprechen. Entsprechend dem Block "Fovea" muß auch der Block "Lid L" und die Mischstelle (M1, M2) formal verdoppelt werden.

Der Übertragungsbereich der nichtlinearen Kennlinie liegt bei bewegten Zielobjekten in der Größenordnung von +/- 0.25 bis +/- 0.5 Grad (Weese Puckett, Steinman 1969). Es werden für die Simulation +/-10 Grad gewählt, um die Wirkung eines Lidschlags in dem simulierten Verlauf der Blicklinie x(t) deutlich sichtbar machen zu können.

Die Lidschläge haben eine Dauer von 200-300ms (Haberich, Fischer 1958) und überdecken damit noch eine Blickbewegung von 100 Grad mit einer Geschwindigkeit von ungefähr 500 Grad/s.

Beim Menschen variiert die Latenz zwischen Augen- und Kopfbewegungen in Abhängigkeit von der Aufgabe und dem Ausmaß der Zielobjektbewegung. In bezug auf eine unvorhersehbare Position des Zielobjektes und des Auftauchens beginnt die Aktivierung der Muskeln für die Augen- und Kopfbewegung synchron. Aufgrund der größeren Trägheit des Kopfes folgt die Kopfbewegung der Augenbewegung erst nach etwa 40ms (Dichgans et al., 1973). Zur Simulation sind für den Kopf ein Integrator ("Integr.K") und ein Verzögerungsglied zweiter Ordnung ("PT2,K") angenommen.

Die dynamischen Eigenschaften des Folgeregelkreises im Übertragungsbereich der nichtlinearen Kennlinie ("Fovea") werden vom I-Glied ("Integr.A"), der Laufzeit ("Laufz.d.") und einer Verstärkung ("Verst.") bestimmt. Die Laufzeit liegt in der Größenordnung von 80-120 ms und Verstärkung und Integrator zusammen besitzen eine äquivalente Integralzeit von 90 ms (Lässig, Molski 1993).

Das Bogengangsorgan spricht auf Drehbeschleunigungen an, mißt aber auf Grund seines mechanischen Aufbaus Drehgeschwindigkeiten in einem Bereich von ungefähr 0.05 - 50 Hz (Milsum 1966, S. 145).

Die Bewegungen beim Zielobjektwechsel sind im Vergleich zu Augenfolgebewegungen und Kompensationsbewegungen des Auges ruckartig und haben eine nahezu konstante Geschwindigkeit, d.h. ihre Amplitude ist proportional der Dauer. Daraus ergibt sich, daß das Eingangssignal wiAK(t) des I-Gliedes für ruckartige Bewegungen ein Geschwindigkeitsimpuls konstanter Amplitude und variabler Dauer ist. Dieses Impulsförmige Signal steuert neben der Augen- und Kopfbewegung über "Koord.AK" als binäres Signal zugleich den Lidschlag.

Bild 3 zeigt einen Simulationslauf für einen Blickwinkel von +80 Grad zwischen den Zielobjekten w1 und w2 und anschließender (ab 1250ms) störender willkürlicher Kopfbewegung. Die Zeitskala entspricht tatsächlichen Augen- und Kopfbewegungen.

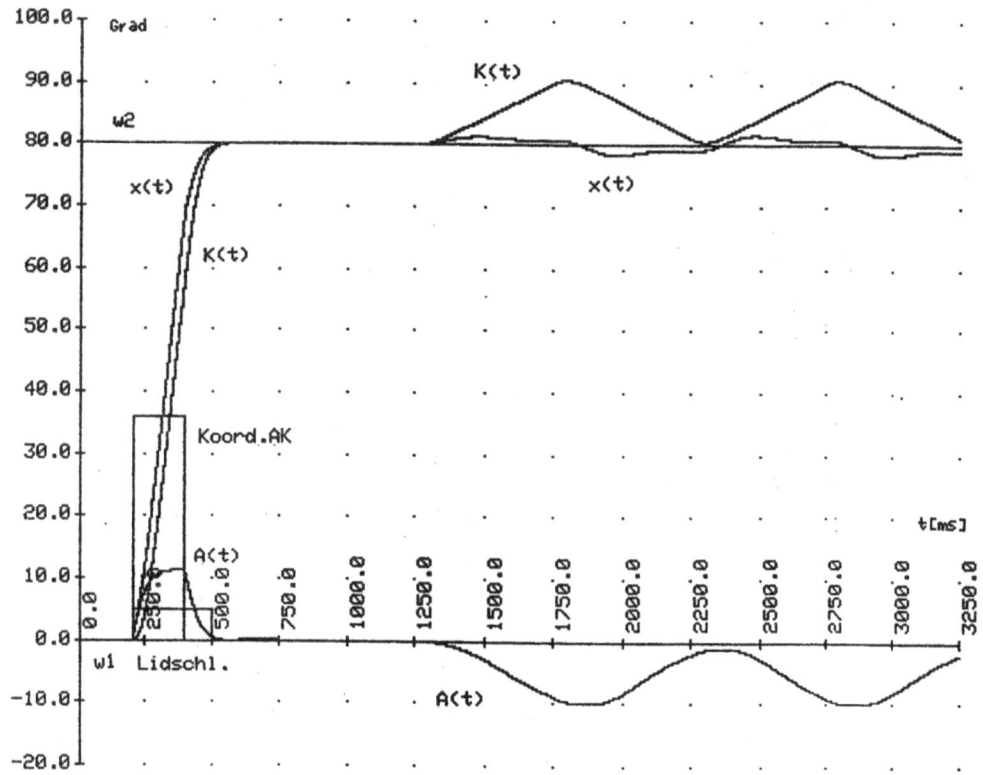

Bild 3: Simulation mit Programm von Bild 2. - Blickbewegung von 80 Grad mit Auge und Kopf sowie Lidschlag. - Bei 1250 ms einsetzende störende willkürliche Kopfbewegung mit kompensierender Augenbewegung.

Beim Blickwechsel ist zu sehen, daß der Lidschlag ("Lidschl."), vom Willkürimpuls wiAK(t) gesteuert, zeitlich die Blickbewegung x(t) überdeckt und Gegenregelungen nicht auftreten. Dabei ist der Willkürimpuls, dessen Dauer den Blickwinkel bestimmt, durch das Signal nach dem Block "Koord.AK" repräsentiert. Die Augenbewegung A(t) relativ zum Kopf ist gering, wie es tatsächlichen Blickbewegungen mit Kopfbewegungen entspricht, und bleibt im Bereich von +55 Grad.
Bei den störenden Kopfbewegungen sind nicht die steuernde Impulsfolge ziK(t), sondern nur die durch Integration ("Integr.K") und Verzögerung (PT2,K) entstehenden Kopfbewegungen K(t) relativ zum Blickwinkel von 80 Grad dargestellt. Die Schwankungen der Blicklinie x(t) relativ zum Zielobjekt w2 sind nur gering, weil die Augenbewegungen A(t) die störenden Kopfbewegungen durch die schnelle Störgrößenaufschaltung über die Bogengänge ("DT1,B") und die langsame Augenfolgeregelung bezüglich des Zielobjekts w2 nahezu vollständig kompensieren.

3. Simulation horizontaler Blickbewegungen in der VR

Einbeziehung der VR bedeutet Aufsetzen eines "head mounted display" (HMD), d.h. das Gesichtsfeld im HMD bewegt sich mit den Kopfbewegungen mit. Diese rein mechanisch gegebene Mitbewegung muß durch eine entgegengesetzte Verschiebung des Bildes über einen Rechner kompensiert werden. Das ist im Simulationsprogramm von Bild 4, das ansonsten dem Simulationsprogramm von Bild 2 entspricht, durch die unmittelbare Addition der Kopfbewegung K(t) zu den Führungsgrößen w1 und w2 sowie durch die Subtraktion der Kopfbewegung K(t) von w1 und w2 nach dem Durchlaufen einer Laufzeit ("Laufz.VR") realisiert.

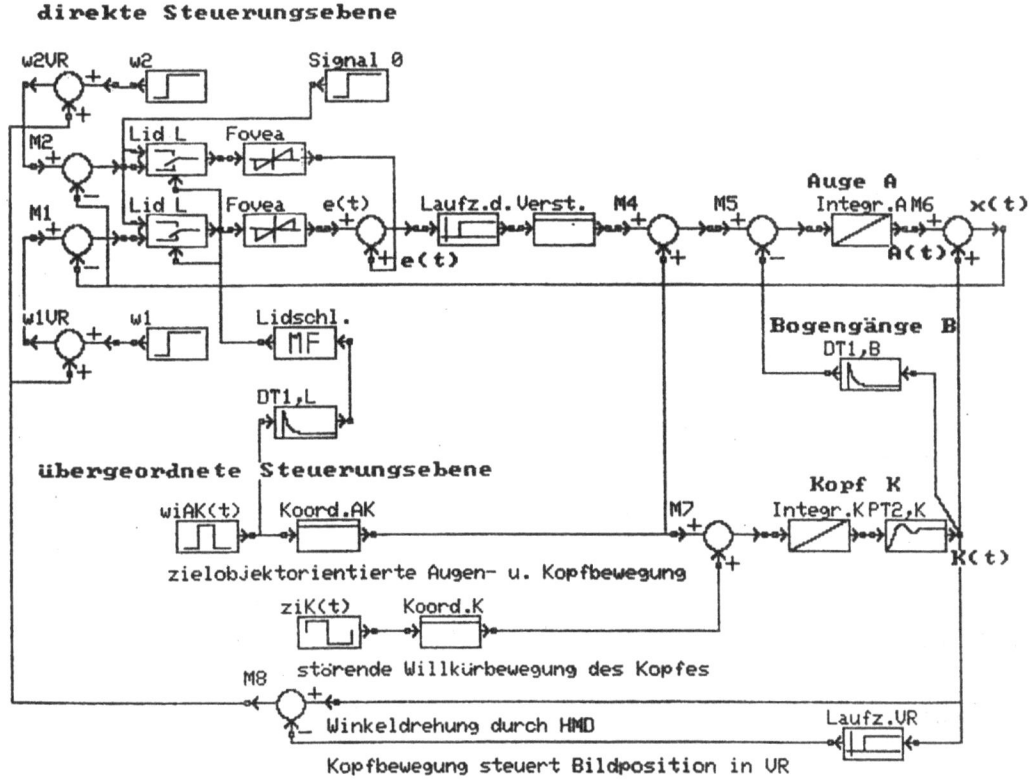

Bild 4: Simulationsprogramm unter den Bedingungen eines "head mounted display". Ergänztes Simulationsprogramm von Bild 2 unter Einbeziehung der gekoppelten Bewegung von Kopf (K(t)) und Gesichtsfeld (w1 u. w2).

Bild 5 zeigt entsprechend Bild 3 einen Simulationslauf für einen Blickwinkel von +80Grad zwischen den Zielobjekten w1 und w2 und anschließender (ab 1250ms) störender willkürlicher Kopfbewegung. Dabei wird für die Laufzeit ("Laufz.VR") ein relativ großer Wert von 40ms angenommen, um die Bewegung der Zielobjekte, die der Bewegung des Gesichtsfeldes entspricht, im Diagramm besser sichtbar zu machen.

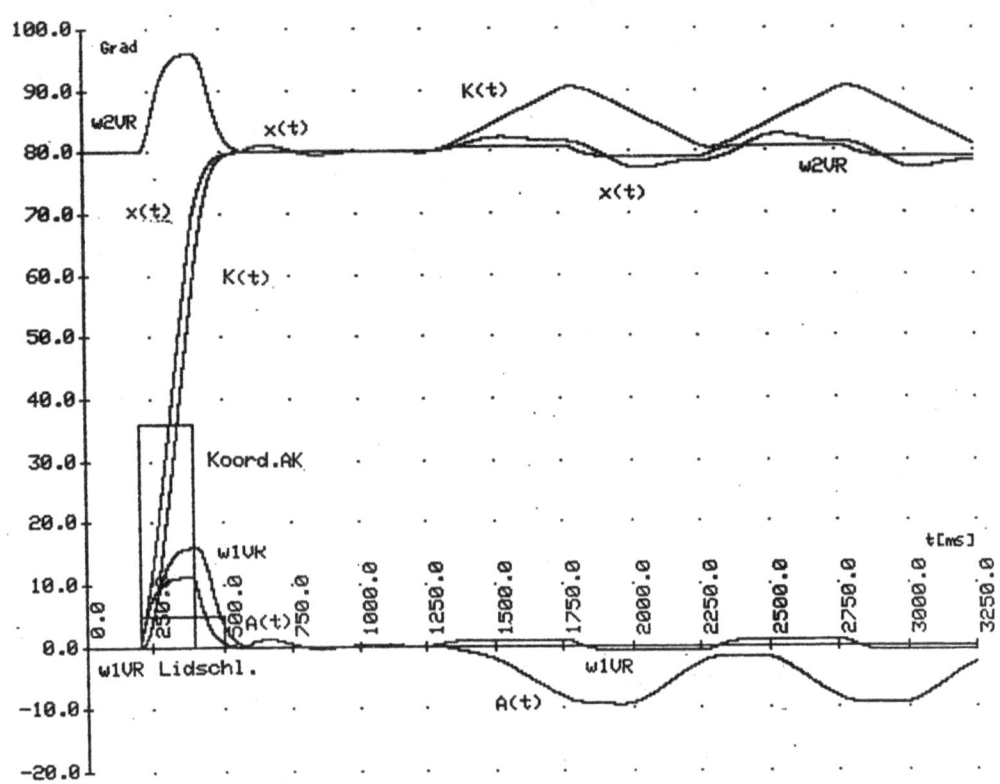

Bild 5: Simulation mit Programm von Bild 4. - Blickbewegung von 80 Grad mit Auge und Kopf sowie Lidschlag. - Bei 1250 ms einsetzende störende willkürliche Kopfbewegung mit kompensierenden Augenbewegungen.

Zusätzlich zum Simulationslauf ohne VR (Bild 3) ergibt sich:
1. Zielobjektwechsel: Durch die Bewegung von w1 und w2, d.h. die Bewegung des Gesichtsfeldes im HMD, dauert die Blickbewegung x(t) länger und wird nicht mehr vollständig vom Lidschlag überdeckt, sodaß Gegenregelungen über das Augenfolgesystem zu beobachten sind.
2. störende willkürliche Kopfbewegung: Auch bei der im Gegensatz zur Blickwendung relativ langsamen willkürlichen Kopfbewegung bewegen sich w1 und w2, d.h. das Gesichtsfeld im HMD, sodaß zusätzliche Augenfolgebewegungen und Realtivverschiebungen auf der Netzhaut erzeugt werden, die zu Schwindelgefühl führen können, wie später noch ausgeführt wird.

4. Schwindel bei Augen- und Kopfbewegungen im optischen Umfeld

Voraussetzung für die Bewegungskrankheit (motion sickness) ist ein intaktes vestibuläres System, auch wenn sie rein optisch erzeugt wird. Der rein optokinetische Schwindel (optokinetic motion sickness Brandt 1991, S. 244) tritt z.B. beim Breitwandfilm (Money 1970) auf, aber auch bei Oszillationen der Umgebung um die vertikale Achse der Person mit 0.02Hz und einer maximalen Geschwindigkeit von 100Grad/s. Dabei ist die optokinetische Reizung wirksamer bezüglich der Erzeugung von Schwindel als eine entsprechende Reizung des Bogengangssystems (Dichgans, Brandt 1973). Als Ursache der Bewegungskrankheit sieht man einen "sensorischen Konflikt" an und spricht von der "sensory conflict theory of motion sickness", mit der am besten alle möglichen Verursachungen interpretiert werden können (Reason, Brand 1975, S. 103-104). Die Kennzeichen von "motion sickness", im Deutschen Kinetosen, sind Blässe, kalter Schweiß, Übelkeit und im Extremfall Erbrechen (Money 1970).

Wenn ein ruhender Beobachter auf eine große, sich gleichmäßig in eine Richtung bewegende Szene schaut, die sein Gesichtfeld weitestgehend ausfüllt, so fühlt er sich bald selbst in die entgegengesetzte Richtung bewegt, während die Szene stillzustehen scheint. Da in diesem Fall das Bogengangssystem keine Bewegung anzeigt, kommt es zu einem "sensorischen Konflikt", und Schwindelgefühl auch verbunden mit Übelkeit kann auftreten. Derartige Verhältnisse liegen im Fall des Simulationslaufs von Bild 5 vor. Es treten Augenfolgebewegungen bezüglich des bewegten gesamten Gesichtsfeldes und auch Relativverschiebungen des gesamten Gesichtsfeldes auf der Netzhaut auf, sodaß u.U eine Eigenbewegungswahrnehmung und auch Schwindelgefühl zu erwarten ist.

Für Winkelgeschwindigkeiten unter 90 Grad/s ist die wahrgenommene Eigenbewegung unabhängig davon, ob die Blicklinie dem bewegten Muster folgt, also ein der Geschwindigkeit des Zielobjekts zugeordneter Regelfehler $e(t)$ existiert, von dem die Geschwindigkeitswahrnehmung auf der übergeordneten Steuerungsebene abhängig ist, oder ob gleichzeitig auch eine Relativverschiebung auf der Netzhaut, ein Schlupf, gegeben ist (Dichgans, Brandt 1978, S. 769). Reizung des zentralen Gesichtsfeldes bis zu einem Durchmesser von 30 Grad führt nicht zu einer Eigenbewegungswahrnehmung, während der gleiche Reiz in der Peripherie der Netzhaut sehr wirksam ist (Brandt et al. 1973). In bezug auf die Auslösung von Schwindelgefühl durch Bilder im HMD sind die Bedingungen in der zentralen und peripheren Netzhaut also sehr unterschiedlich. Wenn man dazu die Ergebnisse von Hatada et al. 1980 mit in Betracht zieht, daß horizontal ein Gesichtsfeld von +/-15 Grad, nach oben von 8 Grad und nach unten von 12 Grad erforderlich ist, um den unmittelbaren Eindruck von "Wirklichkeit" zu erwecken, so bedeutet das für die Konstruktion der VR, daß in der Peripherie Feinheiten des Bildes nicht erforderlich sind, auf den Bewegungszustand aber genau geachtet werden muß.

Literatur

Bard, C., Fleury, M., Paillard, J.: Different patterns in aiming accuracy for head-movers and non-head movers. pp. 582-586 in : Berthoz A., Graf W., Vidal P.P., (eds.): The head-neck sensory motor system. Oxford University Press, New York, Oxford 1992.

Bizzi, E., Kalil, R.E., Morasso, P., Tagliasco, V.: Central programming and peripherial feedback during eye-head coordination in monkeys. Bibl.ophthal. (Karger, Basel) Vol. 82, 1972, 220-232.

Brandt, Th., Dichgans, J., Koenig, E.: Differential effects of central versus peripheral vision on egocentric and exocentric motion perception.. Exp. Brain Res. 16, 1973, 476-491.

Brandt, Th.: Vertigo: Its multisensory syndroms. Springer-Verlag, London, Berlin, Heidelberg u.a. 1991.

Cranach, M. von, Schmid, R., Vogel, M.W.: Über einige Bedingungen des Zusammenhanges von Lidschlag und Blickwendung. Psychol. Forsch. Bd. 33, 1969, 68-78.

Dichgans, J., Brandt, Th.: Optokinetic motion sickness and pseudo-Coriolis-effects induced by moving visual stimuli. Acta Otolaryngol. (Stockholm) Vol. 76, 1973, 339-348.

Dichgans, J., Brandt, Th.: Visual-vestibular interaction: Effects on self-motion perception and postural control. pp 755-804 in: Held R., Leibowitz H.W., Teuber H.-L. (eds.) Handbook of sensory physiology, vol. 8, Perception. Springer-Verlag, Berlin, Heidelberg, New York 1978.

Dichgans, J., Bizzi, E., Morasso, P., Tagliasco, V.: Mechanism underlying recovery of eye-head coordination following bilateral labyrinthectomy in monkeys. Exp. Brain Res. Vol. 18, 1973, 548-562.

Guitton, D., Volle, M.: Gaze control in humans: Eye-head coordination during orienting movements to targets within and beyond the oculomotor range. J. Neurophysiol. Vol. 58, 1987, 427-459.

Hatada, T., Sakata, H., Kusaka, H.: Psychophysical analysis of the "Sensation of Reality" induced by a visual wide-field display. SMPTE J. Vol. 89, 1980, 560-569.

Haberich, F.J., Fischer, M.H.: Die Bedeutung des Lidschlags für das Sehen beim Umherblicken. Pflügers Arch. Bd. 267, 1958, 68-78.

Lässig, P.H., Molski, J.-U.: direkte und übergeordnete Steuerungsebene in der Sensomotorik des Menschen. S. 131-141 in: T 35, "IPA-/IAO-Forum Virtual Reality `93, Herausgeg. von H.J. Warnicke, H.-J. Bullinger; Springer-Verlag, Berlin, Heidelberg, New York u.a. 1993.

Milsum, J.H.: Biological control systems analysis. McGraw-Hill Book Company, New York u.a. 1966.

Money, K.E.: Motion sickness. Physiol. Rev. Vol. 50, 1970, 1-39.

Reason, J.T., Brand, J.J.: Motion sickness. Academic Press, London, New York, San Francisco 1975.

Weese Puckett, I. de, Steinmann, R.M.: Tracking eye movements with and without saccadic correction. Vision Res. Vol. 9, 1969, 695-703.

Hyperwalk:
Ein verhaltensbasiertes VR-System

J. Emhardt, R. Preininger, J. Semmler

HyperWalk: Ein verhaltensbasiertes VR System

Jürgen Emhardt
Ralf Preininger
Jürgen Semmler

In diesem Beitrag stellen wir ein VR System vor, das den Benutzer bei Orientierungs- und Erkundungsproblemen sowohl in großen virtuellen Gebäuden als auch in Hypertextstrukturen unterstützt. Ferner werden dem Benutzer Informationen über das Verhalten und die Funktionalität von Objekten vermittelt.
Der Kontakt mit den Objekten der virtuellen Welt geschieht durch situierte Erkundungsagenten, die die VR Anwendung um eine Verhaltenskomponente erweitern. Sie ermöglichen eine visuell wahrnehmbare Reaktion der Objekte auf Aktionen des Benutzers.

Dipl.-Math. Jürgen Emhardt (Bild Mitte) ist Research Staff Member im Wissenschaftlichen Zentrum der IBM in Heidelberg. Zur Zeit ist er als Wissenschaftlicher Mitarbeiter in der Arbeitsgruppe Interaktive Systeme an der Freien Universität Berlin tätig.

Ralf Preininger (rechts) und Jürgen Semmler (links) fertigten 1993 ihre Diplomarbeiten in den Gebieten Computergraphik und VR unter der Betreuung von Jürgen Emhardt und Prof.Dr. Thomas Strothotte an.

1. Einführung

Eine der Schwachstellen heutiger VR Systeme ist die fehlende oder mangelhafte Benutzerunterstützung hinsichtlich Orientierung in virtuellen Umgebungen [Emhardt 1993a], und der Exploration der Umgebung mitsamt ihren Gegenständen. Darüber hinaus ist das Fehlen eines anerkannten Paradigmas zur Konstruktion von virtuellen Welten zu bemerken [Bryson 1992]. Das konzeptionelle Modell einer virtuellen Umgebung muß aber für den Benutzer erkennbar sein, um ihm beispielsweise die Festellung, welche Handlung zum jeweiligen Zeitpunkt möglich ist zu erleichtern. Ferner ist es notwendig, dem Benutzer sowohl die bestehenden Zusammenhänge zwischen Intuition und erforderlicher Handlung und deren Auswirkungen, als auch zwischen Information und der davon ausgehenden Deutung des Systemzustandes zu vermitteln.

Ähnliche Orientierungs- und Explorationsprobleme treten interessanterweise auch in Hypertext- bzw. Hypermediasystemen auf [Kuhlen 1991], wobei wir im folgenden die Begriffe Hypertext und Hypermedia synonym verwenden. Dies wird auch an den Begriffspaaren „Lost in Hyperspace" vs. „Lost in Cyberspace" bzw. „Browsing" in Hypertextstrukturen vs. „Exploration" der virtuellen Umgebung deutlich.

Das Beispiel zur Orientierung bzw. zum Finden eines Weges mit Hilfe von Hinweisschildern in [Emhardt 1993a] zeigt, daß Hypertext als Repräsentationsform zur Benutzerunterstützung für die Orientierung durchaus sinnvoll ist. In diesem Fall werden die Verzweigungspunkte des Pfades als Knoten interpretiert, wobei das graphische Modell der Hinweisschilder den Inhalt der Knoten darstellt, der interpretiert wird. Diese Hypertextstruktur wird bei der Exploration der Umgebung dynamisch erzeugt und verändert.

Unsere Idee ist nun folgende: Wir erweitern den Navigationsbegriff derart, daß zusätzlich zur Orientierung auch die Exploration von Gegenständen und benutzergesteuerte Experimente mit eingeschlossen sind. Hierfür haben wir den Begriff „Hyper-Navigation" geprägt [Emhardt et al. 1993b]. Wir stellen dem Benutzer ferner situierte Agenten als intelligente Kommunikationspartner zur Verfügung, die ihn bei Hyper-Navigationsproblemen in virtuellen Umgebungen wie auch in Hypertextstrukturen unterstützen. Wie sich zeigt, profitieren hiervon beide Seiten erheblich: Virtuelle Umgebungen werden „intelligenter", wenn man sie mit situierten Agenten verbindet, und Objekte in Hypertextsystemen werden mit Hilfe von Abstrakten Datentypen (ADTs) und Agenten semantisch differenziert. Ein zum Erkunden von virtuellen Gebäuden realisierter Reiseführer kann nun zum Wiederfinden von bereits gesehenen Informationen verwendet werden. Außerdem erhält der Benutzer Informationen und Antworten auf Fragen wie „Wo bin ich?" bzw. „Wie kam ich hierher?". Ferner wird das „small screen problem" beim

2D Browsing von Hypertextstrukturen durch Verwendung einer Gebäudemetapher auf natürliche Art und Weise gelöst.

Der Beitrag ist wie folgt gegliedert: In Kapitel 2 erläutern wir verwandte Arbeiten. Danach stellen wir in Kapitel 3 das Design und die Realisierung des HyperWalk-Systems vor. In Kapitel 4 besprechen wir drei Fallstudien.

2. Verwandte Arbeiten

Im Projekt VIENA (VIrtual ENvironments and Agents) an der Universität Bielefeld [Cao und Wachsmuth 1993] werden situierte Agenten für das Design und die Manipulation virtueller Räume verwendet. Hier werden situierte Agenten als „intelligente" Mittler zwischen Benutzer und System verstanden. Der Schwerpunkt liegt auf der Verwendung von natürlicher Sprache. So soll es zum Beispiel möglich sein, einen Tisch, auf dem Gegenstände plaziert sind durch ein Kommando wie „move the table to the left" zu verschieben. Der Agent muß nun in der Lage sein, die Gegenstände auf dem Tisch entsprechend zu verschieben.

Die Idee, Agenten zur Benutzerunterstützung bei inhaltlichen und räumlichen Orientierungsproblemen in Hypertextsystemen zu verwenden, findet man z.B. bei [Laurel 1990a und b]. Diese Agenten kann man als „Interface Agents" bezeichnen. Das Problem bei diesen Arbeiten ist, daß durch die Verwendung der Raummetapher beliebig tief geschachtelte Räume entstehen können, in denen sich der Benutzer genau wie bei der Verwendung der Desktopmetapher verirren kann. Im Gegensatz hierzu verwendet der in diesem Artikel beschriebene Ansatz eine Gebäudemetapher (beinhaltet also auch die Verwendung von Gängen) und situierte Agenten zur Unterstützung der Orientierung bzw. Hyper-Navigation in virtuellen Gebäuden.

Der Information Visualizer [Robertson et al. 1993] verwendet verschiedene Metaphern und Paradigmen (z.B. 3D/Rooms oder Perspective Wall visualization), um hierarchisch, linear oder räumlich geordnete sowie stetige und unstrukturierte Daten dreidimensional zu visualisieren. Der Schwerpunkt dieser Arbeit liegt auf der „Cognitive Coprocessor Interaction Architecture", die es ermöglicht, daß mehrere Anwendungsprozesse mit den entsprechenden Renderingprozessen parallel laufen. Die in diesem System verwendeten Agenten unterstützen den Benutzer jedoch nicht bei räumlichen Orientierungsproblemen, sondern übernehmen zum Beispiel Suchdienste („Search Agents").

3. Das HyperWalk - System
3.1 Designphilosophie unseres Agentenmodells

Über die Begriffe „Agent" und „AOP" (Agent-Oriented Programming, [Shoham 1993]) ist in den letzten Jahren viel geschrieben worden (einen guten Überblick gibt [Sundermeyer 1993]), aber eine einheitliche Definition gibt es bis heute nicht. Die Designphilosophie unseres Agentenmodells soll zunächst im Vergleich zum objektorientierten Design (OOD) erläutert werden [Coplien 1992]. Die Vorgehensweise beim objektorientierten Design ist die, daß der Anwendungsbereich in Entitäten unterteilt wird, die dann im Lösungsbereich auf Objekte abgebildet werden. Die abstrakten Datentypen des Anwendungsbereichs werden auf Klassen abgebildet. Subtyping kann zum Beispiel durch Vererbung realisiert werden.

Im Gegensatz hierzu fassen wir Agenten als kommunizierende interaktive Prozesse auf [Emhardt1993a], um den Benutzer besser integrieren zu können. Die in unserem System realisierten Erkundungsagenten besitzen die folgenden Eigenschaften:

1.) sie kommunizieren mit dem Benutzer und mit anderen Agenten,
2.) sie führen Aufgaben (tasks) im Zusammenhang mit der Hyper-Navigation selbständig aus bzw. unterstützen den Benutzer hierbei,
3.) sie sind mit einer Metapher belegt (z.B. „Reiseführer", siehe auch [Marcus 1993]),
4.) sie sind situiert, und
5.) sie beschreiben das Verhalten von Objektklassen.

Punkt 1 postuliert einen qualitativen Unterschied zwischen der Kommunikation zwischen Objekten durch die Versendung von Nachrichten im OOD und der Kommunikation zwischen Agent und Benutzer. Bei der letztgenannten ist es sinnvoll, die Dialoge in (eingeschränkter) natürlicher Sprache zu führen. Dieser Ansatz wird vor allem im Projekt VIENA [Cao und Wachsmuth 1993] verfolgt.

Ein situierter Agent (Punkt 4) bestimmt sein Wahrnehmungs- und Kommunikationsverhalten aus dem Zustand der Umgebung, der aktuellen Situation des Benutzers und seiner eigenen Situation. Er kommuniziert und kooperiert mit dem Benutzer in überlappender Wahrnehmung. Das Paradigma der Situiertheit ist somit entgegengesetzt zum planbasierten Verhalten von Agenten. Bei der Realisierung der Situiertheit ist es wesentlich, daß der Agent weiß, was der Benutzer sieht. Dies wird durch unsere Hyper-Rendering Software ermöglicht [Emhardt und Strothotte 1992, Emhardt 1993a]. Das HyperWalk System ist somit das erste VR System, in dem situierte Agenten auch realisiert sind.

Die letztgenannte Eigenschaft (Punkt 5) bedeutet, daß die Agenten das sich dynamisch ändernde Verhalten von Objekten repräsentieren, wobei die Zuordnung zwischen Agent und Objektinstanz erst zur Laufzeit (und nicht schon zur Compilezeit) erfolgt. Wir sprechen deshalb von einem verhaltensbasierten System. Eine Beschreibung des Verhaltens ist dadurch auf einer abstrakten Ebene möglich, zum Beispiel unter Verwendung der Sprache Z ([Abowd 1990]).

3.2 Realisierung im HyperWalk - System

Die Kommunikation zwischen den Agenten ist durch eine netzwerkartige Verbindung auf verschiedenen Abstraktionsebenen realisiert (siehe Figur 1).

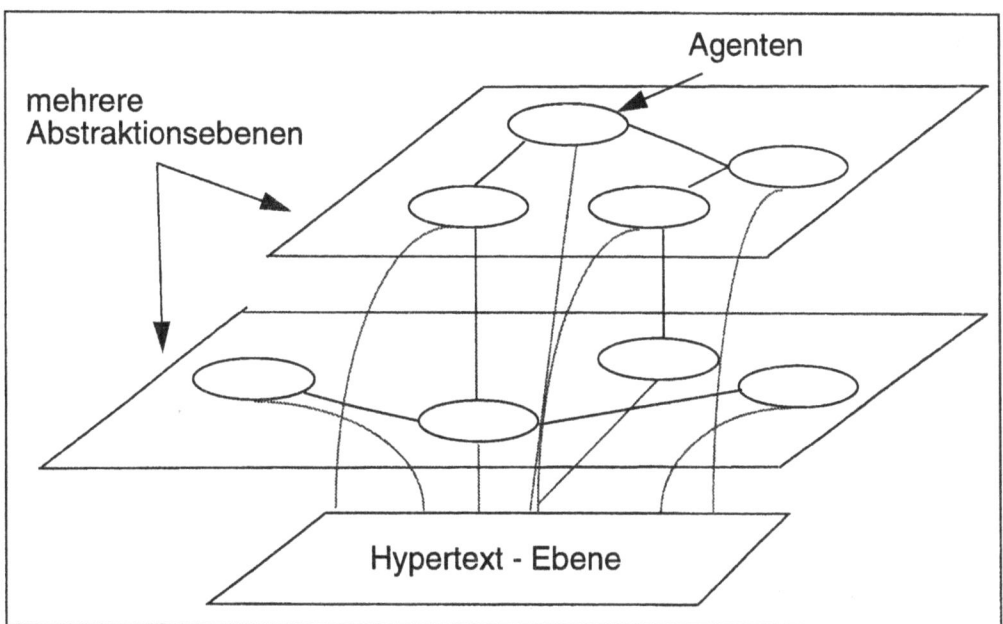

Figur 1: Kommunikation zwischen Agenten und ihrer Hypertextbasis. Innerhalb derselben Ebene kommunizieren die Agenten nach dem Client-Server Paradigma und zwischen verschiedenen Ebenen nach dem Master-Slave Paradigma.

Innerhalb einer Ebene kommunizieren die Agenten nach dem Client-Server Paradigma, und zwischen verschiedenen Ebenen wenden wir das Master-Slave Paradigma an.

Das System besitzt die in Figur 2 dargestellte Architektur. Auf der obersten Ebene wird das Verhalten beschrieben, welches durch Agenten gekapselt wird. Darunter befindet sich die Modellebene, d.h. die Beschreibung der Geometrie der Objekte, der Lichtverhältnisse usw. Die Realisierung des Prototyps erfolgte zum Teil unter Verwendung der Graphics Library und zum Teil mit Hilfe des MR Toolkit aus Alberta ([Shaw und Green 1993]).

Die Verhaltensspezifikation nicht nur über Klassen und Vererbung, sondern mit Hilfe von Agenten festzulegen, resultiert aus folgender Überlegung: Die Attribute eines graphischen Objekts ändern sich mit der Zeit. Das Umsetzen einer derartigen Dynamik ist nur schwer mit einer statischen Beschreibung in Form einer Klasse zu realisieren, da dadurch alle potentiellen Änderun-

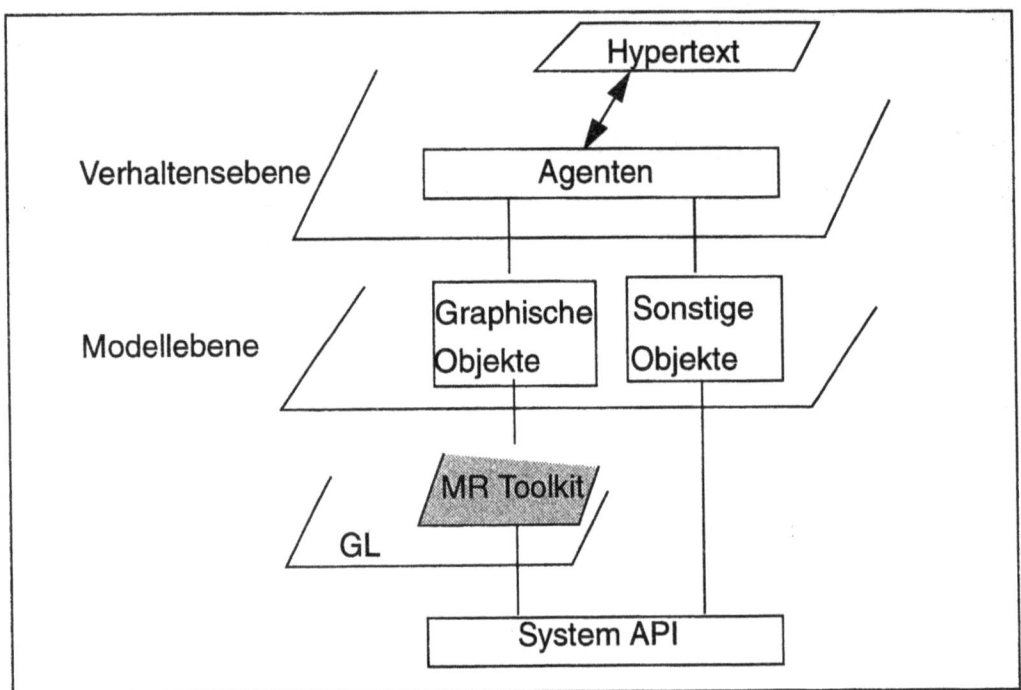

Figur 2: Die Architektur des HyperWalk-Systems. Oberhalb der Modellebene befindet sich die Ebene der Agenten, die das Verhalten der Objektklassen beschreiben. Der Prototyp wurde teilweise mit der GL und teilweise mit dem MR Toolkit realisiert.

gen von Anfang an festliegen. Ein alternativer Ansatz besteht darin, Attribute genau dann hinzuzufügen bzw. zu entfernen, wenn sie sich ändern. Eine solche Dynamik erreicht man durch die Assoziation von Agenten zu Objekten. Hierzu ein Beispiel: Ein leuchtendes Objekt soll sich durch den Raum bewegen. Bei der Klassenbeschreibung kann man zwischen zwei möglichen Ansätzen wählen: Bei der Einfachvererbung muß man einen Zweig aufbauen, an dessen Ende eine Klasse entsteht, die das geforderte Verhalten aufweist (d.h. die Klasse „bewegte Leuchtkugel" erbt von der Klasse „Leuchtkugel" und diese von der Klasse „Kugel"). Bei der Mehrfachvererbung erbt die gewünschte Klasse das Verhalten von einer Anzahl Oberklassen, die insgesamt das Verhalten der neuen Klasse ergeben (siehe Figur 3).

Bei unserem verhaltensbasierten Ansatz ergibt sich ein Gesamtverhalten zu einem Zeitpunkt durch eine Überlagerung unterschiedlicher Agenten, wobei der dem Objekt zugeordnete Agent die Schnittstelle zur Umgebung darstellt. Er ist mit zwei Unteragenten verbunden, einem, der ein Objekt bewegen kann und einem, der die entsprechenden Lichteigenschaften des Objekts berechnet (siehe Figur 3). Diese Verhaltensbeschreibungen sind unabhängig von der räumlichen Komplexität des Objekts. Bei Vererbung hingegen muß für jede neue Kombination vorhandener Eigenschaften eine neue Klasse angelegt werden. Unser Ansatz ist an das „Envelope/Letter"-Konzept von [Coplien 1992] angelehnt. Hierbei tritt von einem Klassenpaar (hier: Agent und Modell) nur eine Klasse nach außen in Erscheinung (Agent), während die innere (Modell) nicht mehr direkt zugänglich ist. Die äußere Klasse stellt die Schnittstelle und die „Intelligenz" zur Verfügung, während die innere Implementierungsdetails zur Umsetzung des angestrebten Verhaltens enthält.

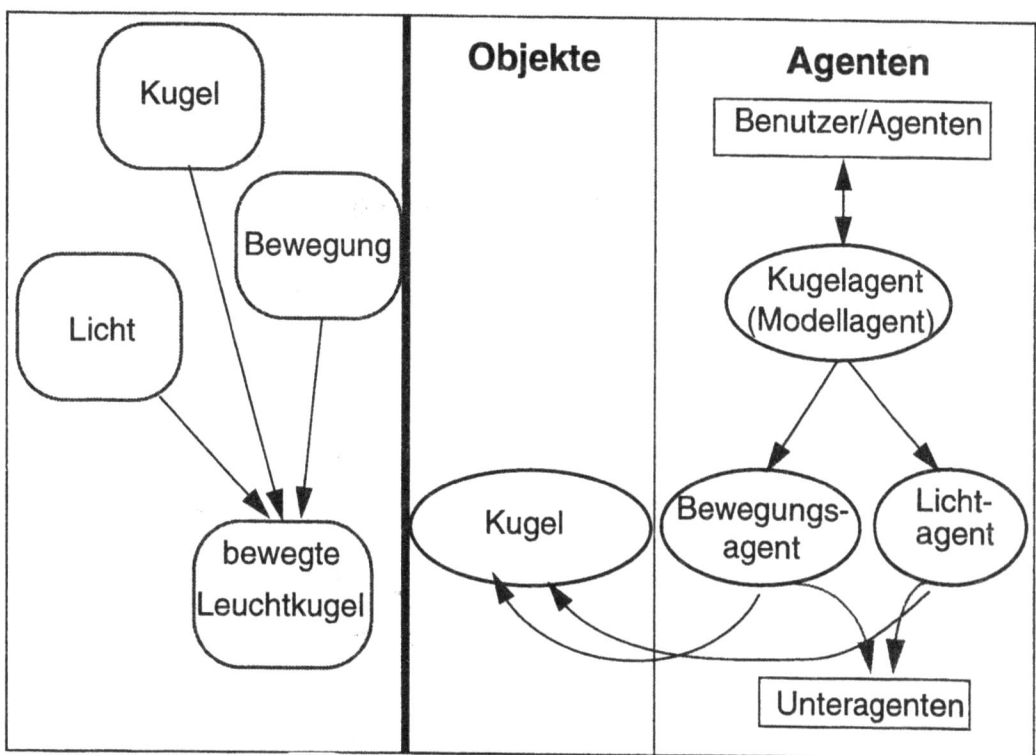

Figur 3: Vergleich der Mehrfachvererbung (links) mit unserem verhaltensbasierten Ansatz (rechts) am Beispiel einer bewegten Leuchtkugel. Der Kugelagent besitzt verschiedene Unteragenten, die der Kugel dynamisch, d.h. zur Laufzeit zugeordnet werden.

Ausgehend von diesem Grundgedanken ergeben sich eine Reihe von Vorteilen bei der Verwendung unseres Agentenkonzepts im Vergleich zur Vererbung. In der folgenden Tabelle 1 haben wir die wichtigsten Kriterien aufgelistet und gegenübergestellt. Die Bewertungen beziehen sich auf den konzeptionellen Einsatz in unserem System.

Aspekt	Kategorie	Vererbung (C++)	Agenten
Analyse, Design	Erweiterbarkeit	gegeben	gut

Tabelle 1: Vererbung in C++ vs. Agenten

Aspekt	Kategorie	Vererbung (C++)	Agenten
	Wiederverwendbarkeit	gegeben	gut
	Modularität	gut	gut
	Verhaltenshierarchie	ja Vererbung statisch	ja dynamisch
	Anpassungsfähigkeit	gegeben	gut
Programmierung, Laufzeitv.	Dynamisches Verhalten	nein	ja
	Verhaltensüberlagerung	ja	ja
	Kopplung von Verhalten u. Darstellung	stark	schwach
	Kompatibilität	festgelegt	flexibel

Tabelle 1: Vererbung in C++ vs. Agenten

4. Fallstudien

4.1 Ein Reiseführer

Wir modellierten den Informatik-Neubau der Freien Universität Berlin mit dem RenderMan von Pixar und konvertierten die Daten derart, daß das Gebäude auch mit der Graphics Library visualisiert werden kann. Der Benutzer kann mit Hilfe eines Reiseführeragenten das Gebäude erkunden, wobei je nach Absicht verschiedene Modi zur Verfügung stehen:

- Will sich der Benutzer eine mentale Karte des Gebäudes aufbauen (z.B. weil er das Gebäude oft betritt), kann er mit oder ohne Hinweisschilder navigieren. Der in [Emhardt 1993a] besprochene Navigationsagent erzeugt eine Hypertextstruktur und visualisiert ggf. die Hinweisschilder mit Hilfe des Sign-post-Agenten.
- Für den Fall, daß der Benutzer schnell einen Weg finden muß, eignet sich eine durch das Hyper-Renderer Kommandomodul angebotene Teleportation, oder eine durch den Animationsagenten visualisierte Animation des Weges.

Die Situiertheit des Reiseführers wird durch den Hyper-Renderer [Emhardt und Strothotte 1992] sichergestellt. Das Agentennetz des Reiseführers ist in Figur 4 dargestellt. Bei dieser Anwendung besitzen die Objekte jedoch kein Verhalten, sodaß die Agenten auch keine Verhaltenskapselung vornehmen.

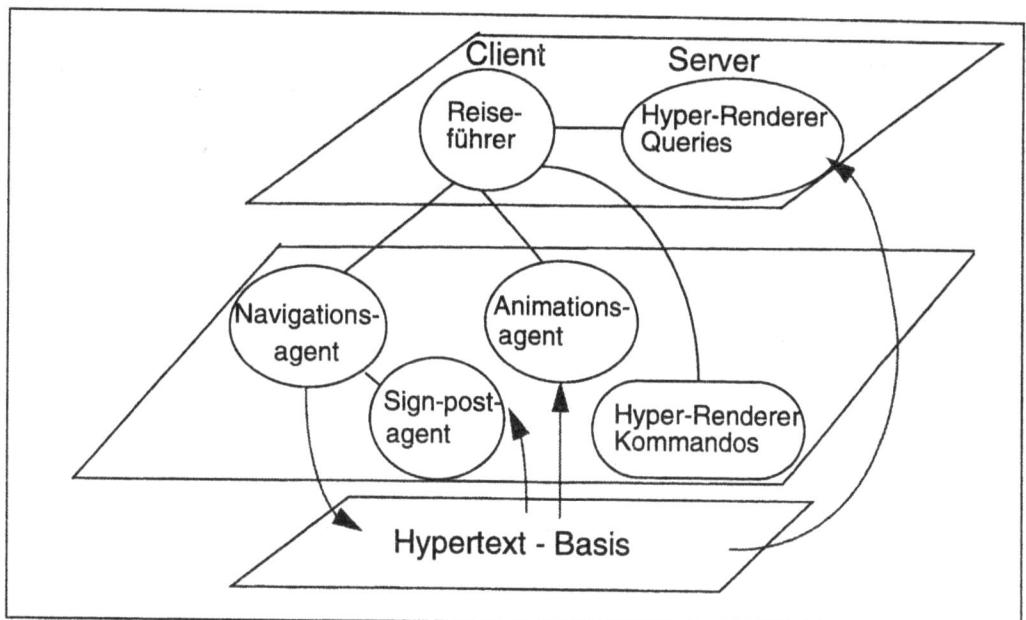

Figur 4: Die Architektur des Reiseführers. Bei einer Wegselektion durch den Benutzer erzeugt der Navigationsagent eine entsprechende Hypertextbasis, die der Signpost-agent, der Animationsagent und der Hyper-Renderer verwenden.

4.2 Ein Museumsagent

Der Museumsagent präsentiert eine beliebige Hypertextstruktur in den Räumen des virtuellen Neubaus Informatik. Dies führt auf ein Präsentationsproblem (wie soll der Text in den Räumen präsentiert werden und wie interagiert der Benutzer hiermit?), das ein in der Implementierung befindlicher Präsentationsagent behandelt. Hierzu verwenden wir eine Dia- bzw. Folienmetapher. Bild 1 zeigt einen ersten Prototyp dieser Anwendung. Wesentlich ist hierbei, daß der Reiseführer die präsentierten Informationen kennt und den Benutzer durch die einzelnen Räume des Gebäudes führen kann. Auf diese Art kann der Benutzer Antworten auf Fragen wie „Wie komme ich hierher?" oder „Wo habe ich diese Information schon gesehen?" erhalten. In Tabelle 2 haben wir dieses erweiterte Hypertextkonzept zusammengestellt.

Problem	Lösungsansatz
Small screen	Virtuelle Gebäude Metapher
Desorientierung	Reiseführer
fehlende(s) - Struktur / Semantik - Verhalten von Objekten	ADT Agenten

Tabelle 2: Erweitertes Hypertextkonzept

Problem	Lösungsansatz
Fehlende Querysprache	Hyper-Renderer queries, Agenten

Tabelle 2: Erweitertes Hypertextkonzept

4.3 Ein Schrankagent

In dieser Anwendung besitzen die Objekte auch ein Verhalten. In einem Prototyp haben wir zu dem IKEA-Schrank aus [Emhardt und Strothotte 1992] mit Hilfe des MR Toolkits und der hier vorgestellten Konzeption einen entsprechenden Schrankagenten implementiert. Bild 2 zeigt, daß sich nun auch Schubladen öffnen bzw. schließen lassen und daß man Gegenstände in den Schrank legen kann. Hierzu haben wir einen Türagenten implementiert, in dessen „Letter" (s. Abschnitt 3.2) das Verhalten von

- normalen Türen,
- Schubladen, und
- der im Schrank befindlichen Safetür

beschrieben ist. In den ersten beiden Fällen wird das Kommando zum Öffnen bzw. Schließen der Tür mit entsprechenden Rotationen bzw. Translationen der Objektinstanzen assoziiert, während bei der Safetür eine Anfrage an den Benutzer nach der Zahlenkombination gestellt wird.

5. Zusammenfassung

Das in diesem Artikel vorgestellte HyperWalk-System zeigt, daß eine Gleichbehandlung von virtuellen Gebäuden und Hypertextstrukturen bei Orientierungs- und Erkundungsproblemen sinnvoll ist, wobei der Schwerpunkt unserer Arbeit auf der Verwendung von Hypertext als Repräsentationsform für die Erkundung von virtuellen Gebäuden liegt. HyperWalk ist unserer Ansicht nach das erste VR System, welches situierte Erkundungsagenten auch realisiert hat. Es ist ein verhaltensbasiertes System in dem die Agenten das Verhalten von Objekten beschreiben und dynamisch, also zur Laufzeit zu den Objekten assoziiert werden.

6. Danksagungen

Martin Kurze möchte ich für die Photographien danken. Mein besonderer Dank gilt Prof.Dr. Thomas Strothotte, der diesen Beitrag kritisch begutachtet hat.

7. Literatur

[Abowd 1990]
Abowd, G.D.: *Agents: Communicating interactive processes*. In Proc. IFIP TC 13 Third International Conference on Human-Computer Interaction (INTERACT'90), Cambridge, pp. 143-148.

[Bryson 1992]
Bryson, S.: *Survey of Virtual Environment Technologies and Techniques*. In Implementation of Immersive Virtual Environments, ACM SIGGRAPH'92 Course Note #9, Chicago, pp. 1.1-1.35.

[Cao und Wachsmuth 1993]
Cao, Y., Wachsmuth, I.: *Situated Space Agent for 3-D Graphics Design*. In Proc. Virtual Reality Vienna 1993, Wien, 1.-3. Dezember 1993.

[Coplien 1992]
Coplien, J.O.: *Advanced C++ Programming Styles and Idioms*, Addison-Wesley 1992.

[Emhardt und Strothotte 1992]
Emhardt, J., Strothotte, Th.: *Hyper-rendering*. In Proc. Graphics Interface'92, Vancouver, pp. 37-43.

[Emhardt 1993a]
Emhardt, J.: *Agentenunterstützte interaktive Exploration von virtuellen Gebäuden*. In Virtual Reality '93 - Anwendungen und Trends, Konferenz am 4. und 5. Februar 1993 in Stuttgart-Vaihingen am Fraunhofer-Institut für Produktionstechnik und Automatisierung, Seiten 71-82, Springer-Verlag, Heidelberg.

[Emhardt et al.1993b]
Emhardt, J., Semmler, J., Strothotte, Th.: *Hyper-navigation in Virtual Buildings*. In Proc. IEEE VRAIS'93, Seattle, pp. 342-348.

[Kuhlen 1991]
Kuhlen, R.: *Hypertext*, Springer-Verlag 1991.

[Laurel et al.1990a]
Laurel, B., Oren, T., Don, A.: *Issues in Multimedia Interface Design: Media Integration and Interface Agents*. In Proc. CHI'90, pp. 133-139.

[Laurel 1990b]
Laurel, B. (ed): *The Art of Human-Computer Interface Design*, Addison-Wesley 1990.

[Marcus 1993]
Marcus, A.: *Future Directions in Advanced User Interface Design*. In Proc. Computer Graphics International'93 (CGI'93, N. Magnenat-Thalmann, D. Thalmann eds.), Lausanne, 1993, Springer-Verlag, Tokio, pp. 2-13.

[Robertson et al. 1993]
Robertson, G.G., Card, S.K., Mackinlay, J.: *Information Visualization using 3D Interactive Animation*. In Communications of the ACM, 36(4), pp. 56-71.

[Shaw und Green 1993]
   Shaw, Ch., Green, M.: *The MR Toolkit Peers Package and Experiment.* In Proc. IEEE VRAIS'93, Seattle, pp. 463-470.
[Shoham 1993]
   Shoham, Y.: *Agent-oriented Programming.* In Artificial Intelligence 60, 1993, pp. 51-92.
[Sundermeyer 1993]
   Sundermeyer, K.: *Modellierung von Agentensystemen.* In Verteilte Künstliche Intelligenz - Methoden und Anwendungen, H.J. Müller (Hrsg.), BI-Verlag 1993.

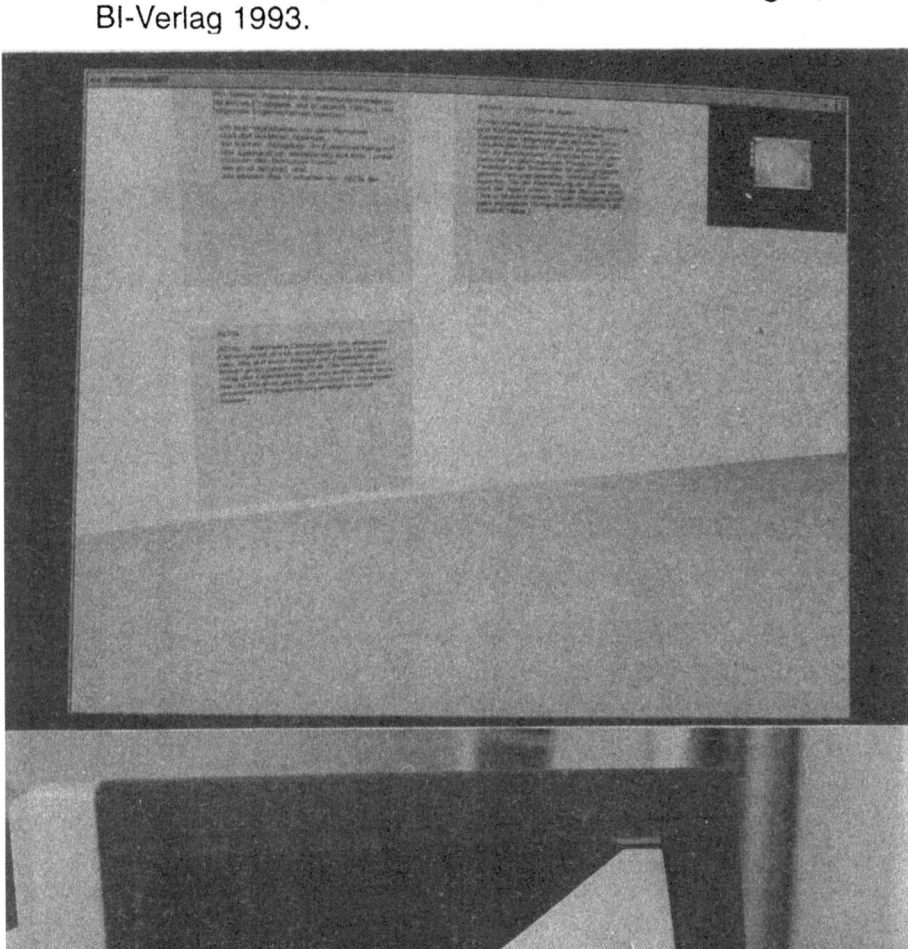

Bild 1: Ein virtuelles Museum

Bild 2: Ein IKEA-Schrank mit Verhalten

Non Immersive Control of Virtual Environments
Ch. Maggioni

Non Immersive Control of Virtual Environments

Christoph Maggioni
SIEMENS AG
ZFE ST SN 55
Otto Hahn Ring 6, München
Tel. +49-(0)89-636-42573
E-Mail: chm@zfe.siemens.de

Three-dimensional representations of real environments form a new means of communication between man and machine, making explicit use of mechanisms which humans have learned and experienced during their whole lives in moving themselves and manipulating objects. Two central observations regarding human communication and behaviour can be made: people have a natural ability to move and act in their three-dimensional environment, and they naturally use hand gestures as a means of communication. We present a non-immersive three-dimensional input device that allows applications to be controlled by gestures of the human hand. Hand position, orientation and finger gestures are obtained using a video camera and image processing techniques. The system works in real-time and controls a three-dimensional virtual environment. Our input device has proven to be very reliable and is more natural to use than other conventional computer input systems.

Dipl. Inform.
Ch. Maggioni
Zentrale Forschung
und Entwicklung
Siemens AG, München

Introduction

Three-dimensional computer applications and user interfaces offer a new qualitative step in man-machine interfaces by relating to the human's natural familiarity to live in a three-dimensional world. 3-D representations and animations of real environments form a new means of communication between man and machine which makes explicit use of the motoric skills humans have learnt and experienced during their whole lives in moving themselves and manipulating objects in their environment. On the other hand computer applications become more and more complex, and their use demands increasingly skilled training. Making computer applications easier to use is one of the main future issues in man-machine communication.

Representing information in space can significantly increase the user's ability to orient and to solve problems. The reason for this seams to be the human ability to build and use spatial models rather unconsciously when information is presented to them in a suitable manner. A good example of a system that makes use of three dimensional information and that shows a clear need for a 3D input device is 3D-Rooms, an extension of the two-dimensional desktop metaphor developed at Xerox Parc [Cla91].

Investigating human interactions soon reveals the important role of gestures and the use of three dimensional space. People naturally use hand motions to communicate with other people. Hauptman [Hau89] stated that there are intuitive, common principles for gesture communication forming a communication channel equally accessible to all computer users. Sign languages are extremely natural and often self explanatory in many areas. Using the hand, a user can concentrate on his task instead on the physical device between him and the application. Another advantage of the human hand is that it is a skilled device able to coordinate many degrees of freedom at the same time and thus is naturally suited to control complex applications which otherwise would have to be adjusted by a variety of control panels [Fel92]. The hand can be used to trigger actions by specific gestures e.g. for complex manipulations of three-dimensional objects in space.

Three dimensional hand gesture recognition will form a very natural and easy to use computer interface [Wol88], [Stur92]. Hand gesture recognition will be a building block of future human-computer interfaces and will allow a person to interact with computers in ways he or she would interact with other people. These multi-modal systems will also include speech recognition and eye-tracking [Bol87], [Fol87]. Bolt [Bol92] discusses situations that call for two-handed input and describes a prototype system consisting of an eye-tracker, speech recognition and two DataGloves .

A well-known system for using human hand gestures as a computer interface is the DataGlove [Zim87], a device that consists of a glove with integrated fiber-optic cables for the detection of finger movement and a

Polhemus sensor for the detection of the hand position in space. However, due to its physical layout, the DataGlove restricts the user in his normal way of interacting with computers. The user cannot type or move around in the room without taking off the glove and is always in fear of damaging the expensive hardware.

Previous approaches to using a computer vision system as an input device for computer applications include the Videodesk [Kru91], the Mandala system [Vin91], the DigitalDesk [Wel91] and GEST [Seg92]. All these systems have the limitations of dealing with only two-dimensional gestures and requiring a controlled uniform image background.

In this work, we present a novel system for navigating and acting in three-dimensional virtual environments by using hand gestures. Additional and more detailed information describing our work can be found in [Wir93], [Sch93], [Mag93a] and [Mag93b]. The system consists of two functional parts, namely the virtual reality system for building the virtual workspace, and the gesture recognition system, which recognises human gestures as input commands. The novelty is that recognition of human gestures is accomplished by image processing techniques rather than physical measurements. Our system is able to work in real-time under noisy and changing environmental conditions, and detects the three-dimensional position and orientation of the human hand. Some basic gestures are derived from this data and used to control the virtual environment.

Our goal is not to build an 'immersive' virtual reality system that aims to give its user the best possible simulation of an artificial reality. Such systems use complex devices like head mounted displays and data gloves, but do not allow the user to interact with the 'real' office world. Our goal is to develop systems, sometimes called 'Desktop VR', that benefit from three-dimensional representations of virtual environments but use standard computer monitors and non-obstructive input devices.

System View

Figure 1 shows our proposed system structure which involves a classical feedback loop. Images of the user and his hand are acquired by a CCD-camera. By using image processing techniques the human hand is recognised. Its position and orientation in 3-D space are determined and optionally the bending of the fingers could be calculated as well. Gestures are recognised and the interactions of the user's hand with the application are computed. Finally a three-dimensional model of the virtual hand is rendered on the screen. When moving the real hand, the user sees the corresponding movement of the virtual hand on the screen. Human hand-eye coordination allows the user to control the system even if the image processing is somewhat inaccurate.

Since our system operates in a feedback loop, timing is a crucial issue. If the total time needed to go through the loop is longer than 1/10 of a second the user will likely get confused and overcompensate, bringing the system to an unstable state.

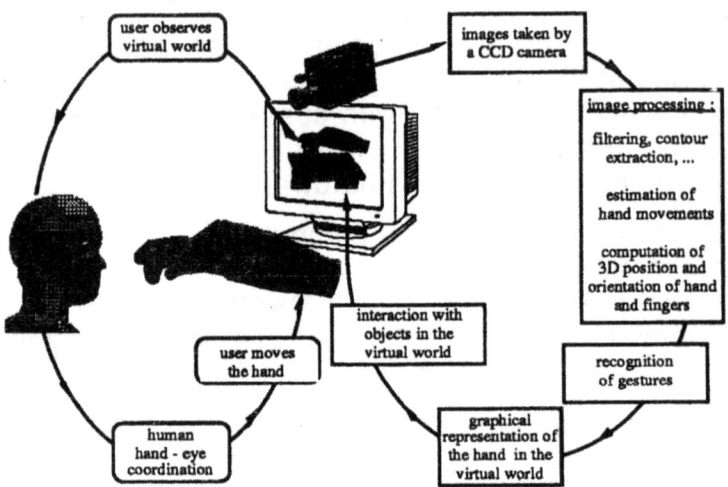

Fig 1: structure of the implemented system

The image processing system has to satisfy conflicting demands. On one hand it has to be reliable, stable and insensitive to changes in the image background and lighting conditions. On the other hand it has to be sufficiently fast. Since the CCD camera provides an enormous amount of data we have to use some ingenuity to arrive at a real-time system. We have investigated two main approaches. The first one, which we call ImageGlove, requires the user to wear a cotton glove with an attached marker to speed up and simplify the image processing task. The other approach uses the special colour of the uncovered human hand as a feature.

Fig. 2: system configuration

The physical layout of the system and the position of the camera depend highly on the application. A natural place to put the camera is on top of the monitor facing the user, where it can also be used for video-conference applications. However, for applications requiring extensive use this is not a very good setup. Without support for the elbow, raising the hand all the time tires the arm. (Similar problems are encountered in DataGlove applications.) The system configuration we are using most frequently is fixing the camera above the monitor looking down onto the desk (Fig. 2). The user can accomplish 2-D operations by moving the hand on the desktop surface, whereas 3-D gestures can be done by raising the hand. Thus we combine the benefits of the 2-D mouse with those of 3-D manipulation. Other possible setups include placing the camera on the ceiling, on a wall or even inside the keyboard looking upwards. For cooperative work a setup where the monitor is mounted horizontally and the camera is looking down observing the hand movement and gestures of multiple users may be useful.

Image Processing

One of the most challenging aspects of our system is to extract the necessary information from the images. Up to date no robust real-time processing technique has been available for the three-dimensional detection of the hand position, orientation and hand gestures.

We have developed two different systems to detect the human hand in video images. The first system uses a marker attached to the back of the hand. The second one depends on the special colour of the skin in order to segment the hand from the image background. Both systems work in real time and are able to calculate the x, y and z position of the hand as well as its rotation along the camera axis. While the marker based system is able to determine the remaining two rotational parameters the colour system recognises six different static hand gestures.

Marker Based Detection

As a first approach we use a marker designed specifically for the task. The marker simplifies the image processing and allows us to build a very fast and reliable system running on a standard workstation. The marker consists of two circles, the outer one white and the inner one black with different center points (Fig. 3a). We currently fix the marker on the back of the hand on a black cotton glove with cutoff fingertips.

  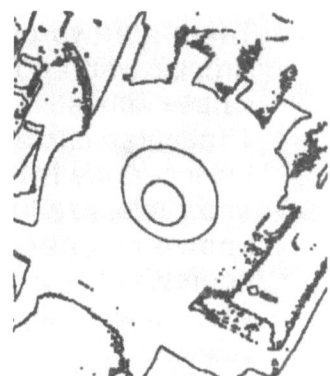

Fig 3a: original image   **Fig 3b:** binarized   **Fig 3c:** contours extracted

The recognition of the marker is based on knowledge of its geometrical properties. All image contours are extracted from the grey-level image (Fig. 3a) and transformed to a higher level description based on moments and chain codes. These structures are used for locating the marker and computing the translation and rotation in three-dimensional space.

The grey-level image of the gloved hand and the background is first binarized by applying a global threshold (Fig. 3b). The contours of the resulting white and black areas are obtained using a contour following algorithm similar to that of Pavlidis (Fig. 3c) [Pav82]. The algorithm scans the image line by line to find a jump in the binary value, follows the contour and stores the chain-code values in a list. Since all contours are closed, the process will eventually reach the starting point and scanning of the image continues. By using knowledge about the minimum marker size, we can greatly speed up the scanning process by only sampling a grid of lines that is small enough to touch the marker in all cases.

We let the z-axis of our 3-D coordinate system point towards the camera and the image plane be parallel to the x-y plane (Fig 4). To estimate all six positional parameters of the marker we first identify the marker in the image, calculate the translational parameters x,y,z and then estimate the rotational parameters rot_x, rot_y and rot_z.

The recognition of objects independent of their position, size and orientation is an important goal in image processing and methods have been developed that are based on moment invariants [Hu62], [Li91]. In specific the first three moments give us the area of the object and its position in x and y. The number of operations needed to compute the moments is directly proportional to the number of points in the object. However, Green's theorem allows us to reduce the amount of calculations by an order of magnitude by just following the border of the area [Li91]. We use the outline of each area computed in the contour following step to calculate the first three moments ($m_{0,0}$, $m_{1,0}$, $m_{0,1}$) as well as some other object features. These features are used to search for the marker, which is characterised by the following :

- There are two objects that are circular with approximately the same centers.
- The outer circle is white and the inner one is black.
- The circle size has to be within known upper and lower bounds.
- We known the ratio of circle sizes.
- We know the previous position of the marker in the image.

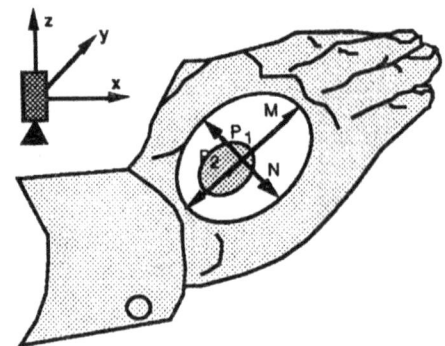

Fig 4: geometrical properties

The above stated constraints are strong and misclassifications are very unlikely. Having detected the marker, we compute the parameters of position and orientation in space. The position in the x and y direction is given by the center of mass derived from the moment calculation. The distance from the camera is a function of the known real marker size, camera parameters such as focal length and the observed area of the marker in the image.

The rotational parameters can be derived as follows. The distance between the centers of the two circles P_1 and P_2 of the marker gives us the rotation of the hand along the z-axes. Due to rotation around the x and y axes, a marker circle in general appears as an ellipse (Fig. 4). The major and minor axes M, N of an ellipse can be computed from the central moments and are used to determine the rotation around the x- and y - axes [Zho89].

As we are processing image sequences we can apply the knowledge from the current frame in order to predict features of consecutive frames. We use motion-estimation techniques to estimate the size and position of a region of interest to search for the marker in the next image. In practical experiments this reduces the amount of computations by a factor of five.

The knowledge of the number of black and white pixels in the marker pattern is used to calculate an updated threshold for the initial binarization step from the observed grey-values of the image. This is necessary due to both changing overall lighting conditions and local effects like shadowing the back of the hand when moving it away from the light sources.

The above algorithm is implemented on a SUN SPARC I with a frame grabber board. This is used for grabbing 512x512x8bit images and piping them through a look-up table for thresholding. All the other computations are done on the host computer itself. For typical images with many contours in the background we get an initial frame-rate of 9 frames/sec, but after locating the marker we can track it at the maximum European frame rate of 25 frames/sec.

The tracking system has proven to be very reliable and fast even in difficult environments with a lot of moving objects in the background and changing light conditions. We can extract all six degrees of translation and rotation of the human hand with enough accuracy to use the ImageGlove system as an input device for a number of three-dimensional applications.

Colour Based System

The previously described marker based systems offers very good performance and reliability. But the user has to wear a glove, making the system still intrusive. Our most recent system uses the special skin colour of the human hand to segment it from the image background. The segmentation of the image into hand and no-hand regions is performed on the pixel level. The colour values of the pixels are used as an index to a look-up table thus transforming the colour image (Fig 5a) into a binary image. The colour look-up table is generated off-line and is valid for a wide range of human skin types [Sch93]. A user specific refinement of the table can be optionally done as well at the beginning of each session.

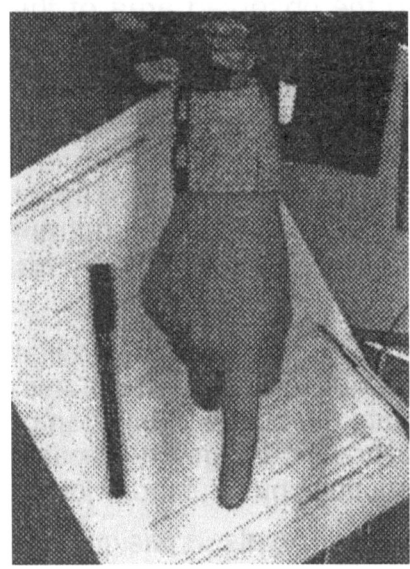 

Fig. 5a: input image   **Fig. 5b:** segmented image

By segmenting the colour image a binary image is obtained, where the areas of skin colour appear black. Figure 5b shows the original image and the binary image superimposed. The contours of the skin coloured objects are computed using a modified version of the fast contour following algorithm described in the previous section of the paper. The first three moments and some central moments are calculated from the contour descriptions giving the center of gravity, the area and the orientation of all image objects. These features are used to distinguish the human hand from other skin coloured objects in the image and to determine a rough estimate of the palm position and the hand orientation. The accurate palm position is computed by using geometric knowledge of the hand shape refining the previous obtained data. For every point on the hand contour the distance to the center of the palm is calculated. Based on this data fingertips are detected by searching for local maxima and minima. Finally constraints on the number of fingertips detected, their location and orientation, and the width of the fingers are used to distinguish six different hand gestures (Fig. 6).

The position of the palm is used to calculate the x and y position in the image plane, while its size gives the distance from the camera. The rotation around the z - axis is given by the position of the index finger to the palm.

The algorithm for detecting the unmarked human hand has been implemented on a SPARC-10 computer equipped with the same frame-grabber board that the marker system uses. The increase by a factor of four of the computational complexity of the colour algorithm compared to that of the marker based system is compensated by the increase of performance the SPARC-10 machine offers. The colour system therefor runs in real-time giving us the position, orientation and gestures of the human hand with an maximum speed of 25 frames/sec. The system is to some degree insensitive to changes in the image background and works well even for different users with different hand shapes.

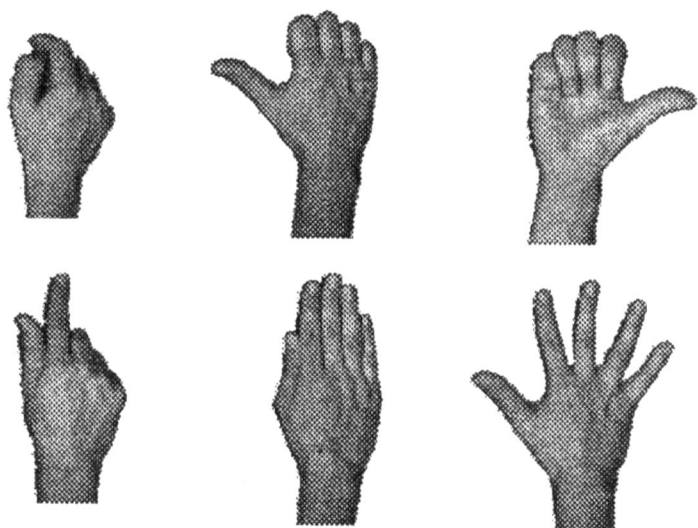

Fig. 6: hand gestures that are recognised

User Interface

The outputs of the image processing step are the three values for the position of the observed human hand, the values of rotation and in case of the colour system the gesture of the hand computed 25 times per second. The goal of the following recognition process is to smooth and filter the data, to detect certain dynamic gestures and finally to supply the application with higher level descriptions of what the user actually does.

We are currently using the ImageGlove system to navigate through three-dimensional worlds and to manipulate three-dimensional objects. The observer is modelled by a virtual body whose position and rotation determines his point of view, and a virtual hand that is used to manipulate objects. The goal is to find an easy and natural way to control the virtual body and hand with the ImageGlove.

We are using the setup where the camera is mounted above the table monitoring a certain volume in space to the right or left of the computer screen (Fig. 2). When the user is performing tasks requiring 2-D input the hand can be moved on the tabletop like in a conventional mouse interface or in Krueger's system [Kru83]. In 2-D mode the visual feedback to the user is just a 2D drawing of a hand. When the user raises the hand to make a complex gesture or to move objects in 3D space, the 3-D mode is automatically entered. As long as the real hand is in the inner part of the control volume, it controls the movement of the virtual hand along all six axes, but when the hand enters the border region, the observer's viewpoint moves in the corresponding direction (Fig. 7). To provide feedback to the user the colour of the virtual hand is changed. Finally the colour of the thumb shows whether or not the vision system detected the human hand.

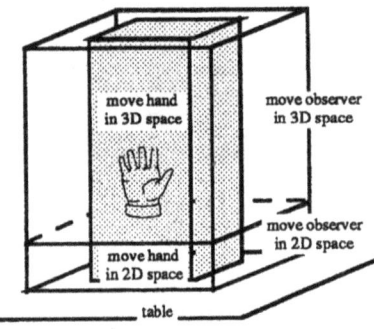

Fig. 7: Control volume for the hand input

Rotating the viewpoint is done incrementally by rotating the palm around the horizontal axes. Tipping the hand allows one to grab objects. Touching a virtual object triggers actions like information retrieval or changes in internal state. When using the colour system the different hand gestures recognised are used to trigger actions or to change between modes.

Using the System in Graphical Applications

One powerful application of the ImageGlove lies in the area of visualisation and virtual reality environments. To test the usefulness of our input device, the reliability of its algorithms and to demonstrate possible applications, we have developed a virtual reality toolkit. It is built using a system called DIVE (Distributed-Virtual-Environment) developed by the Swedish Institute of Computer Science [Car93] that itself relies on ISIS, a distributed message system from Cornell University. The modular design of our software allows us to easily attach different versions of the image processing system, to try out different modules for gesture recognition and to use other three dimensional input devices for comparison. Each virtual world can be shared by an arbitrary number of users and applications that modify objects in the world. The virtual reality system has proven to be flexible and modular. The only problem we have to deal with is the relatively slow refresh rate of the 3D-rendering system of 10-15 frames/sec, far below the speed of our image processing system with 25 frames/sec.

We have designed several virtual environments to illustrate possible applications. One is a simulation of our lab at Siemens, Munich, in which one can fly around and move objects. In another example a marshalling-yard with animated trains is simulated. The user can fly around, touch objects like railway cars and switches, and thus get information about them, or manipulate the switches by touching them with a special gesture and thereby cause the trains to change tracks.

Another application prototype, recently designed, deals with the control of cameras in a subway station. The system uses the colour-based image processing system for the detection of three dimensional hand position, orientation and gestures. A subway station is normally equipped with a huge number of remotely operated video cameras used for monitoring and surveillance. Operators in the control room of the subway have to know the exact position of all cameras in order to be able to select the right one and thus to obtain the requested real-time video view of a special area.

To make this task easier and more natural to perform we have built a three-dimensional visualisation of a part of the Munich subway system. The operator can easily walk through this virtual environment by using hand gestures (Fig. 8a). By performing a special hand gesture the operator can switch to the camera-view mode (Fig. 8b, note the monitor like frame). The computer system automatically selects and orientates the camera whose real view matches best the observers virtual view. The orientation and the zooming of the camera can be controlled by hand gestures using the "camera in hand" metaphor.

We are using hand gestures to select the walk-trough mode or the camera-mode, other nearby cameras and to return to defined positions and viewing parameters. The position and orientation of the hand are used to walk through the environment or to control the camera position and orientation respectively.

Since we do not have computer controlled surveillance cameras in our lab we simulated the camera view with our 3D toolkit and indicate that mode by adding a monitor-frame to the graphics.

Fig. 8a: Subway - walk-through mode   **Fig. 8b**: camera-mode

Future Applications

A possible future application area of our optical gesture recognition system is diagnosis in medicine. Doctors will be able to observe three-dimensional computer tomographic scans of the human body, manipulate the viewpoint, perform virtual cuts or zoom in on specific organs by using simple to learn hand gestures. Interactive planning of operations (i.e. in minimal invasive surgery) might also benefit from a gesture recognition interface.

Future user-interfaces in office applications will extend the well known two-dimensional desktop metaphor into an 3-D virtual office allowing users to navigate in three-dimensional rooms and information spaces. Optical gesture recognition is very well suited to easily and intuitively control these future 3-D interfaces.

CAD applications benefit from hand gesture recognition by allowing the user to easily manipulate objects or to navigate in three-dimensional space. Typical applications are in plant planning, configuration of technical systems, car construction and simulation, and the interior decoration of offices. Optical gesture recognition allows groups of people to share the control of devices they need for their work. Examples include slide projectors and pointers on an electronically whiteboard.

Physical reasons can make it necessary to use optical gesture recognition. Such restrictions could be lack of space for mounting conventional input devices (mouse, keyboard), rough and dirty surroundings as are found in plants or the need for a sterile environment during an operation.

Discussion

We have described two different prototypes of a camera-based gestural 3-D input device that can be used to interface to non-immersive virtual environments. The systems allow the use of the human hand as an input device to interact with three dimensional virtual-reality applications in a very natural way.

Both systems have their advantages and disadvantages. Using a special designed marker that is very unlikely to be found in the surrounding environment makes the marker based system very reliable. The system is easy to implement, very fast, and needs only greyscale cameras and frame-grabbers. It offers six degrees of freedom but is not able to detect hand gestures based on different fingertip configurations. The user has to wear a glove making the system somewhat intrusive. On the other hand the colour based system offers recognition of different hand gestures and is completely non-intrusive. More expansive colour based imaging hardware and more computationally power is needed. Additionally the colour based system has a principle drawback: If the image background colour is very similar to the human skin the hand cannot be reliable detected. This is no major drawback in a desktop setup where the background can be controlled to some degree but might be a big minus in other environments. Wherever high reliability is demanded the marker system turns out to be the best solution. In some of these application areas a glove is worn anyway, for example in plants or in medical environments during operations. In desktop systems the colour based system seems to be more appropriate and offers greater flexibility of application control.

We have performed some preliminary tests in order to evaluate our input system. The camera-based device has proven to be more natural than other devices we have tested, such as the spaceball and the mouse. This is especially true in tasks that require unskilled users to perform complex three dimensional operations.

Current work focuses on improving the image processing techniques for detecting the human hand by using its skin colour. This includes algorithms for adapting the colour look-up table dynamically while the system is being used. We plan to extend the static gesture recognition subsystem to be trainable by the user allowing him to add gestures of his own as well as to recognise a limited set of dynamic gestures.

Recently we extended our system to use the human head movement as an additional non-immersive input device. We added a subsystem to detect the users head position by using a second video camera mounted on top of the computer monitor, facing the user. By moving the head the observers viewpoint in the 3-D virtual environment is changed. The resulting motion parallax gives the user a very good depth perception of the scene without actually wearing special stereo glasses.

Acknowledgement

I want to thank all people who contributed to the GestureComputer project: Subutai Ahmad, Daniel Goryn, Rolf Schuster, Brigitte Wirtz and Bernd Kämmerer for valuable discussions.

References

[Bol87]   R.A.Bolt: *The integrated multi-modal interface*, Trans. IEICE, J70-D:2017-2025,1987

[Bol92]   R.A.Bolt, E. Herranz: *Two-Handed Gesture in Multi-Modal Nautural Dialog*, Proc. UIST '92, 7-14, Montery, California, 1992

[Car93]   C. Carlson, O. Hagsand: *DIVE - a Multi User Virtual Reality System*, Proc. of the VRAIS '93, 18-22.9.93, Seattle USA, pp. 394-400

[Cla91]   M.A. Clarkson: *An easier interface*, BYTE 16(2), February 1991

[Fel92]   W. Felger: *How interactive visualization can benefit from multidimensional input devices*, Visual Data Interpretation, Proc. SPIE 1668, 1992

[Fol87]   J.D. Foley: *Interfaces for advanced computing*, Scientific American, 257:7, 1987

[Hu62]   M.K. Hu: *Visual pattern recognition by moment invariants*, IRE Trans. Inform. Theory IT-8, 1962, 179-187

[Li91]   Bing-Cheng Li and Jun Shen: *Fast Computation of Moment Invariants*, Pattern Recognition Vol 24, No. 8, 807-813, 1991

[Kru91]   M.W. Krueger: *Artificial Reality II*, Addison-Wesley, 1991

[Mag93a] Ch.Maggioni: *A novel Device for Using the Hand as a Human-Computer Interface*, People and Computers VIII, Proc of the HCI '93 Conference, September 1993, pp. 191-202

[Mag93b] Ch.Maggioni: *A Novel Gestural Input Device for Virtual Reality*, Proc. of the VRAIS '93, 18-22.9.93, Seattle USA, pp.118-124

[Pav82]   T. Pavlidis: *Algorithms for Graphics and Image Processing*, Springer 1982

[Sch93]   R. Schuster und S. Ahmad: *Modellbasierte beschreibung von Farbhistogrammen und, segmentation von Farbbildern* , in Mustererkennung 1993, Informatik aktuell, Springer-Verlag 1993

[Seg92]   J. Segen, Gest: *A learning computer vision system that recognizes gestures*, to appear in Machine Learning 4

[Vin91]   V. J. Vincent: *Dwelving in the depth of the mind*, Proc. Interface to real & virtual worlds, Montpellier, 1991

[Wel91]   P. Wellner: *The DigitalDesk Calculator: Tangible Manipulation on a Desk Top Display*, Proceedings of the ACM Symposium on User Interface Software and Technology (UIST '91), November 1991, Hilton Head, USA

[Wir93]   B Wirtz, Ch. Maggioni: *ImageGlove : A Novel Way to Control Virtual Environments*, Proceedings of the Virtual Reality Systems '93, New York

[Wol88]   C. G. Wolf: *A comparative study of gestural and keyboard interfaces*, Proceedings of the Humans Factors Society, 32nd meeting, 273-277, 1988

[Zim87]   T.G. Zimmermann, J.Lanier, C. Blanchard, S. Bryson, Y. Harvill: *A Hand Gesture Interface Device*, Proc. ACM CHI+GI Conf. Human Factors in Computing Systems and Graphics Interface, pp. 189-192

[Zho89]   Z.Zhou, K.C.Smith, B.Benhabib, R. Safaee-Rad: *Morphological Skeleton Transforms for Determining position and orientation of Pre-Marked Objects*, IEEE Pacific Rim Conference on Communication, Computers and Signal Processing, pp. 301-305, 1989

Software Tools

Nutzen objektorientierter Datenbanksysteme für virtuelle Planung

U. Häfner, A. Rößler

Nutzen objektorientierter Datenbanksysteme für virtuelle Planung

Ulrich Häfner

Andreas Rößler

Der Aufsatz beschreibt Strukturen und Methoden objektorientierter Informationssysteme. Für die virtuelle Planung von Arbeitsplätzen wurde am IAO eine objektorientierte Datenbankstruktur konzipiert. Diese Datenbank soll Produktdaten mit VR-spezifischen Methoden kombinieren und für verschiedenste Anwendungen zur Verfügung stellen.

Dipl.-Ing. Ulrich Häfner,
wissenschaftlicher Mitarbeiter
des Fraunhofer-Instituts für
Arbeitswirtschaft und
Organisation

Dipl.-Ing. Andreas Rößler,
wissenschaftlicher Mitarbeiter
des Fraunhofer-Instituts für
Arbeitswirtschaft und
Organisation

1. Problemstellung

Bisher wurden viele Anwendungen der Virtuellen Realität (VR) vorwiegend unter dem Aspekt der Demonstration und weniger mit dem Ziel einer möglichen industriellen Anwendung entwickelt.

Daher spielte die Wiederverwendbarkeit modellierter Objekte und Interaktionstechniken eine untergeordnete Rolle. So wurden virtuelle Welten rasch und mit einer Fülle von Funktionalitäten entwickelt, die in dem jeweiligen System große Vorteile besitzen, aber keine allgemeingültige Beschreibung der Sachverhalte beinhalten.

Wird die Portierbarkeit von virtuellen Welten, oder die Datenübernahme zu anderen Programmen diskutiert, so stößt man rasch an Grenzen. Die modellierten Welten sind für das jeweilige VR-System einsetzbar, müssen aber für jedes andere System neu programmiert werden. Eine Ausnahme stellen die geometrischen Daten dar, da fast jedes VR-System einen Konverter zu gängigen Modellierern (AutoCAD, PRISMS, WAVEFRONT, etc) bereitstellt.

Das verwendete Betriebssystem und die vorhandene Hardwareumgebung spielen bei der Frage der Portierbarkeit eine entscheidende Rolle. So wird bei high-end VR-Anlagen meistens das Betriebssystem UNIX verwendet, während bei einigen low-end Systemen MS-Windows oder MS-DOS eingesetzt wird.

Die rasche Entwicklung der Rechenkapazitäten im PC- und Workstationbereich zwingt entweder zur Entwicklung hardwareunabhängiger Software, oder zu leicht portierbaren Systemen. Ein eindeutiger Trend zu einer bestimmten Hard- und Softwarewareplattform ist für die nächste Zukunft nicht absehbar.

Die Anforderungen an moderne Softwareentwicklung, die die Hardware- und Marktentwicklungen berücksichtigen, sind:

- Verkürzung der Entwicklungszeiten,
- Wiederverwendbarkeit der Module,
- fehlerfreie Gesamtsysteme,
- leichte Test- und Lesbarkeit und
- rasche Portierungsfähigkeit.

Diese Anforderungen haben von rein prozeduralen und teilweise hardwareabhängigen Sprachen wie Assembler, C, Fortran, etc. zu objektorientierten Hochsprachen wie Smalltalk, C++ oder objektorientiertem Pascal geführt.

Insbesondere für C++ existieren für nahezu alle Computersysteme entsprechende Compiler. Hinzu kommt, daß C++ eine Obermenge der weit verbreiteten Sprache C ist. Ein Übergang von C auf C++ ist damit um einiges einfacher als z.B. auf eine interpreter-basierte Sprache wie Smalltalk.

2. Objektorientierte Informationssysteme

Objektorientierte Informationssysteme erfüllen die genannten Anforderungen und haben daher in den letzten Jahren eine immer größere Bedeutung gewonnen. Objektorientierte Systeme geben die Trennung von Programm und Daten auf und führen Daten mit den darauf operierenden Methoden zusammen. Zum Vergleich sind in Bild 1 und 2 die Strukturen der klassischen und der objektorientierten Programmierung dargestellt.

Eine Modularisierung und damit die Wiederverwendbarkeit bei *klassischen* Programmen erfolgt auf funktionaler Ebene. So können zwar einzelne Funktionen in andere Programme übernommen werden, aber diese Funktionen erfordern dann eine exakte syntaktische Beschreibung der Daten. Jede Änderung der Datenstruktur erfordert gleichzeitig eine Modifikation

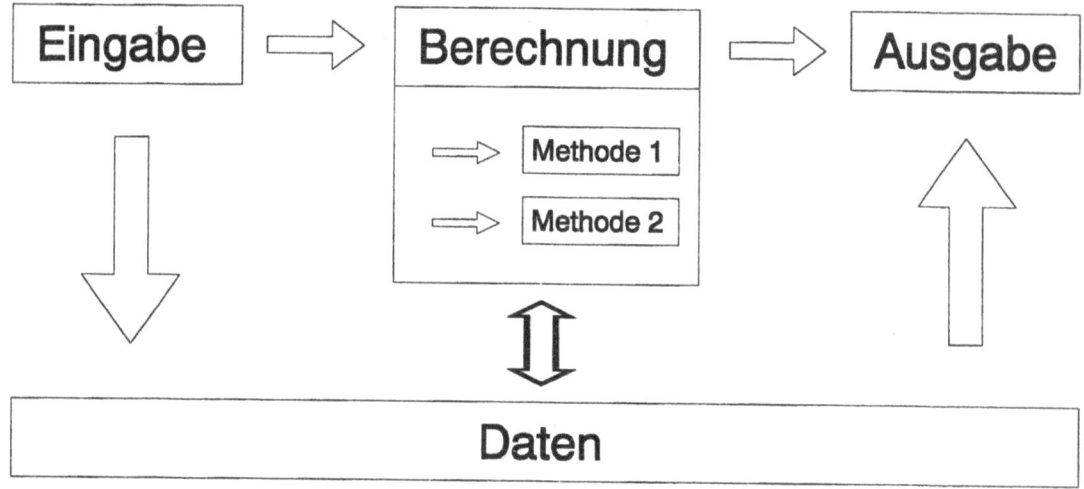

Bild 1: Klassische Programmstruktur

der Funktion.

Bei *objektorientierten* Systemen wird die klassische Auftrennung eines Programms in Daten und Methoden aufgegeben und durch Module ersetzt, in denen Daten und die mit diesen Daten operierenden Methoden zusammengefaßt sind [Stroustrup91]. Diese Module werden als Objekte bezeichnet. Die Objekte ihrerseits kommunizieren über Messages (Botschaften) miteinander. Bild 2 verdeutlicht die Struktur des objektorientierten Ansatzes.

Objektorientierte Modellierung

Kapselung von Daten und Methoden,
Objekte kommunizieren über Botschaften.

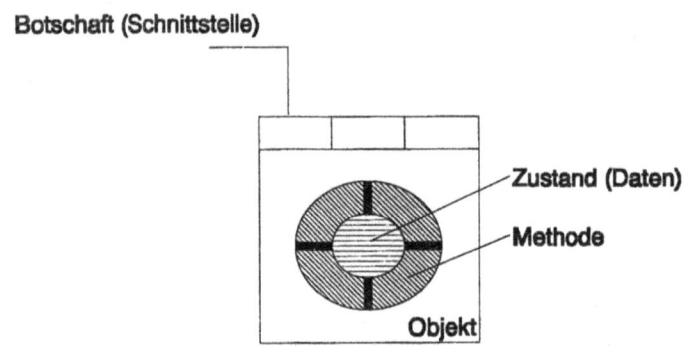

Objektorientierte Programmstruktur

Botschaften ersetzen einen sequentiellen Programmablauf

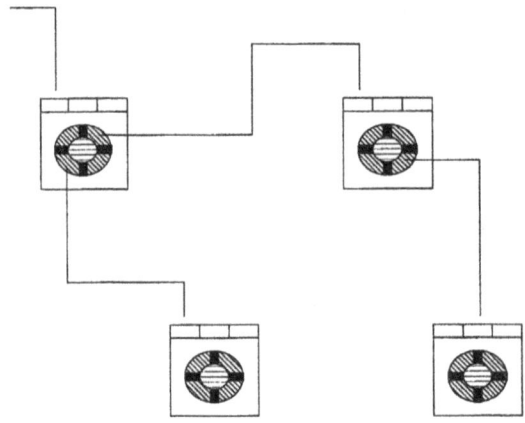

Bild 2: Objektorientierte Struktur

Methoden und Daten sind gekapselt. Das heißt, auf die Daten eines Objektes kann nur über Funktionen zugegriffen werden, die zum allgemeinen Gebrauch freigegeben worden sind.

Ein Beispiel verdeutlicht dieses Konzept:

Eine Datenstruktur, die aus Text, Zahlen und Grafiken besteht, soll ausgedruckt werden. Ein klassisches Programm würde eine Methode zum Drucken von Text, Zahlen und Grafiken zur Verfügung stellen, die vom Hauptprogramm in der jeweiligen Reihenfolge und mit den geforderten Parametern aufgerufen würde.

Eine objektorientierte Sprache stellt je ein Objekt Text, Zahlen und Grafik zur Verfügung. Jedes Objekt besitzt seine eigene Funktion "print", die den jeweiligen Inhalt des Objektes darstellt. Ein Objekt, das aus diesen drei

Objekten besteht, schickt beim Aufruf von "print" diese Aufforderung an alle seine Objekte weiter, die dann ihre jeweiligen Methoden ausführen.

Eine neue Methode gegenüber klassischen Programmstrukturen ist die Vererbung. Objekte stehen in Relation zueinander und können von ein oder mehreren anderen Objekten Strukturen "erben". In Bild 3 ist ein Beispiel für den Mechanismus der "Vererbung" dargestellt.

Ein- und Mehrfachvererbung

Objekte können Daten und Methoden an andere Objekte weitergeben.
Dieses Verfahren wird Ein- bzw. Mehrfachvererbung genannt.

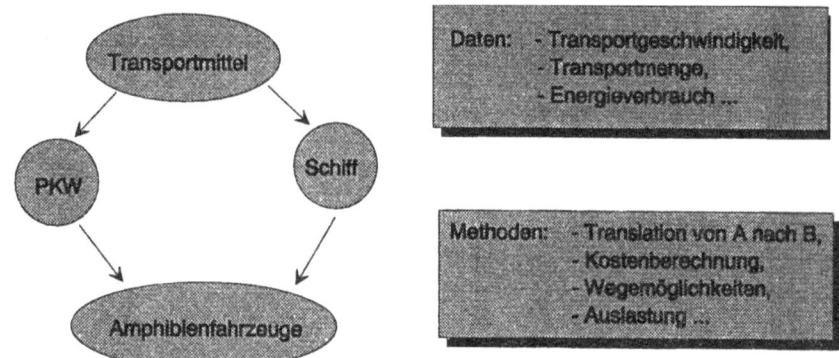

Bild 3: Vererbungsmechanismen bei objektorientierten Informationssystemen

Es wird ein Objekt Transportmittel definiert, das die Daten Transportgeschwindigkeit, Transportmenge und Energieverbrauch besitzt. Auf diesen Daten operieren die Methoden Translation, Kostenberechnung, Wegemöglichkeit und Auslastung. Die Objekte Auto und Schiff "erben" alle Strukturen des Objektes Transportmittel und besitzen damit alle Daten und Methoden diese Objektes.

Da aber die Kostenberechnung und die Wegemöglichkeit für Schiff und Auto unterschiedlich sind und sich ebenso vom abstrakten Objekt Transportmittel unterscheiden, definiert jedes Objekt seine Methode selbst. Im Objekt Amphibienfahrzeug werden die Strukturen der beiden Objekte Schiff und Auto zusammengeführt. Die Methoden, die nur für das Amphibienfahrzeug gelten, müssen neu programmiert werden, ansonsten können alle Funktionen und Daten von Schiff und Auto verwendet werden.

Damit liegt ein großer Entwicklungsanteil bei objektorientierter Software bei der Erstellung geeigneter Objektstrukturen und ihrer Hierarchie. Die Möglichkeit der realitätsnahen Abbildung realer Objekte auf Softwarestrukturen, die durch die Objektorientierung ermöglicht wird, ist ein großer Fortschritt für die Entwicklung und Wartung wiederverwendbarer Software.

3. Datenbanksysteme

Für die persistente Datenhaltung auf nicht-flüchtigen Speichermedien sind verschiedene Datenbanksysteme entwickelt worden. Ein typischer Vertreter sind relationale Datenbanksysteme (RDBS). Diese Systeme bilden Daten auf ein Tabellenmodell ab. Für kleine und überschaubare Datenstrukturen haben sich diese Systeme bewährt. Problematisch wird das Tabellenmodell jedoch bei hoch komplexen Datenstrukturen. Hier wird eine RDBS rasch unübersichtlich und damit steigt ab einer bestimmten Komplexität der Entwicklungsaufwand überproportional an. Im Gegensatz dazu stehen objektorientierte Datenbanksysteme, in welchen Daten und Methoden nach den oben beschriebenen objektorientierten Methoden abgebildet werden. Bild 4 verdeutlicht die unterschiedlichen Datenmodelle von RDBS und ODBS.

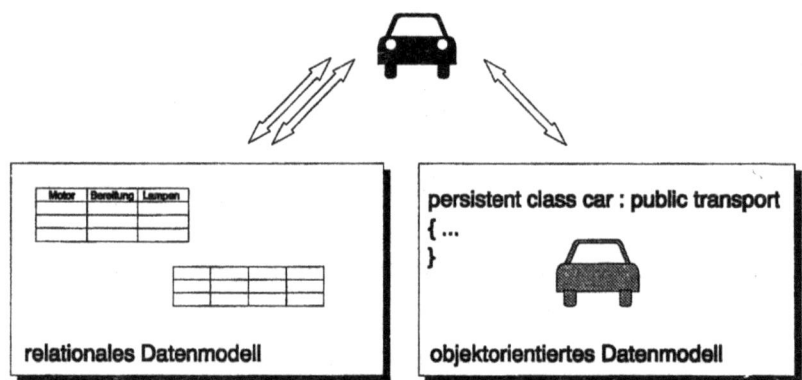

Bild 4: **Objektorientiertes und relationales Datenmodell im Vergleich**

In VR-Systemen finden hochkomplexe Datenstrukturen ihre Anwendung. Das sind vielfach verkettete Elemente wie z.B. Texturen, Farben, Geometriedaten, Beleuchtungsinformationen und Interaktionsmethoden, die möglichst exakt reale Objekte in eine computergenerierte Welt abbilden. Diese Daten müssen in Echtzeit manipuliert und für das "Look and Feel" des Benutzers aufbereitet werden.

Die Daten sind über vielfältige Beziehungen (Relationen) miteinander zu einem hierarchischen Netz verknüpft. So müssen beim Verschieben eines Stuhles alle Teile, die zu diesem Stuhl gehören, gleichzeitig und in derselben Relation zum Raum bewegt werden. Bei der Interaktion mit einer Schreibtischschublade, darf der Tisch nicht, und die Schublade nicht über bestimmte Grenzen hinweg bewegt werden. Wird eine Tasse auf einer Untertasse abgestellt, so muß die Tasse bei einer Bewegung der Untertasse dieser folgen. Das bedeutet, daß auch dynamische Relationen möglich sein müssen.

Bei der Gestaltung von Inneneinrichtungsvarianten in VR müssen diese und die verschiedenen erarbeiteten Varianten für andere Programme und andere Benutzer zur Verfügung gestellt werden. Die Daten sollen darüber hinaus für unterschiedliche Hardwareplattformen und Anwendungen genutzt werden können.

Bislang standen derartige Anforderungen im Hintergrund, aber die zunehmende Akzeptanz von VR Anwendungen zwingt zu einer effektiven, redundanzfreien und plattformunabhängigen Datenhaltung. Deshalb werden die Gestaltungs- und Interaktionsmöglichkeiten in VR nicht mehr von der Anwendung, sondern von den zur Verfügung stehenden Daten bestimmt. Dies entspricht einem effektiven und konsequenten Einsatz objektorientierter Methoden und Strukturen.

Der Übergang auf neue VR-Systeme und andere Anforderungen wird auf ein Minimum reduziert und die Datenerfassung und Pflege auf die CAD-Abteilungen der Produkthersteller verlagert. Die VR-Entwicklung konzentriert sich auf die Entwicklung von Methoden, Schnittstellen und grafischer Benutzungsoberflächen zur Interaktion mit den virtuellen Objekten.

Eine objektorientierte Datenbank verbindet objektorientierte Strukturen mit einer persistenten Datenhaltung und stellt modellierte Daten als "fertige Objekte" für die VR-Anwendung zur Verfügung. Das bedeutet, daß der Benutzer zur Laufzeit der Anwendung aus einer Fülle von Möbelvarianten ein geeignetes Objekt auswählen kann, das alle Interaktionsmöglichkeiten selbst zur Verfügung stellt. Bei der Anwendung verteilter Systeme gibt es einen dedizierten Datenbank-Server, der die virtuelle Welt verwaltet und konsistent hält. Dadurch werden verteilte VR-Anwendungen mit mehreren Cybernauten in derselben Welt auf einfache Weise ermöglicht.

4. Objektorientierte Datenbanksysteme

Nach [Koch92] lassen sich einige Mindestanforderungen für ein objektorientiertes Datenbanksystem formulieren. Aus Sicht der Anwendung für Virtuelle Realität müssen zusätzliche Kriterien formuliert werden, die später erörtert werden.

Mindestanforderungen für die Objektorientiertheit sind:

- Objekt-Identität
  Objekte behalten ihre Identität, solange sie existieren, unabhängig von ihren Werten. Ihre Identitätskennung wird niemals für ein anderes Objekt verwendet.

- Komplexe Objekte
  Objekte können beliebig aus anderen Objekten zusammengesetzt werden.

- Kapselung
  Der interne Zustand eines Objekts ist nur durch die für seine Klasse definierten Methoden veränderbar.

- Klassen oder Typen
  Objekte werden nach gemeinsamen Eigenschaften klassifiziert.

- Vererbung
  Klassen können in einer Baumhierarchie oder als gerichteter Graph angeordnet werden. Teilklassen erben die Eigenschaften und Methoden ihrer Oberklassen.

Mindestanforderungen für die Datenbank sind:

- Persistente Datenhaltung
  Datenbankobjekte sind nach Beenden einer Sitzung nicht verloren, sondern gespeichert und wieder zugriffsbereit. Änderungen während einer Transaktion werden persistent, wenn sie mit "Commit" beendet werden.

- Sekundärspeicher-Verwaltung
  DBMS ermöglichen effizienten Zugriff (z.B. Indexe, Clustering, etc.) auf Daten, die im Sekundärspeicher (z.B. Festplatte) abgelegt sind.

- Steuerung des Parallel-Zugriffs (Concurrency Control)
  Das DBMS stellt die Konsistenz der Daten bei parallelem Zugriff mehrerer Benutzer auf die gleichen Daten sicher.

- Wiederaufsetzen (Recovery)
  Bei Hard- und Software-Versagen ist das System in der Lage, wieder einen konsistenten Zustand zu erreichen.

- Ad-Hoc-Anfrage
  Die Benutzer möchten auf die Daten der Datenbank in einfacher Weise zugreifen können. Dies wird meist von einer Anfragesprache ermöglicht, mit Hilfe derer ohne weitere Umstände Anfragen am Terminal formuliert werden können.

Mindestanforderungen an das OODBS für die Virtuelle Realität:

- Echtzeitfähigkeit (Single User)
  Das System sollte in Echtzeit Daten zur Verfügung stellen. Dabei wird die Echtzeit vom Menschen bestimmt (mind. 25 Bilder / Sekunde).

- Echtzeitfähigkeit (Multi User)
  Das System soll in Echtzeit die Konsistenz der Virtuellen Welt hinsichtlich Manipulationen verschiedener Benutzer gewährleisten.

- Verteiltheit
  Für die effektive Ausnutzung vorhandener Rechenkapazitäten muß eine Client-Server Lösung möglich sein.

- C++ Schittstelle
  Die am IAO eingesetzten VR-Systeme sind in C oder C++ erstellt, wobei C++ als objektorientierter Sprache eine größere Bedeutung zukommt. Das System muß daher mit einer leistungsfähigen C++ Schnittstelle ausgestattet, oder direkt in C++ programmierbar sein.

Die Echtzeitfähigkeit ist derzeit nur schwer zu realisieren. Berücksichtigt man aber die derzeitige jährliche Steigerung der Rechenleistung bei gleichem Preis, so ist es keine wesentliche Einschränkung, wenn derzeit eine Totzeit von einigen Sekunden beim Nachladen von Elementen zugelassen werden muß.

Ein Objektorientiertes Datenbanksystem (OODB) muß diese Eigenschaften, verbunden mit der konsistenten Haltung der Daten auf nichtflüchtigen Speichermedien bieten. Hinzu kommen die typischen Mechanismen einer Datenbank, wie z.B. Abfragemechanismen, Recoveryfunktionen und Lock/Unlock.

5. Anwendung objektorientierter Datenbanken für VR

Eines der Hauptanwendungsgebiete von VR am IAO ist die computerunterstützte Innenraum- und Produktgestaltung. Für diese Arbeitsgebiete werden unterschiedliche und hochkomplexe Daten modelliert und neue Methoden zum Einsatz von VR entwickelt.

Für die Innenraumgestaltung entwickelt das IAO ein neuartiges Planungstool [Bauer93, Bauer94]. Die wesentlichen Schritte des Planungsprozesses sind:

- Auswahl von Standardelementen aus einer Datenbank,
- interaktive Anpassung der Geometrie und Oberfläche der Elemente,
- Verändern von Position und Orientierung im Raum und
- Gruppieren von Elementen.

Das Planungstool setzt auf umfangreiche Datenbanken der beteiligten Projektpartner auf. Diese Datenbanken stellen zunächst nur die Geometrien der verwendeten Grundelemente zur Verfügung, die dann um die für den Einsatz im Planungstool notwendigen Attribute ergänzt werden:

- Freiheitsgrade bei Position und Orientierung,
- mögliche Farb- und Geometrievarianten,
- Kombinierbarkeit von Elementen und
- andere für den Planungsprozeß wichtige Größen.

Die in der Datenbank enthaltenen Daten sind also sowohl prozeduraler als auch nicht-prozeduraler Form. Deshalb kommt nur eine objektorientierte Datenbank als Basis für das Planungstool in Frage.

6. Datenbankentwicklung

Die Entwicklung einer OODB für das VR-Planungstool wird in zwei Phasen aufgeteilt:

- Produktdatenmodell zur Repräsentation von Produktdaten in VR
  Herstellerspezifische Produktdaten sollen in eine objektorientierte
  Datenbank übernommen werden. Diese OODB soll zum einen herstellerspezifischen Anforderungen für ihre Daten erfüllen, zum anderen
  VR-spezifische Zusatzdaten und Methoden bereitstellt.

- VR-Datenmodell zur Repräsentation der Daten in der VR-Anwendung
  Diese OODB hält Daten und Manipulationen einer virtuellen Welt durch mehrere Cybernauten und Systeme konsistent. Dabei werden Daten und Methoden der Produktdatenbank verwendet und zusätzliche Objekte definiert, die lediglich für die VR-Anwendung erforderlich sind.

6.1. Produktdatenmodell für VR

Für die Einbindung realer Produktdaten in VR Anwendungen muß eine Datenstruktur festgelegt werden, die zum einen den Anforderungen der Industrie und zum anderen den Anforderungen der VR Systeme genügt.

Eine wesentliche Problemstellung ist die redundanzfreie Produktdatenhaltung. Hierfür sind geeignete Methoden zu entwickeln.

Die Problematik soll anhand eines Beispieles erläutert werden.

Ein Möbelhersteller bietet einen Anbautisch für verkettete Büroarbeitsplätze in verschiedenen Varianten an. Diese Varianten unterscheiden sich durch das Material der Platte, die Plattengröße, unterschiedlichen Gestelltypen und der Farbgebung des Gestells. Es kann aber aus Gründen der Wirtschaftlichkeit nicht alles mit allem kombiniert werden.

Zur Vermeidung von Redundanzen ist z.B. nur ein Tischfuß abgelegt. Je nach Variante und Verkettung mit anderen Elementen muß dieser Fuß rechts, links oder an beide Seiten des Tisches kopiert werden. Ein anderes Tischmodell wird dagegen grundsätzlich nur mit zwei Füßen gefertigt. Das bedeutet, daß jedes Möbelobjekt eine eigene Funktion besitzen muß, die das Möbel je nach Anforderung aus den Teilgeometrien zusammensetzt.

In einer VR-Anwendung muß bei der Auswahl eines Möbeltyps diese Variantenbestimmung durchgeführt werden. Dabei werden folgende Schritte durchlaufen:

1) Das Möbel wird aus den Teilgeometrien zusammengesetzt.

2) Texturen, Farben und andere Kennwerte für die Teilgeometrien werden bestimmt.

3) Die Kennung des Möbels wird ermittelt (Best.-Nr., Art.-Nr., etc.)

4) Das Möbel wird für die Anwendung konfiguriert.

5) Das Möbels wird zur Positionierung in die virtuelle Welt vorbereitet.

Die bislang konzipierte Datenstruktur ist in Bild 5 dargestellt und soll insbesondere Möbeldaten der verschiedenen Hersteller in einer für VR aufbereiteten Form zur Verfügung stellen. Darüber hinaus ist geplant, diese Datenstruktur für multimediale Möbelkataloge einzusetzen.

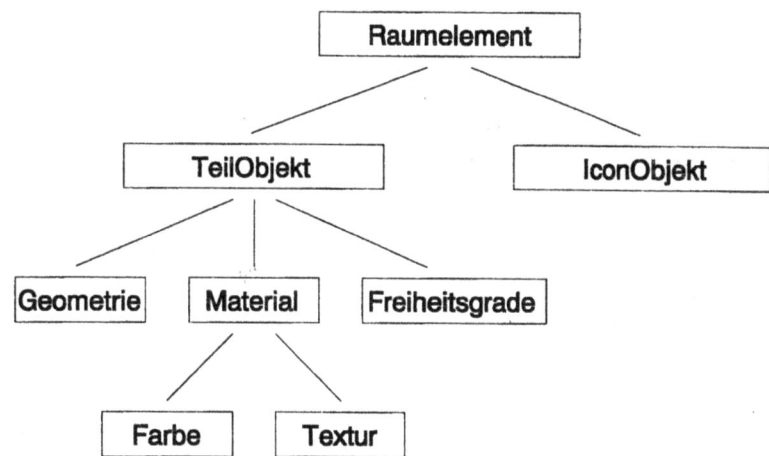

Bild 5: **Vereinfachte Struktur der Produktdatenbank**

Das hierarchisch oberste Objekt wird als Raumelement bezeichnet. Dabei kann es sich um einen Tisch, Stuhl, u.a. handeln. Jedes Raumelement verfügt über ein IconObjekt, (das die Auswahl durch eine Kurzansicht vereinfachen soll) und ist aus verschiedenen Teilobjekten zusammengesetzt, von denen jedes Teilobjekt über Geometrie, Material und Freiheitsgrade verfügt. Das Objekt Freiheitsgrade beschreibt die gegenüber einer anderen Teilgeometrie oder hierarchisch übergeordneten Raumelementes möglichen Translationen und Rotationen. In diesem Objekt sind Interaktionsmöglichkeiten in einer allgemeingültigen Syntax definiert. Das Objekt Material verweist auf Objekte, die die Oberflächenstruktur der Teilgeometrie beschreiben. Hier sind noch beliebig weitere Objekte denkbar, die z.B. akustische, wärmetechnische oder andere Informationen für verschiedene Anwendungen verwalten.

6.2. Objektmodell für eine VR-Anwendung

Zusätzlich zu den oben definierten Objekten zur Produktdatenverwaltung müssen Objekte definiert werden, die spezielle Anforderungen einer VR-Anwendung erfüllen. Dazu gehört z.B. die Online-Datenkonsistenz bei verteilten VR-Systemen und die Bereitstellung abstrakter Objekte, die Interaktionen, akustische Simulationen oder dynamische Relationen verwalten und bereitstellen. Damit ist gewährleistet, daß die Datenbank auch über das Planungstool hinaus für andere VR-Anwendungen zur Verfügung steht.

Derzeit sind folgende Objekttypen vorgesehen:

- Abstract
  Objekte dieses Types sind nicht sichtbar. Ihnen können aber beliebige Werte der sichtbaren Objekte zugeordnet werden. Diese abstrakten Objekte können z.B. sein: Temperatur, Feuchtigkeit, Gewicht, Volumen, etc. ob und in welcher Weise diese Daten visualisiert werden entscheidet die Anwendung.

- Multiform
  Dieses Objekt stellt unterschiedliche geometrische Repräsentationen zur Verfügung. Mit Hilfe dieser Objekte werden Methoden wie z.B. Level-of-Detail realisiert.

- PhysicField
  Mit Hilfe dieses Objektes werden physikalische Effekte, wie Gravitation, therm. Verfärbungen etc. simuliert. Dieses Objekt stellt Methoden zur Verfügung, die unabhängig von der Anwendung im Laufe der Zeit Objekte verändern.

- Dynamic
  Dynamische Objekte können ihren Zustand (Attribute wie visible, hearable, etc) zeit- oder attributsabhängig verändern.

- ProcObject
  Prozedurale Objekte zeichnen sich dadurch aus, daß ihre geometrische Repräsentation mit Hilfe mathematischer Funktionen errechnet wird. (z.B. Fraktale, mathematische Raumkurven, etc)

- CopyDelete
  Diese Objekte können sich selbst duplizieren und löschen.

- Portal
  Bei der Aktivierung dieser Objekte werden Teile der Datenbank in den Hauptspeicher nachgeladen, z.B. Übergang von einem Raum in einen anderen.

- Defaults
  Standardobjekte, die den Aufbau einfacher Welten ermöglichen sind als Defaults definiert.

- Bounding
  Bounding Objekte berechnen verschiedene Boundingboxes für andere Objekte und stellen sie zur Verfügung.

- Lock
  Dieses Objekt stellt die exklusive Veränderung von Objekten im Raum sicher. Jedes Objekt in einem verteilten System kann zur selben Zeit nur von einem Benutzer manipuliert werden.

- Freeforms
  Diese Objekte werden nicht durch Polygone geometrisch repräsentiert, sondern durch Freiformflächen (z.B. NURBS) bestimmt.

Die Attribute aller Objekte sind mit Defaultattributen belegt. Die Produktdatenbank ist von ihrer Struktur her eine Teilmenge der VR-Datenbank, mit der Einschränkung, daß bei der Abfrage eines neuen Raumelementes die Produktdatenbank angesprochen wird und nur die gewählte Variante in die VR DB übernommen wird.

Dadurch ist eine einfache Pflege der Produktdaten ebenso möglich, wie die Anbindung anderer Anwendungen, wie z.B. einen Multimediakatalog für einen Hersteller.

7. Objektmethoden bei OODBS

Der Vorteil objektorientierter Informationssysteme liegt in der Kapselung von Daten und Methoden. Bei OODBS, die auf C++ basieren, ist es bislang nicht möglich, direkt d.h. zur Laufzeit, Methoden für ein spezielles Objekt zu definieren. Dies bleibt Interpreter basierten Datenbanksystemen (z.B. Smalltalk) vorbehalten.

Die bislang eingesetzten VR-Systeme basieren entweder auf C oder auf C++ (World Toolkit oder DVS), daher sollte eine C++ basierte Datenbank eingesetzt werden.

Für die bislang konzipierten Methoden ist das keine Einschränkung, da sie direkt implementiert werden können. Dennoch ist ein Ziel dieses Projektes, einen C++ Interpreter für Objektmethoden zu entwerfen. Mit Hilfe dieses Werkzeugs können jedem einzelnen Objekt der Datenbank eigene Methoden mitgegeben werden, die zur Laufzeit interpretiert und ausgeführt werden. Diese Eigenschaft erleichtert unter anderem Pflege und Implementation der Variantenfindung von Raumelementen. Hinzu kommt, daß erst mit der direkten Verknüpfung von Daten und Methoden eine vollständige Objektorientiertheit gegeben ist.

8. Zusammenfassung

Bereits bei der Konzeption neuer Anwendungen mit VR hat sich gezeigt, daß Datenbanken, die auch Informationen über Methoden zur Manipulation der Datenelemente beinhalten, in Zukunft unverzichtbar sind. Diese Methoden lassen sich als prozedurales Wissen und damit nur in objektorientierten Datenbanken ablegen.

Im Verlaufe dieses Jahres wird die hier vorgestellte Konzeption einer objektorientierten Datenbank implementiert. Die Echtzeitfähigkeit wird eine untergeordnete Rolle gegenüber der Wartbarkeit und Pflege eines derartigen Systems spielen.

Der objektorientierte Ansatz in Verbindung mit einer Datenbank ist für die rasche Entwicklung von VR-Anwendungen ein Meilenstein. Immer schnellere und verteilte Systeme (Client-Server) erfordern ein durchdachtes Informationsmanagement [Bullinger92], das für eine solch komplexe Aufgabe wie die der Virtuellen Realität, nur eine objektorientierte Datenbank liefern kann. Pflege, Wartung und Erweiterbarkeit werden durch objektorientierte Ansätze minimiert und gewährleisten den effektiven Einsatz von Softwarestrukturen über viele Jahre hinweg. Die Sprache C++ steht derzeit für die Portierbarkeit auf unterschiedlichste Hardwareplattformen. Auch im Hinblick auf zukünftige Entwicklungen ist mit C++ eine zukunftssichere Hochsprache gewählt.

Die Implementierung dieses Datenkonzeptes wird auf der OODB "Poet" erfolgen. Poet bietet neben einem guten Preis/Leistungsverhältnis Portierungen auf unterschiedliche Plattformen an. Diese Plattformunabhängigkeit gewährleistet den Einsatz der Datenbank für die verschiedensten Anwendungen. So ist eine Multimediadatenbank auf CD-ROM für MS-Windows ebenso zu realisieren, wie eine komplette VR-Planungsanwendung unter UNIX, die vorhandene Möbel (aus herstellerspezifischen Produktdatenbanken) in VR verplant.

Literaturverzeichnis

[Bauer93]   Bauer, W.; Riedel, O.; Setzer, S.: VILAGE: Virtueller Layoutgestalter. In: Virtual Reality - Anwendungen und Trends; IPA/IAO-Forum 93, Stuttgart;
Hrsg.: H.J. Warnecke, H.-J. Bullinger; Springer Verlag, 1993

[Bauer94]   Bauer, W.; Bues, M.; Riedel, O.: CIA-Tool: Kooperativ-interaktives Planen in virtuellen Räumen. Eingereicht zur irtual Reality - Anwendungen und Trends; IPA/IAO-Forum, 9./10.2.1994, Stuttgart

[Bullinger92] Bullinger, H.-J.: Objektorientiertes Informationsmanagement im Engineering, Tagungsband zu Objektorientierte Informationssysteme,
Hrsg.: H.J. Warnecke, H.-J. Bullinger; Springer Verlag, 1992

[Koch92]   Koch, D.: Objektorientierte Datenbanken, Marktübersicht 1992,
Tagungsband zu Objektorientierte Informationssysteme,
Hrsg.: H.J. Warnecke, H.-J. Bullinger; Springer Verlag, 1992

[Stroustrup91] Stroustrup, B.: The C++ Programming Language; Second Edition; Addison-Wesley, 1991

Low Cost-3D Visualization of Neural Networks
A. Zell, R. Hübner

Low-Cost 3D-Visualization of Neural Networks

Andreas Zell, Ralf Hübner

Universität Stuttgart
IPVR, Abt. Prakt. Informatik - Bildverstehen
Breitwiesenstr. 20-22, 70565 Stuttgart
E-mail: {zell,huebner}@informatik.uni-stuttgart.de

Wir beschreiben hier neue 3D-Visualisierungstechniken künstlicher neuronaler Netze mit "Virtual Reality"-Konzepten. Bisherige Simulatoren neuronaler Netze verfügen höchstens über eine 2D-Darstellung der Netzwerktopologie. Der Stuttgarter Neuronale Netze Simulator bietet bereits eine 3D-Darstellung. Neueste Erweiterungen ermöglichen eine Stereo-3D-Darstellung der Netze. Eine Erweiterung verwendet eine Stereo-Darstellung mit Rot/Grün-Brillen. Sie kann mit herkömmlichen Monitoren oder Projektionseinrichtungen verwendet werden, liefert aber nur Schwarz/Weiß-Bilder. Die zweite Erweiterung verwendet einen speziellen Stereo-Monitor mit LCD-Shutter, der unter Verwendung passiver Stereo-Polarisationsbrillen eine farbige 3D-Darstellung der neuronalen Netze mit gutem Tiefeneffekt erlaubt.

Dr. rer nat. Andreas Zell,

wissenschaftl. Assistent der Univ. Stuttgart, Institut für Parallele und Verteilte Höchstleist.rechner (IPVR), Abt. Prakt. Inf. - Bildverstehen,

Gruppenleiter, fachl. Leiter mehrerer Drittmittelprojekte des IPVR auf dem Gebiet Neuronale Netze

Dipl.-inform. Ralf Hübner

wissenschaftl. Mitarbeiter der Univ. Stuttgart, Institut für Parallele und Verteilte Höchstleist.rechner (IPVR), Abt. Prakt. Inf. - Bildverstehen,

1 Einführung und Motivation

Neuronale Netze bestehen aus einer großen Zahl einfacher Einheiten (Zellen, Neuronen) die parallel arbeiten und Information über ein Netzwerk gerichteter, gewichteter Verbindungen austauschen. Aus Sicht der Informatik sind neuronale Netze eine Klasse paralleler Algorithmen, die viele interessante Eigenschaften besitzen, unter anderem Lernfähigkeit, Fähigkeit zur Generalisierung, Fehlertoleranz, Robustheit gegen verrauschte Eingabedaten und kurze Antwortzeiten.

In den letzten Jahren wurde eine Anzahl von Simulatoren künstlicher neuronaler Netze entwickelt, die durch komfortable Benutzeroberflächen mit graphischer Darstellung der Netzwerkstruktur, der Aktivierung und des Trainingszustandes ein interaktives, exploratives Arbeiten mit neuronalen Netzen unter unterschiedlichen Netztopologien und Lernverfahren ermöglichen.

Der in der Arbeitsgruppe der Autoren entwickelte Stuttgarter Neuronale Netze Simulator (SNNS) hat sich für die neuronale-Netze-Forschung als gut geeignet erwiesen. Er wird mittlerweile auch in vielen anderen Forschungsgruppen und in der Industrie als Werkzeug zur Auswahl, Evaluierung und optimalen Parametrisierung neuronaler Netze eingesetzt.

2 Der Stuttgarter Neuronale Netze Simulator

Der Stuttgarter Neuronale Netze Simulator (SNNS) [Zell et al. 91a, 91b, 92, 93a, 93b] ist ein Simulator für Unix Workstations (Sun, DEC, HP, IBM), der am Institut für Parallele und Verteilte Höchstleistungsrechner (IPVR) an der Universität Stuttgart seit mehreren Jahren entwickelt wird. Er ist ein Werkzeug zur Generierung, zum Training, Test und zur Visualisierung künstlicher neuronaler Netze. Der Simulator wurde in C auf Unix Workstations entwickelt, die graphische Benutzeroberfläche unter X-Windows.

2.1 Struktur von SNNS

Die wichtigsten Komponenten von SNNS sind der Simulatorkern und die graphische Oberfläche unter X-Windows. Der Simulatorkern operiert auf seiner internen Repräsentation der neuronalen Netze und führt alle Aktionen der Lern- und Arbeitsphase durch. Er ist eng gekoppelt mit der graphischen Benutzeroberfläche über eine Funktionsschnittstelle. Neben den hier beschriebenen Komponenten des Simulationssystems existieren auch noch ein Netzwerk-Compiler, der aus einer prozeduralen Netzwerkbeschreibungssprache (Nessus) automatisch komplexe Netze generieren kann, eine Batch-Version, eine Laufzeitversion, und verschiedene Analysewerkzeuge [Zell et al. 93].

SNNS unterstützt eine große Zahl neuronaler Modelle. Folgende Lernverfahren sind derzeit in SNNS implementiert: verschieden Varianten von Backpropagation [Rumelhart, McClelland 86], Quickprop [Fahlman 89], Rprop [Riedmiller, Braun 91], Backpercolation1 [Jurik 89], Cascade Correlation [Fahlman 90], Counterpropagation [Hecht-Nielsen 89], Radial Basis Functions, RBF [Poggio, Girosi 89], [Vogt 92], ART-1, ARTMAP und ART-2 [Carpenter, Grossberg 88], Time-Delay Netze [Waibel 89], Backpropagation Through Time, Dynamisches LVQ [Schmalzl 93], Selbstorganisierende Karten [Kohonen 89], Hopfield-Netze, BAM, Jordan-Netze und Elman-Netze.

2.2   Graphische Oberfläche von SNNS

Die graphische Benutzeroberfläche, basierend auf X-Windows X11R5, ist ein Werkzeug zur Konstruktion und zur Visualisierung und interaktiven Modifikation von Netzen. Netze können durch die Benutzeroberfläche während der Simulation modifiziert werden, Zellen können eingefügt, entfernt oder verändert werden, Verbindungen zwischen den Zellen können eingefügt, gelöscht oder verändert werden. Die meisten Modifikationen können auf eine einfache Art direkt auf der visuellen Repräsentation der Netzwerktopologie durchgeführt werden.

Zellen werden normalerweise als Quadrate unterschiedlicher Größe in einem unsichtbaren Positionsraster dargestellt. Der Benutzer kann die Rastergröße, die visuelle Repräsentation der Zellen (Aktivierungswerte, Ausgabe, Nummer, Name) und der Verbindungen (gerichtet, ungerichtet, Verbindungsstärke) auswählen. Verbindungen und Zellen können selektiv dargestellt werden, der Benutzer kann z.B. nur diejenigen Verbindungen anzeigen lassen, deren Stärke oberhalb einer gewissen Schwelle liegt.

Die graphische Oberfläche wird nicht nur verwendet, um das neuronale Netz darzustellen, sondern auch, um es zu generieren und zu verändern. Zu diesem Zweck hat der Benutzer eine Anzahl mächtiger Operationen (Einfügen, Löschen, Kopieren, Bewegen) zur Verfügung. Diese Operationen können auf einzelne Zelle oder ganze Zellgruppen angewendet werden und Verbindungen ebenfalls berücksichtigen. Die Operationen erlauben damit die einfache und schnelle Generierung von Netzen.

2.3   Einige Anwendungen von SNNS

SNNS wird derzeit in über 300 Installationen weltweit verwendet, davon ca. je ein Drittel in Deutschland, dem übrigen Europa und den USA. Einige Anwendungen von SNNS sind: rotationsinvariante Erkennung von Werkstückbildern, Erkennung handgeschriebener segmentierter Zeichen, Prognose von Aktienkursen, Erkennung und Klassifikation ereigniskorrelierter hirnelektrischer Potentiale, Geräuschreduktion in spracherkennenden Telefonsystemen, Vorhersage von Proteinstrukturen, Temperatursteuerung von Aluminiumschmelzöfen, Bahnstabilisierung von Teilchen in einem Ringbeschleuniger, Stoßdämpferentwicklung und neuronale Bilderkennung von Texturen [Zell et al. 92] [Zell et al 93c].

3 3D-Netzwerk-Visualisierung

SNNS konnte bereits bisher die Topologie und Aktivierung neuronaler Netze dreidimensional darstellen [Hübner 92], allerdings ohne räumliche Tiefenwirkung. Dies entspricht einer monokularen 3D-Darstellung.

3.1 Monokulare 3D-Darstellung

Von einem 3D-Kontrollfenster kann die Darstellung des 3D-Fensters kontrolliert werden. Der Benutzer hat die Wahl zwischen einem schnellen Drahtmodell oder einem langsameren Volumenmodell, ebenso zwischen Parallel- und Zentralprojektion. Man kann den Standpunkt beliebig wählen, das Netzwerk in jede Richtung rotieren oder verschieben und skalieren. Die Aktivierung der Zellen kann durch Größe, Farbe oder Wert, auch kombiniert, dargestellt werden, Verbindungen können farbig oder S/W dargestellt werden. Im Volumenmodell können auch Lichtquellen und Diffusionsparameter eingestellt werden.

Alle 3D-Darstellungsoperationen (Eliminiation verdeckter Kanten, Schattierung etc.) werden derzeit per Software unter X-Windows realisiert.

Um einen noch besseren räumlichen Eindruck der Netze zu erhalten bieten sichStereo-3D-Darstellungen der neuronalen Netze an.

3.2 Prinzip des Stereosehens

Beim normalen Stereosehen erhält jedes Auge eine durch die Augenposition leicht unterschiedliche Projektion des realen 3D-Objektes auf der Netzhaut. Diese unterschiedlichen Bilder werden vom Gehirn zu einem räumlichen 3D-Eindruck verarbeitet. Möchte man jetzt einen räumlichen Eindruck eines computergenerierten 3D-Objektes erzeugen, so kann man für eine gegebene Entfernung der Augen vom Objekt und gegebenen Augenabstand ein getrenntes Bild des 3D-Objekts in Zentralprojektion für jedes Auge berechnen und jedem Auge getrennt zeigen. Das Gehirn des Betrachters erzeugt daraus wieder einen räumlichen Eindruck. Alle Ansätze des Stereo-Sehens verwenden dieses Prinzip, sie unterscheiden sich nur darin, welche Technik zum Einsatz kommt, damit jedes Auge nur das Bild sieht, das für dieses Auge bestimmt ist.

4 3D-Darstellung mit Rot/Grün-Stereo

Die 3D-Darstellung mit Rot/Grün-Stereo ist eine reine Softwarelösung. Außer billigen Rot/Grün-Brillen, die für 2-3 DM gekauft werden können, wird kein weiteres Zubehör benötigt. Ein normaler Farbmonitor stellt zwei überlagerte 3D-Bilder dar, eines in Rot-, das andere in Grünschattierungen. Die Rot/Grün-Brille, deren Gläser jeweils aus einer roten und einer grünen Folie bestehen, läßt jeweils nur das Monitorbild der anderen Farbe durch. Dadurch sieht jedes Auge nur eines der Bilder. Eine derartige 3D-Darstellung ist im zentralen Display von Abb. 1 dargestellt.

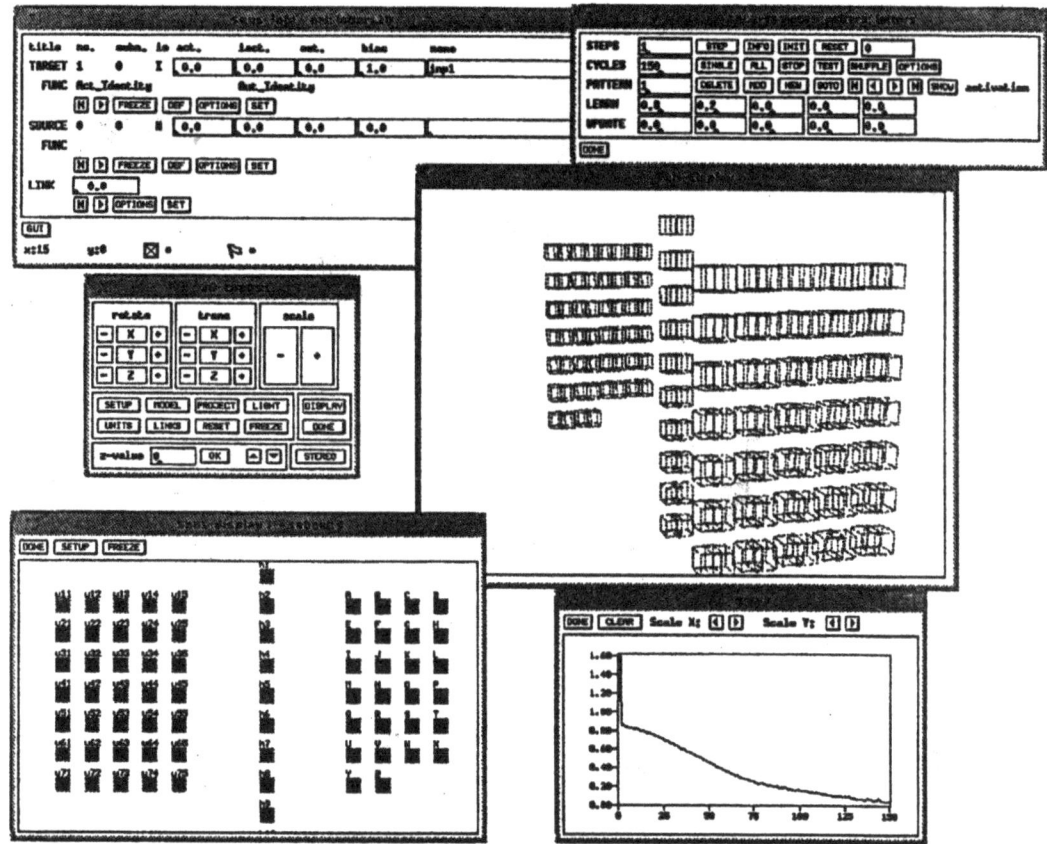

Abb. 1 Oberfläche von SNNS mit einem Rot/Grün-3D-Fenster (Mitte)

Da in diesem Bericht keine farbige Darstellung möglich ist, überlagern sich die beiden Bilder als Grauwertbilder. Daher mußte auf die Darstellung der Verbindungen und die Verwendung eines Volumenmodells verzichtet werden.

Ein großer Nachteil der Rot/Grün-3D-Darstellung ist, daß die Objekte zwar räumlich, aber nur in Schwarz/Weiß dargestellt werden, weil das Gehirn aus dem roten und grünen Bild ein räumliches Schwarz/Weiß-Bild generiert.

5 3D-Darstellung mit Stereo-Monitor

Die Verwendung von Stereo-Monitoren erlaubt eine farbige 3D-Stereodarstellung. Hierbei wird meistens ein Monitor verwendet, der Bilder mit dem Doppelten der üblichen Bildfrequenz (d.h. mind. 120 Hz) darstellen kann.

Wir verwenden einen Tektronix SGS 625 Stereo-Monitor. Dieser besteht neben einer Sony GDM-1950 Bildröhre aus einem vor der Bildröhre befestigten Flüssigkeitskristall-Modulator (LCD-Shutter) der auch mit 120 Hz getaktet wird.

Abb. 2   Überlagerung zweier Einzelbilder zu einem 3D-Stereobild (hier untereinander, normalerweise zeitlich versetzt dargestellt)

Dieser LCD-Shutter polarisiert jedes der dargestellten Bilder und schaltet mit der Frequenz von 120 Hz zwischen den beiden Polarisierungen um. Der Benutzer trägt passive Stereobrillen, deren Gläser mit unterschiedlichen Polarisationsfiltern versehen sind, sodaß jedes Auge nur jedes zweite Bild sieht und bei den Bildern dazwischen dunkel sieht. Für jedes Auge ergibt sich daher ein unterschiedliches Bild mit der Bildfrequenz 60 Hz.

Interessant ist, daß LCD-Shutter und Polarisationsbrille nicht linear, sondern zirkulär polarisieren, sodaß ein Drehen des Kopfes möglich ist, ohne daß das Stereobild verschwindet.

Bei der Programmierung dieses Systems ist zu beachten, daß der Programmierer die beiden Bilder mit halber vertikaler Auflösung in den oberen bzw. unteren Teil des Framebuffers schreiben muß, der Monitor überlagert sie dann.

Mit dieser Technik wird ein sehr guter räumlicher 3D-Effekt unter Beibehaltung der Farbinformation erreicht. Durch LCD-Shutter und Polarisationsbrille und das Ausblenden der Bilder ist der Bildeindruck zwar ingesamt geringfügig dunkler als ohne Brille, aber weniger als beim Tragen einer Sonnenbrille.

Abb. 3   3D-Stereo-Display mit passiver Polarisationsbrille

Die vorgestellte Lösung ist mit ca. 20.000 DM für den Stereo-Monitor mit LCD-Shutter, der an vorhandene Workstations (hier Sun SparcStation 10) angeschlossen werden kann, im Vergleich zu anderen Lösungen noch sehr kostengünstig. Vor allem die passiven Stereobrillen sind mit 100.- bis 200.- DM sehr günstig gegenüber aktiven Stereobrillen (etwa von Silicon Graphics), die pro Stück derzeit noch 3000.- bis 4000.- DM kosten.

6   Technische Probleme der Stereo-Darstellungen

Zur Implementierung der Stereo-Darstellungen mußte die gesamte Software zur 3D-Darstellung der neuronalen Netze geändert werden, indem zwei Steuerschichten eingezogen wurden. Die erste zeichnet das Netz einmal für das rechte, einmal für das linke Auge mit unterschiedlicher Augenposition.

Die zweite Steuerschicht ändert die Attribute der Low level Schicht, weil beispielsweise beim Tektronix-Stereomonitor die vertikale Auflösung nur die Hälfte der normalen Auflösung beträgt. Alle Zeichenprimitive müssen entsprechend gestaucht werden. Bei der Rot-Grün-Darstellung muß das Farbattribut geändert werden.

Der Bildaufbau dieser Stereo-3D-Darstellung dauert doppelt so lange wie die Mono-3D-Darstellung, weil zwei Bilder gezeichnet werden müssen. Dies ist derzeit zu langsam (Neuberechnung eines Bildes dauert ca. 1 s). Mit der Verwendung schnellerer Hardware-Graphikbeschleuniger muß diese Zeit in Zukunft noch verringert werden, evtl. auf Kosten der Portabilität.

Die Verwendung des Stereo-Monitors erforderte die Verwaltung mehrerer X-Displays auf unterschiedlichen Monitoren, was in SNNS nicht vorgesehen war.

Die Rot/Grün-Darstellung bot ein besonderes technisches Problem: Ist eine Linie sowohl im roten als auch im schwarzen Bild an gleicher Stelle, so muß sie schwarz dargestellt werden, damit beide Augen sie sehen. Bei der üblichen Verwendung einer globalen Farbtabelle (shared color cells) kann die Mischfarbe zwischen Rot-und Grünschattierungen nicht mehr wie üblich durch ein binäres "or" der Binärdarstellung der Farbwerte erfolgen, weil diese zufällig zugewiesen werden. Es ist daher die Verwendung einer privaten Farbtabelle nötig, die aber bei Allokierung zu vieler Farben zu Problemen führen kann.

7 Diskussion

Die 3D-Stereo-Darstellung neuronaler Netze mit Rot/Grün-Stereo ist extrem billig, portabel auf alle Workstations und benötigt außer den Rot/Grün-Brillen keinerlei Zusatzgeräte. Ein weiterer Vorteil ist es, daß diese Darstellung auch über vorhandene Projektionsgeräte (Beamer) einer größeren Zuhörerschaft gezeigt werden kann. Weiterhin ist die Aufnahme von animierten Szenen (Videos) mit herkömmlichen Videorecordern oder Bildplatten möglich. Der große Nachteil dieser Technik ist die Tatsache, daß diese 3D-Technik nur noch Schwarz-Weiß-Bilder liefert. Außerdem ist die Umgebung weniger hell. Für das Betrachten von Monitorbildern ist die Technik aber durchaus geeignet.

Die Stereo-Darstellung mit Stereo-Monitor und passiven Polarisationsbrillen liefert einen besseren räumlichen 3D-Eindruck und vor allem farbige Bilder. Sie begrenzt allerdings die Zahl der Zuschauer auf diejenigen, die die entsprechende Brille tragen. Passive Polarisationsbrillen sind derzeit noch sehr viel billiger als aktive Polarisationsbrillen. Die bei uns verwendete Hardware ermöglicht die Nutzung vorhandener Workstations.

Derzeit sind beide Darstellungen noch sehr langsam, da die Erzeugung der 3D-Projektionsbilder aus Portabilitätsgründen völlig in Software mit X-Windows-Primitiven realisiert wurde. Dies wird sich hoffentlich bald ändern, sobald eine neue, sehr leistungsfähige Silicon-Graphics-Graphikworkstation in unserem Netz integriert ist und die Software für diese Maschine portiert ist. In diesem Fall soll dann der vorhandene Hardware-Graphikbeschleuniger genutzt werden.

Wir glauben, daß 3D-Darstellungen der Topologie und Aktivität neuronaler Netze immer wichtiger werden, wenn die Simulation neuronaler Netze zu größeren, inhomogenen Netzwerke fortschreitet, die immer schwieriger darzustellen und zu verstehen sind.

8 Literatur

[Carpenter, Grossberg 88] Carpenter, G.A., Grossberg, S.: The ART of Adaptive Pattern Recognition by a Self-Organizing Neural Network, IEEE Computer, March 1988, 77-88

[Fahlman 88] Fahlman, S.E.: Faster Learning Variations on Backpropagation: An Empirical Study, in [Touretzky et al. 88]

[Fahlman 90] S. E. Fahlman, C. Lebiere: The Cascade Correlation Learning Architecture, Report CMU-CS-90-100, Computer Science, CMU, Pittsburgh, PA 15213, 1991

[Hecht-Nielsen 88] Hecht-Nielsen, R.: Neurocomputing, Addison-Wesley, 1990

[Hübner 92] R. Hübner: 3D-Visualisierung der Topologie und der Aktivität neuronaler Netze, Diplomarbeit Nr. 846, Universität Stuttgart, Fakultät Informatik, Jan. 92

[Jurik 89] M. Jurik: Backpercolation, (probably unpublished) paper distributed by Jurik Research and Consulting, PO 2379, Aptos, CA 95001 USA

[Mache 92] N. Mache: Entwicklung eines massiv parallelen Simulatorkerns für neuronale Netze auf der MasPar MP-1216, Diplomarb. Nr. 845, Univ. Stuttgart, Informatik, Feb. 92

[Poggio, Girosi 89] T. Poggio, F. Girosi: A Theory of Networks for Approximation and Learning, A.I. Memo No. 1140, A.I. Lab., M.I.T., 1989

[Rumelhart, McClelland 86] Rumelhart, D.E., McClelland, J.A., the PDP Research Group: Parallel Distributed Processing, Vol. 1, 2, MIT Press, Cambridge MA, 1986

[Touretzky et al. 88] Touretzky, D., Hinton, G., Sejnowski, T.: Proc. of the 1988 Connectionist Models Summer School, June 17-26, Carnegie Mellon Univ., Morgan Kaufmann, 1988

[Vogt 92] M. Vogt: Implementierung und Anwendung von "Generalized Radial Basis Functions" in einem Simulator neuronaler Netze, Diplomarbeit 875, Univ. Stuttgart, Fak. Informatik, Jan. 92

[Waibel 89] A. Waibel: Consonant Recognition by Modular Construction of Large Phonemic Time-Delay Neural Networks, in: Touretzky et al. (Ed.), NIPS 1, 1989, pp. 215-223

[Zell et al. 91b] A. Zell, N. Mache, T. Sommer. T. Korb: The SNNS Neural Network Simulator, Mustererkennung 1991, 13. DAGM Symposium Mustererkennung, Okt. 1991, München, Informatik-Fachberichte 290, Springer, pp. 454-461

[Zell et al. 92] A. Zell (Ed.): Workshop: Simulation Neuronaler Netze mit SNNS, Universität Stuttgart, Fakultät Informatik, Report No. 10/92, Sept. 1992, 150 pp.

[Zell et al. 93a] A. Zell, N. Mache, M. Vogt, M. Hüttel: Problems of Massive Parallelism in Neural Network Simulation, Proc. IEEE Int. Conf. on Neural Networks, San Francisco, CA, March 28 - April 1, 1993, Vol. 3, pp. 1890-1895

[Zell et al. 93b] A. Zell, N. Mache, R. Hübner, G. Mamier, M. Vogt, K.-U. Herrmann, M. Schmalzl, T. Sommer, A. Hatzigeorgiou, S. Döring, D. Posselt: SNNS User Manual, Version 3.0, Universität Stuttgart, Fakultät Informatik, Report No. 3/93

[Zell et al. 93c] A. Zell (Ed.): Workshop SNNS-93: Simulation Neuronaler Netze mit SNNS, Universität Stuttgart, Fakultät Informatik, Report No. 10/93, Sept. 1993, 171 pp.

Dynamische Geometriedatenhaltung für schnelles Rendern in effizienten Virtual Reality-Systemen

R. Däinghaus

Dynamische Geometriedatenhaltung für schnelles Rendern in effizienten Virtual Reality-Systemen

Ralf Däinghaus

Der Aufsatz beschreibt die effizienten Methoden, die am IPA entwickelt worden sind, um Virtual Reality-relevante Geometriedaten schnell und umfassend hinterlegen zu können. Beispielhaft wird die Funktionalität der Datenstruktur gezeigt.

Dipl.-Inf. Ralf Däinghaus, wissenschaftlicher Mitarbeiter des Fraunhofer-Instituts für Produktionstechnik und Automatisierung, Stuttgart

1. Einleitung

Anbieter von Grafikcomputern bringen jährlich schnellere und bessere Produkte auf den Markt. Davon profitieren Virtual-Reality-Systeme, die immer größere Bildwiederholraten erzeugen können. Um ein schnelles Virtual Reality-System zu entwickeln, genügt es allerdings nicht mehr, den Umfang der eigenen Applikationen von der verfügbaren Computertechnik abhängig zu machen.

Die Datenstrukturen, die den heutigen VR-Systemen zugrunde liegen, decken nur begrenzt die Anforderungen neuester Applikationen ab. Häufig wird die VR-Datenstruktur aus bestehenden Datensystemen weiterentwickelt, die nur rudimentär als VR-Datensystem geeignet sind. Bei bestehenden Anforderungen ist nicht eine Evolution, sondern eine Revolution der herkömmlichen Visualisierungssysteme erforderlich.

Benötigt werden Datenstrukturen, die direkte Interaktionen zulassen, die schnell zu rendern sind, und die sich dynamisch neuen Anforderungen anpassen. Eine Datenstruktur, die allen Anforderungen gerecht werden soll, wird von den Fraunhofer-Instituten IAO, IBP, IGD und IPA im Rahmen des Demonstrationszentrums für virtuelle Realität entwickelt.

Basis dieser neuen Struktur, die sich noch in der Spezifikationsphase befindet, sind die Datenstrukturen, die in den einzelnen Instituten entstanden sind.

Wesentliche Elemente der Struktur, die alle schon in der Datenstruktur des IPA implementiert waren, sollen hier vorgestellt werden.

2. Beschreibung der Datenstruktur

Die modellierte virtuelle Welt wird nach Paradigmen erstellt, die in der CAD-Umgebung schon lange benutzt werden. Die zu modellierenden Geometrien werden in ihrer Gesamtheit aus einzelnen Körpern erstellt.

Diese Grundkörper können Ziehkörper, Rotationskörper, Kegelstümpfe, Polygone oder andere mathematisch beschreibbare Gebilde sein.

Diese Gebilde werden als Polyeder aus Polygonen gebildet, die wiederum aus Kanten und Punkten bestehen.

In der internen Datenstruktur werden diese Grundkörper, im folgenden Objekte genannt, hinterlegt. Neben der polygonalen Aufteilung der Goemetrie werden die Lage im Raum sowie diverse Farb- oder Materialattribute gespeichert.

Die Hinterlegung der Daten kann nach zwei Modellen erfolgen: einem schnellen oder einem universellen. In der Regel ist aber eine schnelle und universelle Darstellung der Daten gefragt. Eine funktionierende VR-Datenbasis kann nur eine Kombination zwischen beiden Speichermodellen sein.

Die schnelle Datenstruktur zeichnet sich durch einfache lineare Datenhaltung der gespeicherten Objekte aus. Da die Positionierung und Orientierung der Objekte eindeutig beschrieben ist, kann diese Datenstruktur schnell alle Daten zum Rendermodul schicken.

Nachteilig wirkt sich diese Struktur bei jeglicher Veränderung in der modellierten virtuellen Welt aus. Um ein Objekt zu bewegen, ist die Manipulation seiner Lage im Raum nötig. Die Bewegung eines Tischs mag noch einfach sein. Komplizierter wird der Sachverhalt bei der Bewegung des gleichen Tischs, wenn noch eine Tasse darauf steht.

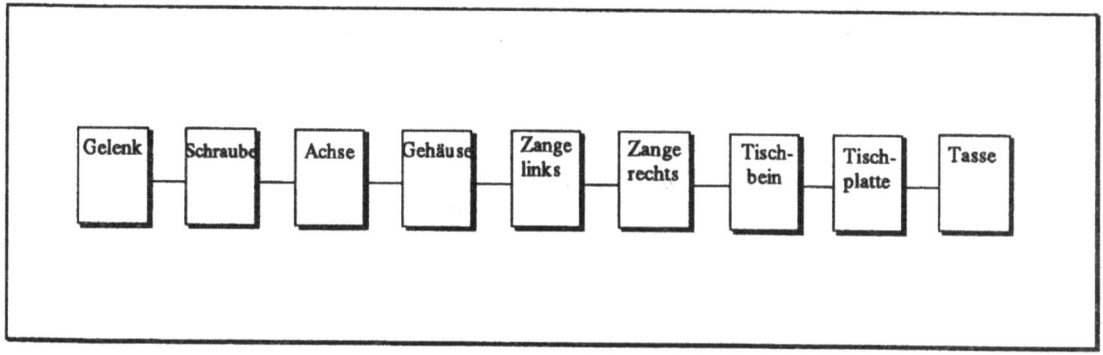

Bild 1: lineare Liste der Objekte

Wenn der Tisch bewegt wird, erwartet der Benutzer, daß sich die Tasse mit dem Tisch zusammen bewegt. Also muß eine Relation zwischen den Objekten Tisch und Tasse bestehen.

Die Bewegung des Tisches alleine ist auch nur im ersten Anschein trivial, da der Tisch auch wieder aus mehreren Objekten besteht. Die einzelnen Objekte könnten dann zum Beispiel die vier Tischbeine als Rotationskörper und die Tischplatte als Ziehkörper sein. Also müssen zwischen den Objekten des Tisches auch wieder Relationen geknüpft werden, um den kompletten Tisch als ein Objekt bewegen zu können.

Die Speicherung der Relationen der Objekte zueinander wird durch eine Baumstruktur realisiert. Der Datenbaum besteht aus einzelnen Knoten, die Blätter des Baums sind die geometrietragenden Objekte.

Die Baumstruktur besteht aus sogenannten Baugruppenknoten, die geometrietragende Knoten oder auch wieder Baugruppenknoten beinhalten und so zusammenfassen.

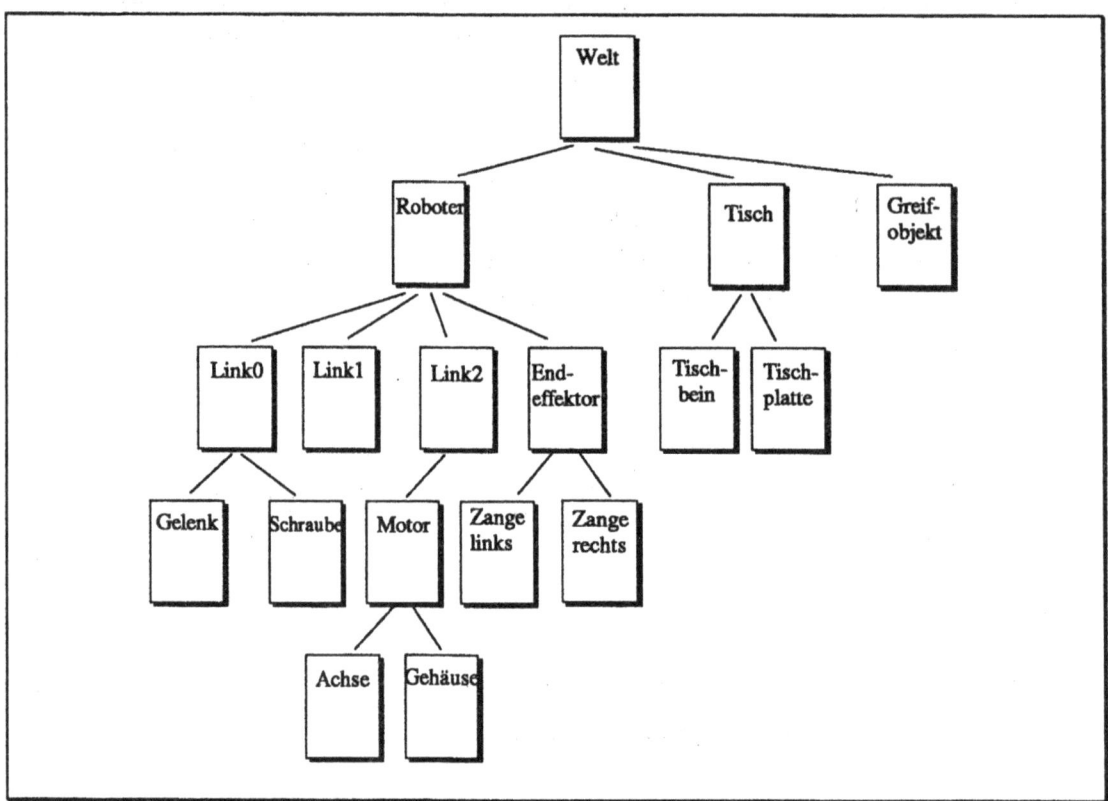

Bild 2: dynamischer Baum

Die resultierende hierarchische Datenhaltung erlaubt beliebige Bewegungen und Veränderungen der Geometrie der virtuellen Welt.

Die Positionierung der Objekte wird relativ zueinander definiert. Der Tisch im Beispiel ist ein Baugruppenknoten, der die vier Tischbeine und die Tischplatte als Geometrieknoten beinhaltet. Die Position der Objekte wird also relativ zum Baugruppenobjekt Tisch definiert. Dieses Tischobjekt kann beliebig in der Welt bewegt werden. Die auf dem Tisch stehende Tasse wird entsprechend an den Tisch angehängt und so an die Bewegung des Tisches angekoppelt.

Diese Datenhaltung ist zwar universell, kostet aber immense Rechenzeit. Für jedes Objekt - sei es ein Baugruppenobjekt oder ein geometrisches Objekt - muß aus der relativen Lage zueinander die exakte absolute Positionierung in der virtuellen Welt berechnet werden. Mathematisch beschrieben wird für jeden Knoten im Baum eine Matrixmultiplikation für eine 4x4-Matrix berechnet.

Wenn man die entstandene Datenstruktur anhand eines Beispiels untersucht, wird schnell klar, daß die Bestimmung von relativen Relationen zwischen allen Objekten die zu beschreibende Welt überdefiniert.

Als Beispiel sei ein herkömmlicher Bosch-Scara-Roboter genannt. Der Roboter besteht aus vier Gliedern, in der visuellen Darstellung allerdings aus 379 Objekten. Diese 379 Objekte werden aber nur zusammenhängend in vier Baugruppen bewegt.

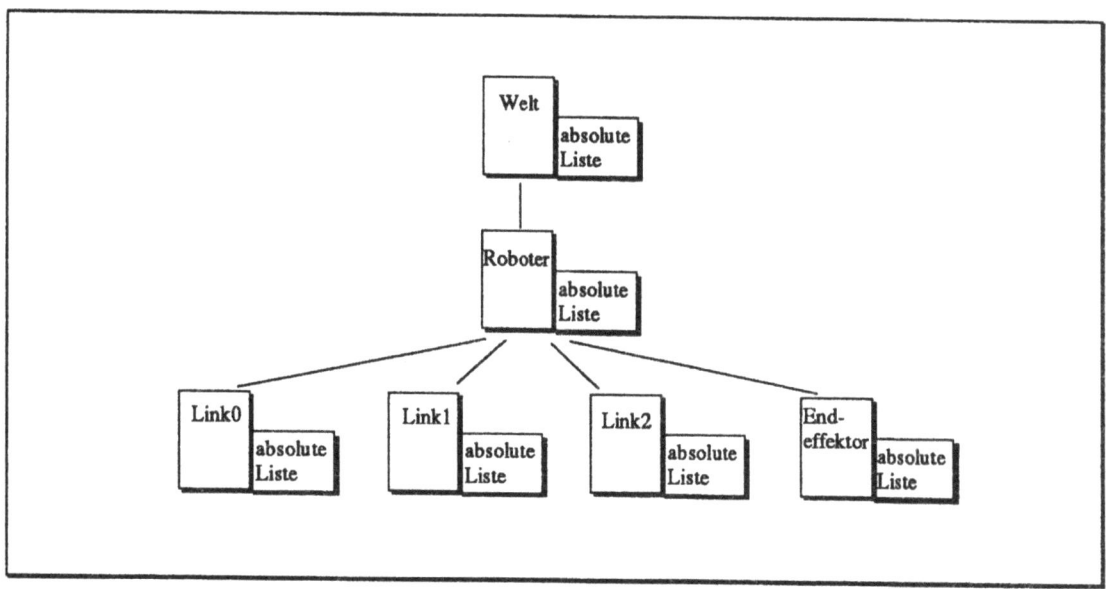

Bild 3: ideale Virtual Reality-Datenstruktur

Um zu einer schnellen und universellen Datenstruktur zu gelangen, die die realen Objekte ideal darstellen kann, werden die beiden Beschreibungsmodelle gemischt. Die relative Positionierung zwischen den Objekten ist nur für die beweglichen Objekte notwendig. Die einzelnen Glieder eines Roboters werden weiterhin relativ zueinander bewegt. Die Glieder werden als Baugruppenknoten gespeichert. Die einzelnen Objekte, aus denen die Glieder bestehen, werden absolut zu den Baugruppenpositionen der Roboterglieder vorberechnet.

Die dynamischen Vorteile der komplexen Baum-Datenstruktur können so mit den Geschwindigkeitsvorteilen der linearen Speicherung in Listen verbunden werden. Virtuelle Welten, die keine beweglichen Objekte haben, werden als reine lineare Liste verarbeitet und zeichnen sich in der Verarbeitung natürlich durch einen höheren Grafik-Durchsatz aus.

3. Durchsatzabhängiger Renderer

Um die Verarbeitungsgeschwindigkeit - in einem Virtual Reality-System entsprechend die Bildwiederholfrequenz - hoch zu halten, besteht neben der Optimierung der internen Datenstruktur die Möglichkeit, ein Objekt in mehreren Varianten darzustellen. Diese Varianten beschreiben in ihrer Darstellung das gleiche Objekt, unterscheiden sich aber in ihrer Genauigkeit. Der Umfang einer Kugel kann zum Beispiel mit fünfzig, mit zwanzig oder aber nur mit zehn Polygonen beschrieben werden.

Wenn das Objekt bei der momentanen Sicht ein zentrales Objekt der aktuellen Szene ist, wird die qualitativ hochwertigste Variante gewählt. Wenn dieses Objekt aber weiter in den Hintergrund rückt, kann die Darstellung vereinfacht werden. Der Vorteil liegt wiederum in der eingesparten Rechenleistung; der Aufbau einer Szene hängt natürlich direkt proportional von der Anzahl der Polygone ab. Je einfacher also eine Szene gerendert werden kann, umso höher liegt die Wiederholfrequenz des Render-Systems.

Entfernungsindex	Variante
0 - 499	Exakt
500 - 1999	Mittel
2000 - ∞	Grob

Tabelle 1: Vorgabe der Variantenumschaltung

Um zwischen den einzelnen Ausprägungen umschalten zu können, wird in herkömmlichen Systemen der momentane Abstand des zu betrachtenden Objekts zum eigenen Standpunkt berechnet. Abhängig von dieser Entfernung wird die Variante des Objekts gewählt. Diese Umschaltentfernung wird für jede Variante vorbestimmt. Die Anzahl der Varianten pro Objekt kann variieren. Einen Würfel kann man nur in einer Variante darstellen, für eine Kugel ist die Vorgabe von mehreren Varianten sicherlich sinnvoll.

Am IPA ist ein System entwickelt worden, mit dem die Varianten eines Objekts nicht von der Entfernung sondern vom momentanen grafischen Durchsatz des Renderers abhängt.

Je nach Komplexität der Szene kann der Algorithmus die Variante und damit die Genauigkeit eines spezifischen Objektes bestimmen. Wenn der Computer also eine Szene rendern soll, die sehr komplex ist, kann eine hohe Bildwiederholrate nicht mehr aufrechterhalten werden. Ein immerwährend mitlaufender technischer Regler erkennt den momentanen Zustand und reagiert mit einer Nachregelung, indem dem Renderer abstrahiertere Varianten der Objekte zugewiesen werden. Entsprechend reagiert der Regler auf einen zu hohen Durchsatz; die nächstbesseren Varianten werden gewählt.

Der Vorteil des Systems liegt in der direkt anpaßbaren Geschwindigkeit an die aktuelle Rechenleistung des Rechners.

Durch eine komplexe Auswertung von Systemzuständen wie die aktuelle Entfernung zum Objekt, Komplexität und Größe des Objekts können auf dieser Basis Objekte von hoher Relevanz stark hervorgehoben werden, während unwichtige Objekte vielleicht gar nicht oder nur als Hüllkörper gerendert werden.

Durch die flexible Variantenzuteilung ist es ein leichtes, das Zentrum der Szene hoch zu bewerten, um im Szenenmittelpunkt Objekte hervorzuheben. Die Ränder und der Hintergrund werden paritätisch deutlich abstrahiert. Die vorhandenen statischen Grafikressourcen können mit dem IPA-Renderer-System dynamisch den aktuellen Anforderungen angepaßt werden.

Durch die Implementierung des Reglers auf einem Echtzeit-Rechner (T800-Transputer) mit direktem externen Zugriff zum Hauptspeicher des Grafikrechners (Dual-Port-RAM) kann die Regelung der grafischen Ausgabe den Durchsatz des Renderers deutlich erhöhen.

4. Dynamische Echtzeit-Bewegungen

Um die relevanten Objekte in Echtzeit bewegen zu können, ist eine Trennung von Bewegungssimulation und Grafikausgabe unumgänglich.

Die Bewegungsvorgabe für technische Systeme, wie z. B. Roboter, Fließbänder oder Linearachsen, werden in einer Steuerdatei hinterlegt. Zusammen mit der Bewegungsvorschrift werden auch die Bewegungsgeschwindigkeiten bestimmt. Diese Zeitvorschriften müssen von einem Simulationsalgorithmus in die Bewegung der oben beschriebenen Objekte umgesetzt werden.

Um die Bewegungen der Objekte möglichst in Echtzeit zu erreichen, muß der Simulationsprozeß so schnell wie möglich sein. Die Ausführungszeit darf auf keinen Fall von der grafischen Ausgabe abhängen. Der Simulationsprozeß und der Rendererprozeß werden zeitlich entkoppelt.

Der Simulationsprozeß berechnet die neuen Positionen der Objekte und stellt diese Daten dem Rendererprozeß zur Verfügung. Falls der Rendererprozeß mit der alten Szene noch nicht fertig ist, stellt die Simulation eine aktuellere Berechnung bereit, bevor die Daten vom Renderer übernommen werden.

Mit diesem entkoppelten System ist sichergestellt, daß die Simulationssoftware unabhängig von grafischen Ausgaben die aktuellen Positionen der Objekte bestimmen kann, während der Renderer immer die aktuellsten Daten für die Ausgabe bereitgestellt bekommt.

Auf der Basis der optimierten internen Datenspeicherung kann in diesem System der Roboter über eine inverse Kinematik bewegt werden. Die inverse Kinematik berechnet für einen definierten Punkt im Raum, den der Endeffektor erreichen soll, die Stellung der Roboterglieder. Mit der IPA-Simulationssoftware, implementiert auf autonomen T800-Transputern, kann eine Abtastrate von 50Hz erreicht werden.

Die Renderer-Software kann von dieser Berechnungsfrequenz immer die aktuellsten Ergebnisse empfangen. Wenn die Grafik mit beispielsweise 10 Hz dargestellt wird, wird im Schnitt jedes fünfte Transputer-Simulationsergebnis für die grafische Darstellung genutzt.

Die Bewegung der Objekte wird durch die Manipulation der relativen Transformationsmatrix beschrieben. Die Interprozeß-Kommunikation zwischen Simulation und grafischer Ausgabe tauscht also lediglich die Matrizen der sich momentan bewegenden Objekte aus.

Ein noch höherer Durchsatz in der grafischen Darstellung kann erreicht werden, wenn die dynamische Struktur des Baums an die momentanen Bewegungen angepaßt wird. Nicht alle potentiell beweglichen Objekte benötigen eine relative Matrix, sondern nur noch die Objekte, die sich wirklich momentan bewegen.

Wenn sich der Roboter also in einer vorher ruhenden (linearen) Welt bewegen soll, wird zuerst die interne Baumstruktur automatisch so ummodelliert, daß alle wesentlichen beweglichen Roboterobjekte als relative Baumknoten vorliegen. Auf dieser dynamischen Struktur kann eine Bewegung ausgeführt werden. Bei Beendigung der Bewegung werden die manipulierten Matrizen in eine lineare Liste zurückgeführt.

In virtuellen Welten, die eine hohe Eigendynamik haben, kann jede Verbesserung der internen Strukturen zu einem höheren Durchsatz und einer besseren Akzeptanz führen. Die Entwicklung von optimierten Algorithmen ist die einzige Möglichkeit, effiziente Simulationssoftware für die virtuelle Realität nutzbar zu machen.

5. Dynamische Kollisionserkennung

Die Kollisionserkennung spielt in allen Virtual-Reality-Systemen eine wichtige Rolle. Die meisten Interaktionen werden durch Berührung des Handschattens mit einem Objekt initiiert. Eine Berührung ist aber nichts anderes als eine Kollision zwischen zwei Objekten.

Wenn eine Kollisionsprüfung permanent alle Objekte auf Kollision überprüft, wird eine Rechenleistung benötigt, deren Ordnung von der Fakultät der vorhandenen Objekte abhängig ist ($O(n!)$, n = Anzahl der Objekte).

Um eine schnelle Kollisionserkennung zu implementieren, müssen Algorithmen entwickelt werden, die schnelle Entscheidungen liefern und möglichst wenig Rechenzeit benötigen.

Da man davon ausgehen kann, daß im Normalfall keine Kollision auftritt, muß der zu entwickelnde Algorithmus für diesen Fall ein schnelles negatives Ergebnis liefern können. Wenn tatsächlich eine Kollision aufgetreten ist, kann, da auf diesen Zustand sowieso reagiert werden muß, eine höhere Bearbeitungszeit für eine vollständige Erkennung durchaus toleriert werden.

Um dem Kollisionsalgorithmus eine schnelle Entscheidung zu ermöglichen, werden für alle Objekte - auch die Baugruppen-Objekte - Hüllkörper berechnet. Diese Hüllkörper werden zuerst gegeneinander getestet. Wenn eine Kollision dieser Hüllkörper dedektiert wird, wird der Kollisionsalgorithmus für die unterliegenden Teilbäume angewandt. Wenn auf dieser Ebene immer noch Kollisionen erkannt werden, werden die polygonalen Objekte selbst überprüft.

Die Hüllkörper sind eine Hüllkugel und ein Hüllquader. Die Kollision von zwei Kugeln läßt sich offensichtlich leicht erkennen. Wenn die Mittelpunkte der Kugeln weiter voneinander entfernt sind als die Summe der beiden Radien, kann eine Kollision der Objekte mit einem Vergleich und einer Addition ausgeschlossen werden. Wenn diese beiden Objekte Hüllkugeln komplexer Teilräume sind, kann auf eine weitere Überprüfung der unterliegenden Teilbäume verzichtet werden.

Wenn aber doch eine Kollision aufgetreten ist, werden alle im Baum direkt unterliegenden Hüllkugeln miteinander verglichen. Dieser rekursive Algorithmus wird so lange fortgesetzt, bis wirklich eine Kollision von geometrischen Knoten der Baumblätter erkannt wird. Diese Auffindung der potentiell kollidierenden Objekte hat nur noch eine Ordnung, die von der Baumstruktur abhängig ist.

Die Hüllkugel ist allerdings ein mathematisches Modell mit sehr grober Annäherung an das Objekt. Hüllkugeln können kollidieren, ohne daß die sichtbaren Objekte wirklich direkten Kontakt haben.

Also müssen bei einer erkannten Kugelkollision die Hüllquader und dann eventuell noch die geometrischen Objekte miteinander verglichen werden. Je näher man dabei der tatsächlichen Geometrie kommt, desto komplizierter wird die Berechnung.

6. Zusammenfassung

Betrachtet man die Zahl der bisher entwickelten Visualisierungssysteme, wird schnell deutlich, daß für Virtual Reality-Systeme neue Datenstrukturen entwickelt werden müssen. Entsprechende Überlegungen wurden getätigt und resultierende Systeme wurden am IPA mit größtem Erfolg getestet. Die entwickelte Datenstruktur ist in der Lage, als Basis sowohl für schnelle Render-Systeme als auch für komplexe Kollisionserkennungs- und Animationssysteme zu dienen. Die entstandenen Konstrukte werden in das neu erstellte gemeinsame Datenformat des Demonstrationszentrums für virtuelle Realitäten der vier Fraunhofer-Institute IBP, IGD, IAO und IPA vollständig eingehen.

Literatur

[1] Strommer,W.;Neugebauer,J.-G.: *Robot Simulation with Virtual Reality,* Second ESA Workshop on Simulators for European Space Programmes, November 1992, Noordwijk, Niederlande.

[2] Foley,J.D.;[et al.]: *Computer Graphics,* Addison-Wesley,Reading, Massachusetts, 1990

[3] H. Ozaki and A. Mohri: *Planning of Collision-free Movements of a Manipulator with Dynamic Constraints,* Advanced Software for Robotics, Elsevier Science Pub., Amsterdam, Niederlande, 1984

Raumakustische Simulation und Auralisation- Methoden und Anwendungen

U. Stephenson

**Raumakustische Simulation und Auralisation
- Methoden und Anwendungen**

Dipl.phys. Uwe M. Stephenson
Fraunhofer-Institut für Bauphysik (IBP)
(Institutsleiter: Prof.Dr. Dr.h.c. Dr.E.h. Karl Gertis)

Abstract

Bei der Schaffung virtueller Umgebungen wird bislang für die Visualisierung ein weit höherer Rechenaufwand getrieben als für ihr hörbares Analogon, die Auralisierung. Letztere bedeutet jedoch mehr als die Generierung fiktiver Geräusche zu visuellem Geschehen. Auralisierung ist vielmehr die zweite Berechnungsstufe nach der Simulation der Schallausbreitung in einem Raum, die Hörbarmachung seiner spezifischen Raumeigenschaften, wie Echos, Nachhall usw. Für die Schallausbreitung gelten ähnliche Gesetze wie für die Lichtausbreitung. Die Grössenordnungen verschiedener Parameter sind jedoch extrem unterschiedlich. Dies wird anfangs diskutiert. Die deshalb anzuwendenden raumakustischen Rechenmethoden - Varianten von Ray Tracing - sind ungleich aufwendiger als für die Visualisierung. Im allgemeinen ist von daher eine Echtzeit-Auralisierung unmöglich. Einige Kompromisse sind jedoch möglich, allerdings mit z.T. erheblichen Einschränkungen. Das inzwischen wesentlich verbesserte (unter dem Namen SOPRAN auch in Lizenz erhältliche) Schallteilchensimulationsverfahren [1] wird hier nur kurz beschrieben, umso mehr einige Anwendungen. Herausragend war der Einsatz des Programms zur Verbesserung der raumakustischen Verhältnisse im Plenarsaal des Deutschen Bundestages. Mehr noch als bei der visuellen Komponente Virtueller Realität (VR) steht bei der raumakustischen Simulation und Auralisation der Planungs- und Prognosegesichtspunkt im Vordergrund.

1. Einführung

Die Raumakustik beschäftigt sich mit Messung und Berechnung von Schallfeldern innerhalb eines Raumes; ihre klassische Anwendung sind der Konzertsaal und andere Auditorien [2,3], eine weitere Anwendung ist die Lärmbekämpfung in Arbeitsräumen. Wie im Prinzip virtuelle akustische Umgebungen zu erzeugen sind, folgt aus Grundprinzipien der Nachrichtentechnik. Die physiologische Akustik liefert das nötige Wissen um die relevanten Gehörseigenschaften (z.B. um Richtungswahrnehmung und Zeitauflösung) sowie um die Zusammenhänge zwischen subjektiven und objektiven Parametern zur Beschreibung von raumakustischen Qualitäten. Um Schallfelder in grossen Räumen vorherzuberechnen werden hauptsächlich Ray-Tracing- oder verwandte Methoden angewandt. Seit wenigen Jahren ist man so im Prinzip in der Lage, die zur Erzeugung virtueller akustischer Umgebungen nötigen Grössen (binaurale Raumübertragungsfunktionen) zu berechnen und so in virtuelle, z.B. erst projektierte Räume "hineinzuhören". Wesentlich an der Auralisation ist , daß sie spezifisch für den Raum ist, die dazu beispielhaft benutzten Schallsignale selbst sind unwesentlich. Ziel ist das Hörbarmachen beliebiger Schallsignale im virtuellen Raum.

2. Vergleich optischer und akustischer Berechnungsgrundlagen
2.1. Zur Physik

Die Lichtgeschwindigkeit ist rund 1 Million mal grösser als die Schallgeschwindigkeit. In den für Menschen gewöhnlich "erlebbaren" Räumen sind dadurch, verglichen mit den Wahrnehmungsträgheiten, die Zeitverzögerungen von Licht praktisch null, die von Schall aber durchaus bemerkbar (Tabelle 1). Akustische Grössen müssen deshalb zeitabhängig berechnet werden, bei der Optik genügen stationäre Berechnungen. Schon von daher sind Radiosity-Methoden in der Akustik nur begrenzt einsetzbar (Tabelle 2). Die mittleren akustischen und optischen Absorptionsgrade von Raumoberflächen liegen in derselben Grössenordnung von ca. 10 bis 20% ; von daher reicht, rein energetisch und stationär betrachtet, die Berücksichtigung von Reflexionen niederer Ordnung (1.bis 5.) aus, denn absolute Helligkeiten bzw. Lautheiten sind nicht sehr genau unterscheidbar. Das Ohr aber bewertet Reflexionsanteile zeitabhängig nacheinander bei Energieverlusten von bis zu 1:1000000, wenn man einmal den üblichen Nachhalldynamikbereich von 60 dB zugrunde legt . Schon daraus folgt für die Akustik die Notwendigkeit der Verfolgung von Reflexionen bis zu höheren Ordnungen (10. bis 60.). Die wesentlichen raumakustischen Parameter werden jedoch schon durch die niederen Reflexionsordnungen bestimmt, was einige rechnerische Vereinfachungen erlaubt.

Licht- und Schallstrahlen können geometrisch-spiegelnd oder diffus reflektiert werden. Der wichtigste Unterschied aber ist: Die allermeisten Oberflächen sind für Lichtwellenlängen "rau", z.B. "weiss"; d.h. sie reflektieren die auftreffende Strahlung diffus (nach dem Lambert'schen Gesetz). Die meisten Wände sind aber für Schallwellen (mittlerer Frequenz, also z.B. 1 kHz, was 34 cm Wellenlänge entspricht) "Spiegel", d.h. geometrisch reflektierend; daraus folgt, daß die Strahlen bei einer Simulation ihre "Vergangenheit" nicht "vergessen", d.h. Information über (akustische) "Spiegelbilder" weitertragen; die für die Visualisierung effiziente Radiosity-Methode ist also in der Akustik i.d.R. nicht anwendbar, weil mit ihr Richtungs- und Laufzeitinformation verloren geht. Es bleiben praktisch nur Ray-Tracing oder ähnliche Methoden.

Andererseits ist die nötige Feinheit der räumlichen Auflösung aufgrund der grösseren Schallwellenlängen viel geringer als bei der Visualisierung von Räumen; die Raumstruktur braucht deshalb weit weniger genau eingegeben zu werden als für die Visualisierung, einige 100 "Wände" sind schon viel. Aus Rechenzeitgründen sollte man mit der Anzahl auch sparsam sein (Treppen können z.B. als schiefe Ebenen eingegeben werden). Daraus folgt aber auch eine Schwierigkeit: hochgenaue CAD-Daten sind für die Akustik kaum verwendbar, eine Parallelisierung von Raum-Visualisierung und Auralisierung ist schwieriger. Es wird deshalb in einem zukünftigen integrierten VR-System für die Akustik eine Sonderrepräsentation der Raumstruktur geben müssen, genau genommen sogar für verschiedene Frequenzbereiche verschieden genaue, denn es kommt für die Akustik eine andere Schwierigkeit hinzu: Die Wellenlängen hörbaren Schalls erstrecken sich auf einen Bereich von 1:1000, entsprechend dem Frequenzbereich 20 Hz bis 20 kHz, das sind 10 "Oktaven". Sichtbares Licht (rot bis violett) umfaßt dagegen nur einen sehr kleinen Wellenlängenbereich von 1:2. Wegen der wesentlich grösseren Schallwellenlängen weisen Ray-Tracing-Methoden in der Akustik prinzipielle Defizite auf, nämlich die fehlenden Beugungseffekte; dies kann wesentlich drastischer ins Gewicht fallen als beim Licht.

2.2. Zur Wahrnehmung

Die Wahrnehmungsfähigkeiten von Auge und Ohr sind recht unterschiedlich ausgeprägt. Während beim Auge offensichtlich die Richtungsortung hoch ausgebildet ist (Anhaltspunkt: nötige Bildschirmauflösung mindestens 1 Million Pixel), die Zeitauflösung jedoch schwach (mehr als 16 Bilder/sec werden als "Film" wahrgenomen), ist es beim Ohr umgekehrt: Die Richtungsauflösung ist gering (Grössenordnung: unter 100 Raumrichtungen), die Zeitauflösung dagegen hoch. Das dargebotene Spektrum wird von beiden qualitativ bewertet als "Farbe", beim Ohr als "Klangfarbe". Sowohl Auge als auch Ohr haben eine ausgeprägte frequenzabhängige Empfindlichkeit, d.h. verschiedene Farben bzw. Frequenzen werden unterschiedlich hell bzw. laut wahrgenommen. Der wahrgenommene Intensitätsbereich beider Organe ist enorm und wird deshalb meist logarithmisch bewertet. Weitere Eigenschaften und geschätze Parameter sind zum Vergleich in Tabelle 2 zusammengefasst.

Tabelle 1: Vergleich Optik - Akustik bezüglich physikalisch Parameter

Parameter	Licht	Schall
Ausbreitungsgeschwindigkeit	300000 km/s	340 m/s (bei 20°C)
typische Wellenlänge	0,5 µm	0,5 m
typische Frequenz	10^{15} Hz	10^3 Hz
Wahrnehmungsbereich	380 ...760 nm ("violett"... "rot") 1:2 = 1 "Oktave"	20 Hz ... 20 kHz ("tiefe" ... "hohe" Töne) 1:1000 = 10 Oktaven
typische Zeit zur Durchquerung eines grossen Saales	30 ns	30 ms
typische mittlere Wandabsorptionsgrade	10...50%	10...20%
typische Nachhallzeit Energieabfall auf 10^{-6}	2 µm	2 sec (typisch: 60 Reflexionen)
vorwiegende Reflexionsart	diffus ("weisse", "rauhe" Wände)	geometrisch/spiegelnd ("glatte" Wände)

Tabelle 2: Vergleich Optik - Akustik bezüglich Wahrnehmung, Geometrie und Rechenmethoden

	Licht	Schall
Wahrnehmung		
Richtungsauflösung (Anzahl unterscheidbarer Raumrichtungen)	>10^6	typ. 100
Zeitauflösung (energetische Integration)	typ. 100 ms	35...100 ms
Frequenzauflösung	gering (wenige Hauptfarben)	sehr hoch (ca. 100 Halbtöne)
dazugehörige Zeitauflösung		25 µs (für 20kHz)
Wichtung/ höchste Empfindlichkeit	"gelb"	1-2 kHz
Spektralbewertung	Farbe	Klangfarbe
Geometrie		
nötige Strukturauflösung (typische Anzahl Polygone)	10000	100
i.d.R. geeignete Rechenmethode	Radiosity	Ray Tracing

2.3. Rechenmethoden

Die wesentliche Konkurrenzmethode zum Schallteilchenmodell ist die Spiegelschallquellenmethode (SSQM), die eigentlich die ältere ist und auch rein zeichnerisch, ohne Computerhilfe oft angewandt wird. Ein verwandtes Modell ist die Strahlverfolgungsmethode (Ray Tracing). Die Schallteilchensimulation (STSM) [4] ist eigentlich nur eine, wenn auch vom physikalischen Modell her verschiedene, Untervariante davon. Die Auffassung beim Ray Tracing ist: Da jeder Strahl einen Ausschnitt aus einer Kugelwelle repräsentiert, kommt ihm ein mit der Laufstrecke wachsender Querschnitt zu (von daher eigentlich "Cone Tracing" [5,6]). Wird ein Empfangspunkt von diesem Kegel gestreift, bekommt er eine der Laufstrecke des Strahls entsprechende Schallenergie zugeteilt, er "sieht" quasi eine Spiegelquelle; von daher ist das Cone Tracing näherungsweise ein Scannen des Raumes nach Spiegelquellen. Beim STSM kommt dagegen die Teilcheneigenschaft direkt zum Tragen: Gezählt werden letzlich punktförmige Teilchen in räumlich ausgedehnten Detektoren; daraus werden Energiedichten berechnet; eine Abstandsgesetz kommt so nicht explizit sondern statistisch ins Spiel (indem eben weniger Teilchen gezählt werden). Die SSQM und die STSM sind, obwohl sie auf denselben Annahmen der Geometrischen Raumakustik basieren, im Algorithmus grundverschieden. Das Spiegelungsprinzip ist eine indirekte, deterministische Methode. Die Schallteilchen-Methode ist dagegen ein statistischer (Monte-Carlo-) Ansatz, der die Schallausbreitung - nach dem "Giesskannenprinzip" - direkt simuliert: Jedes Teilchen erreicht in der Regel mehrere Detektoren. Gerade darin und in der Direktheit der Simulation liegt der entscheidende Vorteil gegenüber dem Spiegelquellenverfahren bei Reflexionen höherer Ordnung. Das Schallteilchenverfahren ist dabei wesentlich effizienter, bei gleicher Genauigkeit schneller; dies liegt an der Notwendigkeit von komplizierten Sichtbarkeitsprüfungen bei der klassischen SSQM. Bei sehr niedrigen Reflexionsordnungen ist dagegen, weil der statistische Character entfällt, die SSQM genauer [7]. Beide Verfahren gehen i.d.R. von geometrisch-spiegelnden Wandreflexionen aus; die Teilchenmethode ist aber, im Gegensatz zur SSQM auch in der Lage, diffuse oder teilweise diffuse Reflexionen zu berücksichtigen. Die STSM wird in Ziffer 4 näher beschrieben.

Vom Gegenteil, nämlich rein diffus reflektierenden Wänden, geht die "Radiosity"-Methode aus - unter Akustikern eher bekannt als eine numerische Lösung der Kuttruff'schen Integralgleichung [2]. Grundlegende Idee dabei ist der Strahlungsaustausch zwischen Wandpaaren, Ergebnis die Oberflächenverteilung von Bestrahlungsstärken. Jedes Oberflächenelement empfängt Strahlung von allen anderen, multipliziert mit seinem eigenen Reflexionsgrad folgt daraus in der Summe seine eigene Abstrahlung. Daraus folgt eine Integralgleichung. Die Übergangsverhältnisse beschreiben Formfaktoren - deren Berechnung oft das eigentliche Problem ist. Numerisch formuliert läuft dies auf die Lösung eines linearen Gleichungssystems hinaus mit den Bestrahlungsstärken diskreter Wandelemente als Lösung. Diese Methode gestattet in ihrer gewöhnlichen Formulierung nur die Berechnung von stationären Schall -(oder Licht-) Feldern - und das eben nur bei diffus reflektierenden Wänden. Für die Raumakustik ist diese Methode deshalb kaum brauchbar, allenfalls für die nicht so genau erforderliche effiziente Berechnung eines "Restnachhalls", d.h. des Nachhalls ausschliesslich der frühen Reflexionen. Dafür gibt es bereits einige Ansätze.

Manche Autoren [z.B. 5] verwenden zur Berechnung bestimmter Zeitspannen der Echogramme die jeweils günstigste Simulationsmethode, nämlich für die erste Spanne die Spiegelmethode, für eine mittlere die Teilchenmethode, für den Nachhallschwanz die Radiosity oder andere vereinfachende statistische Methoden; ein Problem dabei ist das "unhörbare" Aneinanderfügen der Teile.

Bedingt also durch die Physik der Schallausbreitung sind all diese raumakustischen Berechnungsverfahren von einer Berechnung der nötigen Raumimpulsantworten (s.Ziffer 3) in Echtzeit im Sinne einer Anwendung in Virtual-Reality-Systemen weit, d.h. um mehrere Zehnerpotenzen, entfernt (typische Rechenzeiten liegen bei Stunden). Eine Übersicht über die erwähnten Rechenmethoden und ihre Einsatzgebiete gibt Tabelle 3.

Tabelle 3: Klassifizierung von Rechenmethoden

Gebiet	wellentheoretische Raumakustik	geometrische (niedere Reflexionen)	Raumakustik (höhere Reflexionen)	(geometrische) Optik
Verhältnis Wellenlänge/ Raumabmessung	groß - mittel	klein	klein - mittel	extrem klein
geeignete Rechenmethode	FEM/ BEM	Spiegel-Schallquellen-Methode	Ray Tracing / Schallteilchen-Methode	Radiosity
Idee	Quantisierung der Raum-oberfläche stückweise Lösung der Wellengleichung	Ersetzen von Quelle und Wänden durch (Spiegel)quellen Zurückführung aufs Freifeld indirekt/deterministisch	Direkte Simulation des Energietransports durch Schallstrahlen oder Schallteilchen statistisch/("Monte-Carlo")	Strahlungsaustausch zwischen Paaren von Oberflächenelementen Integralgleichung Quantisierung der Raumoberfläche Lösung eines linearen Gleichungssystems
erlaubte Geometrie	beliebig	ebene Oberflächen (optimal: Quaderraum)	beliebig (besser eben)	beliebig
Reflexionen		geometrisch	geometrisch/diffus	diffus
Beugung	implizit ja	(nur bei einfacher Abschirmung)	schwierig (Lösungs- Ansätze)	spielt keine Rolle

3. Einführung in die Geometrische Raumakustik

Hörbarer Schall besteht aus Druckwellen im Medium Luft. Die Raumakustik beschäftigt sich mit dem Schall-Feld in Räumen. Die Raumoberflächen definieren in diesem Sinne theoretisch die Randbedingungen für die Lösung der Wellengleichungen seines Luftschallfeldes. Signaltheoretisch gesehen kann ein Raum als lineares, zeitinvariantes System betrachtet und vollständig beschrieben werden durch seine frequenzabhängigen Übertragungsfunktionen oder äquivalent durch deren Fouriertransformierten, die Impulsantworten (Bild 1). Diese beschreiben den Anregungsfall eines "unendlich kurzen" Diracstoßes und das "Abklingen" des Schalldrucks an einem anderen Raumpunkt als Antwort. Ihr Quadrat beschreibt den Schallenergieabfall im Raum, den "Nachhall", und wird auch als Echogramm bezeichnet.

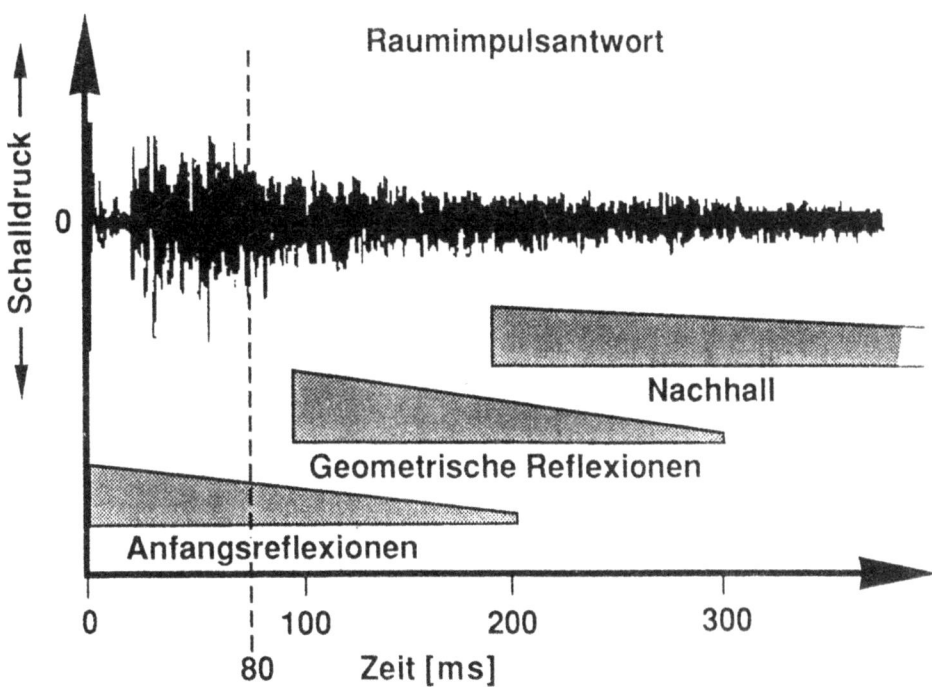

Bild 1: Typische Impulsantwort, unterteilt in 3 Abschnitte, aus [5]

Die wellentheoretisch exakte Berechnung der Übertragungsfunktionen ist jedoch exakt praktisch unmöglich. Numerische Lösungsansätze sind Finite- oder Boundary-Elemente-Methoden (FEM, BEM). Sie sind nur für relativ kleine Räume oder Abstrahlprobleme gut geeignet (z.B. Fahrgastzellen von Kraftfahrzeugen). Eine in den meisten Fällen geeignete Vereinfachung ist das Strahlen - oder Teilchenmodell der Geometrischen Raumakustik. Die Vorraussetzungen der Geometrischen Raumakustik sind:

- Alle Raumabmessungen sind groß gegen die Wellenlängen,
- Der Raum ist weitgehend geschlossen, seine Absorption gering.

Dann wird nämlich das Schallfeld von zahlreichen Reflexionen höherer Ordnung dominiert (nicht stehende sondern sich ausbreitende Wellen werden also betrachtet). Ferner werden stets Frequenzbänder, keine Einzelfrequenzen betrachtet. Dann kann näherungsweise angenommen werden, daß alle Wellenzüge praktisch inkohärent (d.h. ohne feste Phasenbeziehung sind), Interferenzen vernachlässigt und Energien statt Amplituden addiert werden können.

3.1. Das Schallteilchenmodell

Diese Annahmen legen das Modell des Schallteilchens und seiner Verfolgung im Raum nahe, damit auch Ray Tracing Methoden. Die angenommenen Eigenschaften eines Schallteilchens sind:

- es ist punktförmig,
- wird von einer Punktschallquelle ausgesandt,
- repräsentiert einen Ausschnitt aus einer Kugelwelle,
- bewegt sich mit konstanter Schallgeschwindigkeit geradlinig vorwärts,
- trägt Schallenergie eines bestimmten Frequenzbandes,
- interferiert nicht mit anderen Schallteilchen,
- wird an Wänden geometrisch oder diffus reflektiert,
    wobei seine Energie partiell absorbiert wird,
- wird in bestimmten Detektorvolumina registriert,
    wobei seine Energien direkt addiert werden.

Eine Schallteilchen-Simulation wird i.d.R. nur für ein Frequenzband durchgeführt. Der Begriff der Frequenz spielt im weiteren keine Rolle mehr (zu Berechnungen für ein weites Frequenzband muss im Prinzip die ganze Simulation mit den entsprechend anderen Parametern wiederholt werden). Typische Welleneigenschaften von Schall bleiben naturgemäss dabei "auf der Strecke". Dazu zählt vor allem die Schallbeugung. Auch diffuse Streuungen an Oberflächenstrukturen können als Beugungseffekte aufgefaßt werden. Dies spielt in geschlossenen, weitgehend konvexen Räumen keine große Rolle, wohl aber hinter großen, abschattenden Wänden, Balkonen, Säulen usw., Bereiche, in die hinein überwiegend nur durch Beugung Schall gelangt. Dies tritt vor allem im "Freien" auf (Beispiel: Lärmschutzwände). Die aktuelle Forschung beschäftigt sich mit diesem Problem der Erweiterung der Strahlenmodelle um Beugungseffekte (ein neuer Lösungsansatz dazu wurde kürzlich präsentiert [8]). In geschlossenen Räumen gibt es - dank zahlreicher Reflexionen - solche Zonen nur selten. Für die raumakustische Prognose von Auditorien ist das Schallteilchenmodell deshalb gut geeignet [3].

3.2. Raumakustische Zielgrössen

Für die raumakustische Projektierung und eine Visualisierung von Schallfeldern genügt meist die Kenntnis der raumakustischen Parameter, die für den subjektiven Höreindruck auf verschiedenen Plätzen maßgebend sind. Diese können im wesentlichen aus Energieverhältnissen der Echogramme (Energie-Zeit-Funktionen) berechnet werden. Aus umfangreichen psychoakustischen Untersuchungen (z.B. [9]) ergibt sich, daß der Höreindruck - vorausgesetzt die Nachhallzeit als wichtigstes Kriterium liegt in Konzertsälen bei den empfohlenen ca. 2 s - bereits durch die folgenden 3 bis 4 Parameter weitgehend bestimmt wird:

- den Schalldruckpegel (= Integral über die gesamte Intensitäts-Zeit-Funktion). Der Pegel bestimmt unter anderem das Räumlichkeitsempfinden (das "Stärkemaß") mit; er sollte auf den Plätzen eines Raumes nach hinten hin nicht wesentlich abnehmen, d.h. nicht mehr als ca. 5dB.

- die "Deutlichkeit" oder "Klarheit" (= Energieverhältnis aus der bis 50ms bzw. 80ms ankommenden Energie zur Gesamtenergie). Die Deutlichkeit ist ein Maß für die Sprach- bzw. Silbenverständlichkeit; sie sollte nicht unter 50% liegen.

- das Seitenschallmaß (= Energieverhältnis des frühen Seitenschalls bis 80ms, gewichtet mit dem Cosinus des jeweiligen Einfallswinkels bezüglich der Ohrverbindungsachse, zum frühen Schall bis 80 ms). Das Seitenschallmass bestimmt den Räumlichkeitseindruck", das "Sich-Umhüllt-Fühlen" von Schall, das besonders bei Musikdarbietungen wichtig ist. Das Seitenschallmaß korreliert hoch mit der Interauralen Kohärenz (dem Maximum der Kreuzkorrelation des linken und rechten Ohrsignals) und zwar negativ. Das ist verständlich, weil das Räumlichkeitsgefühl um so grösser ist, je verschiedener die beiden Ohrsignale sind.

Einen weiteren Einfluß auf die subjektive Präferenz hat die Klangfarbe. Diese hängt mit den Verhältnissen der Anfangsnachhallzeiten in den verschiedenen Oktavbändern zusammen. Generell sind für die Räumlichkeitsempfindung eher die tiefen Frequenzen wichtig (besonders beim Seitenschall), für eine korrekte Richtungsortung von Quellen dagegen eher die hohen.

4. Funktionsweise des Schallteilchenverfahrens

Folgende Schritte werden beim Schallteilchenverfahren durchlaufen:

Schallteilchenaussendung: Eine punktförmige, kugelförmig abstrahlende Impulsschallquelle wird dadurch simuliert, daß vom Quellpunkt aus eine große Anzahl (einige 10000) Schallteilchen der genormten Energie 1 möglichst gleichmässig in alle Raumrichtungen abgeschossen werden [4].

Schallstrahlverfolgung: Dabei werden die Reflexionspunkte der Strahlen (auf dem die Teilchen laufen) mit den Wänden bestimmt (Bild 2, Wände = ebene Polygone). Bei jeder Reflexion müssen im Prinzip alle Wände durchprobiert und nach verschiedenen geometrischen Kriterien getestet werden (Hauptrechenaufgabe). Ein besonderes Unterproblem ist dabei bekanntlich die Prüfung, ob ein Treffpunkt in einem Polygon enthalten ist ("Punkt-in-Wand-Enthaltungstest"). Dieses Modul sollte vorrangig optimiert und /oder schon sein Aufruf umgangen werden.

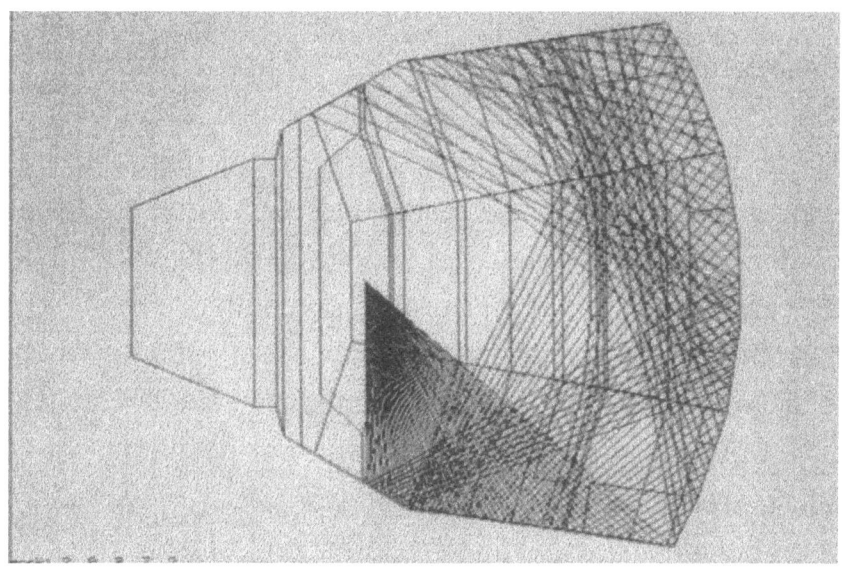

Bild 2: Beispiel für die Strahlverfolgung innerhalb eines Raumes (im Grundriß des Raumes nach Bild 5). Von einer mittigen Sprecherposition über der Bühne werden Strahlen ausgesandt und hier über zwei Reflexionen verfolgt.

Absorption, Reflexion: Bei jeder Reflexion an einer Wand wird die Teilchenenergie multipliziert mit dem (vorläufig richtungsunabhängigen) Reflexionsgrad der Wand (=1-Absorptionsgrad). Auch eine exponentiell von der Laufstrecke abhängige Luftabsorption wird berücksichtigt. Im Publikumsbereich kann, als Verbesserung, zusätzlich eine Extra-Dämpfung (etwa für streifend einfallenden Schall) simuliert werden. Die Reflexion kann geometrisch-spiegelnd oder diffus sein - etwa, wenn ein Relief, eine Substruktur der Wandoberfläche simuliert werden soll; darin liegt eine weitere Verbesserung des Schallteilchenverfahrens, insbesondere gegenüber dem Spiegelquellenverfahren. Auch gemischt geometrisch-diffuse Reflexionen sind möglich, die Mischung wird durch den Wanddiffusitätsgrad bestimmt [4].

Abbruchkriterium, Genauigkeit, Rechenzeit: Je höher die maximale Reflexionsordnung, je länger die Strahlen verfolgt werden, desto höher ist die Genauigkeit der Simulation. Der "Restnachhall-Fehler" bei der empfangenen Energie nimmt damit exponentiell ab, die berechneten Echogramme werden länger. Andererseits nimmt damit die Rechenzeit proportional zu (die Zusammenhänge sind genau analysiert in [7]). Die Strahlverfolgung wird abgebrochen, wenn eine bestimmte Gesamtlaufstrecke (-Zeit) von der Quelle erreicht ist. Bei diesem Abbruchkriterium sind verschiedene Optimierungen möglich. Diese Flexibilität ist ein typischer Vorteil des Schallteilchenverfahrens.

Schallteilchendetektierung: Zur Berechnung der Schallenergiedichte-Verteilung im Raum ist die Detektierung der Teilchen in ausgedehnten Volumina nötig, die über der Publikumsfläche verteilt sind. Der Detektierung dienen über die Publikumsfläche ausgedehnte einlagige Schichten bzw. Gitter von Quadern. Auf jedem Strahlabschnitt während der Strahlverfolgung wird abgefragt, ob der Strahl überhaupt eine Detektorschicht bzw. einen Publikumsbereich durchquert; wenn ja, werden die Durchquerungen der darin enthaltenen Einzelquader abgearbeitet. Durch die lückenlose Packung der Detektoren ist der Austrittspunkt eines Teilchens aus einem Quader gleich dem Eintrittspunkt in den nächsten - der deshalb nicht extra gesucht zu werden braucht. Dadurch ist die Detektierungsprozedur in typischen Fällen rund 4 mal schneller als bei einem Gitter von kugelförmigen Detektoren.

Berechnung der raumakustischen Parameter: Die momentane Energiedichte im Detektor ist proportional der Summe aus den Energien der sich gleichzeitig darin befindlichen Teilchen. Bei jeder Detektor-Durchquerung eines Teilchens wird als Immissionsbeitrag demnach das Produkt seiner Relativenergie mal der inneren Durchquerungsstecke gewertet. Aus diesen Energie-Weg-Summen, beschränkt auf verschiedene Zeitspannen, evtl. gewichtet mit dem Cosinus der Einfallswinkel, werden Gesamtpegel-, Deutlichkeits- und Seitenschall-Werte berechnet.

Struktur des Kernalgorithmus' :
(die Einrückungen entsprechen der Schleifen-Schachtelung):

- Schleife über alle auszusendenden Schallteilchen
    - Schleife über alle Reflexionen bis zur vorgegebenen Wegstrecke
        - Schleife über alle Wände zur Bestimmung d. nächsten Treffpunktes
            - evtl. Schleife über alle Kanten der Wand
              (Punkt-In-Wand-Enthaltungstest)
        - Schleife über alle Detektorenbereiche
            - Abarbeiten aller Detektorendurchquerungen
                - Berechnung der Immissionsbeiträge
        - Anwendung der Reflexions- und Absorptionsgesetze

Aufbau des Gesamtprogramms:
1) geometrischen Raumdaten;
2) Quellendaten;
3) Detektor (Zuhörer)-Daten;
4) akustische Daten;
5) Optimierung von Siumlationsparametern;
6) grafische Schallstrahl-Verfolgung;
7) Simulationsrechnung und Ergebnisdarstellung.
1 bis 5 sind Module zur Datenverarbeitung, zugeordnet sind entsprechend gegliederte Datensätze.

Ergebnisdarstellung: Es können sowohl Echogramme an einzelnen Plätzen als auch die Verteilung eines der raumakustischen Parameter (Pegel, Deutlichkeit, Seitenschallmaß) perspektivisch im Raum dargestellt werden (Bild 5).

Der Algorithmus wurde in den letzten Jahren ständig optimiert [1]. Bild 3 zeigt zusammenfassend die Entwicklung der Rechenzeiten für einen typischen Anwendungsfall. Es ergaben sich Rechenzeitgewinne um den Faktor 200 (bei einem Saal mit ca. 60 Wänden und 100 Detektoren bei 0.5 dB Pegelgenauigkeit). Die Rechenzeiten liegen nun (nach weiteren Erfolgen) auch bei komplizierteren Räumen in der Größenordnung von nur noch einer Stunde.

Das Schallteilchen-Simulations-Programm des Fraunhofer-Instituts für Bauphysik wird unter dem Namen SOPRAN auch in Lizenz angeboten (SOPRAN =Sound particle Program for Room Acoustics and Noise immission). Das Programm läuft sowohl auf IBM-kompatiblen PC als auch auf Hewlett-Packard-Workstations. SOPRAN ist geeignet vor allem für Anwendungen, die über Standardanforderungen hinausgehen. Das Programm ist nicht nur einsetzbar zur Berechnung und Optimierung raumakustischer Parameter in Auditorien, sondern, dank eines besonderen Verfahrens zur Simulation der Schallstreuung, auch zur Lärmimmissionsprognose in Werkhallen. In dieser doppelten Eignung ist SOPRAN wohl konkurrenzlos.

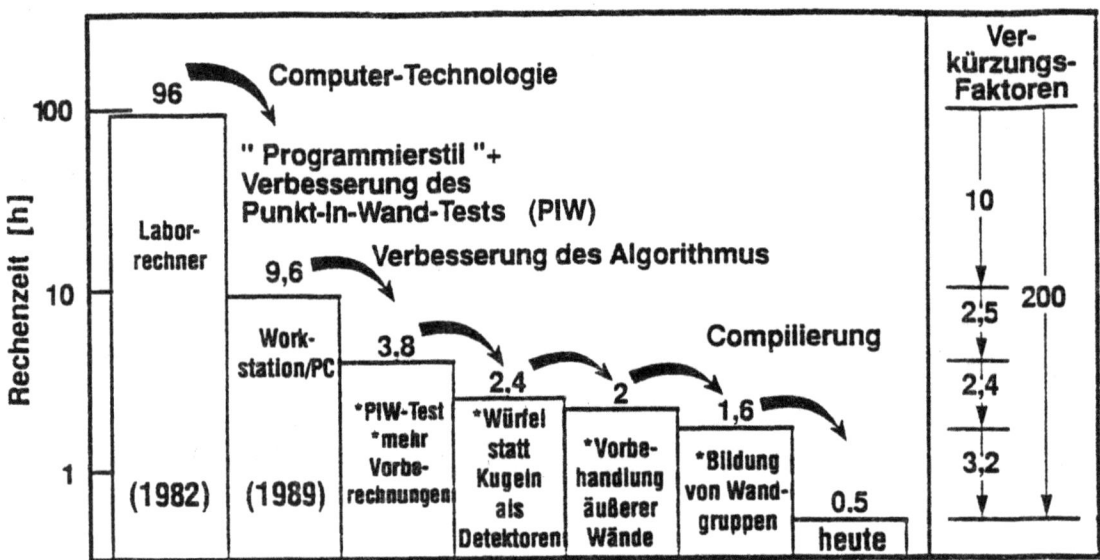

Bild 3: Fortschritte bei der Rechenzeitverkürzung

5. Prinzipien der Auralisierung

Alle letztlich hörbaren Raumeigenschaften stecken in den Raumübertragungsfunktionen zwischen je einem Quell- und Empfangspunkt bzw. den Impulsantworten. Sollen dem Hörer im virtuellen Raum auch die "richtigen" Schalleinfallsrichtungen zugänglich gemacht werden, so muß ein ganzer Satz von Impulsantworten für den fiktiven Hörerpunkt geliefert werden, nach Einfallsrichtungsbereichen spezifiziert. Um den Höreindruck vom Einfall einer Schallwelle unter jeweils einer bestimmten Richtung zu erzeugen, müssen die kopfbezogenen binauralen Außenohrübertragungsfunktionen (AOÜF) für beide Ohren spezifisch für diesen Satz von Raumeinfallsrichtungen bekannt sein und in den Übertragungsweg eingebaut werden, denn das Richtungshören ist bekanntlich erst durch zwei Ohren und die zwischen beiden entstehenden Laufzeitverzögerungen möglich. Jede AOÜF beschreibt die Übertragung für aus dem Freien aus einer bestimmten Richtung auf ein Ohr einfallenden Schall bis in den Ohrkanal hinein bis kurz vors Trommelfell, bis dorthin, von wo ab die Schallübertragung nicht mehr von der äußeren Einfallsrichtung abhängt. Sie muß ferner noch entzerrt, d.h. dividiert werden durch die Kopfhörerübertragungsfunktion, um den Außenohrübertragungsweg nicht zweimal zu berücksichtigen. Die Schallaufnahme mit Mikrofonen kurz vor den Tommelfellen, mithin die Berücksichtigung dieser richtungsabhängigen AOÜF schon bei der Aufnahme, ist das Prinzip von Kunstkopfaufnahmen. Dadurch wird (näherungsweise) eine richtungsgetreue Reproduktion des umgebenden Schallfeldes ermöglicht. Genaugenommen müsste für die Aufnahme der eigene Kopf verwendet werden, denn die AOÜF hängen in komplizierter Weise von Ohrmuschelform, Kopfform und Schulterpartie des Probanden ab (Schall wird um den Kopf herum gebeugt). Auch für die Auralisierung virtueller Räume werden am besten die individuellen AOÜF der Versuchsperson verwendet. Der im folgenden beschriebene Auralisierungsprozess besteht im wesentlichen aus Faltungsprozessen. Dadurch wird jeweils ein weiteres Übertragungsglied in der Gesamtübertragungskette Schallerzeugung -Schallausbreitung im Raum- Schallausbreitung im Außenohr - Wahrnehmung berücksichtigt. Im Frequenzbereich bedeutet dies eine Multiplikation der entsprechenden Übertragungsfunktionen. Dem entspricht genau eine Faltung im Zeitbereich mit der Impulsantwort, die Fouriertransformierte der Übertragungsfunktion ist. Faltung eines ursprünglichen Signals mit einer Impulsantwort bedeutet, daß dieses Signal zu einem gewissen kleinen Anteil unverzögert übertragen wird, zusätzlich zu einem (gewöhnlich kleineren) Anteil verzögert, zu einem weiteren Anteil noch weiter verzögert usw.. (Beispiel: "Verhallung"). Numerisch bedeutet dies eine Summation über zahlreiche Produkte von entsprechend zeitversetzten Funktionswerten.

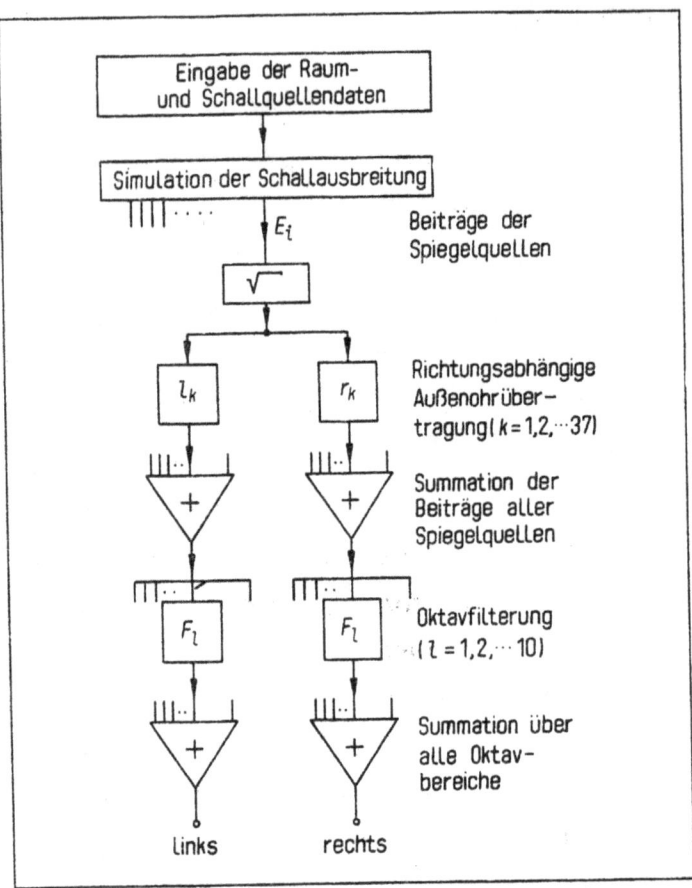

Bild 4: Flußdiagramm der Faltungsprozesse zur Auralisierung, d.h. Berechnung der binauralen Impulsantwort aus simulierten Raumimpulsantworten und Außenohrübertragungsfunktionen (aus [10])

Die Auralisierungsprozedur verlangt zunächst folgende Rechenschritte, die i.A. nicht in Echtzeit durchgeführt werden können (Bild 4):

- Beschaffung spezifischer Echogramme: Zunächst müssen die aus der raumakustischen Schallfeldsimulation berechneten Echogramme (Energie-Zeit-Funktionen) bekannt sein, und zwar sowohl nach Frequenzbereichen als auch nach Einfallsraumwinkelbereichen sortiert. Letzteres ist kein Problem: Entweder wird die ganze Simulation für jedes Oktavband wiederholt (Oktavbänder genügen gewöhnlich) oder jedes Schallteilchen trägt z.B. von vornherein die Energien aller relevanten Oktavbänder. (Das sind mindestens die von 125Hz bis 4kHz, besser jedoch von 16Hz bis 16kHz. Der Nachteil der ersten Methode ist die lange Rechenzeit, der zweiten die zwangsläufige Gleichbehandlung aller Frequenzen, d.h. gleichermassen diffuse Reflexionen. Die in einem Detektor ankommenden Strahlen oder Teilchen können leicht nach Einfallswinkelbereichen sortiert werden. Aufgeteilt zu werden braucht nur die obere Hemisphäre um den Hörerkopf, und zwar genügen dabei z.B.37 etwa gleichgrosse Raumwinkelbereiche (3*12 auf 3 Azimutalringen im 30°-Abstand plus ein Polarbereich ganz oben, nach Vorländer, zitiert in [10]).

- Umrechnung der Echogramme für alle Frequenzbänder und für eine Richtung in je eine Impulsantwort. Durch Radizierung werden aus den Energie-Zeit-Funktionen Schalldruckfunktionen. Die Phaseninformation ist dabei zwar weder in den Echogrammen noch danach in den Impulsantworten. Dieses Defizit ist aber verkraftbar, da die Phase gehörsmäßig nicht (nur in Ausnahmefällen) relevant ist. Nach Faltung mit den jeweiligen Oktavpaß-Impulsantworten erhält man aus diesen Schalldruckfunktionen die spezifischen Oktavband-gefilterten Impulsantworten. Diese können nun phasenrichtig zu einer Breitband-Impulsantwort für die jeweilige Raumrichtung gefaltet werden.

- Faltung mit den Außenohrübertragungsfunktionen. Diese richtungsspezifischen Raumimpulsantworten werden nun mit den jeweiligen AOÜF des gleichen Richtungsbereiches gefaltet, einmal fürs linke, einmal fürs rechte Ohr. Diese Faltungsprodukte werden addiert.

Ergebnis: die Gesamt-Raum-Außenohr-Impulsantworten für beide Ohren.

Der letzte Schritt ist die Faltung dieses Impulsantwort-Paares mit "trocken", d.h. echofrei, monaural aufgenommenen Testsignalen, Musikbeispielen etc. Diese können dann stereophon per Kopfhörer dargeboten werden und hören sich dann näherungsweise so an, als ob sie im simulierten, "virtuellen" Raum erklungen wären [11]. Dieser letzte Faltungsschritt ist nach dem neuesten Stand der Technik in Echtzeit durchführbar; allerdings ist dabei eine Zeitverzögerung um die Spanne der Raumimpulsantworten in Kauf zu nehmen.

6. Alternative Auralisierungskonzepte

Das der kompletten Raumnachhall-Simulation entgegengesetzte Extrem wäre der Freifeldfall. Bei der Auralisierung einer einzelnen (punktförmigen) Schallquelle reduziert sich die ganze oben beschriebene Prozedur auf die Faltung mit nur einem Paar vom richtungsspezifischen AOÜF. Ist die Quelle beweglich, wäre dabei statt der eventuell hörbaren plötzlichen "Umschaltung" zwischen verschiedenen Richtungsbereichen eine allmähliche Interpolation vorzuziehen. Dieser Prozess ist mit modernen digitalen Signalprozessoren noch in Echtzeit durchführbar und wurde auf der letzten CeBIT ´93 vorgeführt mthilfe des sogenannten "Convolvotrons", eines in Hardware realisierten, sehr schnellen digitalen Faltungsgerätes. Stück für Stück kann man sich nun diese Situation ergänzt bzw. verfeinert denken durch weitere hinzukommende Quellen; zu einem gewissen Grad wäre auch das noch in Echtzeit möglich. Die Quellen können entweder weitere echte Quellen sein (etwa lärmende Maschinen) oder Spiegelquellen der ersteren, d.h. es kämen einzelne reflektierende Wände hinzu (Beispiel: Vorbeifahrt an Hauswand). Weiter verfeinern könnte man diesen Ansatz um ein Hinzumischen von ortsunabhängigem und diffusem, daher bei Ortswechsel der Versuchsperson nicht neuzuberechnenden Nachhall (Beispiel: Hindurchgehen durch eine lärmige Fabrikhalle oder ein Großraumbüro mit vielen Einzelquellen). Dies freilich wären hinsichtlich einer Reproduktion des "wahren" Schallfeldes einschneidende Kompromisse weit ab von den Erfordernissen der Konzertsaal-Simulation. Anhand großenteils bekannter psychoakustischer Forschungsergebnisse kann im Einzelfall geprüft werden, wie weit solche Kompromisse noch gehen können, welche Unterschiede noch hörbar sind und welche nicht.

7. Anwendungen

Ob es sich um die Akustik eines Auditoriums, die Behaglichkeit im Großraumbüro oder den Lärm am Arbeitsplatz handelt : Raumakustische Beratung sollte bereits in der Entwurfsphase einsetzen, denn die Verhältnisse werden oft schon durch die Raumform bestimmt, die später kaum noch änderbar ist. In Theater- und Vortragssälen ist vor allem gute Sprachverständlichkeit verlangt [2]. Dazu müssen frühe Reflexionen verstärkt oder zusätzlich erzeugt werden. Das kann (außer durch elektroakustische Hilfsmittel) durch zusätzliche Reflektoren erreicht werden, die nützliche Reflexionen auf sonst unterversorgte Publikumsbereiche lenken. Ein solches Problem stellte sich z.B. schon einmal beim Plenarsaal eins Stadtrates [12].

7.1. Optimierung der Akustik eines Theaters

In Konzertsälen kommt es besonders auf den Seitenschallanteil an, der umso höher ist, je weniger die Seitenwände nach hinten divergieren. Mehrzweckräume werden jedoch leider oft in Fächerform entworfen. (Bild 2 zeigt einige von den Seitenwänden reflektierte Strahlen). Um mehr Seitenschall zu erzeugen, können z.B. die Decke diffus-reflektierend oder die divergierenden Seitenwände sägezahnförmig gestaltet werden. Dies war eine der u.a. mithilfe von Schallteilchencomputersimulation untersuchten Maßnahmen zur Verbesserung der Eignung eines Theaters auch für musikalische Darbietungen. Als ein Beispiel der dabei simulierten Schallverteilungen ist in Bild 5 das so erreichte Seitenschallmaß dargestellt

7.2. Optimierung des Aufstellortes der Orgel in einer Kirche

Die Sprachverständlichkeit und Deutlichkeit kann auch entscheidend vom Sprecher- bzw. Bühnenort abhängen. Ähnliches gilt (wenn auch noch andere Effekte zu beachten sind) für den Aufstellort der Orgel in einer Kirche. In einem Fall wurde die Frage gestellt, ob die Orgel besser in den Chorrraum oder seitlich ins Hauptschiff plaziert werden solle. Die Computersimulation wies bezüglich des mittleren Deutlichkeitsgrades im Gemeindebereich einen Vorteil für letzteres aus (Bild 6).

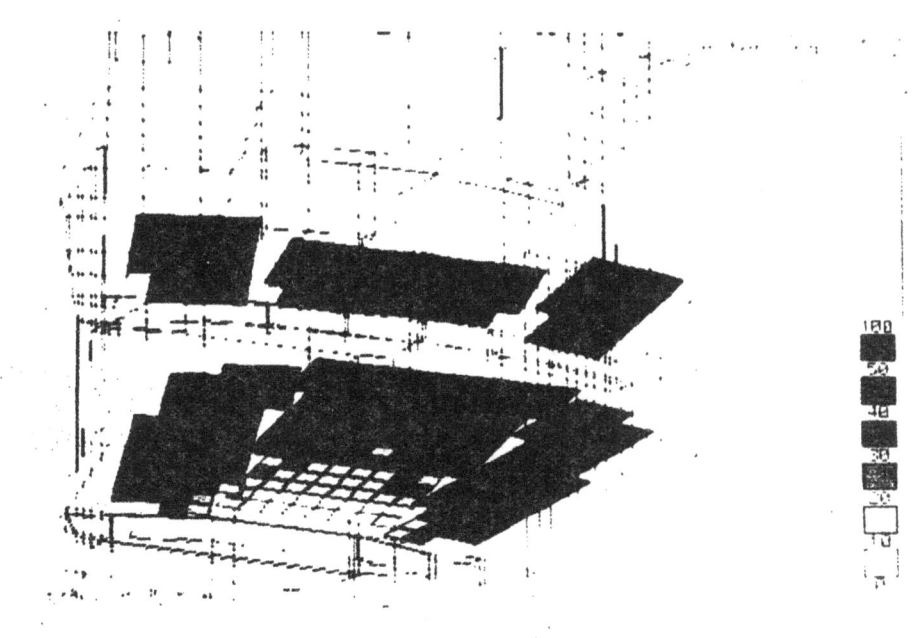

Bild 5: Verteilung des Seitenschallgrads in einem Theater- und Opernhaus, verbessert durch Seitenwände im Sägezahnverlauf; dunkel sind die günstigen hohen Werte am Rand und hinten, heller die niedrigen Werte dargestellt.

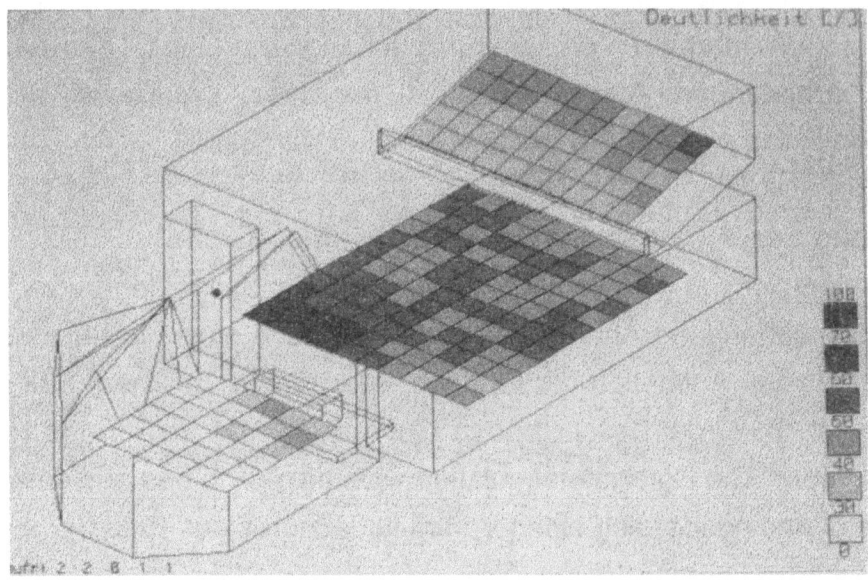

Bild 6: Verteilung des Deutlichkeitsgrades in einer Kirche (dunkel: hohe Werte im Gemeinderaum rechts)

7.3. Der Plenarsaal des Bundestages
Schwierigere raumakustische Fälle stellen Räume besonderer Form dar mit kritischen Schallfeldverteilungen, z.B. Fokussierungen oder störenden Echos. Besonders kritisch sind nahezu kreisförmige Räume wie z.B. der Plenarsaal des Deutschen Bundestages. Hier sind zahlreiche sorgfältig aufeinander abzustimmende Maßnahmen erforderlich. Der neue Plenarsaal wurde im vergangenen Herbst erfolgreich in Betrieb genommen. Vorausgegangen war im November 1992 ein so gravierendes Versagen der Lautsprecheranlage, daß eine Plenarsitzung abgebrochen werden musste. Lange setzte man auf Änderungen an den Lautsprechern, bis schließlich klar wurde, daß auch Änderungen am Raum selbst erforderlich waren. Es traten nämlich die typischen Mängel verstärkt auf, die aufgrund der Form des Raumes zu erwarten waren: starke Fokussiereffekte nahe dem Rednermikrofon, dadurch eine zu starke Rückkopplung ("Pfeifen") der Lautsprecheranlage, die starke Grundgeräuschpegel nicht mehr übertönen konnte. Echos traten so stark aus dem allgemeinen Nachhall hervor, daß die Sprachverständlichkeit, ja z.T. auch die Sprechfähigkeit, erheblich gestört war. Mit der Optimierung raumakustischer Maßnahmen wurde 1993 das Fraunhofer-Institut für Bauphysik beauftragt.

Die grobe Form des Plenarsaales, die "Primärform" seines Grundrisses, ist auf Plenumsebene im wesentlichen der Kreis (Bild 7). Dies ist optisch überzeugend, akustisch jedoch bekanntermaßen äußerst unangenehm: Die Wände wirken als akustischer Hohlspiegel. Oberhalb der Tribünen ist der Raum überwiegend quadratisch. Die großen planparallelen Flächen dort erzeugen Flatterechos. Erschwerend hinzu kommt: Als Symbol für Transparenz sind fast alle Seitenwände aus Glas. Akustisch aber bedeutet dies: Die Wände sind perfekte Spiegel. Kreisform unten, planparallele Wände oben, Wände aus Glas -das alles sind raumakustisch sehr ungünstige Vorraussetzungen. Da an den ungünstigen Primärformen des Raumes nichts mehr geändert werden konnte, hatten sich raumakustische Maßnahmen auf eine akustisch wirksame andere Oberflächengestaltung zu beschränken [13]. Die fokussierende Wirkung der Kreisform und anderer Flächen, die stark gerichtete Reflexionen erzeugen, mußte zerstört werden. Die Sprachverständlichkeit bzw. Deutlichkeit sollte erhöht werden, insbesondere auf den bisher defizitären, hinteren Platzbereichen unten im Plenum und auf den Tribünen; die Schallverteilung sollte gleichmässiger werden.

Bild 7: Der neue Plenarsaal des Deutschen Bundestages in Bonn mit der neuen Lautsprecheranordnung und den raumakustischen Verbesserungsmaßnahmen 1993, Blick ins Plenum

Die Adlerwand ist die einzige große, nicht gläserne, von daher akustisch gestaltbare, senkrechte Oberfläche des Raumes. Durch eine Nachbesserung ihrer Schallabsorption wurde die Deutlichkeitsverteilung bereits wesentlich ausgeglichener, höhere Werte ergaben sich im hinteren Plenumsbereich. Weitere erste Verbesserungsmaßnahmen betrafen die Absorption der Decke, des Bodens zwischen dem Gestühl sowie Teile der Rückwände. Dies sind "klassische" raumakustische Maßnahmen, die bei dieser kritischen Raumform aber nicht entscheidend sein konnten, vielmehr galt es schallenkende Maßnahmen zu optimieren. Hier war eine genaue raumakustische Simulation gefragt.

Im Vordergrund standen deshalb Reflektoren, also eine andere Oberflächenausrichtung zur Vermeidung der störenden Fokussierungs- und Echoeffekte. Hauptsächlich untersucht wurden Reflektoren und Diffusoren auf den unteren Seitenwänden der Kreisummantelung. Die Reflektorplatten waren dabei seitlich geschwenkt, zunächst regelmässig, später auch nach einem besonderen Schema unregelmässig (was sich als günstiger erwies), in weiteren Varianten auch (in der Senkrechten) gekippt. Ergebnis dieser umfangreicher Simulationen war, daß all diese Maßnahmen bezüglich des Deutlichkeitsmaßes kaum eine Verbesserung brachten; immerhin können aber störende Echos unterbunden werden durch Schallenkung hin zum nahen schallabsorbierenden Publikum oder zur Decke (Bild 8). Die Kreisform erwies sich also nicht nur als kritisch, sondern als obendrein raumakustisch nur schwer reparabel [14]. Realisiert wurden schließlich geneigte Reflektoren unter den Tribünen (Bild 9). Als Mindestneigungswinkel wurde 15° berechnet. Notwendig zur Unterbindung der Hohlspiegelwirkung erwiesen sich auch Reflektoren vor den gekrümmten, über die ganze Höhe des Raumes ausgedehnten Wände neben der Adlerwand. Hier liessen sich, wie durch Modellmessungen und Simulationen nachgewiesen, durch zur Decke lenkende Reflektoren deutliche Verbesserungen erzielen, dies umso mehr, als das Rednermikrofon fast genau im Mittelpunkt des Saales steht und für rückwärtigen Schalleinfall besonders empfindlich ist. Die Tribünenbrüstungen wurden zur Eliminierung eventueller schädlicher Reflexionen zum Plenum alle nach oben geneigt. Vorher waren die an den Seitentribünen nach unten geneigt, was Echos am Rednerpult befürchten lassen mußte.

Bild 8: Schallstrahlen, reflektiert an gekippten Reflektoren unter- und oberhalb der Tribünenebenen im Querschnitt

Bild 9: Geneigte Reflektorplatten aus Glas vor den Glaswänden unter den Seitentribünen

Eine Hörprobe mit 300 anwesenden Personen in Form einer simulierten Bundestagssitzung bewies: Die akustischen Verhältnisse im Plenarsaal waren zufriedenstellend, störende Echos waren nicht hörbar, die Lautsprecheranlagen arbeiteten störungsfrei, ohne Rückkopplung auch bei hohen Grundgeräuschpegeln. Die durch das raumakustische Simulationsprgramm SOPRAN optimierten raumakustischen Verbesserungen, unterstützt durch Verbesserungen an der Beschallungsanlage, waren also erfolgreich. Bild 10 zeigt die berechnete Verteilung des Deutlichkeitsgrades auf den Plenums- und Tribünenflächen.

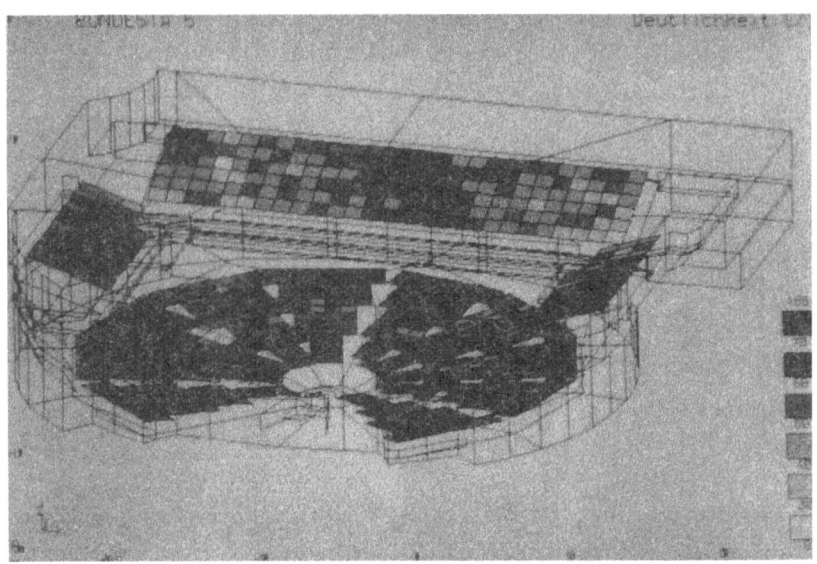

Bild 10: Verteilung des Deutlichkeitsgrads im Plenarsaal bei Betrieb der zentralen Lautsprecheranlage, verbessert durch zahlreiche raumakustische Maßnahmen (dunkel: hohe Werte, heller: niedrigere)

7.4. Lärmimmissionsprognose für Werkhallen und Arbeitsräume

Lärm gehört zu den heute wohl am stärksten unterschätzten Umweltbelastungen. Lärmschutz bedarf zunächst einer zuverlässigen Lärmprognose. Typisch für Werkhallen sind Einbauten wie Maschinen, Regale etc., die als Streukörper bei der Schallausbreitung wirken (Bild 11). Die Erfassung aller Anlagen im Innern einer Fabrikhalle im einzelnen ist praktisch unmöglich. Stattdessen genügt es, sie pauschal in Form von "Streuflächendichten" zu beschreiben (s. auch die neue VDI-Richtlinie 3760). Zur Simulation der Schallstreuung werden beim Schallteilchenverfahren die Teilchen nach zufälligen, im Mittel der Streuflächendichte entsprechenden Flugstrecken mitten im Raum angehalten und in ebenfalls zufällige neue Flugrichtungen umgelenkt (Bild 12).

Zahlreiche Messungen bewiesen gute Übereinstimmung mit den so erzielten Rechenergebnissen [15]. Zusätzlich berücksichtigt werden können mit SOPRAN Räume fast beliebiger Geometrie, z.B. in L-Form, Seitenräume, Trennwände, große abschirmende Objekte, wie in der Praxis oft der Fall. Ebenfalls häufig anzutreffen sind Zonen ungleich dichter Anlagenverteilung, z.B. anderer Anlagentypen, Stellflächen, Flure. Durch Einfügung "transparenter Trennwände" kann im Programm der Gesamtraum in Teilräume unterschiedlicher Streueigenschaften geteilt werden. Bei Durchquerung dieser Trennwände werden die für die Schallteilchen gültigen Streuparameter umgeschaltet. So können auch inhomogene Schallausbreitungsverhältnisse modelliert werden, die in der Praxis gerade besonders häufig sind, aber durch konventionelle Rechenverfahren nicht erfasst werden.

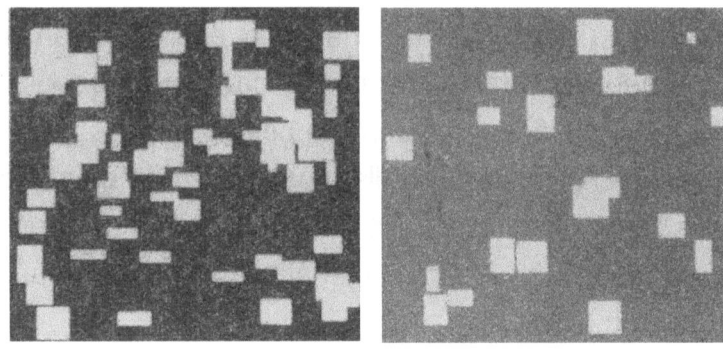

Bild 11: Zufallsverteilte Streukörper in einer Werkhalle, links dicht, rechts weniger dicht

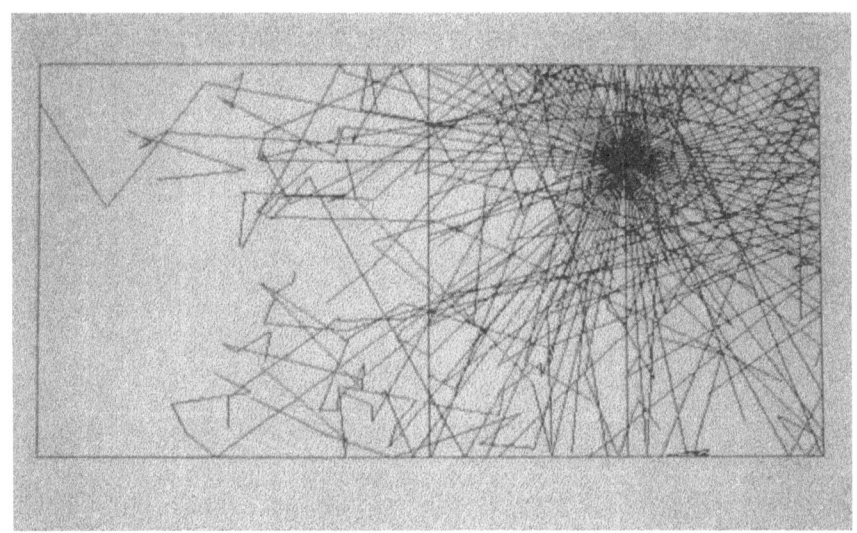

Bild 12: Pfade von gestreuten Schallteilchen bei links hoher, rechts geringer Streuflächendichte, rechts die Quelle, in der Mitte die transparente Trennwand

8. Ausblick: Weiterentwicklungsmöglichkeiten

Aus den obigen Analysen folgt, daß der nötige Berechnungsaufwand für virtuelle akustische Umgebungen im allgemeinen ungleich höher ist als für visuelle. Wegen der weit geringen Richtungsauflösung des Ohres im Vergleich zum Auge müssen aber beim akustischen Ray-Tracing - sofern es rückwärts, vom Hörer zu den Schallquellen durchgeführt wird - bei weitem nicht so viele Strahlen ausgeschickt werden wie beim optischen. Dies entspräche den üblichen Bildschirm- orientierten Visualisierungsmethoden. Sowohl in Optik wie in Akustik ist dies generell möglich aufgrund des Reziprozitätsprinzips (Vertauschbarkeit von Quelle und Empfänger unter bestimmten Bedingungen). Ähnlich wie bei der Pixelorientierung der Visualisierung bräuchten dann zur Auralisierung nur Strahlen in die wenigen vom Ohr unterscheidbaren Richtungen ausgesandt werden. Diese müssten einen wohldefinierten Querschnitt haben, mithin Pyramidenform haben. Höhere Reflexionen, die den Nachhall ausmachen, brauchen nicht so genau berechnet zu werden, da bei ihnen auf eine richtige Richtungsinformation weitgehend verzichten kann. Daraus ergeben sich gute Chancen für eine erhebliche Rechenzeitverkürzung gegenüber den für die Raumakustik im allgemeinen angewendeten Verfahren.

Weitere Potentiale zur Rechenzeitverkürzung liegen sowohl in den Algorithmen wie im Transfer auf Großrechner oder Parallelrechnerstrukturen. Damit sind komplette Raumsimulationen weit unter einer Stunde Rechenzeit zu erwarten - freilich niemals komplette Echtzeitberechnungen. Behelfsweise liessen sich unter Umständen aber auch eine Menge von Impulsantworten auf praktisch allen vorkommenden Aufenthaltsorten der Testperson vorherberechnen, die dann aktuell abgerufen und interpoliert werden könnten.

Zu bedenken ist jedoch bei allen Entwicklungen hin zur Auralisation, daß bei den meisten Anwendungen, insbesondere in der Architektur, Virtuelle Realität nicht als verbesserte Mensch-Maschine-Kommunikation sondern als Planungsinstrument im Vordergrund steht. Hier zählt weniger die Echtzeitfähigkeit, sondern die Prognosegenauigkeit.

Literatur

[1] Stephenson,U.M. , Inwieweit sind virtuelle akustische Umgebungen realisierbar ? - Fortschritte bei der Computersimulation von Schallfeldern; In: Virtual Reality '93, Hrsg. Bullinger,H.-J., Warnecke, H.J., Springer Verlag, Berlin,Heidelberg, 1993, S.153-185

[2] Cremer,L.,Müller,H.A.;Die wissenschaftlichen Grundlagen der Raumakustik, Bd.1,Teil 1: Geometrische Raumakustik; Hirzel, Stuttgart, 2.Aufl.1978

[3] Fasold,W., Stephenson,U.,: Gute Akustik von Auditorien. Planung mittels Rechnersimulation und Modellmeßtechnik. Bauphysik 15 (1993), H.2, S. 40-49

[4] Stephenson, U.; Eine Schallteilchen-Computer-Simulation zur Berechnung der für die Hörsamkeit in Konzertsälen maßgebenden Parameter; ACUSTICA 44 (1985), S.1-20

[5] Vian,J.-P.; Martin,J.; Binaural Room Acoustics Simulation: Practical Uses and Applications; Appl.Acoustics 36 (1992), S.293-305

[6] Vorländer,M.: Simulation of transient and steady-state sound propagation in rooms using a new combined ray-tracing/image-source algorithm. J.Acoust.Soc.Am. 86 (1989),S.172-190

[7] Stephenson, U.; Vergleich der Spiegelschallquellen-Methode mit der Schallteilchen-Methode. Bericht aus dem Fraunhofer-Institut für Bauphysik, BS 201, Stuttgart (1988)

[8] Stephenson,U.; Ein neuer Ansatz zur Schallteilchen-Beugung ? In: Fortschritte der Akustik, DAGA 1993, DPG-GmbH, Bad Honnef (1993), S.235-238

[9] Gottlob, D.: Vergleich objektiver akustischer Parameter mit Ergebnissen subjektiver Untersuchungen an Konzertsälen. Diss. Göttingen 1973

[10] Kuttruff,H.;Vorländer,M.;Claßen,Th.; Zur gehörmäßigen Beurteilung der "Akustik" von simulierten Räumen; in ACUSTICA, Vol.70 (1990), Research Note, S.230-231

[11] Lehnert,H.;Blauert,J.; Principles of Binaural Room Simulation; Appl.Acoustics 36 (1992),S.259-291

[12] Grabow,G.; Stephenson,U.;Raumakustische Optimierung und zeitgemäße Nutzung historischer Bauten am Beispiel des Wettbewerbs zum Bürgersaal im Rathaus Karlsruhe; DBZ (1990),H.2, S.265-272

[13] Fasold,W.,Schupp,G.,Stephenson,U.: Raumakustische Verbesserungsmaßnahmen für den Plenarsaal des Deutschen Bundestages - Modellmessungen und Rechnersimulationen; Bericht aus dem Fraunhofer-Institut für Bauphysik, Stuttgart, B-RA 4/1993

[14] Stephenson, U.; Zur Raumakustik großer kreisförmiger Räume am Beispiel des Plenarsaals des Deutschen Bundestages; zur Veröffentlichung eingereicht bei der DBZ für 1994

[15] Stephenson,U.: Leistungsfähigkeit und Genauigkeit eines um Streueffekte ergänzten Schallteilchen-Simulationsverfahrens zur Schallpegelprognose in Werkhallen.VDI-Bericht 860 "Schallausbreitung in Werkhallen", VDI-Verlag Düsseldorf (1990)

Anwendungen

Virtual Reality zur intelligenten Sichtsteuerung in der Endoskopie

M. Wapler

Virtual Reality zur intelligenten Sichtsteuerung in der Endoskopie

Matthias Wapler

Der Aufsatz beschreibt Arbeiten am IPA zum Einsatz von Virtual Reality in der minimal invasiven Chirurgie. Im Vordergrund stehen Methoden, die dem Chirurgen eine bessere räumliche Visualisierung und Orientierung bieten. Zusätzlich werden Möglichkeiten beschrieben, um Virtual Reality für die Steuerung von chirurgischen Werkzeugen und zur Simulation von Operationen einzusetzen.

Dipl.-Ing. Matthias Wapler M.S., wissenschaftlicher Mitarbeiter des Fraunhofer-Instituts für Produktionstechnik und Automatisierung, Stuttgart

1. Einführung

Mit der minimal invasiven Chirurgie beginnt eine Revolution in der Medizintechnik. Komplizierte Eingriffe können mit einem weitaus geringeren Operationstrauma durchgeführt werden, welches erhebliche Vorteile durch eine kürzere Genesungszeit bringt. So sind unter dem Strich auch Kostenvorteile von der minimal invasiven Chirurgie zu erwarten. Die Umstellung auf minimal invasive Methoden erfordert jedoch eine völlig neue Arbeitsweise vom Chirurgen. Die Beobachtung des Operationsortes und der chirurgischen Werkzeuge ist nur noch über Endoskope möglich. Das eingeschränkte Sichtfeld verlangt eine erhebliche Erfahrung und ein ausgeprägtes räumliches Vorstellungsvermögen seitens des Chirurgen. Ansonsten besteht die Gefahr von unbeabsichtigten Verletzungen von Organen sowie die Möglichkeit, sich regelrecht innerhalb des Patienten zu verlaufen.

Ziel der Arbeiten am IPA ist es, die Erfahrungen, die bei der Echtzeitsteuerung von Industrierobotern gesammelt wurden, auf die minimal invasive Chirurgie zu übertragen. Virtual Reality bietet viele Vorteile für die minimal invasive Chirurgie, z.B. die bessere Visualisierung des Operationsortes, die Steuerung von chirurgischen Werkzeugen und die Simulation zur Operationsvorbereitung sowie zur Ausbildung.

Die Arbeiten bauen auf das IPA Virtual Reality-System mit der VR4RobotS Software auf. Das System wird im nächsten Abschnitt kurz vorgestellt. Grundlage für die Arbeiten sind reale Patientendaten in Form von Computer Tomographie (CT) oder Magnet Resonance Imaging (MRI) Aufnahmen. Die Aufbereitung dieser Daten für das Virtual Reality-System wird anschließend beschrieben. In den darauffolgenden Abschnitten werden die ersten Anwendungsergebnisse vorgestellt. In den letzten Abschnitten werden weitere Möglichkeiten des Virtual Reality Einsatzes zur Steuerung von chirurguischen Werkzeugen sowie zur Operationssimulation kurz beschrieben.

2. Das IPA Virtual Reality-System

Das IPA Virtual Reality-System wird bereits seit mehreren Jahren entwickelt und inzwischen erfolgreich für die Steuerung, Einsatzplanung und Simulation [1], [2] von Industrierobotern eingesetzt. Dieses System ist auch die Grundlage für die in den folgenden Abschnitten beschriebenen Ergebnisse. Kernstück dieses Systems ist neben den Grafikrechnern ein aus 14 Transputern bestehender Parallelrechner.

Bild 1 zeigt die realisierte Architektur, hierarchisch gegliedert entsprechend den Ebenen Benutzer, Hardware, Software und Daten. Wie im Bild angedeutet, erlaubt dieser Ansatz eine parallele Bearbeitung mehrerer Prozesse. Als Beispiel sind die Kommunikation mit den externen Ein- und Ausgabegeräten, die Kinematikberechnungen, die Kollisionserkennung, die Grafikvorverarbeitung und die eigentliche

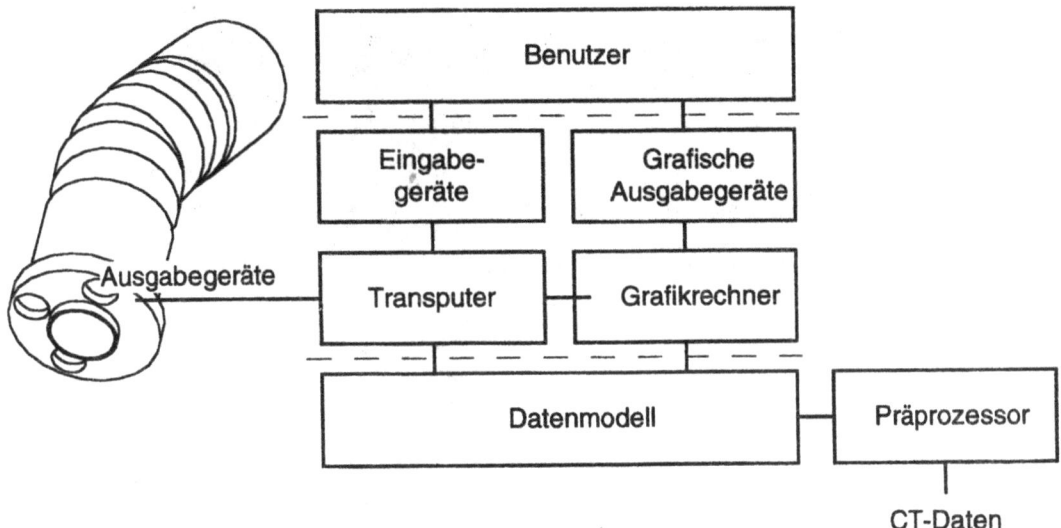

Bild 1: Architektur des Virtual Reality-Systems

Bilderzeugung zu nennen. Die Grafikrechner übernehmen in dieser Konfiguration nur noch die eigentliche Bilderzeugung. So kann die maximal zur Verfügung stehende Grafikleistung voll ausgeschöpft werden. Der Transputer zeichnet sich auch durch eine skalierbare Rechenleistung aus. Damit kann durch einfaches Zufügen von weiteren Transputern das System an die Anforderungen der jeweiligen Anwendung angepaßt werden.

Weiterhin verfügt das am IPA erstellte System über einen dynamischen Zeichenalgorithmus, der sicherstellt, daß die maximale Bildfrequenz für den gewünschten Detaillierungsgrad der Bilder erreicht wird. Der Benutzer kann den Detaillierungsgrad entsprechend den Anforderungen vorwählen und verändern. Auch bei einem hohen Detaillierungsgrad, bei denen mehr als 60.000 Polygone pro Bild gezeichnet werden, ist eine Leistung von mehr als zehn Bildern in der Sekunde möglich.

3. 3D-Rekonstruktion aus CT- oder MRI-Schichtbildern

Grundlage für die virtuelle Umgebung am IPA sind reale Patientendaten in Form von CT- oder MRI-Schichtbildern. Weiterhin werden CAD Modelle von den chirurgischen Werkzeugen und der Peripherie verwendet.

Sowohl CT- als auch MRI-Schichtbilder bieten eine geeignete Grundlage für die 3D-Rekonstruktion. Bei CT-Schichtbildern ist die Helligkeit ein Maß für die Durchlässigkeit von Röntgenstrahlen, während bei MRI die Helligkeit Aufschluß über die Dichte und die biologische Zusammensetzung des Gewebes gibt. Daher werden CT-Daten hauptsächlich bei der Lokalisierung von Stützgewebe verwendet und MRI-Daten zur Lokalisierung von Weichteilen. Bild 2 zeigt zwei MRI-Schichtbilder des Schädelbereichs.

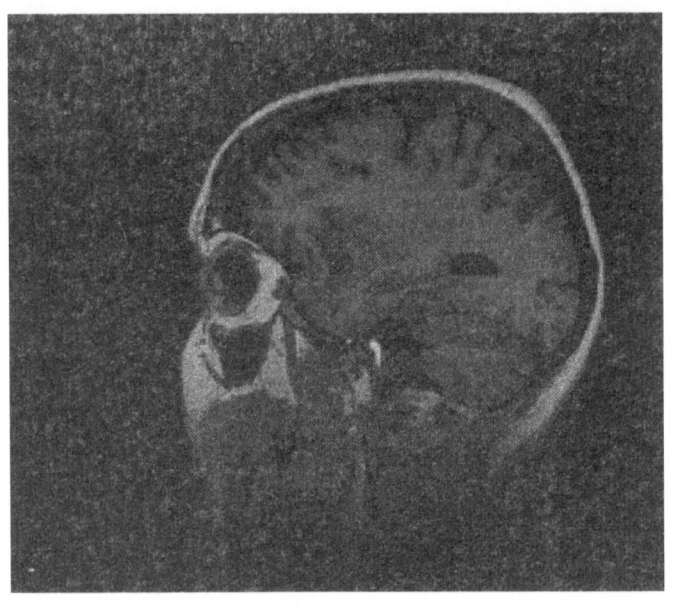

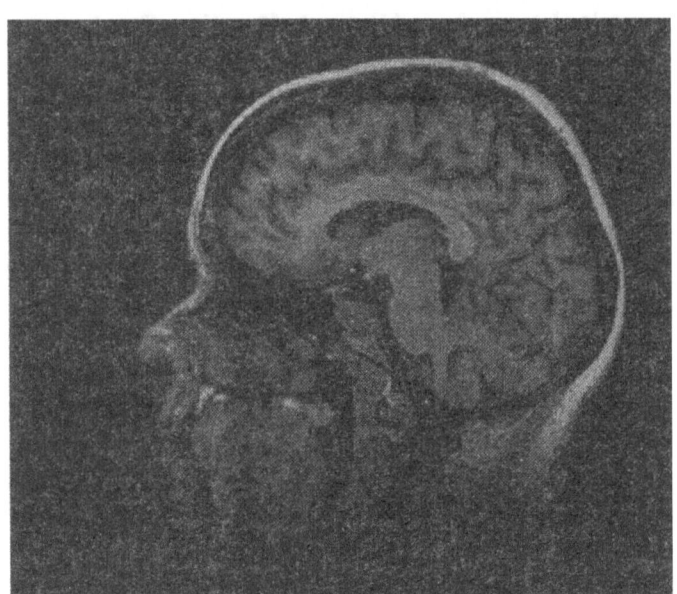

Bild 2: MRI-Schichtbilder des Schädelbereichs

Grundsätzlich lassen sich aus CT- oder MRI-Daten sowohl Volumenmodelle als auch Oberflächenmodelle generieren. Volumenmodelle bieten bessere Möglichkeiten der selektiven Darstellung von Organen und deren Funktionen [3], benötigen aber mehr Zeit als Oberflächenmodelle zur Erzeugung von Ansichten. Da in einer interaktiven Virtual Reality Umgebung die Echtzeitvisualisierung angestrebt wird, können bei den z.Zt. verwendeten Grafikrechnern nur Oberflächenmodelle sinnvoll eingesetzt werden.

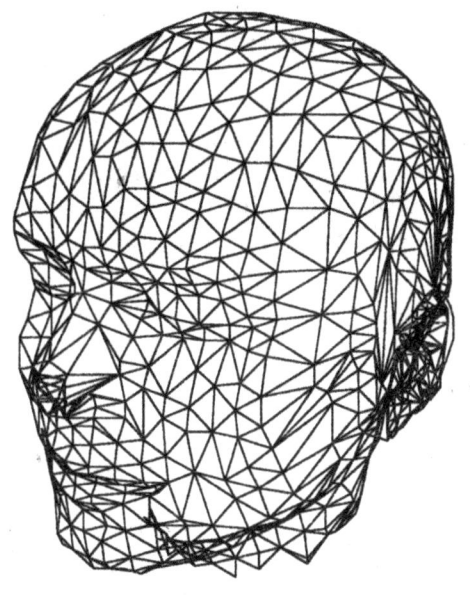

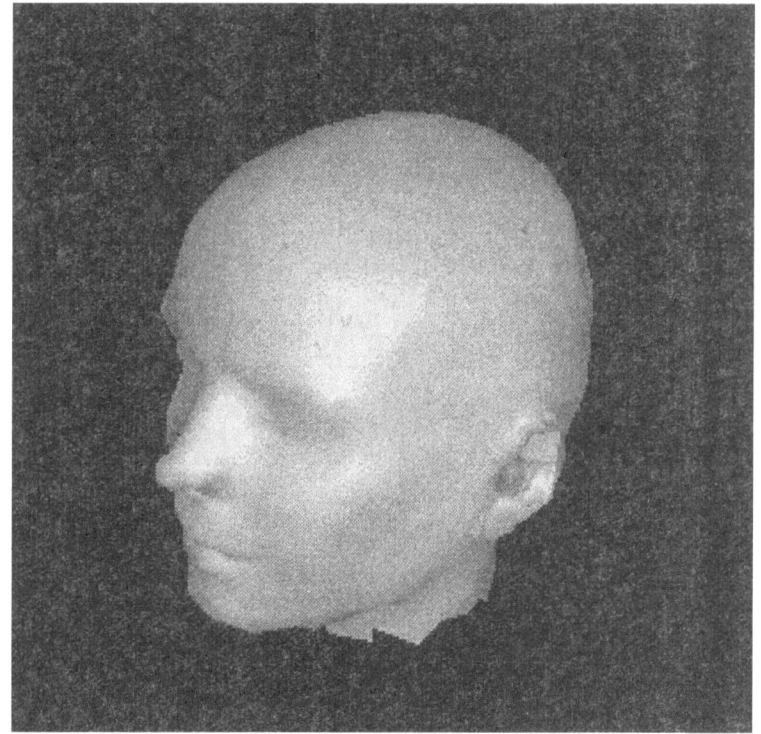

Bild 3: Aus MRI-Daten erzeugtes Oberflächenmodell

Zur Generierung der Oberflächenmodelle werden die Schichtbilder zuerst nach Gewebeart segmentiert [4], [5]. Diese interaktive Segmentierung wird durch Kantendetektoren aus der Bildverarbeitung, z. B. dem Marr-Hildreth Operator [6] unterstützt. Die gefundenen Kanten werden zu einem Linienzug entsprechend des geforderten Detaillierungsgrades vereinfacht. Die Linienzüge benachbarter

Schichten werden anschließend durch Polygone verbunden. Bid 3 zeigt das Ergebnis aus 36 Schichten mit insgesamt 1847 Polygonen.

Um die Fähigkeiten des am IPA entwickelten Virtual Reality-Systems voll auszunutzen, ist es sinnvoll, auch hier eine Vorgabe des Detaillierungsgrades durch den Chirurgen der Modelle zu erlauben. Es muß sichergestellt sein, daß der Chirurg auch feine Strukturen auf der Oberfläche erkennen kann. Ist die Oberfläche weiter entfernt, oder ist sie nicht das Hauptmerkmal im Sichtfeld des Chirurgen, dann kann die Oberfläche auch mit einer geringeren Auflösung gezeichnet werden. Durch Veränderung des Abstands zwischen den Schichten kann die Genauigkeit beliebig eingestellt werden.

4. Visualisierung des Operationsfeldes

Um zuverlässig minimal invasive Eingriffe vornehmen zu können, muß der Chirurg eine optimale räumliche Vorstellung von dem Operationsziel haben. Operationen müssen exakt durchgeführt werden und Verletzungen von wichtigen benachbarten Organen müssen vermieden werden. Weiterhin kommt schnellere Vorgehensweise den Patientenwünschen entgegen. Besonders Operationen, bei denen der Patient in einem Stereotaktischen Rahmen liegt, sind aufgrund der notwendigen örtlichen Betäubung zeitlich begrenzt.

Erste Verbesserung der räumlichen Visualisierung sind durch die Einführung von Stereoendoskopen mit hoher Bildqualität möglich geworden. Erfahrungen mit dem Virtual Reality-System zeigen, daß neben Stereoskopischen Bildern auch die Bewegungsparallaxe eine

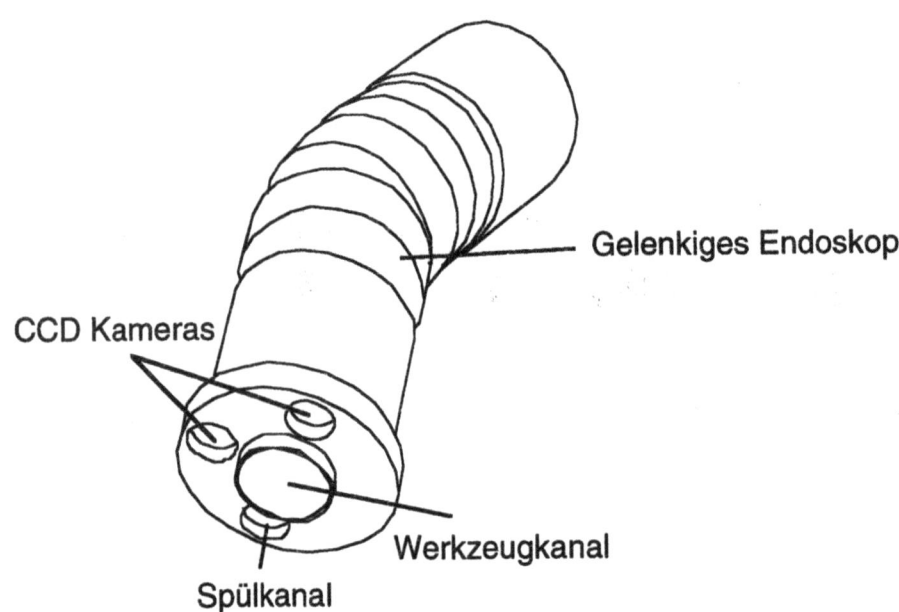

Bild4: **Endoskop mit eingebauten Kameras**

wichtige Rolle bei der menschlichen räumlichen Wahrnehmung spielt. Daher sollte der Chirurg das Objektiv frei bewegen können. Dazu wird die Weiterentwicklung von flexiblen Endoskopen notwendig sein. Bisherige flexible Endoskope mit Glasfaserübertragung genügen aber nicht den Ansprüchen nach hoher Bildqualität. Es ist jedoch damit zu rechnen, daß mit der fortschreitenden Miniaturisierung von CCD-Kameras demnächst der Einbau von zwei Farbkameras mit HDTV-Bildqualität direkt an der Spitze von steuerbaren Endoskopen möglich sein wird. Bild 4 zeigt ein Beispiel, wie ein solches Endoskop aussehen könnte.

Eine weitere Voraussetzung für die Unterstützung der räumlichen Wahrnehmung durch Bewegungsparallaze ist die intuitve Bewegungssteuerung des Endoskops durch den Benutzer. Dies sind Anforderungen, die geradezu auf Virtual Reality-Systeme zugeschnitten sind.

Ziel sollte die direkte Übertragung der Eingabebewegungen in allen translatorischen und rotatorischen Freiheitsgraden sein. Voraussetzung dafür sind entweder freischwimmende Endoskope ohne starre Verbindung nach außen oder gelenkige Endoskope mit entsprechender Kinematik, z.B. ähnlich zu einem 6-achsigen Knickarmroboter. Aufgrund der Schwierigkeit, freischwimmende Endoskope exakt zu steuern, ist der Einsatz von gelenkigen Endoskopen wahrscheinlicher. Existierende gelenkige Endoskope mit starrer Verbindung nach außen verfügen über eine zu geringe Anzahl von Freiheitsgraden bzw. haben redundante Freiheitsgrade. Daher sind auch hier Neuentwicklungen notwendig. Ein Endoskop mit den notwendigen sechs Freiheitsgraden ist in Bild 5 dargestellt. Die gewählte Kinematik erlaubt es, alle drei rotatorischen oder alle drei translatorischen Freiheitsgrade unabhängig voneinander zu nutzen.

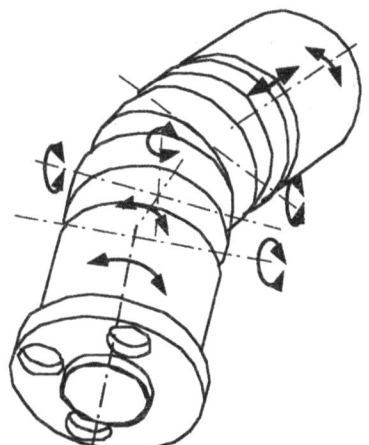

Bild 5: **Freiheitsgrade für ein steuerbares Endoskop**

Zur Steuerung des Endoskops wurden sowohl eine 6D-Steuerkugel als auch die direkten Kopfbewegungen benutzt. Es können wahlweise nur die rotatorischen oder nur die translatorischen Freiheitsgrade angesprochen werden. Erste Versuche mit einer simulierten Operationsumgebung zeigen, daß so eine gute räumliche Wahrnehmung möglich ist.

Ein weiterer Vorteil bei der räumlichen Visualisierung in einer virtuellen Umgebung ist, daß mit Hilfe der rekonstruierten Oberflächenmodelle Ansichten realisiert werden können, die real aufrund der Platzverhältnisse gar nicht möglich wären, z.B. Gesamtansichten von der Seite. Auf diesen Ansichten kann das Operationsziel sowie die aktuelle Position des Werkzeugs gekennzeichnet werden.

Da die Position der Endoskopspitze bekannt ist, wird der nächste Schritt die Integration von Kamerabildern und von Grafikrechnern erzeugten Bildern sein. Dies ist z.B. sinnvoll, um:
- verdeckte Organe einzublenden;
- Hilfsinformationen anzuzeigen, z.B. die durch Simulation bestimmte optimale Eingriffsrichtung;
- wichtige Organe, die nicht verletzt werden dürfen, anzuzeigen.

5. Steuerung von Mikro-Wekzeugen in der Chirurgie

Die präzise Steuerung von Mikro-Werkzeugen über externe Eingabegeräte ist die Voraussetzung für deren Einsatz. Auf die gleiche Art und Weise, wie im letzen Abschnitt die Endoskopsteuerung beschrieben wurde, ist auch am IPA die Steuerung von Werkzeugen mit 6D - Steuerkugeln, Datenhandschuhen und Free-Flying Joysticks möglich. Prinzipiell können auch spezielle Eingabegeräte, die dem realen Werkzeug entsprechen, verwendet werden. Eine solche Teleoperation ist nur erfolgsversprechend, wenn die Totzeit zwischen Eingabebefehl und Ausführung durch das chirurgische Werkzeug minimal ist. Mit der am IPA eingesetzten parallelen Architektur sowie mit Hilfe von Extrapolationsalgorithmen sind minimale Totzeiten möglich.

6. Simulation von Operationen

In vielen Bereichen der Technik wird heute bereits Simulation eingesetzt, um die maximale Effizienz und Sicherheit bei der eigentlichen Ausführung zu gewährleisten. Auch die minimal invasive Chirurgie kann hiervon profitieren. Durch Simulation kann die optimale Plazierung des Einstichpunktes bestimmt werden, oder der Eingriff kann so geplant werden, daß Verletzungen von wichtigen Organen vermieden werden. Probleme, die z.B. durch kleine Krümmungsradien von Arterien entstehen, können mitberücksichtigt werden. Das Virtual Reality-System am IPA erlaubt es, die Bewegungen bei der Simulation aufzuzeichnen sowie Kollisionen mit markierten Bereichen, z.B. in der Nähe von wichtigen Organen, anzuzeigen.

Wichtig für die Simulation ist natürlich, daß die Umgebung so real wie möglich erscheint.

Auch im Bereich der Ausbildung kann die Simulation mit einem Virtual Reality-System einen wichtigen Beitrag leisten. Hier kann zusätzlich eine Vielzahl von Problemsituationen simuliert werden.

7. Zusammenfassung und Ausblick

Die Ergebnisse am IPA zeigen, daß mit der gewählten Architektur die Echtzeitsteuerung von Endoskopen und chirurgischen Werkzeugen möglich ist. Zudem zeigen die Erfahrungen, daß die Leistungen von Grafikrechnern durchaus den Anforderungen bei medizinischen Anwendungen gewachsen sind.

Weitere Arbeiten sind notwendig im Bereich der Modellierung von Weichteilen, so daß deren Verhalten, besonders bei Simulation, realistisch dargestellt werden kann.

Literatur

[1] T. Flaig: *"Echtzeitorientierte interaktive Simulation mit VR4RobotS am Beispiel eines Industrieprojecktes"* Virtual Reality '94 - Anwendungen und Trends, Stuttgart, 1994..

[2] W.-M. Strommer, J.-G. Neugebauer, T. Flaig: *"Transputer-based Virtual Reality Workstation as Implemented for the Example of Industrial Robot Control"*, Proceedings of the 2nd International Conference Informatique '94, Montpellier, 1993.

[3] K. H. Höhne, M. Bomans, A. Pommert, M. Riemer, U. Tiede, G. Wiebecke: *"Rendering Tomographic Volume Data: Adequacy of Methods for Different Modalities and Organs"*, NATO ASI Series, Vol. F60, 1990.

[4] H.-H. Ehricke: *"Problems and approaches for tissue segmentation in 3D-MR imaging"*, SPIE Conf. Medical Imaging IV, Vol. 1233, S. 128-137, 1990.

[5] H. König, G. Laub: *"Tissue Discrimination in Magnetic Resonance 3D Datasets"*, SPIE Conf. Medical Imaging II, Vol. 914, S. 669-672, 1988.

[6] D. Marr, E. Hildreth, *"Theory of Edge Detection, Proceedings of the Royal Society of London"*, Vol. B-207, S. 187-217, 1980

Virtual Reality im Sprachunterricht für Lernbehinderte

B. Cleal, W. Giles,
R. Schroeder

Virtual Reality im Sprachunterricht für Lernbehinderte

Bryan Cleal, Warren Giles, Dr.Ralph Schroeder
Department of Human Sciences, Brunel University
Uxbridge, Middlesex UB8 3PH
Tel: + 44-895-74000

Zusammenfassung: Dieser Aufsatz beschreibt den Einsatz von Virtual Reality (VR) als Hilfsmittel für lernbehinderte Schüler beim elementaren Sprachunterricht. Es sollen die Theorien untersucht werden, die im Unterricht für Lernbehinderte angewendet werden, um zu ermitteln wie diese Ideen durch VR umgesetzt und erweitert werden können. Der Aufsatz beruht auf der Arbeit die z.Z. an der Nottingham Universität unternommen wird. Die Ergebnisse beziehen sich auf Beobachtungen von lernbehindertern Schülern die z.Z. diese Anwendung von VR benutzen. Zuletzt wird versucht, ein Fazit über den Erfolg dieses Projekts anzustellen und es wird diskutiert, welche Faktoren den Erfolg und das Scheitern von eines solchen Vorhabens beinflussen.

Virtual Reality im Sprachunterricht für Lernbehinderte

1. Einleitung

Wie andere Technologien an der 'cutting edge' auch, hat sich Virtual Reality (VR) entwickelt bevor es offensichtliche Anwendungen gab. Diejenigen, die auf diesem Gebiet arbeiten, müssen daher ihre Aufmerksamkeit darauf lenken, wie genau die Technologie am besten benutzt werden kann. Da es wenige Präzendenzfälle gibt, ist diese Arbeit oft durch ein Verfahren des Ausprobierens gekennzeichnet. Es ist daher interessant, die Anwendungen zu verfolgen, die sich entwickelt haben und die Faktoren zu idenfizieren, die zu dieser Entwicklung beigetragen haben. Die VR Forschung ist aussergewöhnlich insoweit als sie eine grosse Anzahl von technischen und akademischen Disziplinen einbezieht. Das ist hier besonders der Fall da diese Anwendung versucht, die menschliche Wahrnehmung der Wirklichkeit zu simulieren. In diesem Fall wird, wie es der VR Forscher William Bricken formuliert hat, die Psychologie zu der Physik von VR. Dieser Aufsatz versucht Brickens These in einem praktischen Kontext, anhand der Fallstudie von VR im Sprachunterricht für Lernbehinderte, zu untersuchen.

Das Virtual Reality Applications Research Team (VIRART) an der Nottingham Universität hat in den letzten 18 Monaten die Software für ein desktop VR System entwickelt, welches eingesetzt wird, um Schülern, die schwer lernbehindert sind, Sprachunterricht zu geben. Dieser Aufsatz beruht auf der Zusammenarbeit mit dieser Gruppe sowie mit der Shepard Schule, an der dieses System z.Z. benutzt wird. Da dieses das erste Projekt dieser Art ist und es keine genauen und richtungsweisenden Präzendenzfälle für diese Arbeit gibt, basiert das Projekt hauptsächlich auf Ausprobieren. Trotzdem es keine richtigen Präzedenfälle gibt, ist jedoch schon seit längerem bekannt, dass die Anwendung von Mikroelektronik in Sonderschulen von grossem Nutzen sein kann. Sonderschulen sind in dieser Hinsicht sogar anderen Schulen oft einen Schritt voraus. Um nur ein Beispiel zu nennen: PCs waren in Sonderschulen Standardausrüstung lange bevor dies in anderen Schulen der Fall war. Wenn VR in diesem Kontext gesehen wird, ist es ersichtlich, dass obschon das VIRART Projekt bahnbrechend ist, es jedoch auch hier eine etablierte Grundlage gibt, auf die man sich stützten kann.

Dabei muss ein wichtiger Widerspruch, zwischen dem Zwang des Neuen und der Einschränkung durch das Alte, bei der Entwicklung von VR Anwendungen hervorgehoben werden. Dabei handelt es sich um eine besonders kontroverse Frage im Kontext des Erziehungswesens, da dort seit einiger Zeit der Zwang zum Neuen dominant gewesen ist. Es besteht die Gefahr, dass wir uns bei dem 'trade-off' zwischen Altem und Neuem gibt, für einen, wie es Robbins und Webster (1989) nennen, 'technical fix' entscheiden. Robbins und Webster vertreten den Standpunkt, dass in Hinsicht auf die immer intensivere globale Konkurrenz auf dem Gebiet der neuen Technologien und den wirtschaflichen Zuständen, die diese hervorbringen, die Computer im Klassenzimmer als Mittel angesehen werden, um in diesem Wettrennen einen Vorsprung zu erlangen. Mit anderen Worten, während der Computer als Allheilmittel für die

Probleme im Erziehungswesen angesehen wird, beruht diese
Sichtweise eher auf einem blinden Glauben an die Technologie,
anstatt auf konkrete Beweise über den Wert solcher Mittel für den
Unterricht aufzubauen.

Selbstverständlich hängen die Erfolgsmasse stark von den
Kriterien ab, die angewandt werden, um diesen zu messen, und
diese wiederum werden von dem spezifischen Bildungsziel
beeinflusst, dass der Einsatz von Computern anvisiert. Im Falle
der Benutzung von VR im Sprachunterricht mit schwer
lernbehinderten Schülern ergeben sich die Erfolgskriterien aus
dem Paradigma des Sprachunterrichts. Zuerst müssen wir daher
überlegen, ob sich VR in dieses Paradigma einfügen kann, denn nur
in diesem Fall kann diskutiert werden, ob durch VR diese
traditionelle Praktiken erweitert werden können. Während der
erste Schritt jedoch eine notwendige Grundlage bietet, ist es der
zweite Aspekt der den Erweis über den einzigartigen Beitrag, den
VR auf diesem Gebiet leisten kann, demonstrieren wird.

2. Sprachunterricht für Lernbehinderte

Die Sonderschulausbildung bezieht sich auf die Bedürfnisse von
lernbehinderten Schülern. Wenn wir einmal von den ideologischen
Schwierigkeiten, die diese Bezeichnung mit sich führt, absehen,
so kann festgestellt werden, dass ein jedes Verstehen von
Lernbehinderung eine Theorie des Lernens vorraussetzt (Bartoli,
1990). Wenn wir daher die Prinzipien des Lernbehinderungskonzepts
erfassen wollen, so müssen wir uns zunächst mit den Ideen und den
Theorien des menschlichen Lernens befassen. Von dort aus wird es
dann möglich sein, zu dem Hauptthema, nämlich der Beurteilung von
VR als Sprachlehrmittel in Sonderschulen, zurückzukehren.

Seit einiger Zeit hat sich die kognitive Psychologie als die
fruchtbarste Disziplin erwiesen, die Einsicht in das menschliche
Lernen bieten kann. Wie in anderen akademischen Disziplinen hat
sich jedoch auch hier kein orthodoxer Standpunkt etabliert. So
gibt es auf diesem Gebiet noch viele Diskussionen und
Kontroversen. Während die kognitive Psychologie ein riesiges
Gebiet mit vielen Theorien und Theoretikern ist, haben dennoch
einige erfolgreiche Denker die Forschung erheblich geprägt.

Für unsere Zwecke sollte die Arbeit von Jean Piaget hervorgehoben
werden. Piaget gilt wohl als die einflussreichste Figur in dieser
Disziplin. Sein Hauptanliegen waren Untersuchungen darüber, wie
die kognitive Entwicklung das Lernen ermöglicht. Zu diesem Zweck
erstellte er sein berühmtes Schema, wonach die kognitive
Entwicklung kumulativ und wachsend ist, so dass die
intellektuellen Fähigkeiten die sich in einem Stadium ausbilden,
nur erreicht werden können, soweit die Fähigkeiten des vorherigen
Stadiums beherrscht werden. Das Lernen ist aus dieser Sicht das
Produkt der Interaktion zwischen dem Individuum und der externen
Umgebung, wobei die Wahrnehmung der Umgebung von dem
Entwicklungsstadium, dass das Individuum erreicht hat, bestimmt
ist. Das Vorstellungsvermögen kann sich ändern wenn neues Wissen
mit altem in Konflikt gerät. Dieser Konflikt erzeugt eine
Umstrukturierung des Weltbildes des Individuums, in dem alte wie
auch neue Information untergebracht werden kann. Ein solches
Verstehen des Lernens hat erhebliche Konsequenzen für das

Sprachlernen sowie für die Lernbehinderung.

Beim Spracherwerb gibt es einen starken Piagetschen Einfluss. So beruht die Sprachfähigkeit auf dem Niveau der kognitiven Entwicklung. Sprachfähigkeiten entwickeln sich, so heisst es, insofern als Kinder sprachlich fähig sind, die Begriffe, die sich durch ihre Interaktion mit ihrer externen Umgebung geformt haben, auszudrücken (Spiegel, 1983). Die Sprachentwicklung ist daher direkt mit der Fähigkeit des Menschen verbunden, die wahrgenommene Welt zu verstehen und darzustellen. Bruner (1968) hat ein dreistufiges Schema der Darstellungsentwicklung entwickelt, in dem die menschlichen Darstellungen zunehmend komplex werden. Anfangs hat der Mensch ein immanentes Weltbild und das begriffliche Verstehen beschränkt sich auf das, was direkt erfahren oder begehrt wird. Auf der nächsten Stufe kann das Individuum sich auf seine Welt beziehen, auch wenn diese ein Bildnis ist, das vom eigenen Handeln und vom eigenen Begehren unabhängig ist. Auf der letzten 'symbolischen' Stufe wird dieser Prozess weitergeführt so dass die Darstellungen ein abstrakteres Verhältniss zu ihrem Ursprung haben können. Da die Sprache ein abstraktes Schema zur Darstellung der Welt ist, ist die Fähigkeit abstrakte Begriffe zu verstehen offensichtlich von Bedeutung. Eines der wichtigsten Konsequenzen eines symbolischen Weltbildes ist, dass die Information, die von einer Quelle erworben wird, zu einem anderen Kontext generalisiert werden kann (Sevcik, Romski und Wilkinson, 1991). Wir werden sehen, dass die Unfähigkeit Information so zu generalisieren eines der bedeutendsten Hindernisse im Spracherwerb ist. Bevor wir diesem Thema nachgehen können, ist es jedoch nötig, die Idee der Lernbehinderung in Hinsicht auf das, was wir bereits über das Lernen festgestellt haben, zu untersuchen.

Lernbehindertheit ist ein genereller Ausdruck für eine riesige Anzahl von spezifischen Zuständen, die das Individuum auf sehr bestimmte Weise beeinflussen. Wie jedoch Goldenburg (1979) hervorgehoben hat, kann eine Verzögerung der kognitiven Entwicklung nicht nur auf diese Grundzustände zurückgeführt werden. Er stellt fest, dass jedem Menschen mit einer wichtigen Behinderung nicht nur durch die direkt beeinflussten Fähigkeiten, sondern auch die kognitiven Wahrnehmungsfähigkeiten, die dazugehören, vorenthalten werden. Bei zerebraler Lähmung, zum Beispiel, gibt es keine Beweise, dass der Hauptzustand direkt die Intelligenz beeinflusst, obwohl der Haupzustand physisch schwächend ist. Nach Goldenburg ist der wichtigste Grund für die Verzögerung der kognitiven Entwicklung daher der Verlust der Fähigkeit mit der Welt physisch zu interagieren - und somit der kognitiven Wahrnehmungsfähigkeiten, die von dieser Interaktion stammt.

Mehrere Implikationen können dieser Schlussfolgerung, nicht zuletzt über die Methoden, die beim Lehren der sogenannten Lernbehinderten benutzt werden, entnommen werden. Falls die Verzögerung in der kognitiven Entwicklung auf die menschliche Erfahrung der Welt zurückgeführt werden kann, dann ergibt es sich als eine mögliche Lösung, die Techniken herzustellen, mit der diese Erfahrung geändert werden kann. Um wiederum das Beispiel der zerebralen Lähmung zu nehmen, könnte man hier alternative Kommunikationsformen anbieten, die dem Individuum Erfahrungen der

Interaktion mit anderen erlaubt. Ähnlich könnte dieses dem Individuum ein Gefühl von Bewegungsfreiheit ermöglichen, oder ein Gefühl der Kontrolle beim Umgang mit physischen Objekten. Dieses ist natürlich ein langfristiges Ziel, dessen Verwirklichung nicht leicht sein kann, für diejenigen, die auf diesem Erziehungsgebiet arbeiten. Daher auch das grosse Interesse, das von hier aus dem VR zukommt und einer der Gründe, weshalb hier Anwendungen von VR z.Z. entwickelt werden. Das Potential von VR ist auf diesem Gebiet enorm, sei es um sprachverzögerten Schülern die Kommunikation zu ermöglichen, oder denjenigen mit motorischem Kontrollverlust ein Gefühl der Bewegungsfreiheit zu gestatten. Der Sinn der Sache ist jedoch, über dieses Potential hinauszuschauen und zu erwägen, wie VR tatsächlich im Kontext der Sonderschule eingesetzt wird. Dadurch können wir vielleicht Einsichten darüber gewinnen, welchen Beitrag VR hier leisten kann und welche Probleme sich dabei ergeben haben.

3. VR im Lehrplan

Ein positiver Aspekt der Verfahrensweise des VIRART Teams bei dieser VR Anwendung ist, dass sie eng mit denjenigen, die sie unterstützen wollen, zusammenarbeiten. Schon bevor die Arbeit an diesem Projekt anfing, hat das VIRART Team versucht zu ermitteln, auf welchem Gebiet der Sonderschulenausbildung VR den wichtigsten Beitrag leisten kann. Sogar der Vorschlag, dass VR als Mittel zum elementaren Sprachunterricht und zum Lehren von Kommunikationsbegriffen benutzt werden soll, stammt vom Personal der Shepard Schule. Der Vorteil hier ist, dass sich die Anwendung auf die bereits vorhandenen Lehrmethoden im Lehrplan des Sprach- und Kommunikationsunterrichts der Schule bezieht.

Entsprechend hat VIRART seine Anwendungen so gestaltet, dass das Makaton System, ein Standardsystem, dass an Englischen Sonderschulen allgemein benutzt wird, zum Einsatz gelangte (Walker, 1973). Im wesentlichen zielt dieses System darauf ab, Schülern anhand von Handzeichen und ikonischen Symbolen die Sprache und Kommunikationsbegriffe beizubringen. Der Vorteil der gleichzeitigen Benutzung von Zeichen und Symbolen ist, dass auch diejenigen, die nicht Zeichen machen können, sich verständigen können, sowie dass Individuen auf sehr verschiedenen Fähigkeitenniveaus sich auf gleicher Basis verständigen können. Die Urheberin dieses Systems, Margaret Walker, hatte vorgesehen, dass es vielfältig unter Lernbehinderten angewandt werden könnte, mitunter von geistig Zurückgebliebenen, Autisten, spezifisch Sprachbehinderten, mehrfach Sinnesbehinderten und Personen mit erworbenen neurologischen Störungen. Ziel des Systems ist es jedoch, eher ein grundlegendes Kommunikationshilfsmittel als ein Selbstzweck zu sein (Walker, 1987). Während das Makaton System also ein direktes Kommunikationsmittel ist, versucht es zugleich dem Ursprung der Sprachverzögerung abzuhelfen. Obwohl das System über ein unbgrenztes Lexikon verfügt, werden Worte und Begriffe jedoch über gesteigerte Komplexitätsphasen hinweg gelehrt. Fortschritte über die Phasen sollen nicht nur ein besseres Kommunikationsvermögen mit dem Makatonsystem ermöglichen, sondern auch der Entwicklung der allgemeinen Kommunikationsfähigkeit auf höherem Niveau dienen.

Da das Makaton System so gut etabliert ist, wird die Anwendung von VR, um es zu vermitteln, sofort in Frage gestellt. Als etabliertes System ist Makaton bereits gut in den Lehrplan von Sonderschulen eingegliedert und so gibt es hierfür auch anerkannte Unterrichtsmethoden. Um daher die Anwendung von VR in diesem Kontext zu rechtfertigen, muss gezeigt werden, dass die Benutzung der Technologie die gegenwärtigen Lehrpraktiken erweitern kann. Dabei stellt sich unvermeidlich die Frage des Wertes von jeder Art von Informationstechnologie (IT) in Sonderschulen.

Wie schon erwähnt, hat die Benutzung von IT im Sonderschulunterricht eine lange Vorgeschichte, nicht zuletzt aufgrund der Bildungsphilosophie, die auf diesem Gebiet massgebend ist. Hierbei gehen die Anforderungen des Sonderschulenunterrichts nicht von den Mängeln der Schüler aus, sondern sie sind ein Produkt der Interaktion zwischen den Fähigkeiten der Schüler und den Ressourcen, die ihnen ihre Umgebung zur Verfügung stellt (Wedell, 1990). Demzufolge wird die Benutzung von IT als Mittel gesehen, um die Umgebung der Schüler zu einem fruchtbaren Boden für das Lernen zu machen, so dass die Talente der Schüler sich besser entäussern können. Natürlich geht dieses an der eigentlichen Frage, wie genau die IT eine fruchtbare Umgebung für das Lernen schaffen kann, vorbei.

Einer der Hauptgründe, der für die Anwendung von Computern in Sonderschulen aufgeführt wurde, ist dass Schüler stärker zum Lernen motiviert sind wenn sie diese Technologie anwenden. Das Argument, das hier angewandt wird, ist dass Computer gute Lehrer sind, weil sie keinen Druck auf die Schüler ausüben. So sind diese wahrscheinlich besser motiviert und konzentrationsfähig, da sie mit ihrem eigenem Tempo und ohne Angst vor Tadel arbeiten können (Garland, 1982). In diesem Fall wird argumentiert, dass die Schüler eine Vorstelling über ihren Ausbildungsstand entwickeln können. Dieses Gefühl ist besonders wichtig für Sonderschüler, da diese möglicherweise besonders an Selbstunterschätzung leiden (Gourgey, 1987) oder sogar unfähig sind, ihre eigenen Körperbewegungen zu kontrollieren (Goldenburg, 1979). In dieser Hinsicht scheint zu gelten, dass je hochentwickelter die Software, desto grösser das Gefühl der Kontrolle: 'Die Benutzung von Animation- und grafisch-erweiterter Software ermöglicht Benutzern die Erfahrung der Interaktion, so dass sie das Gefühl haben, mehr Kontrolle auszuüben'(Garland, 1982).

Daher wäre VR eine Technologie ohnegleichen, wenn es ihr gelänge, eine zielgerichtete grafische Oberfläche zu konstruieren, die die Interaktion und das Gefühl von 'presence' zu fördert, und somit den Schülern in Sonderschulen ein Gefühl von Kontrolle erlaubt. Dieses ist in gewissem Grade eine dieser Technologie innewohnende Eigenschaft. Die Herausforderung für die Software Designer ist es jedoch, diejenigen Anwendungen zu entwickeln, die dieses Potential maximal ausschöpfen. Zu einem gewissen Grade sollte bereits dieses Potential die Benutzung von VR rechtfertigen, da diese als Steuerungseinsheit schon ziemlich weit auf die bereits angesprochenen Probleme verzögerter kognitiver Entwicklung eingeht. Wie wir aber in Bezug auf die VIRART Anwendung der Technologie zum Sprachunterricht sehen werden, kann dieses Potential sogar noch ausgedehnt werden.

Um diesen Punkt zu entwickeln, müssen wir zuerst auf einige Probleme eingehen, die sich beim Lehren des Makaton Systems mit herkömmlichen Lehrmethoden herausgestellt haben. Ein unmittelbares Problem ergibt sich dadurch, dass Schüler Schwierigkeiten haben können, Informationen auf verschiedene Kontexte zu generalisieren. Es ist bei Schülern mit schweren Lernbehinderungen sogar so, dass sie möglicherweise unfähig sind, die Information von einer Lehrmethode zur anderen zu generalisieren. Da es viele widersprüchliche Ideen darüber gibt, existiert unvermeidlich eine Kontroverse darüber, welche Methode unter diesen Umständen angewandt werden soll. Es gibt zum Beispiel eine Debatte darüber, ob beim elementaren Sprachunterricht Bilder oder echte Objekte benutzt werden sollen. Einerseits wird argumentiert, dass Schüler, denen echte Objekte vorgestellt werden, von gewohnheitsmässigen Reaktionen auf diese dominiert werden. Somit sind sie unfähig, Zeichen und Symbolen Bedeutung zuzuschreiben (Grove und Walker, 1990). Andererseits finden wir die Ansicht, dass Bilder unnützlich sein sollen und das echte Objekte wahrscheinlich mehr die Generalisierungsfähigkeit fördern (Byler, 1985). So hat auch Spiegel (1983) versucht abzuschätzen, ob aktive Beteiligung oder bildliche Darstellung die besser geeignete Methode beim Lehren von Sprachbegriffen ist. Das Resultat dieser Studie zeigt überwältigend, dass aktive Beteiligung besser geeignet ist, wobei jedoch eingeräumt wird, dass die Anwendung von bildlichen Darstellungen einigen Nutzen mit sich bringt. In einer Idealsituation wäre es natürlich angebracht, so viele verschiedene Methoden wie möglich anzuwenden. Oft zwingen die Umstände jedoch dazu, dass sich verschiedene Lehrmethoden gegenseitig ausschliessen.

Eine der vielversprechendsten Möglichkeiten der Anwendung von VR in diesem Kontext ist daher, dass hier die Chance geboten wird, einige dieser Dichotomien zu überwältigen. Im Falle der Wahl zwischen echten Objekten und Bildern ist es zum Beispiel offensichtlich, dass die Anwendung von VR eine Vermittlungsposition anbietet. Denn obschon die Objekte, die von VR dargestellt werden, auf einer Ebene bildliche Darstellungen sind, sind sie zugleich Darstellungen die mehr die Eigenschaften von echten Objekte haben als herkömmliche Bilder. Ähnlich kann VR darauf hinsteuern, den Abstand zwischen dem Lernen durch aktive Beteiligung und dem Lernen mit Bildern zu überbrücken, da sich hier die Gelegenheit bietet, durch Einbeziehung von Bildern zu lernen. Dazu kommt, dass VR die Möglichkeit bietet, Informationen darzustellen, die zuvor nur von der realen Welt abgeleitet werden konnten, wie zum Beispiel die Makaton Handzeichen.

Während es so vielerlei Gründe gibt, eine positive Einstellung zum Beitrag von VR in Sonderschulen einzunehmen, ist es gleichwohl angebracht, einige Bedenken anzumelden. Denn so hochentwickelt die Mittel die angewendet werden auch sind, so sind sie doch nur von Wert, wenn sie die Schüler benutzen können. Wie wir in dem Teil sehen werden, wo wir unsere Beobachtungen der Shepard Schule darstellen, liegt eines der Hauptprobleme an den Zugangsmöglichkeiten der den Schülern durch die Input Devices gewährleistet wird. Probleme, die es in der Entwicklung eines Interface für die Human-Computer Interaction gibt, werden erschwert, wenn es um Individuen mit mangelnder motorischer Kontrolle oder mit der Unfähigkeit, zu sprechen oder zu hören, geht. Obwohl das Design von Hardware und Software, die den Ansprüchen dieser Gruppe angemessen sind jedoch weitere Probleme mit sich bringt, sind es letztlich doch diese Personen, die von dem Verschwinden der Grenze zwischen Mensch und Maschine am meisten profitieren können.

4. VR in der Shepard Schule

Die Beobachtung der Schüler im Umgang mit VR wurde hauptsächlich unternommen, um zu ermitteln, welche Alters- und Fähigkeitsgruppen aus dieser Anwendung den grössten Nutzen ziehen können. Wenn wir daran erinnern, dass in diesem Fall Fähigkeit nicht mit Alter gleichgestellt werden kann, so war es nötig, die grösstmögliche Auswahl an Altersgruppen und Fähigskeitsniveaus mit einzubeziehen. Zu diesem Ziel bot die Shepard Schule ein ideales Milieu. Die Schule ist eine der grössten dieser Art in Grossbritannien mit nahezu 200 schwer oder sehr schwer lernbehinderten Schülern. Vertreten sind Schüler von dreijährigen in Kleinkindergruppen bis hin zu sechzehnjährigen, die jedoch bis zum neunzehnten Lebensjahr in der Schule bleiben können. Wie beim Alter, so gibt es auch sehr verschiedene Fähigkeitenniveaus, wobei Fähigkeit jedoch an körperlichen sowie an geistigen Masstäben gemessen wird. Beide Arten von Fähigkeit sind bedeutende Faktoren, die die Stufe und den Erfolg beim Zugang der Schüler bei der VR Benutzung beeinflussen. Während der zweiwöchigen Beobachtungsperiode wurden 25 Schüler bei der Benutzung des System beurteilt. In dieser Gruppe waren alle Altersgruppen von 5-19, bei einer ähnlich heterogenen geistigen und körperlichen Fähigkeitsreichweite, vertreten.

Bei dem Versuch, systematische Beobachtungen von VR Benutzern anzustellen, haben sich einige methodologische Schwierigkeiten herausgestellt. Diese wurden zum Teil von der Technologie selbst hervorgerufen. Eine Frage, die sich erhob, war, bis zu welchem Grad man didaktisch mit Schülern, die in einer virtuellen Welt navigierten, umgehen sollte. Dies ist besonders wichtig, da einer der eventuellen Vorteile, den VR anbietet, die autonome Bewegungsmöglichkeit ist. In dieser Hinsicht ist VR einzigartig, da die Reihenfolge des Erlebnisses nicht vorgeschrieben ist. Sobald Benutzer in der virtuellen Welt sind, werden sie Entdecker. Das Problem im Unterrichtskontext ist dabei, dass Schüler es oft vorziehen, sich nicht mit den Elementen zu beschäftigen, die zum Lernen vorgesehen sind. Dabei ergibt sich für diejenigen, die diese Übungen beaufsichtigen, das Dilemma, dass Schüler ärgerlich auf Einmischung reagieren. In diesem Fall wurde vom Beobachter die richtige didaktische Basis danach beurteilt, so dass das Mass an Wahlfreiheit, das in die Bewegung gesteckt wurde, ausschlaggebend war. Wenn es schien, als ob die Schüler bewusst die Welt erforschen wollten, wurde ihnen dazu die Freiheit gelassen. Schien es andererseits so, als ob die Schüler keine Kontrolle über ihre Bewegungen ausübten, so mischte sich der Beobachter ein. In einem echten Unterrichtskontext ist diese Wahl vielleicht nicht so einfach, da es möglich sein könnte, Lernen zu vermeiden, indem die Lernelemente dieser Umgebung bewusst vermieden werden.

In nahezu allen Fällen, wo Schüler beim navigieren in der
virtuellen Welt Schwierigkeiten hatten, war das hauptsächlich auf
die Unfähigkeit zurückzuführen, mit den Input devices umzugehen.
Das System, so wie es zur Zeit besteht, benutzt einen Joystick,
um Bewegung zu ermöglichen und eine Mouse für die Interaktion mit
Objekten. Von den 25 Schülern, die im Umgang mit dem System
beobachtet wurden, konnten nur zehn einigermassen erfolgreich mit
beiden Instrumenten umgehen. Der Hauptgrund hier war, dass den
Schülern die motorischen Fähigkeiten fehlten, die zur Benutzung
der Geräte erforderlich sind. In mindestens vier Fällen schien
es darüberhinaus die Schwierigkeit zu sein, die begriffliche
Verbindung zwischen der Bewegung des Geräts und dem, was auf dem
Bildschirm zu sehen war, herzustellen. Wie bereits erwähnt wurde,
sind die Möglichkeiten, die VR bietet, bei den Schülern mit den
geringsten Fähigkeiten potentiell am grössten. Hier waren es
jedoch genau diese Schüler, denen ein voller Zugang zu den
virtuellen Welten vorenthalten wurde. Dieses Problem ist zum Teil
von den Gestaltern des Systems erkannt worden, und sie haben
vorgeschlagen, das Projekt durch die Einbeziehung von anderen
Geräten, wie zum Beispiel Touch Screens, weiterzuentwickeln. Ob
diese Entwicklung die Probleme, die hier aufgezeigt worden sind,
lösen wird, muss abgewartet werden. Soll VR jedoch ein
hilfreiches Mittel im Sonderschulenunterricht bieten, so sind
Schritte in diese Richtung notwendig.

Ein weiterer Gesichtspunkt bei der Beurteilung des Beitrags von
VR auf diesem Gebiet ist die Art, wie Schüler mit Objekten, die
sie in der virtuellen Welt vorfinden, interagieren. Das ist
besonders wichtig, da wir es hier mit dem Sprachunterricht zu tun
haben. Wie bereits erörtert, ist eines der allgemeinen Probleme
im Sprachunterricht bei Schülern in Sonderschulen, dass das, was
sie im Klassenzimmer lernen, oft nicht in die Wirklichkeit
übertragbar ist. Daher war es wichtig, dass Schüler die
virtuellen Obkjekte identifizieren konnten und sie mit den echten
Objekten, die sie darstellten, in Verbindung setzen konnten. Hier
muss erwähnt werden, dass die Reaktion von Schülern auf Objekte
sehr auf die Art von Objekt ankam. In dieser Beziehung nimmt das
Makaton System eine flexible Stellung ein, da den Schülern Worte
und Begriffe beigebracht werden, die als relevant für sie
angesehen werden. Diese Methode bezieht sich auf das Prinzip,
dass früher Spracherwerb sich idiosynkratisch entwickelt, wobei
das Vokabular eng mit den Lebenserfahrungen der Person verbunden
ist. Obwohl es in dieser Beziehung viele Gemeinsamkeiten gibt,
besonders dann wenn ein gemeinsamer kultureller Hintergrund
vorhanden ist, so mag es doch unangebracht sein - und wichtiger
noch, demotivierend sein (Kiernan, 1981) - ein Kernvokabular
aufgrund von Zweckmässigkeit zu übernehmen.

Daher war es interessant zu beobachten, dass das Makaton System
bei VR Schülern sehr unterschiedliche Reaktionen hervorrief.
Unter den männlichen Schülern konnte zum Beispiel beobachtet
werden, dass diese begeistert und aufgeregt wurden, sobald sie
einem virtuellen Auto gegenübergestellt wurden. In diesem Fall
war eindeutig, dass sie die Verbindung zwischen dem virtuellen
Objekt und seinem wirklichen Gegenstück herstellen konnten.
Schüler machten Autogeräusche als Begleitung zu diesem Objekt und
in einem Fall führte dieses Objekt zu einer Unterhaltung über das
eigene Familienauto. Eine ähnliche Reaktion wurde bei vielen

männlichen Schülern durch einen virtuellen Fussball hervorgerufen. Auffallend war, dass diese Reaktion bei keiner der weiblichen Schülerinnen vorkam, was darauf schliessen lässt, dass sich die oben erwähnten Argumente auf Geschlechter beziehen lassen.

Das eine solche Anzahl von Schülern so von den virtuellen Objekten begeistert war und angeregt wurde, lässt darauf hoffen, dass die Anwendung von VR auf diesem Gebiet zweckdienlich ist. Leider waren es generell diejenigen Schüler von den höheren Fähigkeitsgraden, die von dieser Erfahrung am meisten angeregt wurden. Das kann teilweise dadurch erklärt werden, dass die anderen Schüler nur beschränkten Zugang zu dieser Erfahrung hatten, da sie die Input Devices nicht gut anwenden konnten. Es besteht jedoch auch die Möglichkeit, dass es fundamentale Hürden bei der Benutzung von VR mit lernbehinderten Schülern gibt. Das Schüler mit höheren Fähigkeitsgraden gut mit VR arbeiten konnten, ist ein gutes Zeichen. Es muss jedoch hinzugefügt werden, dass dieser Erfolg einer Anwendung zugute kommt, die hauptsächlich für Schüler mit niedrigen Fähigkeitsgraden entworfen wurde. Immerhin ist die Tatsache, dass diese Schüler das System überhaupt anwenden konnten ein positives Signal, was nahelegt, dass von Anwendungen, die auf diese Fähigkeiten hin entworfen werden, viel zu erwarten ist. Das sollte jedoch nicht dazu führen, dass die Schüler mit minderen Fähigkeiten vergessen werden, besonders da, wo mindere körperliche Fähigkeiten die Verwirklichung von höheren geistigen Fähigkeiten verhindern. VR ist kein Allheilmittel, mit dem die Schwierigkeiten im Sonderschulenunterricht gelöst werden können. Es ist unvermeidlich, dass einige Schüler jenseits dessen sind, wo VR Unterstützung bieten kann. Es muss zugleich anerkannt werden, dass die Bedürfnisse der Schüler nicht rein pädagogisch sind. In mehreren Fällen vertraten Mitglieder des Personals der Shepard Schule die Ansicht, dass diese Technologie wirklich dazu dienen kann, die Schüler zu stärken - sei es dadurch, dass sie denjenigen, die nicht einmal ihren eigenen Körper beherrschen, ein Gefühl der Kontrolle bietet, sei es durch das Selbstvertrauen, dass aus der Erkenntniss stammt, dass auch sie hochentwickelte Technologie anwenden können. Projekten wie dem VIRART Unternehmen stehen viele Schwierigkeiten gegenüber. Der Lohn andererseits, wenn diese überwunden werden können, rechtfertigt den Aufwand.

5. Zusammenfassung

Obwohl die VIRART Anwendung von VR als Lehrmittel in der Sonderschule auf viele Probleme gestossen ist, so können diese hauptsächlich auf die bahnbrechende Art des Projekts zurückgeführt werden. Dieser Ansatz hat viel empfehlenswertes, nicht zuletzt wegen der Bereitwilligkeit, Ideen von ausserhalb des eigenen Paradigmas mit einzubeziehen. Es hat sich als besonders fruchtbar erwiesen, dass er sich in die bereits vorhandenen Prinzipien und Methoden des Sprachunterrichts für Lernbehinderte eingefügt hat. Der Hauptvorteil dieser Vorgehensweise ist, dass sich auf erprobte und bewährte Erkenntnisse einer Reihe von verschiedenen Fachdisziplinen gestützt werden konnte. So konnte das VIRART Team sein eigenes Wissen mit dem in der Sonderschulausbildung verbinden und auf diese Art die Angewiesenheit auf die Methode des Ausprobierens vermindern. Es könnte natürlich behauptet werden, dass dieser Ansatz zu konservativ ist, und dass die Anpassung an vorhandene Praktiken den möglicherweise revolutionären Charakter der Technologie negiert. Andererseits könnte der Standpunkt vertreten werden, dass dieser Ansatz die richtige Balance zwischen Altem und Neuem trifft. Oft ist die Einführung von neuer Technologie als Selbstzweck angesehen worden, wobei herkömmliche Praktiken über Bord geworfen wurden. Während jedoch neue Technologien zweifellos zum Sonderschulunterricht beitragen können, wäre es falsch sie als Lösung aller Probleme anzusehen. VR ist ein Mittel, dass viel auf dem Gebiet des Sonderschulunterrichts beitragen kann. Ein Zauberstab ist es jedoch nicht.

Dieser Aufsatz geht aus der Zusammenarbeit zwischen verschiedenen Personen und Organisationen hervor. Besonderer Dank gilt den Mitgliedern des Virtual Reality Applications Research Team, Dr.John Wilson, Dr.David Brown, Dr.Sue Gray-Cobb und Richard Eastgate. Weiterhin vielen Dank dem Personal und den Schülern der Shepard Schule, besonders dem Rektor David Stewart. Vielen Dank auch an Dr.Thomas Heimer des Instituts für Markt und Plan an der Johann Wolfgang Goethe Universität, Frankfurt. Diese Studie wurde teilweise durch Mittel des Brunel University Research Initiative Enterprise Fund ermöglicht.

Literatur

Bartoli, Jill: (1990) 'On Defining Learning Disability: Exploring The Ecology', Journal Of Learning Disabilities, Vol.23 (10) 628-631.

Bruner, J (1968) 'On Cognitive Growth' in Bruner, J., Olver, R.R., Greenfields, P.M.(eds.) 'Studies In Cognitive Growth' (New York: Wiley), pp.1-29.

Byler, J. (1985) 'The Makaton Vocabulary:An Analysis Based On Recent Research', Journal of Special Education, Vol.12, 113-120.

Garland, R. (1982) 'Microcomputers And Children In The Primary School' (Brighton, Falmer Press).

Goldenburg, P.E.(1979) 'Special Technology For Special Children'.

Gourgey, A.F. (1987) 'Coordination Of Instruction And Reinforcement As Enhancers Of The Effectiveness Of Computer Aided Instruction', Journal Of Educational Computing, Vol.83 (5) 336-349.

Grove, N., Walker, M. (1990) 'The Makaton Vocabulary: Using Manual Signs And Graphic Symbols To Develop Interpersonal Communication' Augmentative And Alternative Communication

Kiernan, C.C., Reid, B., Jones, L. (1982) 'Signs And Symbols: Use Of Non-Vocal Communication Systems', Studies In Education, No. 16.

Robins, Kevin and Webster, Frank (1989) 'The Technical Fix: Education, Computers and Industry' (Basingstoke, Macmillan)

Sevcik, R., Romski, M.A., Wilkinson, K.M. (1991) 'Roles Of Graphic Symbols In The Language Acquisition Process For Persons With Severe Cognitive Disabilities', Augmentative And Alternative Communication, Vol 7.

Spiegel, B (1983) 'The Effect Of Context On Language Learning By Severely Retarded Young Adults-Language', Speech And Hearing Services In Schools, Vol.14 (4) 252-259.

Walker, M. (1987) 'The Makaton Vocabulary: Uses And Effectiveness' Paper To AFAISIC Symposium.

Simulation von Umstellungsoperationen mit Virtual Reality

A. Hinkenjann, K. Krämer,
O. Riedel, S. Völter

Simulation von Umstellungsoperationen mit Virtual Reality

André Hinkenjann[‡], Dr. Karl-Ludwig Krämer[†],
Oliver Riedel[‡], Stefan Völter[†]

[†] Stiftung Orthopädische Universitätsklinik Heidelberg - Stabstelle EDV
Schlierbacher Landstr. 200a, 69118 Heidelberg

[‡] Fraunhofer-Institut für Arbeitswirtschaft und Organisation (FhG-IAO)
Nobelstraße 12, 70569 Stuttgart, email: o_riedel@iao.fhg.de

1 Abstract

The possibilities of virtual reality (VR) in connection with the state of the art diagnosis procedure of computer tomography (CT) provides new dimensions in regards to the visualization of organs as well as the various interaction possibilities with the visualized models.

A basic prerequisite for the simulation of a medical operation is the presentation of part of the human anatomy which is relevant to the selected operation. VR can provide a "real 3D visualization" which implies that the objects can be viewed in a three-dimensional space. The degree of concreteness is fundamentally augmented in this presentation in comparison to that of the two-dimensional computer screen presentation.

Both project partners agree that a goal of the joint project is a protoype simulation of of the osteotomies in the field of orthopaedics with the help of the methods of virtual reality. The project is influenced by both the specialized medical knowledge of osteotomies on the hip and the knee and their methods, as well as the technical preparation of the information in view of the 3D and VR procedures.

2 Einleitung

Die Möglichkeiten von Virtual Reality (VR) in Verbindung mit dem heute zum Stand der Technik zählenden Diagnoseverfahren der Computertomographie (CT) und der Nuclear Magnetic Response (NMR) ergeben neue Dimensionen hinsichtlich der Visualisierung von menschlichen Organen sowie umfangreiche Interaktionsmöglichkeiten mit den visualisierten Modellen. Dies ist Grundlage zur Simulation von operativen Eingriffen in der Medizin.

Die Simulation von Operationen erschließt ein breites Anwendungsfeld, das durch die folgenden Bereiche grob umrissen werden kann:

- Training in der praktischen, medizinischen Aus- und Weiterbildung,
- Simulation der Bewegungsabläufe bei komplexen, risikoreichen Operationen vor dem Eingriff am Patienten,
- Entwicklung neuer Operationsverfahren,
- Überprüfung und Evaluierung von neuen Instrumenten (bzgl. Arbeits- und Handseiten),
- Optimierung von Operationsverfahren durch die Möglichkeiten der detaillierten Analyse der einzelnen Arbeitsschritte, die unter reproduzierbaren Bedingungen wiederholbar sind.

Grundvoraussetzung für die Simulation von operativen Eingriffen ist die Darstellung von Teilbereichen der menschlichen Anatomie, die für die ausgewählten Eingriffe relevant sind. Durch VR ist eine "echte 3D-Visualisierung", d.h. die Objekte können in einem dreidimensionalen Raum betrachtet werden, geben. Der Grad der Anschaulichkeit wird dadurch gegenüber zweidimensionalen Bildschirmdarstellungen wesentlich erhöht.

Ziel des Gemeinschaftsprojektes der beiden Projektpartner ist es, einen Prototypen zur Simulation von Umstellungsoperationen im orthopädischen Fachgebiet mit Hilfe der Methodik der Virtual Reality zu erstellen. In das Projekt fließen die spezifischen medizinischen Kenntnisse über Umstellungsoperationen an Hüfte und Knie, deren Methoden und die informationstechnische Aufbereitung im Hinblick auf 3D- und VR-Verfahren ein.

3 Medizinische Problemstellung

Die Osteotomie (Durchtrennung eines Knochens) hat in der Entwicklungsgeschichte der Orthopädie bis heute eine wichtige Rolle gespielt. 1826 wurde die erste Osteotomie durchgeführt, heute gehören Osteotomien zu den am häufigsten angewandten orthopädischen Operationen [Kunz93].

Mittels Osteotomie kann ein Knochen valgisiert und varisiert, rotiert, verkürzt und verlängert werden, Osteotomien beseitigen Beuge- und Streckkontakturen in Gelenken und korrigieren so Deformitäten der Haltungs- und Bewegungsorgane.

Die hüftnahe Umstellungsosteotomie

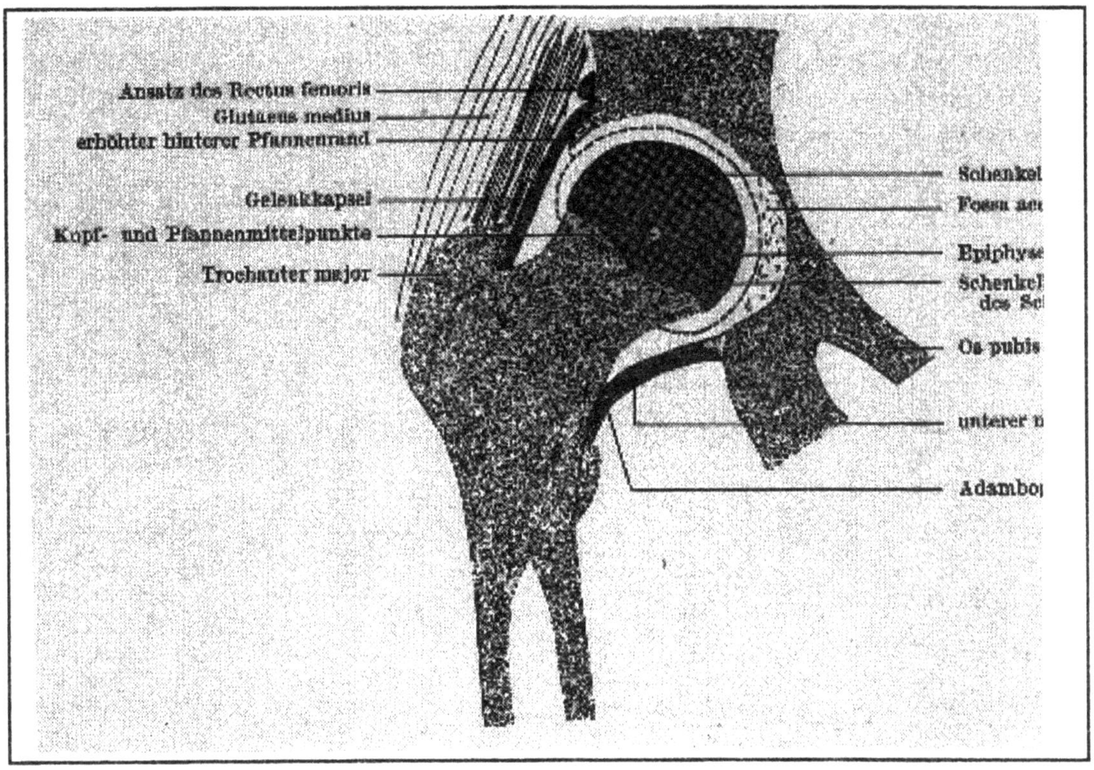

Abb. 1 Das Hüftgelenk als Kugelgelenk (frontaler Längsschnitt) aus [Müller71]

Anatomie

Das Hüftgelenk ist ein Kugelgelenk mit normalerweise exakter Kongruenz von Hüftknopf und Hüftpfanne. Eine Abnutzung des Knorpels entsteht durch Inkongruenz. Der Aufbau des Gelenkes wird bestimmt von der Statik, von der Gelenkgeometrie und den mechanischen Ansprüchen. Bei einem gesunden Hüftgelenk sind Hüftkopf und Hüftpfanne von einer ca. 3 mm dicken Knorpelschicht überzogen. Bei der Bewegung des Hüftgelenkes reiben die Gelenkflächen (Hüftkopf und -pfanne) aneinander. Die knorpeltragende Gelenkfläche der Hüftpfanne ist hufeisenförmig (Facies lunata) und hat ihre dickste Stelle am Pfannendach, wo auch der Knochen seine größte Dichte und Dicke aufweist und die hauptsächliche Kraftübertragung stattfindet. Die hufeisenförmige Knorpelschicht sorgt für eine gute Lastverteilung. Der nicht überknorpelte Rest der Hüftpfanne ist mit Bindegewebe und Fett ausgepolstert.

Biomechanik

Als ein Kriterium für die korrekte Hüftbelastung wird der sogenannte CCD-Winkel zwischen Schaftachse und Halsachse gemessen, der beim gesunden Hüftgelenk des Erwachsenen zwischen 120-133° liegt. Die Belastung der Femurköpfe beim normalen Hüftgelenk entspricht ca. dem vierfachen des Körpergewichtes und damit abhängig u.a. vom CCD-Winkel. Liegt der CCD-Winkel außerhalb dieses Bereiches, so kann es durch die abnorme Hüftgelenksbeanspruchung u.a. zu schmerzhaften Schäden oder Bewegungseinschränkungen kommen.

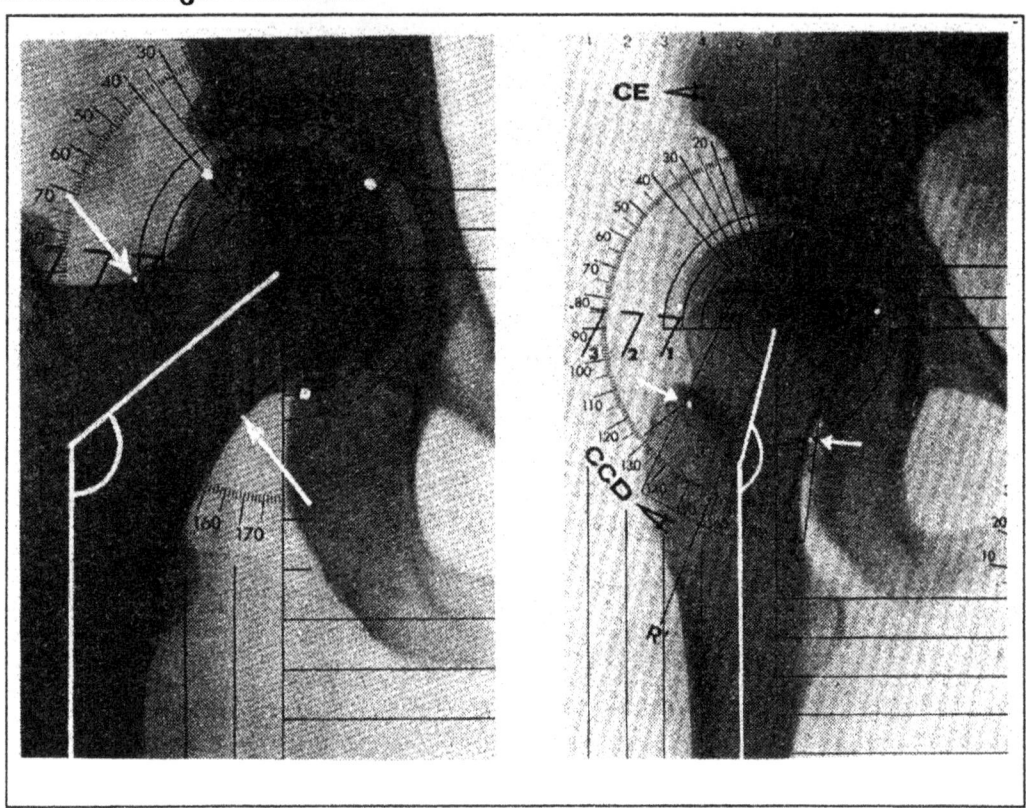

Abb. 2 CCD-Winkel γ (aus [Müller71])

Pathophysiologie

Gelenkserkrankungen, die infolge unterschiedlicher Ursachen auftreten können, führen zu Schädigungen des Gelenkknorpels. Mechanische Schädigungen treten im wesentlichen bei akuten und chronischen Überlastungen auf. Als Koxarthrose bezeichnet man den Verschleiß des Hüftgelenks bzw. des Hüftgelenkknorpels.

Entscheidet man sich für eine operative Behandlung einer schmerzhaften, fortgeschrittenen Koxarthrose, so stehen verschiedene Operationsmethoden zur Auswahl. Eine davon ist die sogenannte intertrochantere Umstellungsosteotomie, bei der das Gelenk erhalten bleibt. Wie jeder Eingriff ist eine sorgfältige Planung und Durchführung eine conditio sine qua non. Ziel ist eine optimale Zentrierung des Hüftkopfes in der Gelenkpfanne, die biomechanischen Erfordernissen des Gelenkes entspricht und zur Minderung der Gelenkbelastung führt.

Operationstechnik

Während dieser Operation wird u. a. das Femur an einer geeigneten Stelle mit einer Säge durchtrennt bzw. ein Keil aus dem Femur herausgesägt. Anschließend werden die bei der Durchtrennung entstandenen Femurteile in der präoperativ geplanten Stellung positioniert und mittels Osteosynthese fixiert (siehe Abb. 3). Die Technik ist weitgehend standardisiert ([Ganz90], [Müller71], [Müller79], [Schneider79]).

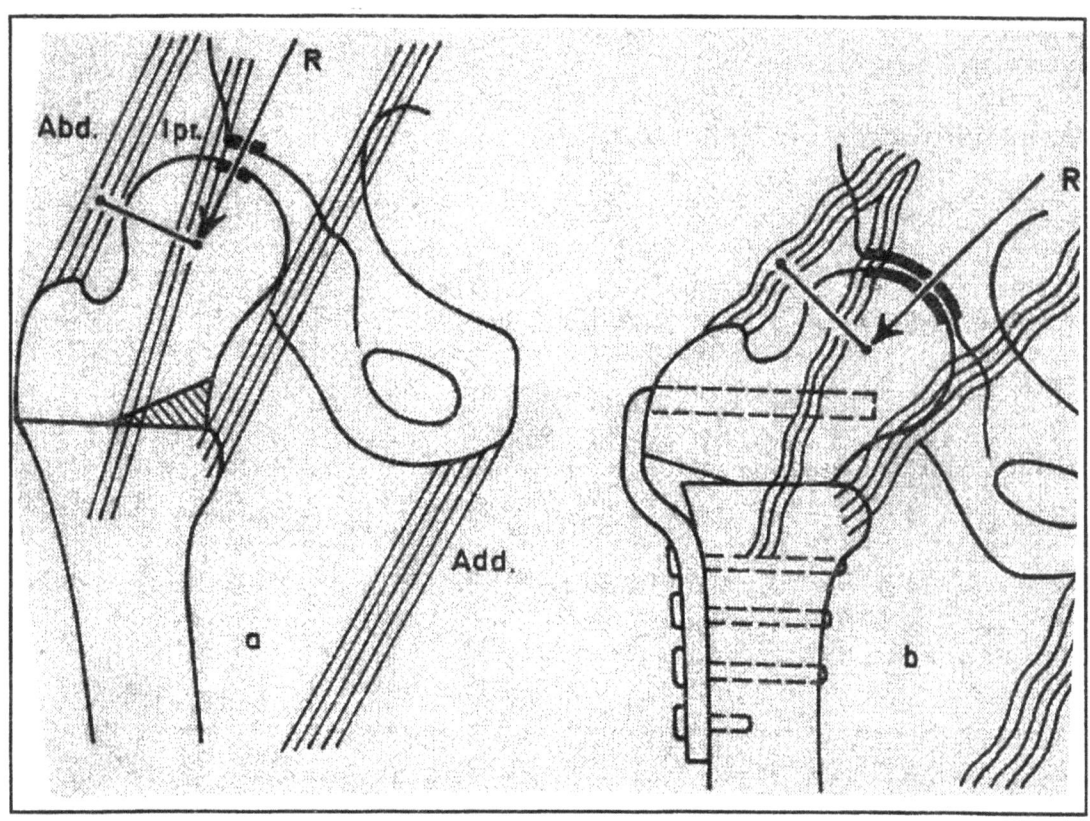

Abb. 3 Varisations-Osteotomie (aus [Schneider79])

Bildgebende Verfahren zur Darstellung des Hüftgelenkes: Voraussetzung zur Operationsplanung

Einen ersten zweidimensionalen Einblick in das Hüftgelenk kann das Röntgenbild liefern. Dabei sind die Knochen des Hüftgelenkes als zweidimensionale Konturen auf dem Röntgenbild zu erkennen. Auf die Knorpelflächen (Gelenkflächen) läßt sich nur indirekt schließen, da Knorpel im Röntgenbild nicht bildgebend ist. Es kann daher keine Aussage über bestimmte Knorpelschäden oder fehlende Knorpelstücke gemacht werden!
Aus dem Röntgenbild lassen sich drei wesentliche Befunde ableiten: die Form des Femurkopfes, der CCD-Winkel und die Ausrichtung der Tragrichtung der

Gelenkpfanne.

Um eine dreidimensionalen Ansicht des Hüftgelenks zu erlangen, bietet sich u.a. die Computertomographie an. Mit allen anderen röntgentechnischen Verfahren hat sie allerdings den Nachteil gemeinsam, daß sich Knorpel nicht auf dem Röntgenbild darstellt [Bläsius90].

Mit Hilfe von Kernspintomographie und Ultraschalluntersuchungen ist es heute möglich, Knorpel und andere Weichteile des Körpers sichtbar zu machen. Einen Überblick über den Einsatz der Magnetresonanztomographie in der Orthopädie gibt [Peters90].

Das virtuelle Hüftgelenk

Wünschenswert ist ein computergestütztes dreidimensionales Modell des Hüftgelenkes, mit dem z. B. die Einstellung bestimmter Knorpelareale in die Belastungszone präoperativ simuliert werden kann. Eine dreidimensionale Darstellung des Hüftgelenkes kann Planungen von Osteotomien optimieren, der Operateur kann das Ergebnis besser evaluieren. Es ist denkbar, daß die Erfolgsrate von Osteotomien erhöht werden kann.

Bläsius weist darauf hin, daß Erkenntnisse über das menschliche Hüftgelenk im wesentlichen auf einer wissenschaftlichen Auswertung von Röntgenbildern beruhen. Trotz Optimierung der biomechanischen Datenstruktur wurden in der klinischen Praxis bisher kaum Verbesserungen der Operationsergebnisse erzielt [Bläsius90]. Dies könnte jedoch durch den Einsatz dreidimensionaler Visualisierungstechniken erreicht werden. Dazu sollten die Bewegungsabläufe des virtuellen Hüftgelenkmodelles mit realen Daten aus der Kernspintomographie im virtuellen Raum verglichen werden.

Sowohl Studenten als auch Ärzte könnten durch das aktive Erleben bei der Simulation von Umstellungsoperationen schneller ein besseres Verständnis für die komplexen (6 Freiheitsgrade, 12 verschiedene Korrekturmöglichkeiten) Umstellungsoperationen bekommen. Sie könnten z. B. das Ergebnis verschiedener Osteotomien vergleichen, um somit ein Gefühl für das dreidimensionale Wirken zu erlangen. Durch entsprechends Training am Simulator ließen sich insbesondere für jüngere Kollegen Operationszeiten verkürzen.

Voraussetzung für die Operationsplanung bzw. das Operationstraining ist sowohl eine 3D-Simulation in Realzeit, als auch eine intuitive Benutzerführung. Da Virtual Reality den Anspruch hat, den Benutzer in Echtzeit in die virtuelle Welt zu integrieren, scheint für uns die innovative Technik der Virtual Reality der richtige und zukunftsweisende Weg für Operationsplanung und -training zu sein.

Durch eine optimierte Operationsplanung und eine optimierte Operationssimulation sind Qualitätsverbesserungen der Osteotomieergebnisse möglich. Entsprechende Erfahrung vorausgesetzt, ließen sich die Indikationsgrenzen für bestimmte Operationen schärfer ziehen. Letztendlich entscheidend für den Erfolg einer Operation ist unverändert die Indikationsstellung zu dem Eingriff. Unsere Vision ist die Bereitstellung von VR-Techniken am Routinearbeitsplatz des Orthopäden.

4 Technisches Realisierungskonzept

Das Realisierungskonzept wurde in folgende Teilprobleme zerlegt:

- Visualisierung der Modelldaten,
- Ebene Schnitte durch die Modelldaten (Polygonwolken),
- Modellierung der Operationswerkzeuge und -Methoden,
- Hierarchiebildung,
- Integration in VR-Werkzeuge,
- Generierung der patientenspezifischen Modelldaten.

Die Generierung der patientenspezifischen Modelldaten wurde aufgrund der komplexen Fragestellung dieser Aufgabe in weitere Teilprojeke zerlegt (Einlesen von CT-Informationen, Segmentierung/Klassifikation der Daten, Rekonstruktion der 3D-Information aus den Schichtaufnahmen), die teilweise außerhalb des momentan laufenden Projektes bearbeitet werden.

Visualisierung der Modelldaten

Da die Modelldaten lediglich im Polygonformat (Listen von Eckpunkten) vorliegen, ist es notwendig für jedes Polygon mindestens einen zugehörigen Normalvektor zu berechnen. Damit ist jedoch lediglich das sogenannte "flat-shading" (siehe u.a. [Foley90]) möglich, das dem gesamten Polygon eine konstante Farbschattierung zuweist. Die Farbschattierung ergibt sich aus dem Winkel zwischen dem Normalvektor und der/den Lichtquelle/n. Ändert sich der Normalvektor, so ändert sich auch die Farbschattierung des Polygons. Dieses Verfahren hat den Nachteil, daß die Oberfläche facettiert wirkt; um eine glatte Oberfläche zu erhalten, müßte die Anzahl der Polygone sehr hoch sein.

Um dieses zu umgehen, werden die Normalvektoren für alle Ecken des Polygons einzeln berechnet (per Mittelwertbildung über die Normalvektoren der angrenzenden Polygone). Diese Normalvektoren werden zusammen mit den zugehörigen Koordinaten der Eckpunkte der Visualisierungssoftware übergeben. Diese interpoliert die Normalvektoren zunächst entlang der Kanten und danach von Kante zu Kante innerhalb der Polygone. Daraus ergeben sich unterschiedliche Normalvektoren für jeden Polygonpunkt und damit ein Farbverlauf über das gesamte Polygon. Dadurch wirkt das Polygon glatter. Der Nachteil dieses Verfahrens ist ein erhöhter Rechenaufwand, bedingt durch die Mittelwertbildung und die Nachbarschaftssuche. Allerdings ist das Berechnen der Normalvektoren ein einmaliger Vorgang, der bei der späteren Visualisierung und Interaktion keine Auswirkungen auf das Echzeitkriterium der Visualisierung hat.

Zur realistischeren Darstellung der Polygone werden diese mit einer Oberflächentextur versehen. Hierbei handelt es sich um eine digitalisierte Vorlage (z.B eine Fotografie), die auf das Objekt projiziert werden kann. Aus diesem Grunde wurden bei einigen Umstellungsoperationen in der Universitätsklinik Heidelberg Aufnahmen von relevaten Oberflächen, wie Knochenhaut, Knocheninnengewebe, Haut etc. gemacht. Sowohl die Schattierung, als auch die Texturierung werden nach geeigneter Aufbearbeitung und Programmierung durch die verwendete Hardware direkt unterstützt. Damit ergibt sich ein entscheidener Geschwindigkeitsvorteil gegenüber Visualisierungen auf kostengünstigeren Maschinen.

Ebene Schnitte durch die Modelldaten

Ein wesentlicher Part der Simulation von Umstellungsoperationen ist das Durchtrennen des Knochens. Technisch gesehen handelt es sich um den Schnitt einer Ebene mit einer Polygonwolke. Damit sind leicht modifizierte Clippingalgorithmen anwendbar.

Der verwendete Algorithmus ist ein 1-Schritt Sutherland-Hodgeman Polygon-Clipping-Algorithmus [Sutherland74, Foley90]. Er bekam den Vorzug vor anderen Algorithmen, da diese entweder zu spezialisiert (Liang-Barsky-Algorithmus [Liang83]) oder zu generalisiert (Weiler-Algorithmus [Weiler80]) waren. Zudem ließ sich der Sutherland-Hodgeman Clipper auf konvexe Polygone optimieren.

Der Sutherland-Hodgeman-Clipper arbeitet nach folgenden Prinzip: Für jede Polygonkante wird bestimmt, ob sie von der Schnittebene geteilt wird und auf welcher Halbraumseite (in Bezug auf die Ebene) sich die Polygonekken befinden. Die Ecken, die sich links, rechts oder auf der Schnittebene befinden, werden geeignet verbunden. Es entstehen maximal drei neue

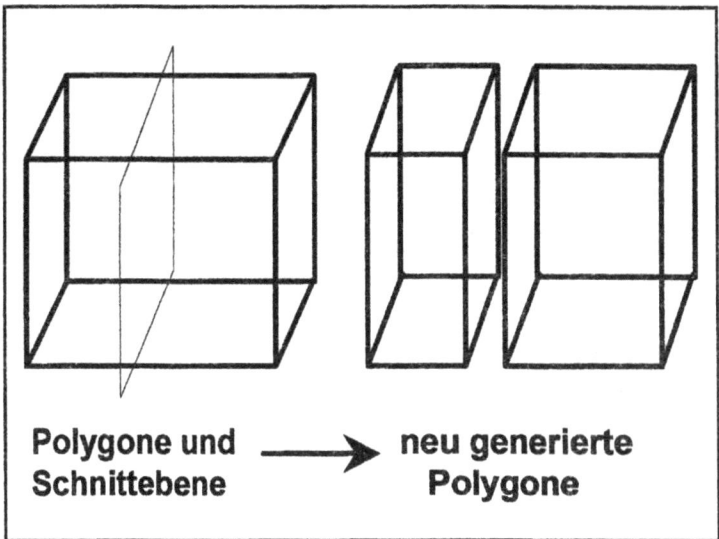

Abb. 4 Zerteilen von Polygonen

Polygone: Das zerteilte Polygon links, rechts oder auf der Schnittebene. Für die Durchführung des Algorithmus wurden folgende Eigenschaften der Polygone vorausgesetzt:

- Alle Polygone sind planar,
- alle Polygone sind konvex.

Diese Eigenschaften sind bei den vorliegenden Datensätzen der Firma VIEWPOINT gegeben und können bei späteren, selbst zu generierenden Datensätzen nachträglich erreicht werden. Die Konvexität und die Planarität wird durch eine Triangulierung, wie die Delaunay-Triangulierung [Abramowski91] automatisch erreicht, allerdings auf Kosten eines erhöhten Speicherplatzbedarfs für die Geometrie.

Modellierung der Operationswerkzeuge und -methoden

Die Modellierung der Operationswerkzeuge wurde in einem separaten Schritt durchgeführt. Die reine Erstellung der Geometrie wurde mittels des Wavefront-Editors durchgeführt, um ein möglichst gutes Ausgangsformat der Daten zu erreichen. Verschiedene Levels of Detail (LOD) wurden erstellt, um eventuell auftretende Engpässe in der Renderingkapazität durch Anwendung der Detaillierungsstufen bewältigen zu können. Da beide in Betracht gezogene Renderingsysteme auf dem SGI-Performer basieren, wurde das LOD-Konzept dieser Software übernommen [Performer1]. Von einer Übernahme des kompletten Operationsinstrumentariums wurde vorerst abgesehen. Zwar ist eine rein visuelle Repräsentation der Objekte durchaus möglich, aufgrund der Limitierung der Trackingsensoren auf vier Objekte können die Objekte jedoch nicht als Interaktionsinstrumente für die VR-Simulation abgebildet werden.

Die Modellierung der eigentlichen Operationsmethoden bzw. des Operationsvorgangs steckt zur Zeit noch in den Anfängen, d.h. es werden erste Tätigkeitsanalysen durchgeführt. Parallel zur den fotografischen Aufnahmen während der Umstellungsoperationen an der Heidelberger Universitätsklink wurden auch Videoaufnahmen durchgeführt. Von diesen Aufnahmen sollen Tätigkeitsprofile erstellt werden, die entsprechend den technischen Konzepten und Algorithmen auf Polygonbasis in VR-relevante Interaktionen umgesetzt werden. Für diese Arbeitsschritte wird auf bereits durchgeführte Projekte in ähnlichen Fragestellungen im medizinischen Bereich [Breining94] zurückgegriffen.

Hierarchiebildung

Die Hierarchie ist notwendig, um z.B. eine Vererbung von Objekteigenschaften wie Farbe und Textur zu ermöglichen. Sie wird von der verwendeten VR-Software unterstützt. Dabei handelt es sich um die Relation der modellierten Objekte zueinander.

Dieses sei am Beispiel eines Armes erläutert: Der Arm besteht aus Oberarm, Unterarm und Hand. Die Hand besteht aus der Handfläche und den Fingern, wobei die Finger wiederum aus der Fingerkuppe, Fingergelenken etc. bestehen. Bei der Erstellung der Hierarchie können zwischen den zu verbindenden Objekten verschiedene Verbindungstypen gewählt

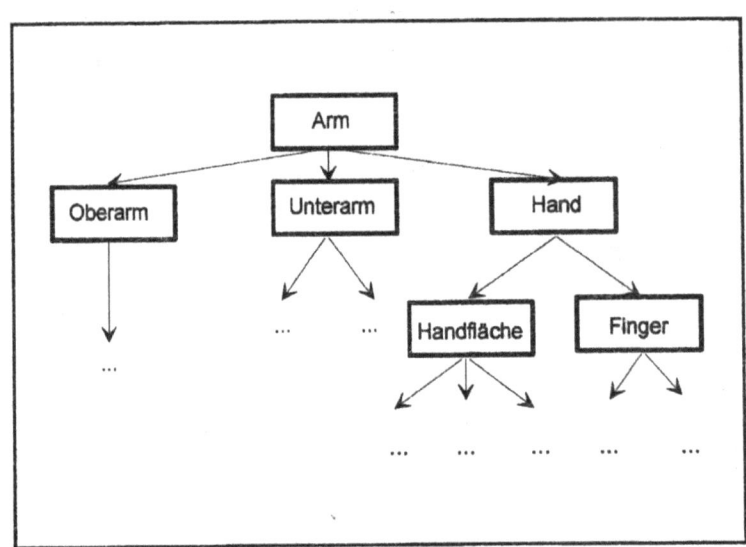

Abb. 5 Hierarchie am Beispiel des Armes

werden. Vergleichbar mit dem Ellenbogengelenk können z.B. bei der Verbindung Einschränkungen gewisser Freiheitsgrade oder Einschränkungen von Wertebereichen der Freiheitsgrade durchgeführt werden. Näheres dazu ist u.a. in [Riedel93] zu finden.

Integration in VR-Umgebung

Zur Visualisierung und zur Interaktion mit den Modelldaten muß ein geeignetes Softwarepaket ausgewählt werden. Für das Projekt wird das "World Tool Kit" (wtk) der amerikanischen Firma Sense8 im Release 2.0 verwendet [Sense93].

Es bietet die Möglichkeit zur Interaktion (mit Hilfe von Datenhandschuh, Flying Joystick, Maus etc.) und zur Visualisierung (über Monitor, Head-Mounted-Display etc.) auf verschiedenen Plattformen, hier Silicon-Graphics Computer, an. Weitere Basissysteme, die zur Auswahl standen, waren das Produkt dVS der Firma Division, das aufgrund noch nicht vorhandener Möglichkeiten der Interaktionen auf Polygonebene ausschied. Ebenso ausgeschieden ist das institutseigene System des IAO, das zwar schneller, aber nicht kommerziell auf dem Markt verfügbar ist; da aber die Ergebnisse dieses Projektes durchaus auch auf anderen Rechnersystemen laufen sollen, stellt dieser Aspekt neben der Performance der Systeme ein wesentliches Argument dar.

Generierung der patientenspezifischen Modelldaten

Alle bisherigen Arbeiten basieren auf bereits vormodellierten, patientenunabhängigen Daten. Ziel dieser Anwendung muß es aber sein, patientenspezifische Daten zur konkreten Vorbereitung auf eine spezielle Operation zu generieren. Als Quelle bietet sich die Computer-Tomographie an. Sie liefert jedoch nur Schnitte des betrachteten Objektes (wie z.B. Oberschenkelknochen) an. Aus diesen Schnitten muß die originale 3D-Information rekonstruiert werden.

Typischerweise bestehen die Schichtaufnahmen der Computer-Tomographie aus 256*256 Bildpunkten mit je 256 möglichen Graustufen. Eine einfache und sinnvolle Rekonstruktion der Geometrie ist die der Voxelbildung (Voxel = volume-element) [Drebin90]. Hierbei wird der Stapel von Schichten als 3dimensionales Feld von Voxeln angesehen, die evtl. durch Interpolation quadratisch gemacht werden müssen. Die so entstehenden Quader bekommen je nach Zugehörigkeit zu Knochen, Fett, Luft etc. ein oder mehrere Attribute (Farbe, Transparenz) zugewiesen und werden dann als Gesamtheit dargestellt. Dieses Verfahren ist zur reinen Visualisierung geeignet, jedoch dann nicht, wenn durch den Benutzer freie Schnitte durch das Modell geführt werden sollen. In dem diesem Fall ist eine Repräsentation des Modells mit Hilfe von Polygonen besser geeignet. Die dazu erforderlichen Schritte sind im folgenden erläutert.

Als erster Schritt erfolgt eine Segmentierung/Klassifikation der einzelnen Schnittaufnahmen nach Knochen und sonstigen Materialien. Diese kann über ein einfaches Schwellwertkriterium (ein bestimmter Hounsfield-Units- Bereich entspricht per Definition z.B. Knochengewebe) realisiert werden. Anschließend bietet sich eine Grauwert-Gradientenbildung mit nachfolgender Kantendetektion und Eliminierung von Artefakten an. Damit ergibt sich die Kontur des zu modellierenden Knochens. Aus der Kontur muß im nächsten Schritt der Körper interpoliert werden. [Geiger,Müller91] schlägt folgende Vorgehensweise vor:

1. Delaunay-Triangulierung der einzelnen Konturen (gewonnen aus den Schichtaufnahmen). Durch die Transformation von gegebenen d-dimensionalen Punkten in d+1-dimensionale Punkte wird das Problem der Delaunay-Triangulierung verschoben zum Problem des Findens der konvexen Hülle der transformierten Punkte. Zur Berechnung dieser kann beispielsweise der Beneath-Beyond-Algorithmus herangezogen werden [Abramowski91].
2. Dreidimensionale Triangulierung zwischen den einzelnen Ebenen (Bildung von Tetraedern). Hierbei gilt es drei Tetraederklassen zu unterscheiden:

   Typ 1: Grundfläche aus Dreieck in unterer Ebene und Spitze aus nächstem Nachbarn (in oberer Ebene) seines Umkreismittelpunktes.

   Typ 2: vice versa.

   Typ 3: Je eine Kante aus Dreieck in unterer und oberer Ebene.

Tetraeder vom Typ 1 und 2 sind verhältnismäßig einfach zu konstruieren. Tetraeder vom Typ 3 erfordern die zusätzliche Konstruktion des Voronoi-Diagramms der Triangulierung.

3. Solide Delaunay-Interpolation (Entfernen überflüssiger Tetraeder).

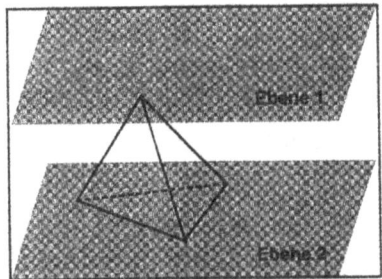
Abb. 6 Tetraeder vom Typ 1

Durch die Triangulierung können Tetraeder generiert werden, die mindestens eine Kante außerhalb der vorher ermittelten Konturen haben. Die Menge der Tetraeder, die nach Entfernen solcher Tetraeder übrigbleibt, bezeichnet man als einfache Delaunay-Interpolation. Entfernt man nun auch die Menge der adjazenten Tetraeder, die mit mindestens einer Ebene nur eine Kante oder einen Punkt gemeinsam haben (nichtsolide Verbindung), so erhält man die solide Delaunay-Interpolation. An dieser Stelle sind aus den zweidimensionalen Schichtdaten 3dimensionale Modelldaten in Polygondarstellung gewonnen, die nun mit den gängigen Visualisierungsverfahren (Schattierung, Raytracing, Radiosity etc.) dargestellt und für die Interaktion zur Verfügung gestellt werden können.

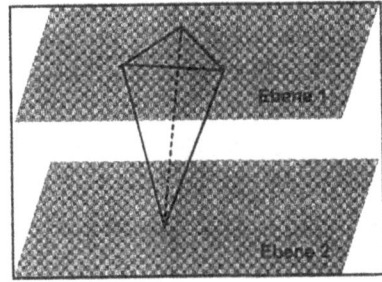
Abb. 7 Tetraeder vom Typ 2

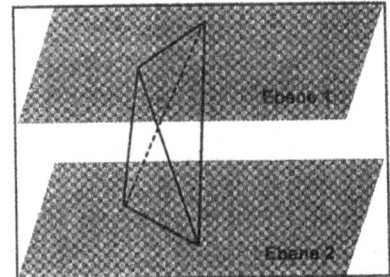
Abb. 8 Tetraeder vom Typ 3

5 Erste Ergebnisse

Nach dem Projektstart im November '93 ist es Stand Ende Dezember '93 möglich, Datensätze, die im DXF-Format (AUTOCAD) vorliegen, in eine interne Datenstruktur einzulesen und diese wahlweise mit Hilfe des Flatshading oder des Gouraudshading darzustellen. Durch entsprechende, am Institut vorhandene Konvertierungsprogramme können auch andere Datenformate eingelesen werden. Als zusätzliches Datenformat ist eine Ausgabe im Wavefront OBJ-Format möglich, um weitere am Institut vorhandene Rendering-Programme anbinden zu können. Bei der Darstellung der Datensätze ohne VR Bis zur Auswahl eines geeigneten VR-Zielsystems erfolgt die Visualisierung der Objekte auf einem normalen Monitor) kann umgeschaltet werden zwischen der Veränderung des

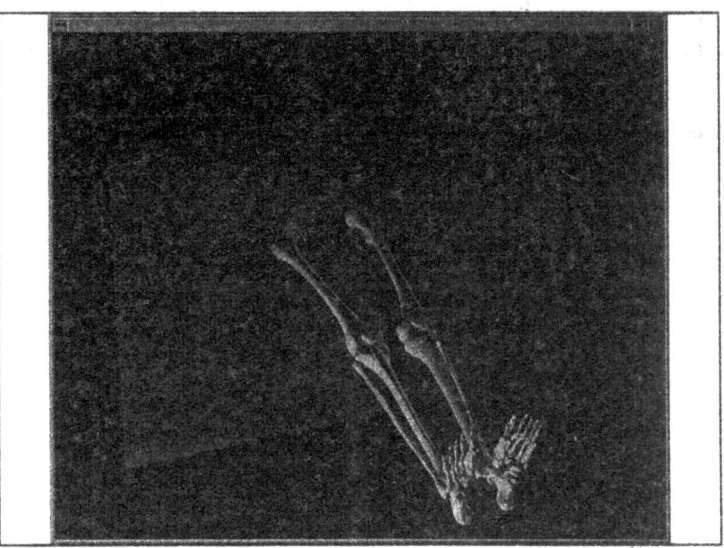

Abb. 10 Schattierte Darstellung nach Programmstart

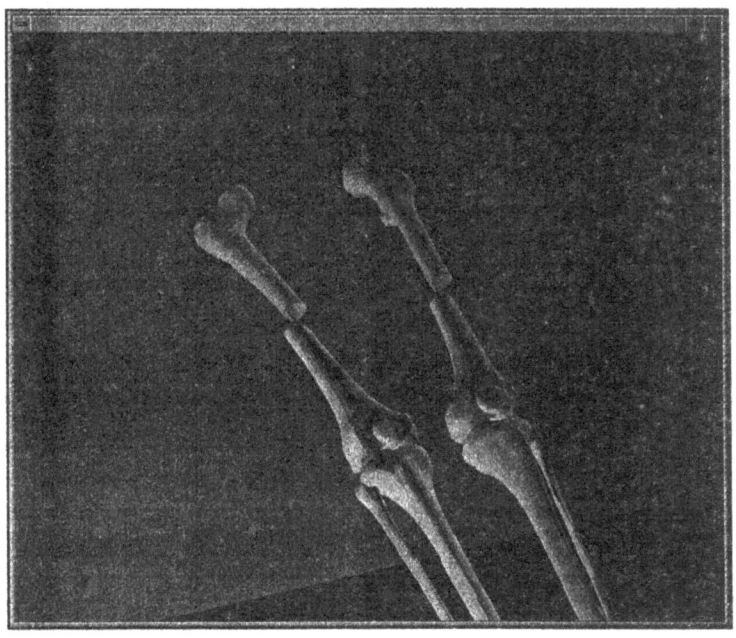

Abb. 9 Geteilte Polygone

Betrachterstandpunktes auf einer kreisförmigen Bahn um das Modell und der Veränderung der Betrachterentfernung vom Modell. Als dritte Möglichkeit ist die Rotation der Schnittebene, als ein Prototyp des Operationsvorgangs, realisiert. Die Bedienung erfolgt über die Maustasten realisiert (z.B. mittlere Maustaste: Schnitt ausführen). Bislang ist der Schnitt nur einmalig möglich, danach können nur noch Rotationen oder Translationen der Modelldaten durchgeführt werden.

Um die Darstellung des betrachteten Modells realistischer zu gestalten, kann dieses mit einer Textur versehen werden. Hierbei handelt es sich um eine beliebige, digitalisierte Vorlage, die (z.B. mit Hilfe eines Scanners eingelesen) wird. Bei einem der Besuche an der Orthopädischen Universitätsklinik Heidelberg wurden während zweier Hüftgelenksimplantationen und einer Umstellungsoperation am Knie einige Texturen für die Visualisierung gewonnen, außerdem wurde ein Videofilm gedreht.

Die erste Abbildung (Abb. 10) zeigt die Darstellung des Knochenaufbaus des linken und rechten Beins nach Start des Darstellungsprogrammes (die Schnittebene wird hier halbtransparent dargestellt): Der Schneidevorgang trennt das Objekt in zwei Teilobjekte (siehe Abb. 9)

6 Literatur

[Abramowski91]   S. Abramowski, H. Müller: Geometrisches Modellieren. BI Wissenschaftsverlag, 1991.

[Arridge90]   Arridge, S.R.: Manipulation of Volume Data for Surgical Simulation. In: [Höhne90], S. 289-300.

[Ayache90]   Ayache, N. et al.: Steps Toward the Automatic Interpretation of 3D Images. In: [Höhne90], S. 107-120.

[Bläsius90]   Bläsius, K.: Intertrochantäre Osteotomien zur Behandlung der Koxarthrose". Georg Thime Verlag Stuttgart, 1990.

[Breining94]   Breining, R.; Dangelmaier, M.; Eckert, R.: Rating Method for Ergonomic Assessment of Mechanical Instruments in Endoscopy (Laparoscopy). Eingereicht und angenommen für : Annual International Industrial Ergonimics and Safety Conference '94, 7.-10.6.94, San Antonio, Texas, 1994.

[Drebin90]   Drebin, R.A.: Volumetric Rendering of Computed Tomography Data: Principles and Techniques. IEEE Computer Graphics & Applications, 1990.

[Foley90]   Foley et al.: Computer Graphics. Principles and Practice. Addison-Wesley Publ. Comp., 1990.

[Fuchs90]   Fuchs, H.: Systems for Display of 3 Dimensional Medical Data. In: [Höhne90], S. 315-332.

[Ganz90]   Ganz, R.: Koxarthrose im frühen Erwachsenenalter - Osteotomiebehandlung.In: Aktuelle Schwerpunkte der Orthopädie, Georg Thieme Verlag, Stuttgart, 1990.

[Geiger91]   Geiger, B.; Müller, H.: Interpolation und Visualisierung von Körpern aus ebenen Schnitten. In: Frühauf, M.; Göbel, M.: Visualisierung von Volumendaten. Springer Verlag, 1991, S. 92 - 111.

[Höhne90]   Höhne, K.H.; Fuchs, H.; Pizer, S.N. (Eds.): 3D Imaging in Medicine: Algorithms, Systems, Applications. NATO Advanced Research Series, Series F, Computer and Systems Science Vol. 60. Springer, New York, 1990.

[Kunz93]   Kunz, M.: Die Anfänge der Osteotomie und ihre Entwicklung in der Orthopädie. Dissertation an der Fakultät für Klinische Medizin Mannheim der Ruprecht-Karls-Universitèt zu Heidelberg, 1993.

[Liang83]   Liang, Y-D.; Barsky, B.: An Analysis and Algorithm for Polygon Clipping. CACM, Nov. 1983, S. 868-877.

[Meinzer90]   Meinzer, H.P. et al: Volume Visualization of 3D Tomographies. In: Höhne[90], S. 253-262.

[Müller71]   Müller. M.E.: Die hüftnahen Femurosteotomien. Georg Thieme Verlag, Stuttgart, 1971.

[Müller79]   Müller, M.E.: Planung einer komplexen inertrochanteren Osteotomie. Z. Orthopädie 117, 1979, S. 145 - 150.

[Performer1]   IRIS Performer Programming Guide, SiliconGraphics, Mountainview, 1992, Document Number 007-1680-010.

[Peters90]   Peters, P.E.; Matthiaß, H.H.; Reiser, M.: Magnetresonanztomographie in der Orthopädie. Ferdinand Enke Verlag, Stuttgart, 1990.

[Riedel93]   Riedel, O.; Bauer, W.: Der Blick in eine faszinierende künstliche Welt: Virtuelle Realität verläßt das Forschungsstadium. Technische Rundschau 85 (1993) 15, S. 30-39.

[Schneider79]   Schneider, R.: Die intertrochantere Osteotomie bei Coxarthrose. Springer-Verlag, 1979.

[Sense93]   Sense8 Corp.: Reference Manual World Tool Kit, Version 2.0. Sense8 Corp., CA Sau Salito, 1993.

[Sutherland74]   Sutherland, I.E.; Hodgeman, G.W.: Reentrant Polygon Clipping. CACM, Jan. 1974, S. 32-42.

[Weiler80]   Weiler, K.: Polygon Comparison Using a Graph Representation. SIGGRAPH 80, 10-18

Industrielle Anwendungen der Virtual Reality - Beispiele, Erfahrungen, Probleme und Zukunftsperspektiven

P. Astheimer, W. Felger,
M. Göbel, S. Müller, R. Ziegler

Industrielle Anwendungen der Virtuellen Realität -

Beispiele, Erfahrungen, Probleme & Zukunftsperspektiven

Peter Astheimer
Wolfgang Felger
Martin Göbel
Stefan Müller
Rolf Ziegler

Dieser Beitrag gibt einen Überblick über die 1993 am IGD in Darmstadt durchgeführten Anwendungen anhand von typischen Beispielen aus den unterschiedlichsten Bereichen. Die bei der Durchführung dieser Projekte gemachten Erfahrungen werden zusammengefaßt und die aufgetretenen Probleme und ihre Lösungen vorgestellt. Auf der Basis der im Demonstrationszentrum gewonnenen Erfahrungen und Erkenntnisse werden zukünftige Anwendungsgebiete und Einsatzbereiche für Applikationen der Virtuellen Realität skizziert und diskutiert.

Peter Astheimer   Wolfgang Felger   Martin Göbel   Stefan Müller   Rolf Ziegler

Fraunhofer-Institut für Graphische Datenverarbeitung (IGD)
Wilhelminenstr. 7, D-64283 Darmstadt
Tel.: ++49 6151 155 121; Fax: ++49 6151 155 199
Email: {astheime, felger, goebel, stefanm, ziegler}@fhg.igd.de

1 Einführung

Virtual Reality (VR) bezeichnet eine neue Dimension der graphischen Simulation. Besser und treffender ist es in diesem Zusammenhang von Virtuellen Umgebungen (virtual environments) zu reden, womit eine vom Rechner generierte und kontrollierte Umgebung für die Mensch-Maschine Kommunikation gemeint ist, die allerdings dem intiuitiven Verständnis des Menschen wesentlich näher ist, als abstrakte, über Menüs und Windows erstellte 'Desktop'-Mensch-Maschine-Schnittstellen.

Unverkennbare Charakteristik der Virtuellen Umgebungen sind 3-dimensionale Präsentations- und Interaktionstechniken in Echtzeit. Sie zielen darauf hin, dem Benutzer den Eindruck zu vermitteln, er befände sich innerhalb eines dargestellten (rechnerinternen) Szenariums. Virtuelle Umgebungen sind in der Graphischen Datenverarbeitung begründet. Sie sind als eine Weiterentwicklung der herkömmlichen Visualisierung bzw. Animation zu sehen, wobei allerdings die zusätzlichen Herausforderungen der Präsentation visueller Information in Echtzeit und Manipulation dieser Information mittels Gesten oder Körperbewegungen. Der Mensch soll in Anwendungen der virtuellen Realität ein aktiver Bestandteil, in eine vom Computer generierte, künstliche Umgebung integriert werden.

In virtuellen Umgebungen wird über die Computer Graphik hinaus, mehr als nur der visuelle Sinn beansprucht und genutzt. Durch Aktionsmechanismen ist es möglich, auf Objekte der virtuellen Welt einzuwirken, durch Reaktionsmechanismen werden Objekte drei-dimensional gesehen, räumlich gehört und auch gefühlt. Die Verfahren und Geräte ermöglichen neben dem Einsatz in der virtuellen Welt auch die sogenante Fern-Gegenwärtigkeit (remote presence). Hierbei ist nicht die Umgebung künstlich, sondern ebenso der Benutzer. So kann ein menschlicher Benutzer zum Beispiel durch die Augen eines Roboters sehen, der sich innerhalb eines verstrahlten Bereichs eines KKWs bewegt. Wir verstehen unter Virtueller Realität eine neue Epoche in der Mensch-Maschine Kommunikation, die mit dem Einsatz innovativer Endgerät den Benutzers in vier- und mehrdimensionale rechnerinterne Modelle einbezieht. Bezogen auf die menschliche Sensorik wird mit VR der Einsatz multimedialer Präsentationsformen (wie visuelle Darstellung, akustische Präsentation und haptische Information), sowie die Einbeziehung neuer, multidimensionaler Interaktionstechniken (wie Kopf-, Hand- und Körpergesten) bezeichnet.

Virtuelle Realität (VR) bezeichnet somit die audiovisuelle und taktile Ausgestaltung scheinbarer Welten und die Generierung dieser Welten unter unmittelbarer Einbeziehung des Benutzers und zugrundeliegenden (häufig physikalischen) Gesetzmäßigkeiten.

2 Das Darmstädter Demonstrationszentrum für Virtuelle Realität

Die Fraunhofer-Gesellschaft hat zum Jahresbeginn 1993 ein Demonstrationszentrum Virtuelle Realität gegründet, um die neuartige Technologie zu erforschen und weiterzuentwickeln und dem gestiegenen Informationsbedarf von Instituten und Unternehmen Rechnung zu tragen. Beteiligt an dem Demonstrationszentrum sind drei Fraunhofer-Institute in Stuttgart (Institut für Arbeitswirtschaft und Organisation, Institut für Bauphysik und Institut für Produktionstechnik und Automatisierung) sowie das Institut für Graphische Datenverarbeitung in Darmstadt [GöNe-93].
Im Darmstädter Demonstrationszentrum [Felg-93] sind zur Durchführung von Anwendungen eine Reihe von VR-Geräten installiert (Abbildung 1). Neben Entwicklungs-Workstations werden zur Präsentation hochleistungsfähige Graphik-Workstations eingesetzt (Silicon Graphics 4D/380 VGX bzw. Crimson/RealityEngine). Als VR-typische mehrdimensionale Eingabegeräte [Felg-92] sind Datenhandschuh (VPL DataGlove), elektromagnetisches Trackingsystem (Polhemus Fastrak) und verschiedene 3D-Positionsgebe (DLR SpaceMouse, Spaceball, DID Cricket Flying Joystick) verfügbar, die Integration einer Spracheingabe-Einheit zur Erweiterung der vorhandenen natürlichen Interaktionsparadigma wird gegenwärtig evaluiert. Das Audio-Equipment umfaßt eine Multimedia-Workstation (Silicon Graphics Indigo), Synthesizer (Akai S 1000), Effekt-Prozessor (Alesis QuadraVerb) sowie einen 3D-Audio-Prozessor (Focal Point). Ergänzend gibt es einen 220V-Kraftstromregler (Pulsar) der über ein D/A-Interface angesteuert wird.
Ein wesentlicher Faktor zur unmittelbaren Präsentation von Anwendungen stellen stereoskopische Display-Systeme dar [Hodg-92]. Folgende Systeme sind verfügbar:

1. Verschlußsystem mit Shutter-Brille zur Bildbetrachtung am Workstation-Monitor (StereoGraphics CrystalEyes). Dies ist eine Standardausstattungsoption bei Hochleistungs-Workstations.

2. Head-mounted Display (Virtual Research Flight Helmet). Dieses System wurde gewählt, da es einen befriedigenden Tragekomfort bietet und sich durch ein gutes Preis-/Leistungsverhältnis auszeichnet. Ferner lassen sich recht einfach Fresnel-Linsen über die eingebaute Leep-Optik montieren. Dies ermöglicht Untersuchungen bzgl. den verschiedenen Blickfeldern beider Optiken.

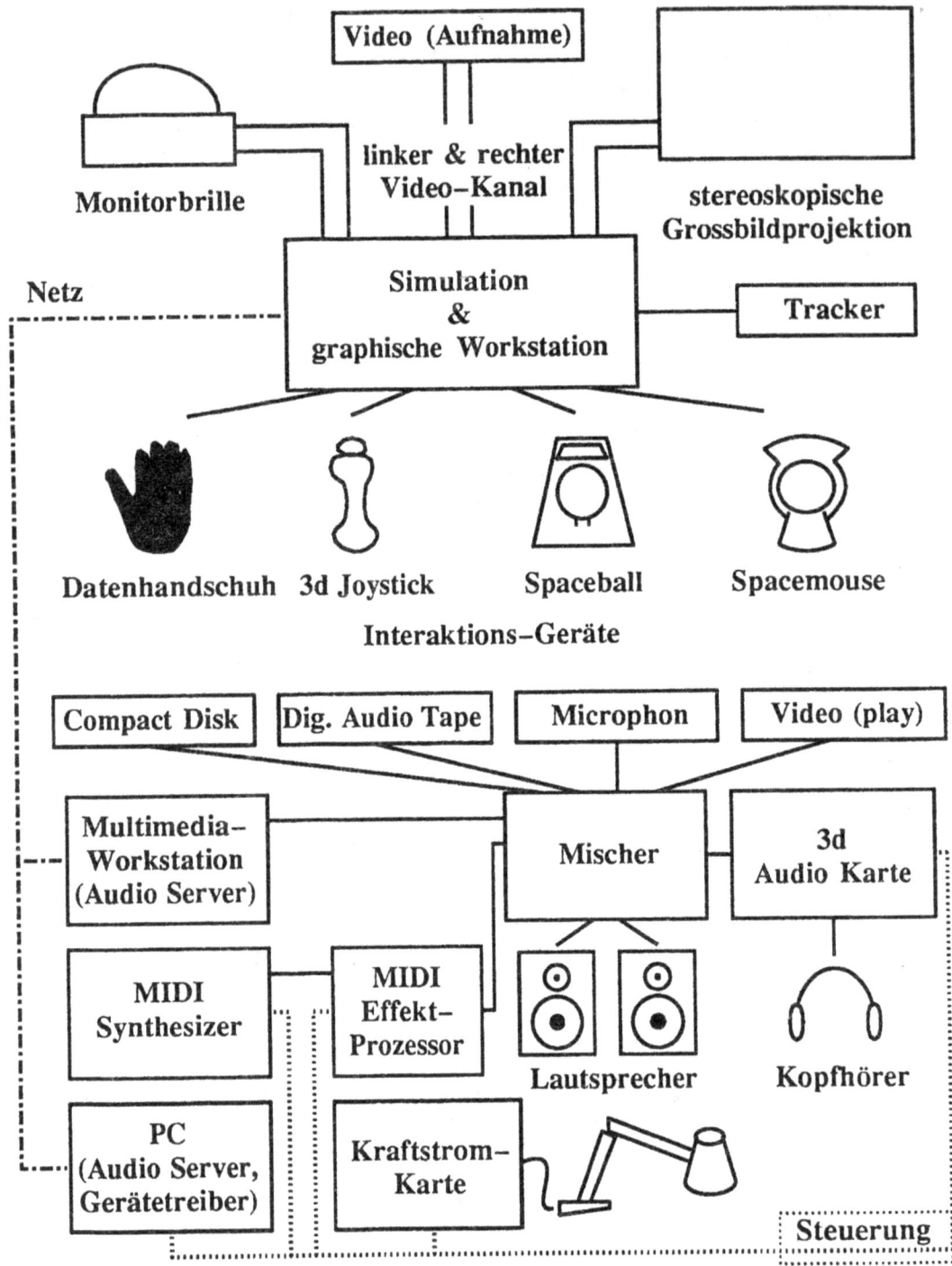

Abbildung 1: Infrastruktur am Darmstädter Demonstrationszentrum VR

3. Großbildprojektion als Rückprojektion (Electrohome ECP4100 mit dawako Opal-Screen). Für das Demonstrationszentrum wurde eine Rückprojektion gewählt, damit Personen direkt vor der Projektionswand

agieren können ohne im Lichtkegel zu stehen, wie dies bei einer Aufprojektion der Fall wäre. Die Projektionswand wurde möglichst groß gewählt (Breite: 3m, Höhe: 2m), um das Blickfeld des Betrachters so weit als möglich auszufüllen und einen Immersionseindruck zu vermitteln. Aus Platzgründen wird über einen Umlenkspiegel auf die Scheibe projiziert.

Um die Projektion stereotauglich zu machen, bestanden die Alternativen ein Verschlußsystem wie bei 1. einzusetzen oder zwei Projektoren mit Polarisationsverfahren zu verwenden. Da die in den Projektionsröhren eingesetzten Phosphore eine längere Nachleuchtdauer haben (insbesondere Grün) als die Phosphore in Monitoren, kommt es hier zu Ghosting-Effekten (d.h. Übersprechen aufeinanderfolgender Bilder). Dies ist ein deutlicher Nachteil der Verschlußtechnik und führt zu deutlichen Einbußen bei der Projektionsqualität. Aus diesen Gründen wurde am IGD ein zeitparalleles Stereoprojektionssystem, basierend auf zwei Graphikprojektoren, aufgebaut. Von der Kostenseite sind beide Alternativen ungefähr äquivalent, wenn man davon ausgeht, Präsentationen für ein Publikum von ca. 15-20 Personen zu machen, da die Shutter-Brillen einen relativ hohen Preis haben und Polarisationsbrillen preislich unbedeutend sind. Da mit polarisiertem Licht projiziert wird, muß dies bei der Wahl der Rückprojektionsscheibe berücksichtigt werden, damit die Lichtpolarisierung nicht beeinträchtigt wird.

Das Head-mounted Display und die Großbildprojektion benötigen permanent und zeitgleich ein Bildsignal für jedes Auge. Dies erfordert zur Ansteuerung entweder zwei Graphik-Generatoren (z.B. SGI SkyWriter oder Onyx) oder die Bilder müssen sequentiell erzeugt werden. Bei SGI-Workstations erlaubt eine Multi-Channel Option verschiedene Bereiche des Bildspeichers auf bis zu sechs separate Video-Kanäle auszugeben. Ein derartiges System ist im Demonstrationszentrum in der Crimson/RealityEngine installiert.

Die Geräte des Demonstrationszentrums werden von dem institutseigenen VR-System "Virtual Design" [AsFM-93ab] angesteuert und verwaltet, das auf dem VR-Toolkit des IGD basiert (Abbildung 2). Importierte Modelle können auf vielfältige Art bezüglich ihrer audiovisuellen Präsentation, der Navigation und möglichen Interaktionen über eine Datenschnittstelle auf einfache Weise konfiguriert werden. Außerdem sind eine Reihe von Werkzeugen vorhanden, die eine Szene analysieren, für die Anforderungen von VR vorbereiten, zusätzliche Beleuchtung berechnen [MüUG-93] und Geometrie mit Textur- und Farbattributen manipulieren.

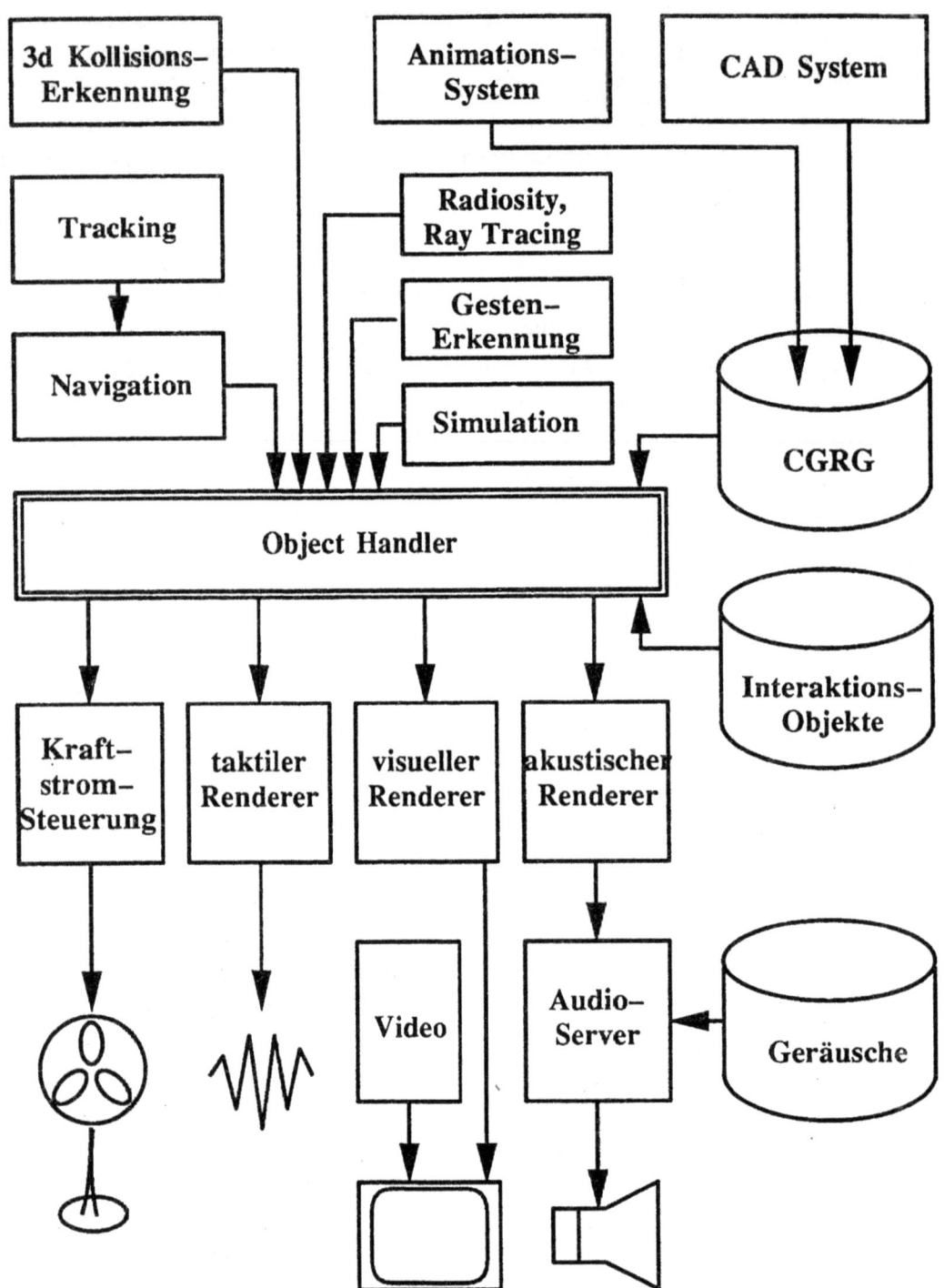

Abbildung 2: Systemarchitektur von Virtual Design

3 Industrielle Anwendungen

Auf der beschriebenen VR-Infrastruktur wurden mit Virtual Design im

Laufe der Jahre 92 und 93 vielfältige Anwendungen aus den Gebieten Innenraumgestaltung, Architektur, Stadtplanung, historische Rekonstruktion, CAD-Mechanik und Medizin durchgeführt. Dabei konnten CAD-Daten aus den verschiedensten Modelliersystemen übernommen und integriert werden.

3.1 Innenraumgestaltung

Im Bereich der Innenraumgestaltung können Planungsmodelle jeglicher Art in das VR-System übernommen werden und in diesem mit bereitstehenden VR-Interaktionstechniken begangen, betrachtet oder sogar manipuliert oder modifiziert werden [AsFe-93]. Dabei spielt es prinzipiell keine Rolle, von welchem CAD-System die Modelldaten erzeugt wurden oder aus welchem Anwendungsbereich sie stammen.

Mit einer Begehung und Betrachtung dieser Modelle können schon in einem frühen Stadium der Planung kritische Raumbereiche durch eine verblüffend realitätsgetreue Simulation der projektierten Einrichtung interaktiv getestet und Alternativen einfach und gezielt evaluiert werden, um ein optimales Planungsergebnis zu erzielen. Mit VR-Interaktionstechniken lassen sich dabei beispielsweise Farb- und Mustervarianten von Möbelstoffen durchspielen, verschiedene Stühle aus einer Büromöbelserie auswählen und plazieren oder Baudetails an Gebäudefassaden variieren.

Ein weiterer wichtiger Aspekt ist die Möglichkeit der Prüfung der Umweltverträglichkeit mit VR. Dabei kann visuell die Wirkung von Aufbauten, Maschinen und zugleich akustisch die Lärmverträglichkeit untersucht werden. In der Angebotsphase kann die Präsentation der Planung mit VR-Techniken zudem ein entscheidendes Argument für die Projektvergabe liefern.

Planungsdaten und Entwürfe beispielsweise von Ingenieurbüros, Innenarchitekten, Raumgestaltern, Kücheneinrichtern lassen sich mit VR-Techniken darstellen, um den Entwurf so zu bewerten als wäre er bereits (zumindest in einem Prototypen) realisiert. Alternativen in der Gestaltung lassen sich darstellen und unmittelbar vergleichen. Große Bedeutung wird dieser Verfahrensweise in künftigen baurechtlichen Planungs- und Genehmigungsverfahren beigemessen.

Im Laufe der letzten beiden Jahre wurden zahlreiche Modelle aus verschiedenen CAD-Systemen von Möbelfirmen übernommen und sowohl im Hause als auch auf zahlreichen Messen einem großen Publikum präsentiert (z.B. Modelle von Wilkhahn, Werndl, Kamps, FeBrü, Aebi, USM Haller; Systeme von AutoCAD, AcadBau, acad-Graph, HiCAD, Cadvance, SPIRIT, LogoCad, Nemetschek; Messen orgatec, Köln, CeBit, Hannover, CAT, Stuttgart, Systems, München).

Abbildung 3: Innenraumgestaltung (CAD-Modell Wilkhahn)

3.2 Architektur

Auch aus dem Bereich der Architektur wurden in den letzten beiden Jahren zahlreiche VR-Präsentationen durchgeführt. In Abbildung 4 sieht man beispielweise den Entwurf eine Pavillons, wie er am Eingang des englischen Gartens in München stehen könnte. Die Herausforderung dieses Architektur-Konzeptes bestand darin, den Übergangs von der Stadt in den Park in der Architektur wiederzuspiegeln. Das Gebäude besteht an der Rückseite hauptsächlich aus Betonwänden (dem Gesicht der Stadt) und geht in Richtung des Parks in organische Elemente über. Dieser Pavillon wurde von dem Architekten Hr. Economides mit dem System Allplan von Nemetschek modelliert und konnte nach geringfügiger Modifikation in unser VR-System übernommen werden.

Wie man an diesem Beispiel sieht, können mit Hilfe von VR selbst Architektur-Konzepte sehr viel besser aufgezeigt werden. Der Benutzer kann den Übergang von der Stadt in den Park selbst immersiv nachvollziehen, die Architektur kennenlernen und erforschen. Daruberhinaus zeigte sich, da mit VR-Präsentationen auch die Funktionalität einzelner Räume sowie die Zusammenstellung ganzer Komplexe einem Laien verständlicher präsentiert werden können, als mit herkömmlichen Methoden (wie z.B. zweidimensionalen Plänen oder vorgefertigten Animations-Sequenzen).

Abbildung 4:   Entwurf eines Pavillons am Eingang zum englischen Garten in München.

3.3 Stadtplanung

Die Innenstadtbereiche von Darmstadt und Erfurt sind bereits computergraphisch aufbereitet und in eine VR-Präsentation integriert. Für Darmstadt wurden beispielsweise die Katasterpläne mit einer Kamera aufgenommen und die 2D-Linienzüge von Gebäude- und Straßengrundrissen unter Verwendung von Bildverarbeitungsmethoden erschlossen. Durch Zuordnung einer festen Objekthöhe wurde dann ein einfaches dreidimensionales Modell der Stadt angefertigt, wobei wichtige Gebäude mit einem CAD-System unter Zuhilfenahme von Archivmaterial nachmodelliert werden mußten.
Moderne Computer-Graphik-Hardware erlaubt sogar das Aufbringen von realen Photographien auf das virtuelle Computer-Modell (texture mapping). Hierzu wurden viele Gebäudefassaden mit einer Videokamera aufgenommen und die eingescannten Bilder retuschiert, um störende Objekte vor den Gebäuden zu entfernen (z.B. Baugerüste, Bäume, Marktstände, Fußgänger, usw.). Diese Arbeit resultierte in dem Darmstadt-Modell, das in Abbildung 5 dargestellt ist.
Eine VR-Präsentation einer Stadt hat vielseitige Anwendungsmöglichkeiten. Einerseits kann ihre geschichtliche Entstehungsgeschichte in VR näher beleuchtet werden, indem historische Informationen bei Berührung der Gebäude abfragbar sind. Modelliert man verschiedene Stadtteile in mehreren Zeitepochen, so können sogar

städtebauliche Maßnahmen aufgrund von Stadtratsbeschlüssen nachvollzogen und in ihrer Wirkung visualisiert werden. Andererseits sind neue städtebauliche Maßnahmen als Alternativen in ein VR-System eingebbar. Dies ermöglicht eine oftmals dringend nötige, kulturbewußte Städteplanung. Darüberhinaus sind solche Präsentationen auch als Entscheidungshilfe z.B. gegenüber Denkmalpflegebehörden einsetzbar.

Abbildung 5: Das virtuelle Modell der Stadt Darmstadt.

3.4 Historische Rekonstruktion

Die Visualisierung der Kaiserpfalz Ingelheim stellte im Gegensatz zu anderen Projekten, die sich mit geplanten, in Bau befindlichen oder realisierten Gebäuden befaßten, die Aufgabe, anhand archäologischer Befunde und architektonischer sowie kunstgeschichtlicher Rekonstruktionsversuche die Kaiserpfalz in Ingelheim zu modellieren. Es wurde beschlossen, den archäologisch belegbaren Zustand aus der Stauferzeit darzustellen. Die Rekonstruktion, d.h. die CAD-Modellierung wurde vom Zentrum für Graphische Datenverarbeitung (ZGDV) in Darmstadt durchgeführt.

Das gesamte Modell der Kaiserpfalz wurde in verschiedene Gebäudeabschnitte mit jeweils getrennten Objekten unterteilt, um die vom System unterstützten Grundkörper und deren topologische Editierbarkeit gut auszunutzen. Dadurch wurde sowohl der Aufwand für das Modellieren als auch für spätere Änderungen reduziert. Die Gebäudeabschnitte wurden auf unterschiedlichen Layers angeordnet, so daß eine spätere Erweiterung des Modells um Vorgänger und Nachfolgebauten, wie auch eine Layer-orientierte Visualisierung bzw. Begehung mit Techniken der Virtuellen Realität möglich ist.

Es wurden zunächst die archäologischen und baugeschichtlichen Daten gesammelt und daraufhin ausgewertet, welche der unterschiedlichen Rekonstruktionen für das Modell gewählt werden soll. Während die Grundmauern, d.h. also die Gebäude räumlich als auch zeitlich gesichert sind, können über die Gebäudevolumen und deren Fassaden und Dachgestaltung nur Hypothesen aufgestellt werden. Grundlage dieser Vermutungen sind erhalten gebliebene Vergleichsbauten und historische Dokumente, die sowohl zeichnerische Darstellungen als auch reine Textbeschreibungen sind. Für das Modell wurde schließlich der vermutete Zustand der Kaiserpfalz in der Zeit der Staufer gewählt. Die genauen Maße der Gebäude waren nur für die Grundrisse bekannt, so daß die Höhenentwicklung in Relation zu den Grundrissen aus Rekonstruktionszeichnungen abgeleitet werden mußte.

Damit das Modell der Kaiserpfalz in einem erweiterten Kontext dargestellt werden kann, wurde über die Gebäude hinaus auch ein Geländemodell angefertigt. Grundlage des Geländemodells war mangels detaillierter, topographischer Unterlagen des Geländes ein Katasterplan mit den Höhenangaben der Kanaldeckel. Aus den Höhenpunkten wurde dann ein Höhenlinienmodell entwickelt, über das ein Gitternetz gespannt wurde. Da aus den Ausgrabungsdokumenten keine Hinweise auf den historischen Geländeverlauf entnehmbar sind, beruht die endgültige Höhenlage der Pfalz im Geländemodell auf Annahmen.

Abbildung 6: Die Kaiserpfalz zu Ingelheim

Nachdem das Modell mit einem CAD-System erstellt und auch in einigen beschränkten Ansichten visualisiert wurde, wurden die Daten in die Virtuelle Realität übernommen, um den Forderungen der Historiker nach unterschiedlichsten Ansichten sowie von virtuellen Begehungen der Kaiserpfalz (bisher über Computer-Animationen gelöst) zu genügen. Damit wurde es nicht nur ermöglicht, das verschollene kulturelle Erbe wiederzuerleben, sondern vielmehr konnten wissenschaftliche Annahmen wesentlich schneller und einfacher evaluiert und auch korrigiert werden.

3.5 CAD-Mechanik

Abbildung 7. zeigt den Behandlungsraum einer Hospitalabteilung eines Schiffes. Die Versorgungsabteilung der Firma Bloom & Voss hat hier das Problem, daß dicht unter der Decke sehr viele Versorgungsleitungen (z.B. Leitungen für Frisch-, Ab- und Balastwasser, Hydraulik, Elektronik und die Luftversorgungseinheiten) kollisionsfrei konstruiert werden müssen, was mit herkömmlichen CAD-Werkzeugen nur sehr schwer überschaubar bleibt. Deshalb wurden die mit APPLICON-BRAVO 4+ modellierten Daten der gesamten Schiffsetage in unser VR-System integriert und für eine Präsentation vorbereitet. Dadurch konnten die einzelnen Räume immersiv begangen und alle Rohrleitungssysteme bis ins letzte Detail begutachtet werden.

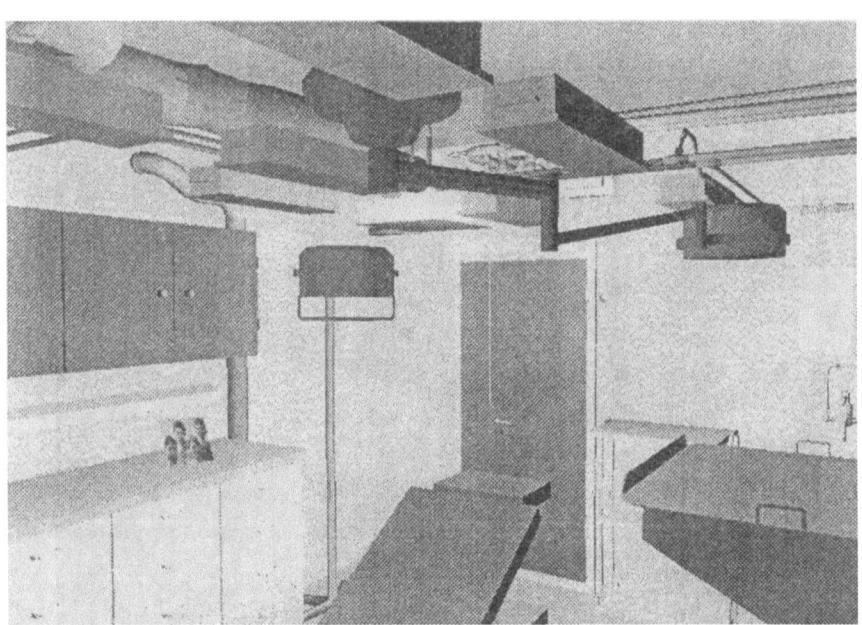

Abbildung 7: Behandlungsraum einer Schiffs-Hospitalabteilung.

Die Anforderungen an das VR-System waren hierbei sehr groß, da jedes Zimmer sehr aufwendig modelliert wurde. Die bestehende

Implementierung wurde daher um switch-Funktionalität erweitert: es wird nur der Raum dargestellt, in dem sich der Betrachter gerade befindet. Betritt der Benutzer einen anderen Raum, so schaltet das System auf die Darstellung des neuen Raums um, der vorab bereits in den Hauptspeicher geladen wurde. Dies ermöglicht die Integration von sehr großen Datenmengen in das VR-System, solange diese in betrachtungs-neutrale Teilraume zerlegt werden können.

Dieses Modell wurde erstmals auf der CAT in Stuttgart gezeigt. Die Präsentation dieses Modells wurde hierbei von dem CAD-Hersteller als praktisches Beispiel verwendet, um auf die Funktionalität und Leistungsfähigkeit ihres Produktes hinzuweisen.

3.6 Medizin

Ein vielversprechendes Anwendungsgebiet für Virtual Reality ist die Medizin. In Zusammenarbeit mit der Berufsgenossenschaftlichen Unfallklinik in Frankfurt ist ein Projekt durchgeführt worden, das zum Ziel hat einen Trainingssimulator für arthroskopische Untersuchungen zu realisieren.

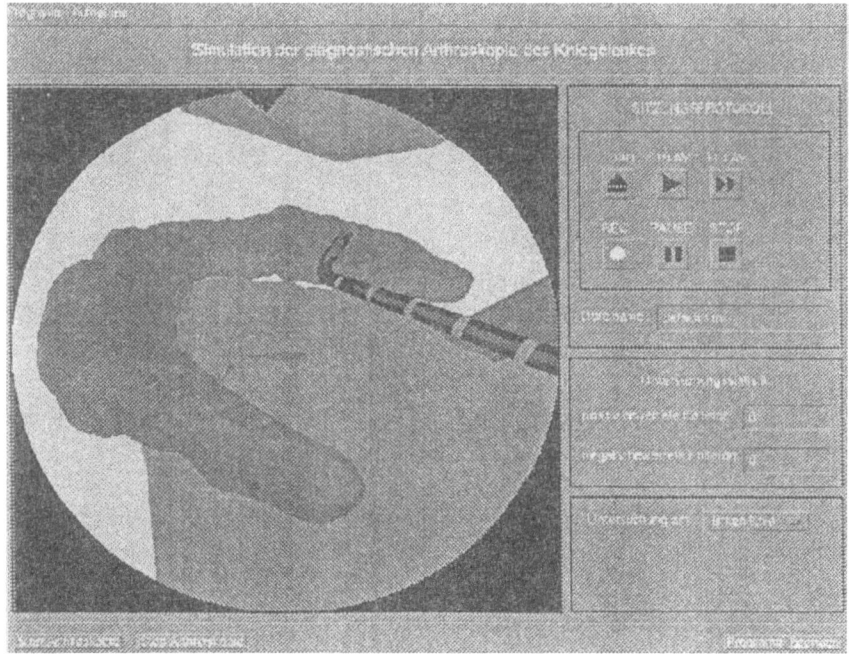

Abbildung 8: VR Arthroskopie Simulator

Traditionell wird die Arthroskopie im sogenannten "learning by doing" am Patienten erlernt. Der auszubildende Arzt assistiert einige Operationen einem erfahrenen Kollegen, um dann nach einiger Zeit selbst diese Operationen, natürlich unter Anleitung, durchzuführen. Zusätzlich wird versucht chirurgisches Training an Plastikmodellen, im Bereich arthroskopischer Chirurgie unter anderem an Plastikknien, durchzuführen. Allerdings erscheint der direkte Schritt vom Plastikmodell zum menschlichen Knie speziell unter dem Aspekt der Schonung des Patienten heute zu groß. Aus diesem Grund sind neue Ansätze im Ausbildungsbereich sehr wichtig. Mit der Fertigstellung des VR Trainingssimulators präsentiert sich eine neue Technik, die in Zukunft für die Ausbildung von Ärzten genutzt werden kann.

Der Virtual Reality Arthroskopie-Simulator basiert auf einem computergenerierten Modell eines Kniebinnenraumes, der aus einem MRI-Datensatz (magnetic resonance imaging) rekonstruiert wurde. Der MRI-Datensatz besteht aus ca. 50 Schichten, die mit einem Schichtabstand von 1,9 mm aufgenommen (gescant) wurden. Jede Schicht besteht aus 512x512 Grauwerten. Um nun diesen Rasterdatensatz in polygonale Objekte (Flächenmodell) umzuwandeln, wurde in jeder Schicht mittels Bildverarbeitungsalgorithmen die relevanten Teile des Knis (Ober-/Unterschenkel, Kniescheibe, Menisken, Kreuz-/Seitenbänder) konturiert und extrahiert. Das so erhaltene Konturmodell des Kniebinnenraumes wurde dann mittels Visualisierungstechniken in ein polygonales dreidimensionales Modell umgewandelt.

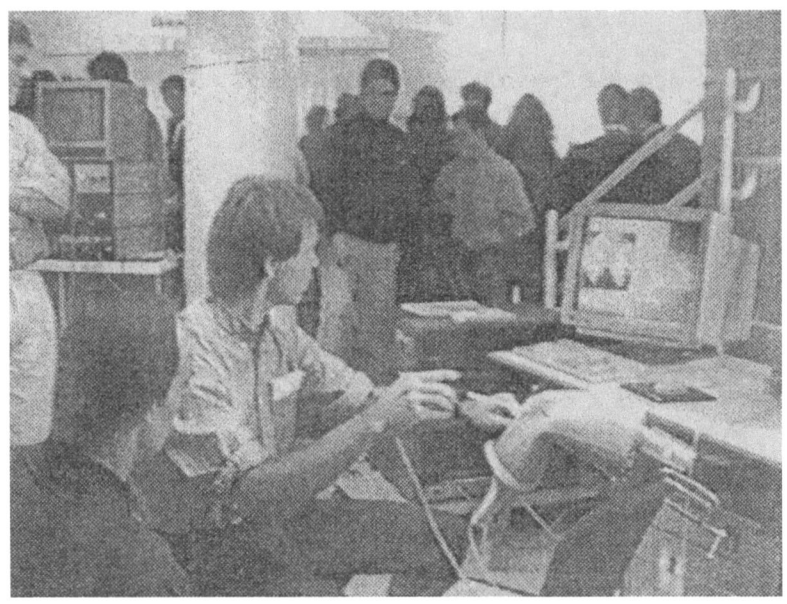

Abbildung 9: Präsentation in der Berufsgenossenschaftlichen Unfallklinik in Frankfurt

Dieses aufwendige Verfahren ist notwendig um die Manipulation des Computermodells in Echtzeit zu gewährleisten. Der Ausgangsdatensatz von ca. 13 Millionen Voxeln (Volumenelementen) ist zu groß und wird daher in ein Flächenmodell mit ca. 15.000 Flächen umgewandelt. Dieses

Flächenmodell kann nun in Echtzeit "untersucht" werden (siehe Abbildung 8).

Die Arthroskopie, d.h. Einführen des Arthroskops und des Tasthakens und die Untersuchung des Kniebinnenraumes, wird mittels eines Tracking-Systems simuliert. Trackingsensoren sind jeweils an Arthroskop und Tasthaken befestigt. Somit läßt sich die Position mit einer Genauigkeit von 0,8 mm und die Orientierung mit einer Genauigkeit von 0,15° bestimmen. Entsprechend der Positionsänderungen wird von dem angeschlossenen Graphik-Rechner in Echtzeit ein neues Bild generiert.

Der Arzt kann an diesem Trainingssimulator die Untersuchung so oft üben, bis er diese sicher beherrscht. Der entwickelte Simulator beinhaltet daher Mechanismen um jede Trainingssitzung zu protokollieren, um eine Kontrolle über seine Lernfortschritte zu haben.

Der Virtual Reality Arthroskopie-Simulator wurde auf dem "Frankfurter Sportmedizin-Wochenende" am 5. Dezember 1993 erstmalig präsentiert (Abbildung 9) und fand sehr große Resonanz.

3.7 Forschung und Entwicklung

Virtuelle Realität ist eine innovative Disziplin, die auf Techniken und Verfahren vieler verwandter Fachgebiete wie der Physik, Mathematik und den Ingenieurwissenschaften zurückgreift, um virtuelle Welten zu erschaffen. Bei einem reichen Angebot an Forschungs- und Entwicklungs-Thematiken müssen viele verheißungsvolle Ideen erst evaluiert und auf ihre praktische Verwendbarkeit geprüft werden.

Im Bereich der Forschung und Entwicklung von Techniken und Systemkomponenten für Anwendungen der Virtuellen Realität ist das IGD an vorderster Front beteiligt. Beispiele für durchgeführte oder gegenwärtige Arbeiten:

- Assemblierung/Disassemblierung: Simulation einer konstruktiven bzw. destruktiven Tätigkeit, beispielsweise dem Zusammenbau bzw. der Zerlegung eines Getriebes.

- Intuitive Modellierung: Nach dem Vorbild der antiken Töpferscheibe wird ein plastisches Objekt (Lehm- bzw. Tonklumpen) mit der Hand modelliert.

- Simulation: Nach den zahlreichen Walkthrough- oder Flyby-Anwendungen ist die Belebung Virtueller Welten mit Menschen, Tieren, Pflanzen oder sonstigen artifiziellen Kreaturen oder Maschinen mit teilweise eigenständiger Intelligenz oder Verhaltensnormen ein wichtiger Schritt zu einer Simulation komplexer, dynamischer Welten.

Die allgemeinen Voraussetzungen zur Integration beliebiger vorausberechneter Ergebnisse oder von Simulationsmodulen wurden geschaffen [AsDa-93].

- Inverse Kinematik: Physikalische Gesetzmäßigkeiten, die aus dem alltäglichen Leben bekannt sind, werden auf virtuelle Objekte angewendet. Beispielsweise werden die Glieder einer Schreibtischlampe durch Rückberechnung korrekt mittransformiert, wenn der Lampenkopf bewegt wird [AsDa-93].

- Mehrbenutzer-Systeme: Die Begegnung und das kooperative Arbeiten mehrerer Benutzer in einer gemeinsamen virtuellen Umgebung beseitigt physikalische Raum-Zeit-Restriktionen. Hier spielen Zeitaspekte beispielsweise bei interkontinentalen Verbindungen eine große Rolle und müssen durch ein Konzept für Vergangenheit, Gegenwart und Zukunft berücksichtigt werden. Ein Prototyp wird im Laufe des Jahres 94 auf einer Messe präsentiert werden.

- Abstrahierung der Spezifika von Interaktionsgeräten: Das Angebot an Interaktionsgeräten ist sehr umfangreich und wird ständig erweitert. Die Abstraktion von Gerätespezifika und die Klassifizierung und Reduktion ihrer Funktionalität auf logische Eingabeklassen erleichtert die Integration zukünftiger Geräte wesentlich.

Abbildung 10: Raumakustik

- Akustische Simulation: Systeme der Virtuellen Realität zielen auf die Ansprache und Stimulierung aller menschlichen Sinne. Neben dem Gesichtssinn trägt der Hörsinn zu einem deutlich gesteigerten Erleben Virtueller Welten bei. Mit der Verfügbarkeit akustischer Geräuscherzeuger kann nicht nur die Beleuchtung sondern auch die Akustik in Räumen, Gebäuden, Städten und Landschaften simuliert und präsentiert werden (Abbildung 10) [Asth-93].

- Beleuchtungs-Simulation: Neben den standardmäßig rechnerintegrierten Beleuchtungsfunktionen spielt die Simulation der diffusen Lichtverteilung eine große Rolle zur Erzielung einer realistischen Präsentation. Mit einem Werkzeug kann eine Szene aufbereitet und nach der Radiosity-Methode beleuchtet werden [MüUG-92].

- Automatische Level-of-Detail Generierung: Selbst ein Hochleistungs-Graphik-Rechner ist in der Anzahl der darzustellenden Flächen pro Sekunde begrenzt. Um auch beliebig komplexe Modelle präsentieren zu können, ist die Anwendung von Level-of-Detail-Konzepten der einzige Weg, die Szenenkomplexität zu beherrschen.

4 Das Leistungsangebot des Demonstrationszentrums VR

Das Leistungsangebot des lokalen Technologie- und Kompetenzzentrums in Darmstadt umfaßt:
- Veranstaltungen,
- Schulungen,
- Beratungen,
- Studien,
- Auftragsforschung und Entwicklungen.

Veranstaltungen des Demo-Zentrums umfassen:
- Internationale Seminarreihe in Darmstadt mit VR-Pionieren,
- Arbeitskreis VR im ZGDV,
- EUROGRAPHICS-Workshops on Virtual Environments,
- sowie die Teilnahme an wesentlichen VR-Veranstaltungen in Deutschland, Europa, USA, Japan, Korea und China.

Schulungsmaßnahmen des Demonstrationszentrums beinhalten:
- 3 stündige Kompaktseminare (Informationsseminare),
- 1 tägige Einführungsseminare des Demo-Zentrums,
- 1-2 tägige Seminare zu speziellen Themen, wie Radiosity, VR-Geräte, Programmierung, Modellierung, etc.

Die Kompaktseminare werden 1-2 mal monatlich angeboten. Sie dienen der wissenschaftlich-technisch fundierten Information über VR. Viele Unternehmen, insbesondere kmUs haben bereits Mitarbeiter zu diesem Seminar entsandt. Seit der Einführung im Februar 1993 ist dieses Seminar jeweils ausgebucht.

'Standard'-Beratungen im Themengebiet VR werden innerhalb des Demo-Zentrums ebenfalls angeboten. Für einen überschaubaren Betrag von DM 1000.- bietet das Demo-Zentrum eine individuelle ca. 2 stündige Beratung an, die dazu dient, die Technologie mit ihren Grenzen und Möglichkeiten kennenzulernen und den indviduellen Einsatz der VR-Techniken mit den Firmen zu diskutieren und Lösungskonzepte zu erarbeiten. Diese kostengünstige Beratung ist mittlerweile von ca. 40-50 Unternehmen in Anspruch genommen worden. Zu diesen Unternehmen zählen u.a. WeberHaus, SBG, FSP, TPS, Business Consult, ECG, Siemens AG, FhG-ISE, Asta-Medica AG, Diebold, Atlas Elektronik, Nintendo, Performance, Krupp, Messe München, Spektrum Verlag.

Externe Präsentationen von VR und VR-Anwendungen werden im Rahmen des DZ vor Ort bei kmUs durchgeführt. Dazu wird jeweils die gesamte Anlage zum Sitz des Auftragsgebers transportiert und dort installiert. Die Präsentationen dienen der Unterrichtung, Weiterbildung, Information einer größeren Anzahl von Mitarbeitern oder Benutzern des Auftraggebers, teilweise wird diese Art der Präsentation auch zur Marketingunterstützung verwendet. Seit bestehen des Demonstrationszentrum wurden ca. 10 externe Einsätze dieser Art durchgeführt, z.B. für Firmen wie Nemetschek, Wilkhahn, Applicon, Autodesk, CAD&Art, SAT1, Werndl, FeBrü.

Letztlich werden im Demo-Zentrum Auftragsentwicklungen und -Auftrgasforschungen angeboten. Im Rahmen des von der FhG finanzierten Anteils wird derzeit eine harmonisierte VR-Datenschnittstelle entwickelt, die zunächst als FhG-interner Standard erprobt werden soll. Im Rahmen der Auftrags-F&E-Arbeiten wurden u.a. die oben aufgeführten Projekte durchgeführt.

5 Zusammenfassung und Zukunftsperspektiven

Man muß VR heute als eine der künftigen Mensch-Maschine-Schnittstellen sehen. Ebenso wie sich heute die Fenstertechnik und Graphik in nahezu allen Anwendungsbereichen etabliert hat, werden künftig VR-Techniken und -geräte die Kommunikation zwischen dem Menschen und der Maschine tragen. In vielen Anwendungen, in denen bereits heute der Einsatz der Rechnertechnik möglich wäre, aber aufgrund unzulänglicher (da 'unfreundlicher') Benutzerschnittstellen und Präsentationsformen dies abgelehnt wird, beginnt VR überzeugend zu

wirken (z.B. im künstlerischen, gestalterischen Bereich, Hilfe für Behinderte).
Zur Zeit wird VR-Technologie in technischwissenschaftlichen Einsatzgebieten, in der Sichtsimulation und im Unterhaltungs- und Freizeitbereich erprobt. Die Systeme für die virtuelle Realität verfügen - der passiven Plot-Graphik der Vergangenheit und der derzeitigen interaktiven 3D-Farbgraphik folgend - über ein noch nicht vollständig überschaubares Einsatzpotential in allen interaktiven Anwendungen mit Anspruch auf benutzerfreundliche Mensch-Maschine-Schnittstellen. Man kann davon ausgehen, daß mit der nächsten Generation der VR-Geräte künftig in vielen wissenschaftlichen
und technischen Disziplinen VR-Techniken erprobt und evaluiert werden. Es werden sich dabei sicherlich eine Fülle von Anwendungsbereichen herauskristallisieren, in denen VR als ein geeignetes Werkzeug für kosteneffektive Produkt- und Verfahrensgestaltung gesehen wird.

6 Literatur

[AEFF-92] Astheimer, P., Encarnacao, J.L., Felger, W., Frühauf, M., Göbel, M., Karlsson, K.: *Interactive modeling in high-performance scientific visualization - the VIS-A-VIS project*, computers in industry, vol. 19, no, 2, 1992, North-Holland, pp. 213 - 225

[AsDa-93] Astheimer, P., Dai, F.: *Dynamic Objects in Virtual Worlds - Integrating Simulations in a Virtual Reality Toolkit*, Proceedings ESS '93, the European Simulation Symposium, Delft, October 25 - 28, 1993, pp. 299 - 304

[AsFe-93] Astheimer, P., Felger, W.: *Virtuelle Realität in der Architektur*, Bau-Informatik, Werner-Verlag, Düsseldorf, Heft 2, 1993, pp. 54 - 58

[AsFM-93a] Astheimer, P., Felger, W., Müller, S.: *Virtual Design - A Generic Virtual Reality System*, in: Göbel, M. (Ed.): 1st Eurographics Workshop on Virtual Environments, September 7th, Barcelona, Spain, 1993, pp. 41 - 57

[AsFM-93b] Astheimer, P., Felger, W., Müller, S.: *Virtual Design - A Generic VR System for Industrial Applications*, Computers & Graphics, Pergamon Press, vol. 17, no. 6, November 1993, pp. 671 - 678

[AsGö-93] Astheimer, P., Göbel, M.: *Integration akustischer Effekte und Simulationen in VR-Entwicklungsumgebungen*, in: Warnecke, H.J., Bullinger, H.-J. (Hrsg.): Virtual Reality '93, Springer Verlag, Februar 1993, pp. 187 - 208

[Asth-92] Astheimer, P.: *Sonification in Scientific Visualization and Virtual Reality Applications*, in: Visualisierung, Rolle von Echtzeit und Interaktivität, GI Workshop, St. Augustin, Juni 1992

[Asth-93a] Astheimer, P.: *Realtime Sonification to enhance the Human-Computer-Interaction in Virtual Worlds*, in: Fourth Eurographics Workshop on Visualization in Scientific Computing, Abingdon, England, April 1993

[Asth-93b] Astheimer, P.: *Sounds of Silence - How to animate Virtual Worlds with Sound*, Proceedings of ICAT/VET, Houston, Texas, May 1993

[Asth-93c] Astheimer, P.: *What you see is what you hear - Acoustics applied to Virtual Worlds*, IEEE Symposium on Virtual Reality, San Jose, USA, October 1993, pp. 100 - 107

[BöHV-92] Böhm, K.; Hübner, W.; Väänänen, K.: *GIVEN: Gesture driven interactions in virtual environments - A toolkit approach to 3D interactions*, in: Proc. Interface to Real & Virtual Worlds, Montpellier (France), 1992, pp. 243-254

[Broo-86] Brooks Jr., F.P.: *Walkthrough - A Dynamic Graphics System for Simulating Virtual Buildings*, in: ACM Proc. 1986 Workshop on Interactive 3D Graphics, Oct. 1986, pp. 9-21

[Brys-92] Bryson, S.: *Implementation of Immersive Virtual Environments*, course notes, SIGGRAPH 1992

[CaHa-93] Carlsson, C.; Hagsand, O.: *The MultiG Distributed Interactive Virtual Environment*, in: Proceedings InterCHI, Amsterdam 1993

[Carr-90] Carrabine, L.: *Plugging into the Computer to Sense*, Computer-Aided Engineering, June 1990, pp. 16-26

[EAFF-91d] Encarnacao, J.L., Astheimer, P., Felger, W., Frühauf, M., Göbel, M., Karlsson, K.: *Graphics Modeling as a Basic Tool for Scientific Visualization*, in: Kunii, T.L. (Hrsg.): Modeling in Computer Graphics, Proceedings of the IFIP WG 5.10 Working Conference, Tokyo, Japan, April 8-12, 1991, pp. 293 - 320, Springer-Verlag

[FeFG-93] Felger, W., Fröhlich, T., Göbel, M.: *Techniken zur Navigation durch virtuelle Welten*, Proceedings VR '93, Stuttgart, Februar 1993

[Felg-92] Felger, W.: *How interactive visualization can benefit from multi-dimensional input devices*, in: Alexander, J. R., (Ed.), Visual Data Interpretation, SPIE 1992

[Felg-93] Felger, W.: *Konzept und Realisierung eines Demonstrationszentrums für Anwendungen der Virtuellen Realität*, Proceedings 3. GI-Workshop, Sichtsysteme, Wuppertal, 18./19. November 1993

[Göbe-92] Göbel, M.: *Virtuelle Realität - Technologie und Anwendungen*, in: Nastansky, L. (Hrsg.): Multimedia und Imageprozessing, AIT Verlag, 1992

[GöNe-93] Göbel, M., Neugebauer, J.: *The virtual reality demonstration centre*, Computers & Graphics, Pergamon Press, vol. 17, no. 6, November 1993, pp. 627 - 632

[Hodg-92] Hodges, L.F.: *Time-multiplexed Stereoscopic Computer Graphics*, IEEE CG&A, Vol. 12,2, pp. 20-30

[Kutt-73] Kuttruff, H.: *Room Acoustics*, Applied Science, London

[MüUG-93] Müller, S., Unbescheiden, M., Göbel, M.: *Genesis - Eine interaktive Forschungsumgebung zur Parallelisierung des Radiosity-Verfahrens für die virtuelle Welt*, Proceedings VR '93, Stuttgart, Springer Verlag, Februar 1993

[Pent-90] Pentland, A. P.: *Computational Complexity Versus Simulated Environments*, Computer Graphics, Vol. 24, No. 2 (1990), ACM SIGGRAPH, New York

[PiTe-93] Pimentel, K.; Teixeira, K.: *Virtual Reality - Through the new looking glass*, Intel/Windcrest/McGraw-Hill, 1993

[SZEG-93] Shi, J., Zhang, A., Encarnacao, J.L., Göebel, M.: *A modified radiosity algorithm for integrated visual and auditory rendering*, Computers & Graphics, Pergamon Press, vol. 17, no. 6, November 1993, pp. 633 - 642

[StCa-92] Strauss P. S., Carey R.: *An Object-Oriented 3D Graphics Toolkit*, ACM Computer Graphics (SIGGRAPH '92 Proceedings), 26(2), pp. 341-349, July 1992.

[VäBö-92] Väänänen, K.; Böhm. K.: *Gesture Driven Interaction as a Human Factor in*

Nutzungskonzepte von Virtual Reality

ROTEX - Die Telerobotik-Konzepte des ersten Roboters im Weltraum

G. Hirzinger, K. Landzettel, L. Heindl, B. Brunner

ROTEX – Die Telerobotik-Konzepte des ersten Roboters im Weltraum

G. Hirzinger, K. Landzettel, J. Heindl, B. Brunner

Ende April 93 führte erstmalig in der Geschichte der Raumfahrt bei der Spacelab-D2-Mission ein kleiner, mit lokaler, "multisensorieller" Intelligenz ausgestatteter Roboter an Bord eines Raumfahrzeuges prototypische Aufgaben völlig flexibel in den unterschiedlichsten Betriebsarten durch; nämlich vorprogrammiert (und während der Mission vom Boden aus umprogrammiert), von Astronauten über die sog. DLR-Steuerkugel und einen TV-Stereo-Monitor ferngesteuert, aber auch direkt vom Boden aus ferngesteuert, sei es durch den Menschen oder rein maschinell. Der Roboter mußte in diesen Betriebsarten Steckverbindungen in Form eines Bajonett-Verschlusses lösen bzw. wiederherstellen, mechanische Strukturen zusammen- bzw. auseinanderbauen und ein freifliegendes Objekt einfangen.

Der Vortrag beschreibt Schlüsseltechnologien, die für den Erfolg dieses Roboter-Technologie-Experiments entscheidend waren, insbesondere die multisensorielle Greifertechnologie, die lokale Sensorrückkopplung an Bord sowie das darauf aufbauende Telerobotik-Konzept mit der prädiktiven 3D-Grafik-Simulation (also der "virtuellen" Roboter-Welt). Durch letztere gelang es, die Signallaufzeiten von bis zu 7 Sekunden zu kompensieren.

Prof. Dr.-Ing. Gerd Hirzinger,
Direktor des Instituts für Robotik und Systemdynamik der
DLR Oberpfaffenhofen (Deutsche Forschungsanstalt für Luft und Raumfahrt),
D-82234 Weßling.

Dipl.-Ing. Klaus Landzettel, wissenschaftlicher Mitarbeiter der DLR

Dipl.-Ing. Johann Heindl, wissenschaftlicher Mitarbeiter der DLR

Dipl.-Inform. Bernhard Brunner, wissenschaftlicher Mitarbeiter der DLR

1 Einführung

Automation und Robotik entwickelt sich zu einem der interessantesten Themen künftiger Raumfahrt-Technik; anvisierte Einsatzgebiete sind Experimenthandhabung, Montage und Wartung von Raumfahrtsystemen bei gleichzeitiger Reduzierung teurer bemannter Missionen. Die Erwartung auf einen breiten Technologietransfer in terrestrische Anwendungen scheint berechtigter als auf vielen anderen Gebieten der Raumfahrttechnik.

So nimmt es nicht wunder, daß in verschiedenen Ländern intensive Aktivitäten in Richtung Raumfahrtrobotik gestartet wurden. Eines der größten Projekte ist sicher das von Kanada konzipierte Mobile Servicing Center (MSC) für die amerikanische Raumstation; es besteht aus einem großen Manipulator und 2 kleineren Armen mit je 7 Freiheitsgraden. Vergleichbare Projekte sind etwa die japanischen Pläne für einen Raumstations-Manipulator (JEM-RMS) oder für ein freifliegendes Tele-Roboter-System ETS-VII. Während man den bereits häufiger bei Spaceshuttle Flügen eingesetzten Manipulator, der allerdings nur die direkte Steuerung durch Astronauten erlaubt, schon als Vorläufer für einen künftigen Raumstationsmanipulator bezeichnen kann, gab es bisher in Europa keine Erfahrung mit Raumfahrt-Robotik.

Wir haben andererseits früh die Überzeugung vertreten, daß es keinen Sinn macht, von "null" Erfahrung auf ein operationelles System zu springen. So entstand 1986 der Vorschlag, bei der Spacelab-Mission D2 ein Roboter-Technologie-Experiment ROTEX mitzufliegen. Die D2-Mission fand nach vielen Verschiebungen vom 26. April bis 6. Mai 1993 statt und war im Hinblick auf ROTEX ausgesprochen erfolgreich. Das ROTEX-Konzept war so angelegt, daß es einerseits soviel sensorbasierte Bordautonomie vorsah wie nach dem heutigen Stand der Technik möglich, daß es aber andererseits auf die enge Kooperation von Mensch und Maschine über leistungsfähige Telerobotik-Strukturen setzte, weil darin u.E. noch für viele Jahre der Schlüssel für die Entwicklung künftiger Raumfahrt-Roboter liegt, die insbesondere auch vom Boden aus fernsteuerbar sind. Sowohl von der Vielfalt an Aufgaben als auch von den Betriebsarten her, versuchte ROTEX auf breiter Front die wichtigsten Technologien voranzutreiben; z.B. zielten die Prototyp-Aufgaben darauf hin, sowohl labor-interne Experiment-Handhabung als auch Montage sowie die Reparatur von Satelliten (Einfangen eines freifliegenden Objekts) vorzubereiten. Die Schlüsseltechnologien des Experiments seien im folgenden näher erläutert.

2 ROTEX-Konfiguration und -Ziele

Die wesentlichen Merkmale des Experiments waren (*Bild 1 und 2*).

- Ein kleiner, 6-achsiger Roboter (Arbeitsbereich $\approx$ 1 m) flog im Inneren eines Spacelab-Experiment-Racks, seiner "Arbeitszelle", in der auch die zu

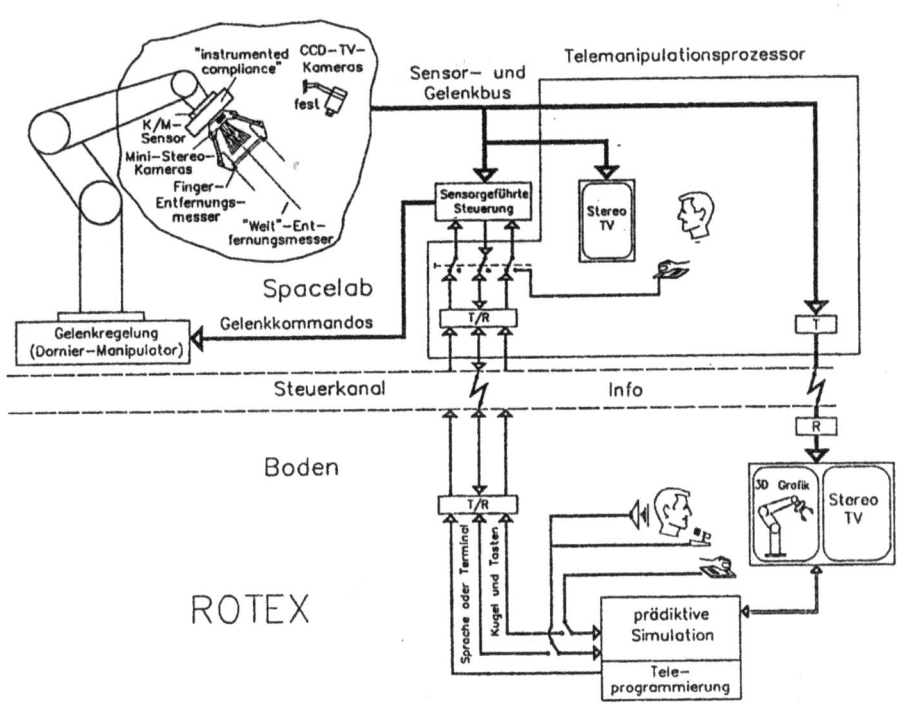

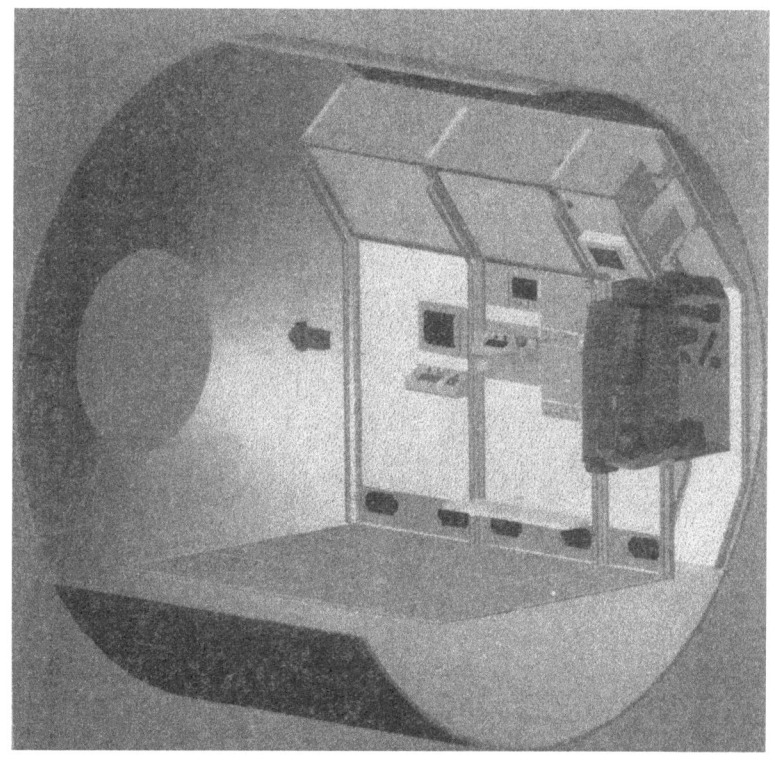

Bild 1 Schematische Darstellung der ROTEX - Steuerstrukturen (oben) und der Spacelab-Integration (Foto: DORNIER)

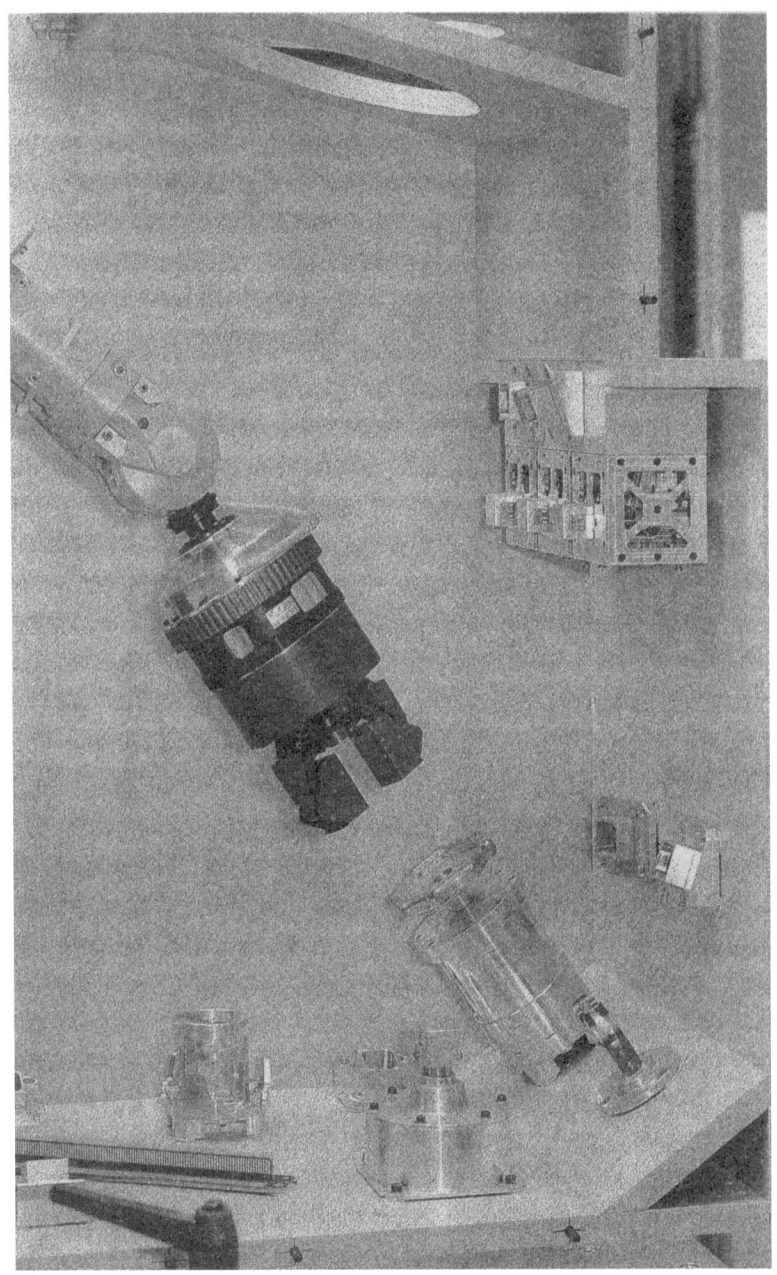

Bild 2 Experiment-Nachbildung im DLR-Labor. Der multisensorielle Greifer steht vor dem Bajonettverschluß (ORU), schräg unter den 3 gitterförmigen Montagewürfeln

handhabenden Teile befestigt waren. Sein Greifer enthielt eine Reihe von Sensoren, insbesondere zwei unterschiedlich arbeitende Kraft-Momenten-Sensoren, taktile Berührflächen-Sensorik, 9 Laser-Entfernungsmesser und ein winziges Paar von Stereokameras. Zusätzlich war in der Arbeitszelle noch ein weiteres Paar von Stereo-Kameras angebracht.

- Die Hauptaufgaben für den Roboter waren

    a) eine mechanische Gitterstruktur aus drei gleichartigen Würfeln zusammenbauen,

    b) einen Bajonett-Verschluß heraus- und an anderer Stelle wieder hineinzudrehen (orbit replaceable unit exchange ORU),

    c) ein freifliegendes Objekt aussetzen und wieder einfangen.

- Eine Vielfalt von Betriebsarten wurde erprobt

    – Teleoperation an Bord (wobei die Astronauten einen Stereo-TV-Monitor und die DLR-Steuerkugel verwendeten)

    – Teleoperation vom Boden (über prädiktive Computergrafik) sowohl über den menschlichen Operateur als auch über maschinelle Intelligenz

    – sensorbasierte (aber daneben auch konventionelle) Off-line Programmierung am Boden, die einer Philosophie des "Lernens durch Vormachen in einer virtuellen Welt" mit späterer, sensorgeregelter Ausführung an Bord entsprach.

Allen auf Sensorrückkopplung basierenden Betriebsarten lag einheitlich das Konzept der "Tele-Sensor-Programmierung" zugrunde, auf das weiter unten noch näher eingegangen wird.

- Typische Experimentziele waren

    – Gelenkregelkonzepte (mit Reibmodellbeobachtern) unter Schwerelosigkeit zu erproben (Beitrag der Uni Paderborn) und Automatik-Bahnen so beschleunigungsarm zu planen, daß andere Schwerelosigkeitsexperimente nicht gestört wurden (ein Beitrag der Uni Dortmund).

    – Erfahrung mit der Teleoperation durch Astronauten in Schwerelosigkeit zu gewinnen, insbesondere in Verbindung mit einer 6-Freiheitsgrad-Mensch-Maschine-Schnittstelle ohne Kraftreflexion, wie sie die DLR-Steuerkugel darstellt.

    – Die Leistungsfähigkeit eines komplexen, multisensoriellen Robotersystems, basierend auf Konzepten der Autonomieteilung zwischen Mensch und Maschine, in einer realen Mission zu demonstrieren und die Beherrschbarkeit großer, variierender Signallaufzeiten durch prädiktive Stereo-Grafik-Boden-Simulation im praktischen Einsatz nachzuweisen.

Daneben waren aber z.B. auch Fragen der "Im-Flug-Kalibration" des Roboters (über die Entfernungsmesser im Greifer) durch Anfahren von Referenzobjekten von großem Interesse (ein Beitrag des IPK Berlin).

Im vorliegenden Aufsatz sollen allerdings vornehmlich die für ROTEX bei der DLR entwickelten Sensorik-, Mechatronik- und Telerobotik-Konzepte erläutert werden.

3 Die Sensorik- und Mechatronik-Aspekte

Der ROTEX-Endeffektor ist ein komplexer multisensorieller Zwei-Finger-Greifer. Die Greifer- Sensoren gehören zu der neuen Generation von DLR-Roboter-Sensoren basierend auf einem Multisensorkonzept, bei dem alle Analog-Vorverarbeitung und die digitale Signalauswertung völlig modular in jedem Sensor selbst oder wenigstens noch in der Handwurzel durchgeführt wird (*Bild 3*). Zur Datenübertragung dient ein 375 kBaud schneller, serieller Hochgeschwindigkeitsbus. Daher führen nur 2 Signalleitungen aus dem Greifer, ergänzt durch zwei 20 kHz Versorgungsleitungen, aus denen sich jeder Sensor über einen winzigen Transformator die von ihm individuell benötigten Spannungen abgreift und gleichrichtet.

Im Greifer sitzen 15 Sensoren (neben den Halldetektoren für die Greiferpositionserfassung), nämlich (*Bild 3, 4 und 5*):

a) Ein Array von 9 Laser-Entfernungsmessern auf Basis der Triangulation, davon einer für die Weit-Entfernungen von 3-35 cm (halbe Streichholzschachtel-Größe) und in jedem Finger 4 weitere Nah-Entfernungsmesser für Bereiche von 0-3 cm.

b) Ein taktiles Array (Gesamtfläche 32 x 16 mm) von 4x8 "Taxel"-Elementen in jedem Finger, basierend auf leitfähigem Gummi-Material, wie es von der Fachhochschule Aalen in einer Grundversion entwickelt worden war. Der Zustand der binär arbeitenden Taxel wird über Analog-Multiplexer seriell ohne zusätzlichen Verdrahtungsaufwand, gekoppelt an die Finger-Entfernungsmesser-Elektronik, übertragen.

c) Ein steifer 6 Komponenten-Kraft-Momenten-Sensor auf DMS-Basis und ein wesentlich nachgiebigerer optisch messender. Ursprünglich war an eine Entscheidung zwischen diesen Systemen gedacht, doch wie aus *Bild 3 und 5* zu erkennen, wurden sie letztendlich im Sinne eines redundanten Systems beide ringförmig um den Greiferantrieb gelegt, wobei die optische "instrumented compliance" auf Kommando ver- und entriegelbar ist. Die Ringform für diese Sensoren weist verschiedene Vorteile auf:

- Sie verlängert die axiale Handwurzel-Länge nicht.

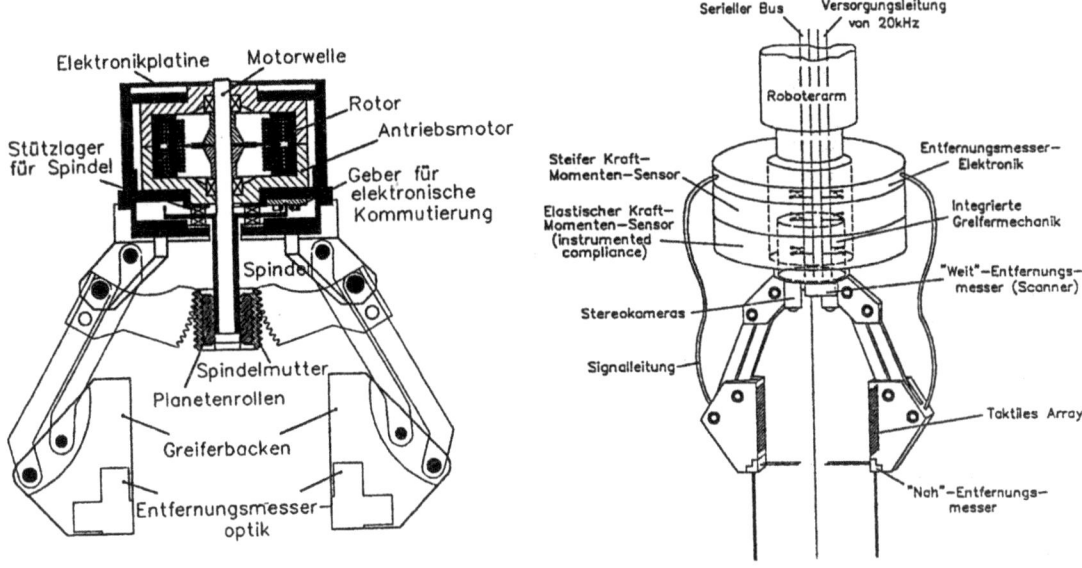

Bild 3 Schematische Darstellung des multisensoriellen Greifers

Bild 4 Der ROTEX-Greifer enthält insgesamt 16 Sensorsysteme

Bild 5   Der ROTEX-Greifer enthält mehr als 1000 SMD-Elektronik-
         Komponenten

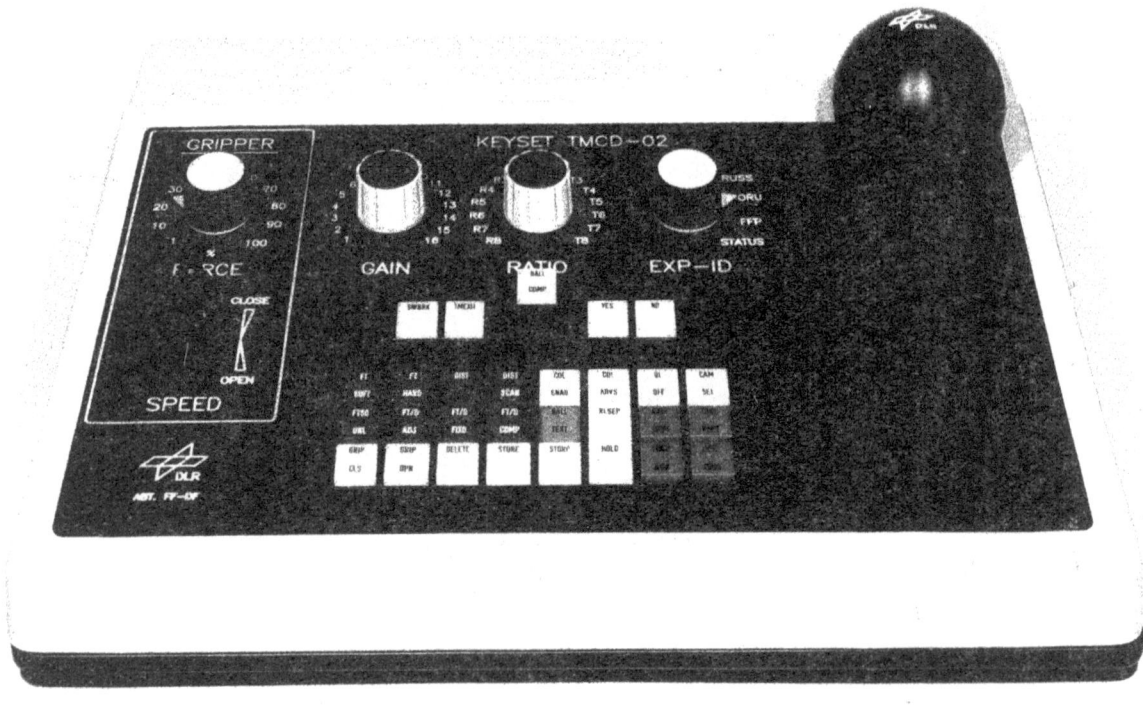

Bild 6   Die Boden-Fernsteuer-Konsole mit Steuerkugel und Greifer-
         Positions- bzw. Kraftsteuerung

- Sie bringt das Meßsystem näher an den Kraft-Momenten-Ursprung und ergibt ein besseres Verhältnis von Momenten-zu Kraft-Bereich im Vergleich zu einer kompakten Form.

Die optisch messende "instrumented compliance" wurde z.B. in /10/ beschrieben. Sie stellt auch das Kernsystem der DLR-Steuerkugeln dar, mit denen sowohl realer als auch graphisch simulierter Roboter bzw. das graphische Weltmodell in gleichzeitig 6 Freiheitsgraden gesteuert wurden (*Bild 6*). Weitere Zeichnungen bzw. Abbildungen der Sensorik finden sich z.B. in /16/.

Der steife, auf Dehnungsmeßstreifentechnik basierende Kraft-Momenten-Sensor arbeitet nicht mehr wie vergleichbare Systeme mit Speichen und Stützen, sondern basiert auf der Verbiegung von Membranen. Er führt automatische Temperaturkompensation durch mit Hilfe von Temperatur-Kennlinien, die während des Kalibriervorgangs aufgenommen werden.

d) Ein Paar winziger Stereo-CCD-Kameras, deren Objektive nicht viel größer als ein Streichholzkopf sind, mit einem "Augenabstand" von ca. 16 mm. Ein weiteres Stereo-Kamerapaar war darüberhinaus fest in die Arbeitszelle integriert; auch vom Boden aus konnte entweder das Handkamera-Paar oder das feststehende Kamerapaar angewählt werden.

e) Ein elektrischer Greiferantrieb, dessen Motor bzgl. des Datenbussystems wie ein Sensor behandelt wurde. Ein ESCAP-Schrittmotor war zu diesem Zweck über eingebaute Halldetektoren und entsprechende Kommutierungselektronik in einen bürstenlosen Gleichstrommotor mit hohem Antriebsmoment verwandelt werden. Ein zentrales Problem war dann aber, die hohe Rotationsgeschwindigkeit in eine vergleichsweise langsame Translation einer Spindel für die Fingerbewegung zu überführen (*Bild 3* links). Die dafür entwickelte, extrem reibungsarme und inzwischen weltweit patentierte DLR-Gewinderollenspindel stellt in Verbindung mit integrierten Motorkonzepten nicht nur das prismatische Gelenk für die im ROTEX-Greifer benötigte Backenbewegung dar, sondern dient auch als Basis für künftige Roboterdrehgelenke im Sinne eines "künstlichen Muskels". Im ROTEX-Greifer erzeugt dieses kleine Antriebssystem bei einem Greifer-Eigengewicht von ca. 5 N eine Greifkraft von über 300 N bei einer Greifgeschwindigkeit, die immer noch bei ca. 15 cm/sec liegt. Wegen der geringen Spindelreibung (Wirkungsgrade von bis zu 95 % wurden bisher erzielt), läßt sich die Greifkraft auch ohne spezielle Greifkraftsensorik relativ fein auf unter 1 N dosieren.

Mit mehr als 1000 winzigen SMD (surface mount device)-Elektronik-Komponenten (*Bild 5*) und einigen hundert mechanischen Einzelteilen ist der ROTEX-Greifer vermutlich der komplexeste multisensorielle Greifer, der bisher gebaut wurde. Tatsächlich galt er zunächst als nicht raumfahrt-qualifizierbar, weil die SMD-Technologie noch nicht Raumfahrtstandard ist (aus Zuverlässigkeitsgründen muß die Raumfahrt hier eine vergleichsweise konservative Haltung einnehmen); doch war andererseits klar, daß ein solches Multisensorsystem ohne mechatronisches Grundkonzept, also Mechanik, Elektronik und Software auf minimalem Raum integriert nicht realisierbar ist, d.h. der Aufbau einer Elektronik-Box außerhalb des Greifers mit klassischen diskreten Komponenten war für uns unakzeptabel. Die NASA erteilte schließlich für den Greifer eine Spezialgenehmigung, die vorsah, den Greifer als Ganzes allen Vibrations-, Temperatur-, Ausgasungs- und Strahlfestigkeits-Tests zu unterziehen und auf die Komponentenqualifikation zu verzichten. Während des D2-Flugs übertraf der Greifer dann alle Erwartungen, da nicht nur alle Sensoren und der Greiferantrieb hervorragend arbeiteten, sondern auch z.B. alle Temperaturwerte unter 40°C blieben, obwohl wegen der in Schwerelosigkeit fehlenden Konvektion alle Systeme auf Betrieb bis zu 70°C ausgelegt waren und sich bei noch höheren Temperaturen selbständig abschalten sollten.

Im Gegensatz zur Greifertechnik, die vollständig im DLR-Labor entwickelt wurde, mußte beim Aufbau des Roboter-Arms, den die Fa. DORNIER durchführte, auf raumfahrt-qualifizierbare Technik zurückgegriffen werden. (*Bild 7a*). Wegen der auf Gewichtsersparnis ausgelegten Antriebsmotoren (in Verbindung mit Harmonic Drives) konnte sich der Arm mit ca. 400 N Gewicht unter Schwerkraft nicht selbst tragen und mußte bei den Systemtests durch entsprechende Aufhängung gestützt werden. Dies war einer der Gründe, warum für ein realitätsnahes Astronautentraining im DLR-Labor noch ein erster Prototyp eines neuartigen Leichtbau-Roboters aus Faserverbund-Gitterstrukturen aufgebaut wurde (*Bild 7b*). Er stellt mit Sicherheit einen der ersten elektrisch angetriebenen Roboter dar, der annähernd ein Verhältnis von 1:1 zwischen Eigengewicht (100 N) und maximaler Traglast aufweist.

4 Telerobotik: Das Konzept der Tele-Sensor-Programmierung

Das Telerobotik-Konzept bei ROTEX, also die Fernsteuerung bzw. der Fernbetrieb des Roboters durch Astronauten oder die Bodenstation, folgte weitgehend einem einheitlichen Ansatz, der sog. Tele-Sensor-Programmierung; sie umfaßt on-line Teleoperation an Bord und Boden genauso wie die sensorgestützte Off-line-Programmierung am Boden (in virtueller Umgebung) und die spätere Ausführung an Bord (entsprechend einer "Lernen durch Vormachen"-Philosophie). Grundsätzlich weist dieser Ansatz zwei Merkmale auf

- Ein "shared control"-Konzept (siehe z.B. /17/), aufbauend auf lokaler Sensorrückkopplung am Roboter (entweder an Bord oder in einer "prädiktiven"

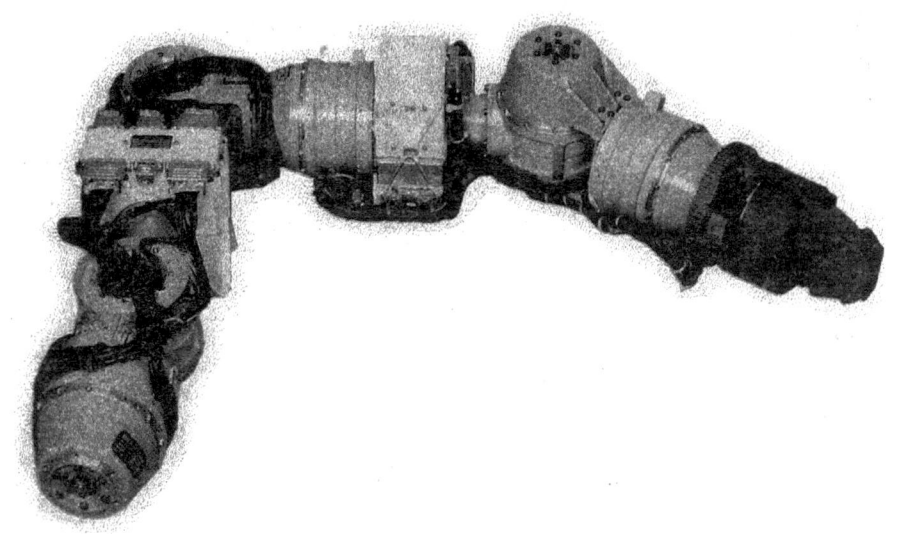

Bild 7a ROTEX Flugmodell
(Arm von DORNIER, Greifersystem DLR)

Bild 7b Der DLR-Leichtbau-Roboter für das Astronauten-Training

Grafik-Simulation); es bezeichnet die Autonomie-Teilung zwischen Roboter und "Lehrer" (Operateur oder Bahnplaner) und beinhaltet die sensorgestützte Verfeinerung von Grob-Bahn-Kommandos (*Bild 8 und 10a*). Allerdings sollte hier erwähnt werden, daß die bordautonome sensorische Rückkopplung bei ROTEX auf Kraft-Moment- sowie Entfernungsmeßsignale beschränkt war. Methoden der "aktiven Nachgiebigkeit" oder der "hybriden (Pseudo-) Kraft-Moment-Regelung", wie sie etwa schon in den "Constraint-frame"-Konzepten von MASON /4/ zu finden sind, wurden für die Feinbahnplanung herangezogen und auch in den Bordrechnern realisiert. Die oben angesprochenen Grobkommandos können dabei von einem menschlichen Operator, der die 6 Freiheitsgrad-Steuerkugel bedient, genauso herrühren wie von einem automatischen Bahnplanungssystem. Die Techniken zur Projektion dieser Grobkommandos in positions- und sensorgeregelte Unterräume wurden in verschiedenen Aufsätzen (s. z.B. /5/, /17/) beschrieben. Rückkopplung über den menschlichen Operateur ist in diesem Konzept nur über das visuelle System vorgesehen (d. h. keine Kraftreflexion in den menschlichen Arm); das bedeutet für den Astronauten die Betrachtung von Stereo-TV-Bildern, für den Boden-Operateur aber vornehmlich die Betrachtung von vorausgerechneten Stereo-Grafik-Bildern (*Bild 15*); in beiden Fällen wurde bei ROTEX die sog. Shutter-Technik angewendet (bordseitig eine entsprechende Entwicklung des Kernforschungszentrums Karlsruhe). So war es möglich, ein einheitliches, auf (zumindest bescheidener sensorischer Intelligenz basierendes) Steuerungskonzept trotz der großen "Round-Trip"-Signallaufzeiten von bis zu 7 Sekunden (*Bild 9*) zu realisieren. Die prädiktive Stereografik-Simulation erwies sich dabei als ein Schlüsselelement des ROTEX-Erfolgs. Sie ist in der Tat der einzig realisierbare Weg, die Signallaufzeiten zu kompensieren; allerdings setzt dies voraus, daß nicht nur die einfache Bewegung des Roboters in der "virtuellen Welt" am Boden vorausgerechnet wird, sondern auch seine sensorische Perzeption und Reaktion (*Bild 11*); dafür wiederum mußten aber auch die gleichen Steuer- und Regelstrukturen an Bord wie in der Grafiksimulation realisiert werden.

- ein "elemental-move"-Konzept, d. h. jede komplexe Aufgabe wie das De-Montieren bzw. Umsetzen des Bajonettverschlusses, wird zerlegt in (ggf. sensorgeregelte) Elementarbewegungen, für die eine bestimmte Sensor-Typ-Konfiguration gilt wie auch eine bestimmte Beschränkungs-Raum (C-frame)-Konfiguration; diese Konfigurationen können z. B. auch vom Operateur on-line etwa aus einer alternativen Menge ausgewählt werden. Jedenfalls wird dadurch die sensorbasierte Bahnverfeinerung während der Bewegungs-Primitiven festgelegt. Als Beispiel möge die Schraubbewegung beim Öffnen des Bajonettverschlusses dienen, aber auch der Anfahrvorgang und das Ausregeln etwa der Entfernung und das Ausrichten mit Hilfe des Entfernungsmesser-Arrays. Die Schraubbewegung war übrigens

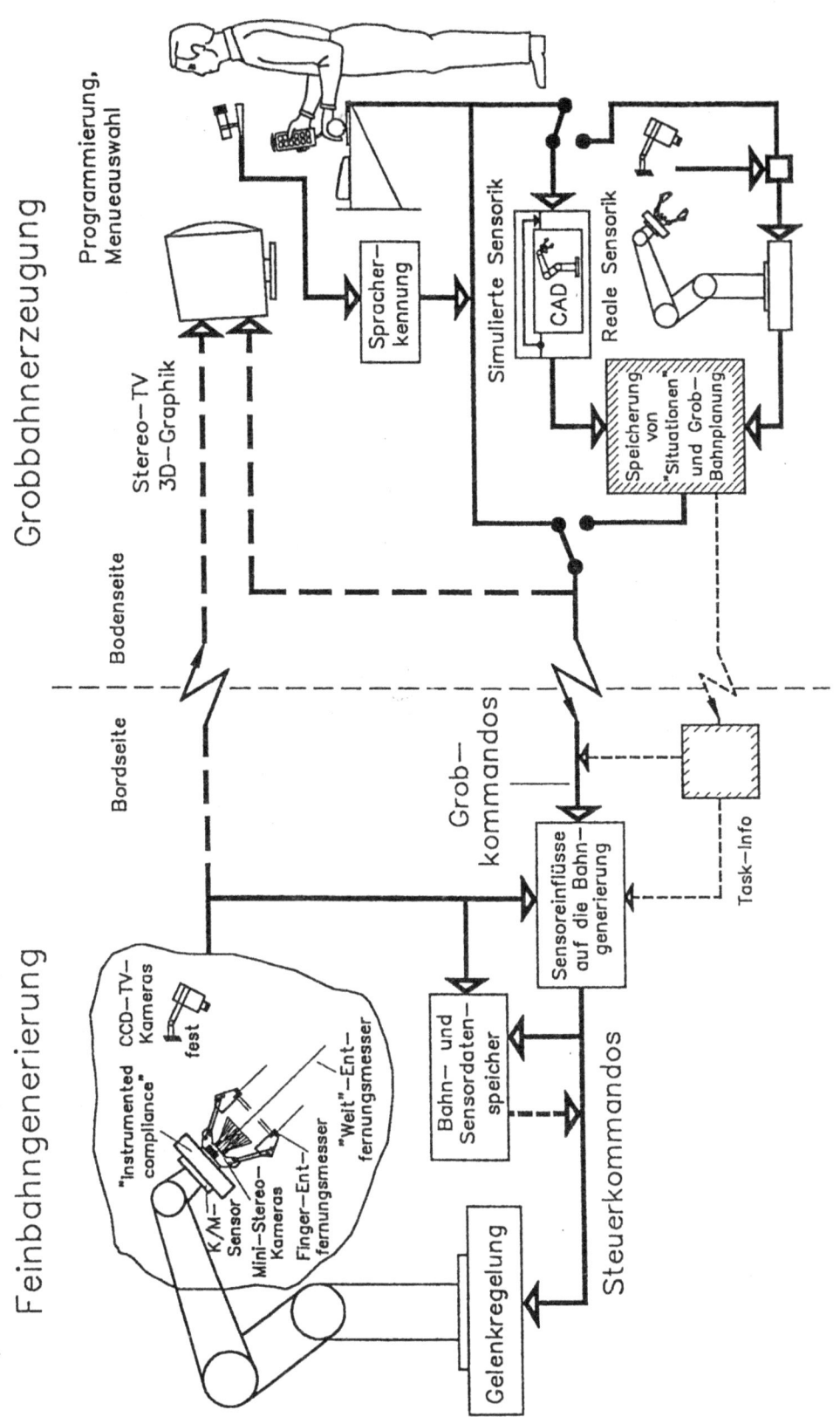

Bild 8 Das sensorbasierte Telerobotik-Konzept

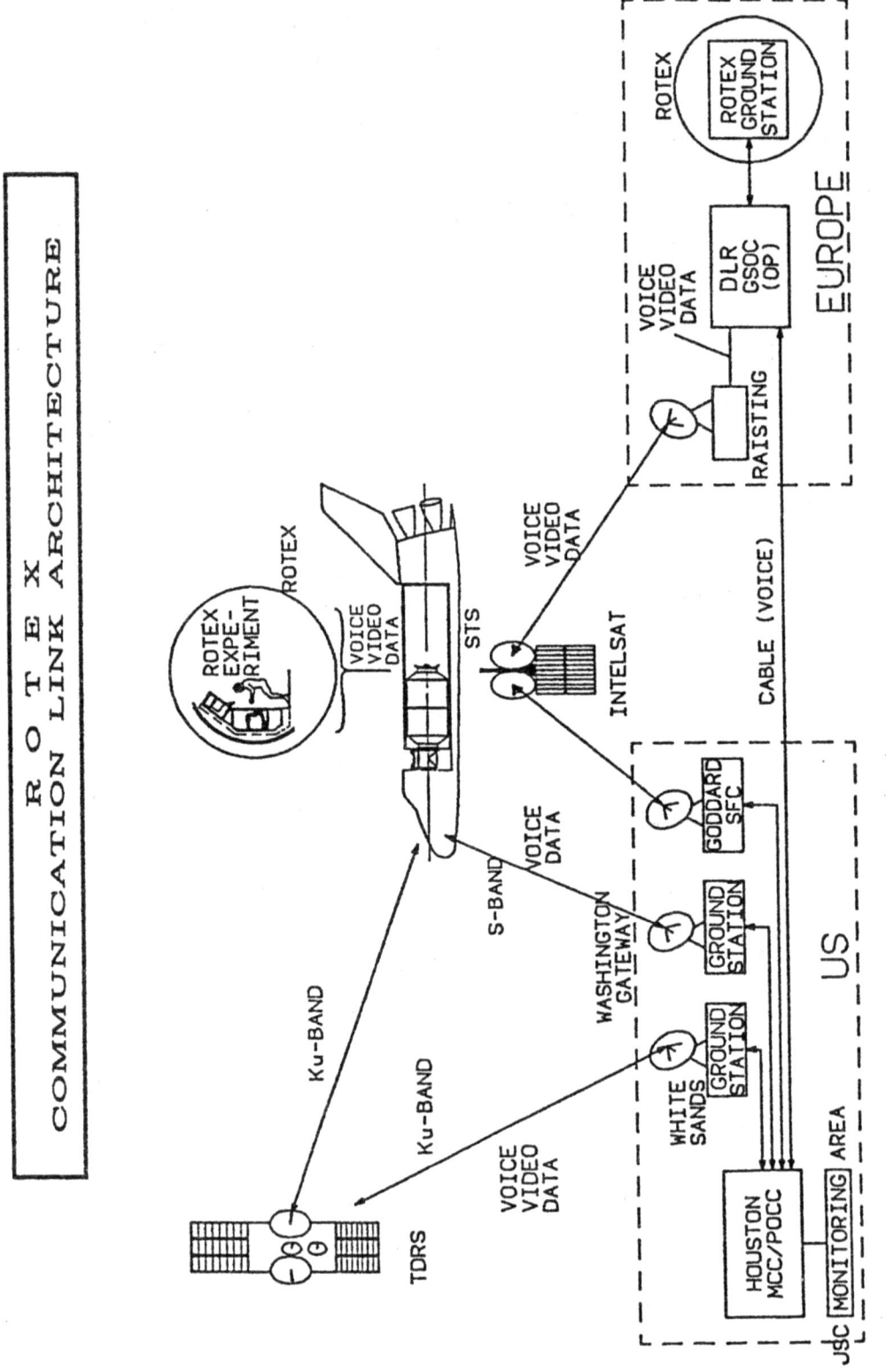

Bild 9   ROTEX Signalflüsse (Bild DORNIER)

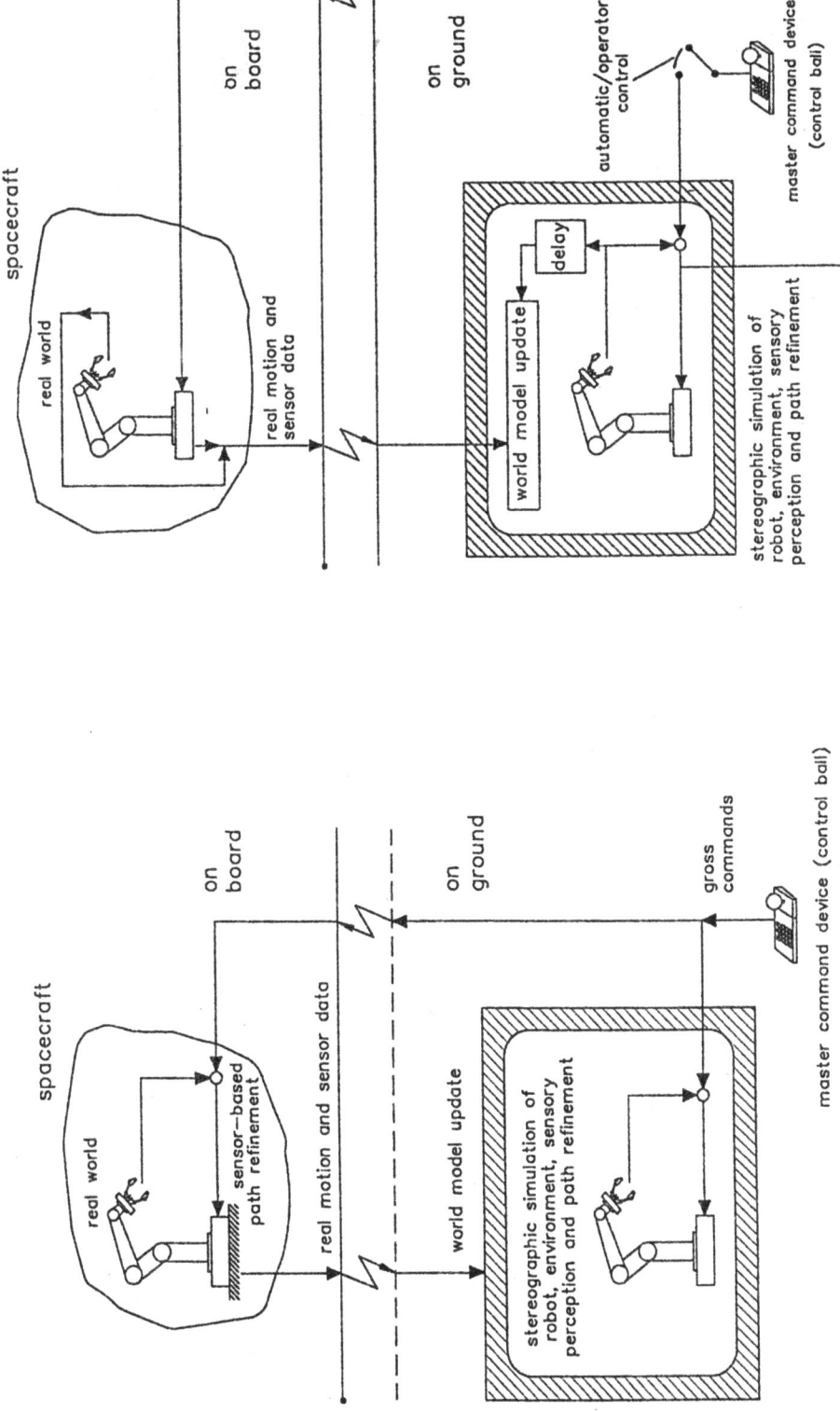

Bild 10 Prädiktive Simulation sensorischer Perzeption und Feinbahnplanung bei Bodenfernsteuerung
a) lokale Sensorrückkopplung an Bord   b) Sensorrückkopplung nur über die Bodenstation
(z. B. bei taktilem Kontakt)   (Einfangen des Freifliegers)

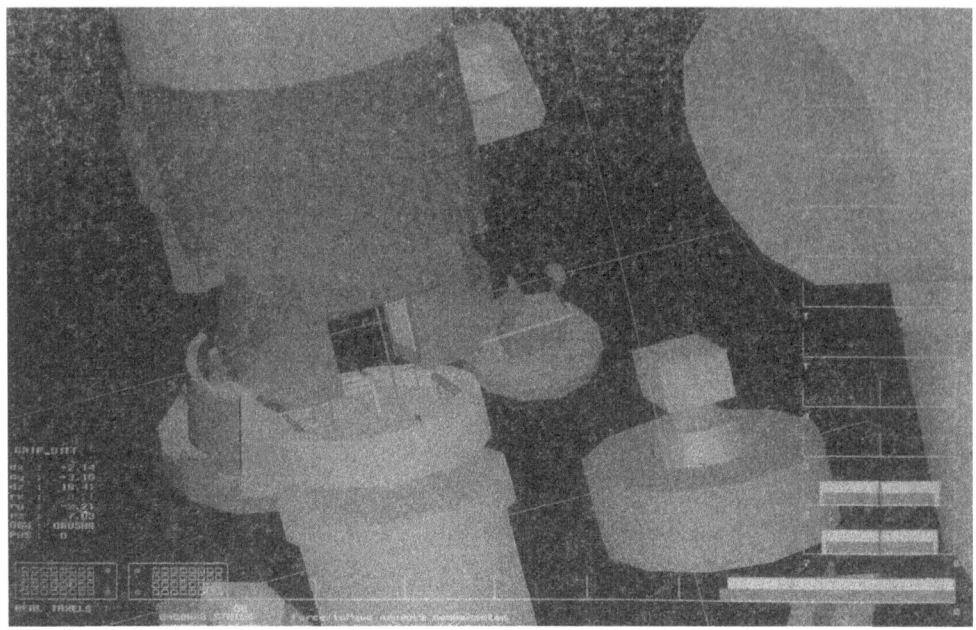

Bild 11   Entfernungsmesser-Simulation in der "virtuellen" Arbeitszelle. In Ergänzung der 5 aktiven Entfernungsmesserstrahlen aus dem Greifer werden diese Entfernungsmesserwerte als Balken auch noch am rechten unteren Bildrand visualisiert (hell die Simulation, dunkel überlagert die realen Werte von Bord)

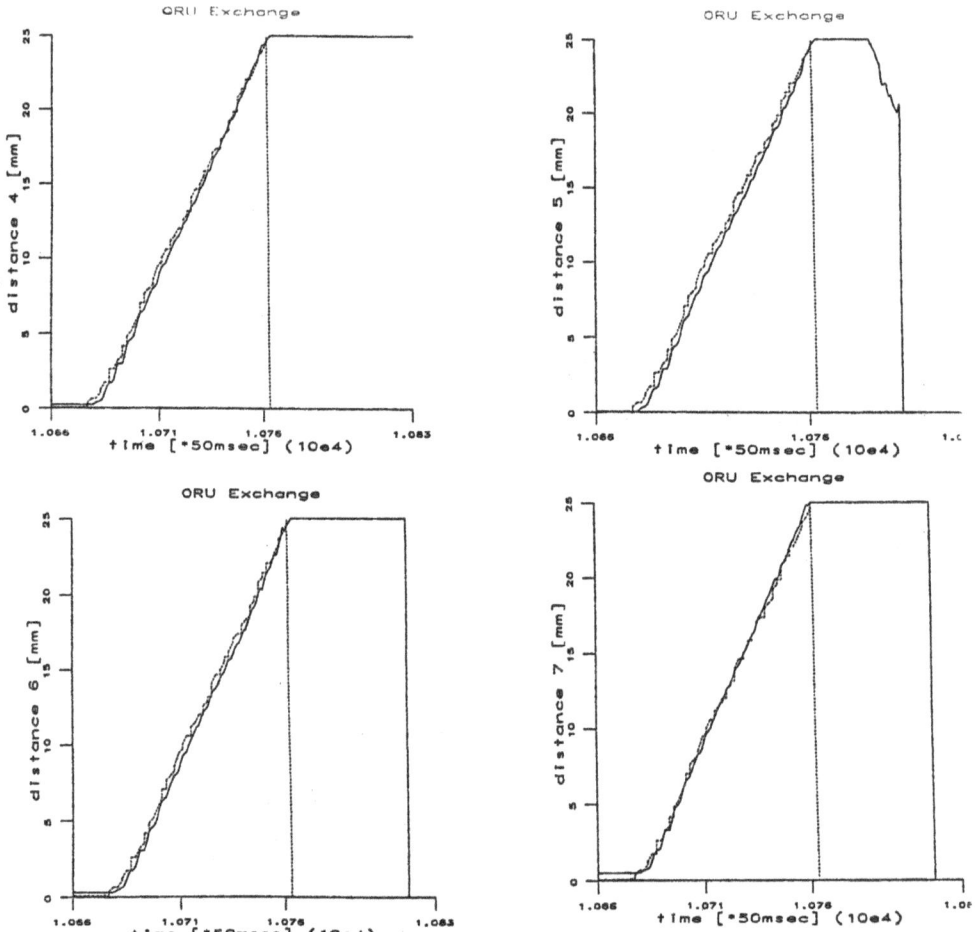

Bild 12   Die Korrelation zwischen voraussimulierten (für den Vergleich zwischengespeicherten) und realen Sensorwerten (beide im geschlossenen Regelkreis) war bei ROTEX fast perfekt. Diese Aufzeichnung der 4 nach unten zeigenden Nah-Entfernungsmesser (real punktiert, simuliert ausgezogen) wurden während des Zurückziehens vom ORU per Teleoperation gemacht

während der Mission ein besonders schönes Beispiel für die o. a. "shared control"-Konzepte, weil dabei die Greifer-Rotation positions- (oder besser orientierungs-) geregelt über entsprechende Kommandoprojektionen erfolgte, während die Bewegung längs der Drehachse (sowie den verbleibenden Richtungen) lokal kraftgeregelt war und so das beim Herausdrehen notwendige Zurückweichen verspannungsfrei erfolgen konnte.

Grundsätzlich verlangt das o. a. "Elemental move"-Konzept, wie es bei ROTEX realisiert wurde, eine Reihe von Definitionen und Prozeduren, insbesondere

- die Definition (oder das Vorzeigen in der Grafik) von Anfangs- und Zielsituationen (Positionen oder Hand-Frames ergänzt durch nominale Sensormuster); im Fall der on-line Teleoperation wird natürlich auch die Grobbahn dazwischen durch den Operateur vorgegeben; ansonsten wird sie später durch den Bahnplaner erzeugt.

- Die Bereitstellung des apriori-Wissens über die "Constraint-Frame"- Konfiguration, also die positionsgesteuerten und sensorgeregelten Unterräume und den "shared control"-Typ, z. B. aktive Nachgiebigkeit oder Hybridregelung mit nominalen Sensormustern.

- Prozeduren zur Abbildung von Sensorfehlern in zugehörige Positions-Orientierungsfehler (im Anschluß an das ROTEX-Projekt werden hier auch neuronale Netz-Konzepte verfolgt).

- Vorschriften zur Abbildung der Positionsfehler in Bewegungskommandos (also i. a. Regler).

- Prozeduren zur Erkennung von aktuellen und Ziel-Zuständen, die das Ende einer Elementarbewegung anzeigen. Natürlich wird der Roboter in der realen Welt bei automatischer Bewegung i. a. nicht Nominalposition und nominales Sensormuster gleichermaßen erreichen können. Dieser Konflikt wird durch Projektion der Nominaldaten in die positionsgesteuerten bzw. sensorgeregelten Unterräume aufgelöst.

Es scheint wichtig, herauszustellen, daß das ROTEX-Konzept der Tele-Sensor-Programmierung mit seiner "elemental-move"-Philosophie sowohl die sensorgestützte Teleoperation (ggf. über prädikative Grafiksimulation) umfaßt als auch die entsprechende off-line-Programmierversion, die man als sensorgestütztes "Lernen durch Vormachen" bezeichnen kann. Dabei wird der Roboter schrittweise an der Grafik durch die Aufgabe geführt, wobei die oben erwähnten nominalen Situationen abgespeichert werden. Nach Hochschicken der so komprimiert gespeicherten Information führt der Roboter an Bord die Aufgabe sensorgeregelt aus. Diese Betriebsart der Tele-Sensor-Programmierung zielt auf eine aufgabenorientierte off-line-Programmierung, versucht aber die Probleme herkömmlicher off-line-Programmiersysteme (Nicht-Übereinstimmung von realer und virtueller Welt) zu vermeiden. Anstatt den Roboter z. B. noch genauer zu kalibrieren (was wenig hilft, wenn sich die Umwelt verschiebt), versorgt dieses Konzept den Roboter mit simulierten Sensormustern, die die Relativposition zwischen Greifer und Objekt charakterisieren; von daher spielt es bei der Ausführung dann keine Rolle mehr, wie ein möglicher Versatz zustandegekommen ist.

Eine eindrucksvolle Verifikation des on-line-Teleoperations-Modes ergab sich z. B. während der Mission, als der Bodenoperateur an der Grafik beim ORU-Austausch durch die einzelnen Elementarbewegungen hindurchsteuerte, ohne abzuwarten, bis der Roboter das jeweilige Ende der entsprechenden Elementarbewegungen signalisierte. Möglich wurde dies u. a. durch die hervorragende Übereinstimmung vorsimulierter und realer Sensordaten (*Bild 12*). In *Bild 10a* wird angedeutet, daß in der grafischen Simulation nicht nur Operateurs-Grob-Kommandos als externe Eingabe dienen, sondern auch die von Bord zurückgemeldeten Sensordaten und die wirklichen Roboterbewegungen. Der Vergleich realer und vorsimulierter Sensordaten (zeitlich entsprechend verschoben und damit übereinanderliegend wie in *Bild 12*) soll in späteren Versionen der DLR-Telerobotik-Station dazu dienen, Rückschlüsse auf mögliche Fehlerursachen zu ziehen bzw. das Umweltmodell automatisch anzupassen.

Eine Reihe von leistungsfähigen 3D-Grafik-Stationen des Marktführers Silicon-Graphics bildete den Kern der ROTEX-Telerobotik-Station, die mit VAX-Steuerrechnern, aber auch Transputersystemen über ein leistungsfähiges "Shared-Memory"-Konzept gekoppelt waren. Unterschiedliche Stereografik-Ansichten der Arbeitszelle waren gleichzeitig auf diversen Bildschirmen möglich, sei es aus der Roboter-Hand, der festen Kameraposition oder aus Sicht eines Betrachters, der sich mit der Steuerkugel (oder der neueren Space Mouse) beliebig durch die Arbeitszelle steuert. Zur Betrachtung der Stero-Bilder durch gleichzeitig mehrere Operateure wurde, wie bereits angedeutet, die Shutterbrillen-Technik eingesetzt und zwar sowohl für die Stereo-TV-Bilder wie für die Stereografik (mit separaten Emittern zur Synchronisation). Sowohl die Stereo-TV-Bilder als auch die Stereografik-Bilder lieferten einen hervorragenden räumlichen Eindruck und bestätigten den ausgereiften Stand der Shutterbrillen-Technologie.

5 Einfangen des Freifliegers

Es gab nur eine Ausnahme vom Konzept der lokalen Sensorrückkopplung in RO-TEX. Sie bezog sich auf die Bildverarbeitung. In der ROTEX-Definitionsphase 1986 war keine raumfahrtqualifizierbare Echtzeitbildverarbeitungshardware in Sicht und ein lokaler Bordregelkreis daher nicht realisierbar. Dies wurde letztlich als Herausforderung betrachtet, zumal beim Einfangen eines freischwebenden Objekts (im Gegensatz zu taktilen Operationen) ein sehr genaues Weltmodell darstellbar ist. Entsprechend *Bild 10b* und *Bild 13* wurden in diesem Spezialfall

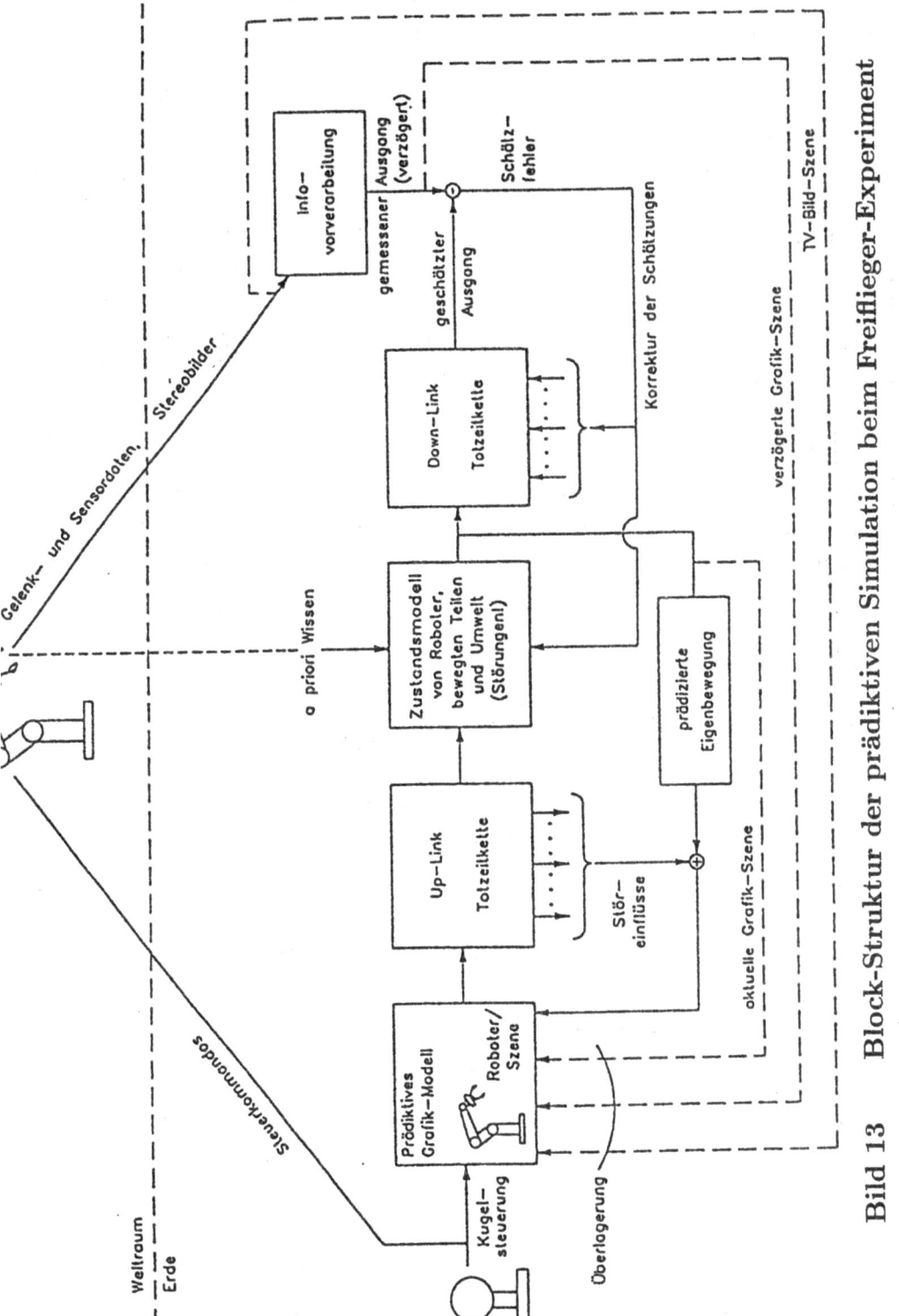

Bild 13 Block-Struktur der prädiktiven Simulation beim Freiflieger-Experiment

die Kamerabilder zum Boden geschickt und dort in Echtzeit zur Ermittlung der Relativ-Position zwischen Greifer und Objekt verarbeitet; dabei wurde ein Mono-Bild-Verarbeitungs-Ansatz nach Grundlagen des dynamischen Sehens /20/ vorbereitet, sowie ein Stereo-Bild-Verarbeitungsansatz, beide auf Transputer-Basis. Die aus diesen Ansätzen ermittelten Relativ-Positionsmessungen wurden verglichen mit den Schätzungen eines nichtlinearen Kalman-Filters, das sowohl die up- und down-link-Verzögerungszeiten nachbildete als auch die Roboter- und Freiflieger-Dynamik-Modelle; die Schätzfehler dienten wie üblich zum "update" des Kalman-Filters, das letztlich auf der Grafikstation im Sinne eines Prädiktors die Situation darstellte, wie sie nach Verstreichen der "up-link"-Totzeit sich an Bord vermutlich darstellen würde /9/, /21/. Dabei bleibt im Sinne der "shared control"-Philosophie wählbar, ob der Operateur die Greifersteuerung an der Grafik selbst übernehmen will, ob eine automatische Objektverfolgung durch den Rechner bevorzugt wird, ob gewisse Freiheitsgrade vom Menschen, andere von der Maschine, gesteuert werden.

Bild 14 zeigt Bilder aus der Hand-Kamera, die kurz vor dem erfolgreichen vollautomatischen Greifen des Freifliegers vom Boden aus gemacht werden; die Bildverarbeitung arbeitete dabei mit nur einer Kamera nach dem Ansatz in /20/; während des erfolgreichen Greifvorgangs wurde eine Gesamt-Totzeit von 6 sec im Regelkreis, der ja hier ausschließlich über die Bodenstation geschlossen wurde, gemessen.

Spektakulär war aber auch die Art und Weise, wie der Astronaut Hans Schlegel das freifliegende Objekt wenigstens 5 mal einfing und immer wieder losließ. Er arbeitete dabei mit der Steuerkugel über seinen kleinen Stereo-Monitor und hatte wenig Mühe, in der Schwerelosigkeit den Robotergreifer in gleichzeitig 6 Freiheitsgraden zu steuern (*Bild 16*).

6 Zusammenfassung und Ausblick

Das Roboter-Technologie-Experiment ROTEX auf der Spacelab-D2-Mission, aufmerksam verfolgt von 10 internationalen Beobachtern im Kontrollzentrum der DLR Oberpfaffenhofen, demonstrierte auf eindrucksvolle Weise, daß Roboter bei künftigen Raumfahrt-Missionen eine wichtige Rolle bei der Entlastung von Astronauten spielen können. Prototypenhaft wurde der Austausch von Untersystemen, der Zusammenbau von Strukturen, aber auch das Einfangen schwebender Objekte in den unterschiedlichsten Betriebsarten demonstriert, vom reinen Automatikbetrieb bis zur reinen Teleoperation an Bord und vom Boden, aber auch in entsprechenden Mischformen.

Im Augenblick spricht vieles dafür, daß die Konzeption und der Erfolg des Experiments dem Bereich "Automation und Robotik in der Raumfahrt" weltweit erheblichen Antrieb gegeben hat; die europäische Raumfahrtorganisation ESA

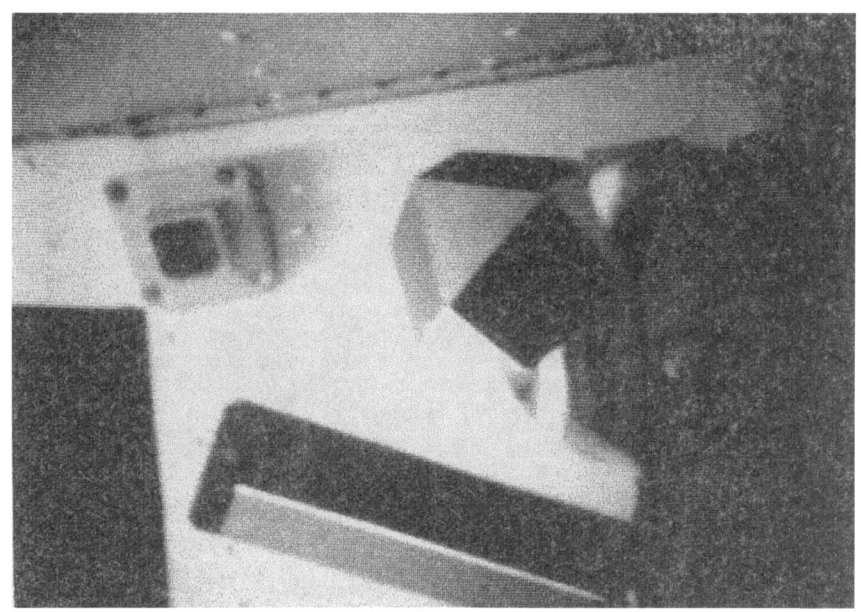

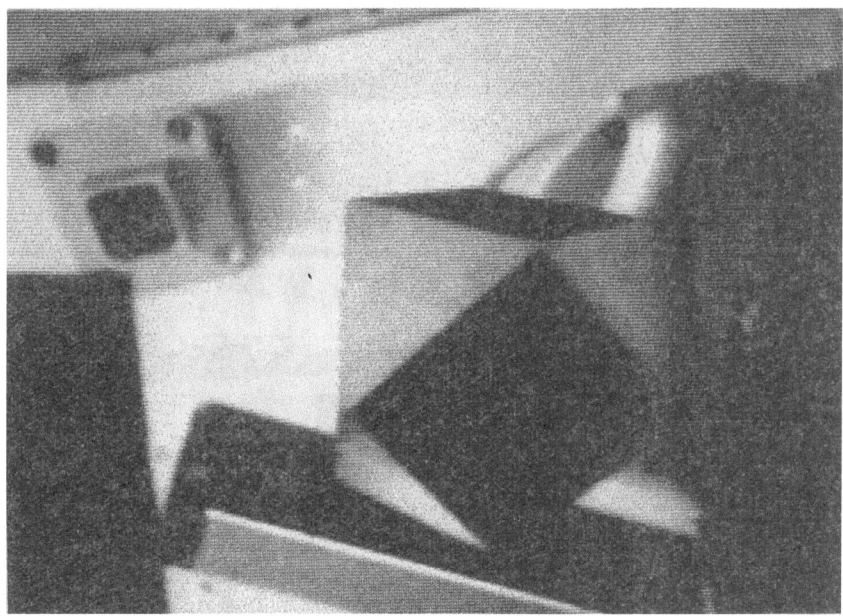

Bild 14   Zwei aufeinanderfolgende Szenen aus einer der Greifer-Hand-Kameras kurz vor dem erfolgreichen, vollautomatisch vom Boden gesteuerten Zupacken bei fast 7 sec. Gesamttotzeit. Die dunklen Flächen rechts und links stellen die Greiferbacken dar.

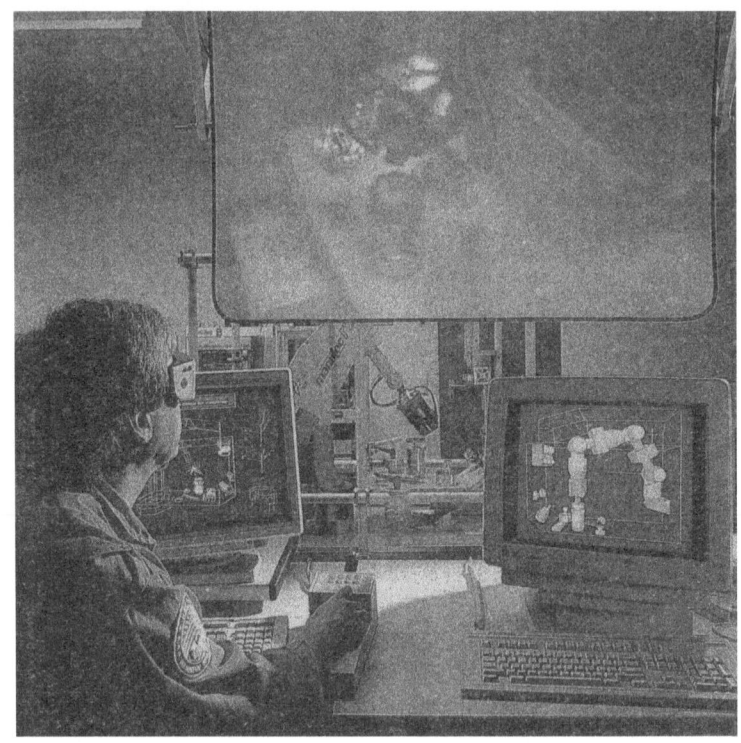

Bild 15 Ein Teil der Telerobotik Bodenstation, die auch für das Astronauten-Training verwendet wurde

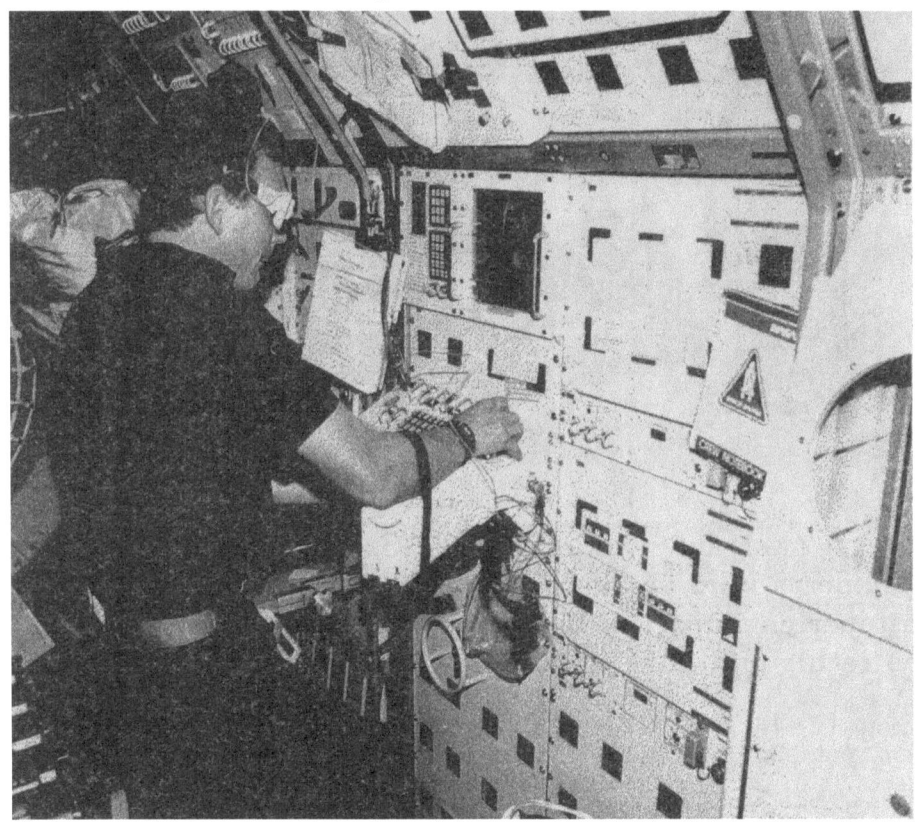

Bild 16 Astronaut Hans Schlegel steuert den Roboter über sein Stereo-Display und die Steuerkugel fern.

sieht im künftigen Raumstationsbeitrag COLUMBUS ein auf Schienen bewegliches Robotersystem vor, das z. B. während der Abwesenheit der Astronauten die Experimente selbständige bedienen, aber auch Laborinspektionen vornehmen soll, ausgerüstet mit dem ROTEX-Greifer. Auch Japan möchte bei der ETS VII-Mission ähnliche Fernsteuer-Konzepte, wie sie bei ROTEX demonstriert wurden, einsetzen. Und bezüglich des komplexen Robotersystems für die amerikanische Raumstation ist erst vor einigen Monaten die Entscheidung gefallen, eine Bodenfernsteuerung vorzusehen. Man hatte unseres Erachtens die Probleme der Signallaufzeit-Kompensation durch prädikative Grafiksimulation überschätzt. Allerdings sei zugestanden, daß erst seit wenigen Jahren so leistungsfähige 3D-Grafik-Systeme existieren, daß man schattierte virtuelle Welten wie die ROTEX-Arbeitszelle in Echtzeit berechnen und ruckfrei herumbewegen bzw. auch Sensorsignale in solch künstlicher Umgebung nachbilden kann. Tatsächlich wurden bei ROTEX diese Simulationen bis kurz vor dem Flug immer weiter optimiert.

Inzwischen gibt es schon einige Beispiele für den Spin-off von ROTEX-Technologien in die terrestrische Anwendung. So wurde die DLR-Steuerkugel, mit der sowohl die D2-Astronauten als auch die Bodenoperateure den realen oder virtuellen ROTEX-Arm fernsteuerten, inzwischen zur SPACE MOUSE weiterentwickelt. Sie stellt eine besonders natürliche Mensch-Maschine-Schnittstelle für die schnell wachsende Zahl der 3D-Grafik-Anwendungen dar, weil sie es erlaubt, mit einer Hand quasi ermüdungsfrei grafische Objekt in gleichzeitig 6 Raumfreiheitsgraden zu bewegen. U.a. wegen der unzähligen Anwendungsmöglichkeiten im Bereich der CAD-Konstruktionstechnik, die durch die heute mögliche räumliche Darstellung und Schattierung erheblich benutzerfreundlicher wird, hat der wohl bedeutendste Computer-Maus-Hersteller LOGITECH inzwischen eine Vertriebs- und Nachbau-Lizenz erworben. Die Space Mouse wird aber auch schon zur Mikroskop-Steuerung in der Medizintechnik eingesetzt.

7 Literatur

/1/ S.Lee, G. Bekey, A.K. Bejczy, "Computer control of space-borne teleoperators with sensory feedback", Proceedings IEEE Conference on Robotics and Automation, S. 205-214, St. Louis, Missouri, 25-28 March 1985.

/2/ J. Heindl, G. Hirzinger, "Device for programming movements of a robot", US-Patent: No. 4,589,810, May 20, 1986.

/3/ G. Hirzinger, J. Dietrich, "Multisensory robots and sensorbased path generation". Proceedings IEEE Conference on Robotics and Automation, S. 1992-2001, San Francisco, April 7-10, 1986.

/4/ M.T. Mason, "Compliance and force control for computer controlled manipulators", IEEE Trans. on Systems, Man and Cybernetics, Vol SMC-11, No. 6 (1981, 418-432).

/5/ G. Hirzinger, K. Landzettel, "Sensory feedback structures for robots with supervised learning". Proceedings IEEE Conference, Int. Conference on Robotics and Automation, S. 627-635, St. Louis, Missouri, March 1985.

/6/ G. Hirzinger, J. Heindl, " Sensor programming, a new way for teaching a robot paths and forces torques simultaneously". 3rd Int. Conference on Robot Vision and Sensory Controls, Cambridge, Massachusetts/USA, Nov. 7-10. 1983.

/7/ T.B. Sheridan, "Human supervisory control of robot systems". Proceedings IEEE Conference, Int. Conference on Robotics and Automation, San Francisco, April 7-10, 1986.

/8/ B.C. Vemuri, G. Skofteland, "Motion estimation from multi-sensor data for tele-robotics", IEEE Workshop on Intelligent Motion Control, Istanbul, August 20-22, 1990.

/9/ G. Hirzinger, J. Heindl, K. Landzettel, "Predictive and knowledge-based telerobotic control concepts". IEEE Conference on Robotics and Automation, Scottsdale, Arizona, May 14-19, 1989.

/10/ J. Dietrich, G. Hirzinger, B. Gombert, J. Schott, "On a Unified Concept for a New Generation of Light-Weight-Robots", Proceedings of the Conference ISER, Int. Symposium on Experimental Robotics, Montreal, Canada, June 1989.

/11/ F. Lange, "A Learning Concept for Improving Robot Force Control", IFAC Symposium on Robot Control, Karlsruhe, Oct. 1988.

/12/ J. S. Albus, "A New Approach to Manipulator Control: The Cerebellar Model Articulation Controller (CMAC)", Transactions of the ASME, Journal of Dynamic Systems, Measurement and Control, pp. 221-227, Sept. 1975.

/13/ S. Hayati, S.T. Venkataraman, "Design and Implementation of a Robot Control System with Traded and Shared Control Capability", Proceedings IEEE Conference Robotics and Automation, Scottsdale, 1989.

/14/ L. Conway, R. Volz, M. Walker, "Tele-Autonomous Systems: Methods and Architectures for Intermingling Autonomous and Telerobotic Technology", Proceedings IEEE Conference Robotics and Automation, Raleigh, 1987.

/15/ G. Saridis, "Machine-Intelligent Robots: A Hierarchical Control Approach", in Machine Intelligence and Knowledge Engineering for Robotic Applications, NATO ASI Series F. Vol. 33, Springer Verlag 1987.

/16/ G. Hirzinger, J. Dietrich, B. Gombert, J. Heindl, K. Landzettel, J. Schott, "The sensory and telerobotic aspects of the space robot technology experiment ROTEX", Proc. i-SAIRAS 2th Int. Symposium Artificial Intelligence, Robotics and Automation, in Space, Toulouse, France, Sept.30-Oct.2, 1992.

/17/ G. Hirzinger, J. Heindl, K. Landzettel, B. Brunner, "Multisensory shared autonomy - a key issue in the space robot technology experiment ROTEX", IEEE Conf. on Intelligent Robots and Systems (IROS), Raleigh, USA, July 7-10, 1992.

/18/ J. Funda, R.P. Paul, "Efficient control of a robotic system for time-delayed environments". Proceedings of the Fifth International Conference on Robotics and Automation, pages 133-137, 1989.

/19/ P. Simkens, "Graphical simulation of sensor controlled robots". PhD. Thesis, 1990, KU Leuven.

/20/ D. Dickmanns, "4D-dynamic scene analysis with integral spatio-temporal models", Fourth Int. Symposium on Robotics Research, Santa Cruz, Aug. 1987.

/21/ Christian Fagerer and Gerhard Hirzinger, "Predictive Telerobotic Concept for Grasping a Floating Object", Proc. IFAC Workshop on Spacecraft Automation and On-Board Autonomous Mission Control, Darmstadt, Sept. 1992

/22/ B. Brunner, G. Hirzinger, K. Landzettel, J. Heindl, "Multisensory shared autonomy and tele-sensor-programming – key issues in the space robot technology experiment ROTEX", IROS'93 International Conference on Intelligent Robots and Systems, Yokohama, Japan, July 26-30, 1993.

/23/ G. Hirzinger, A. Baader, R. Koeppe, M. Schedl, "Towards a new generation of multisensory light-weight robots with learning capabilities", IFAC'93 World Congress, Sydney, Australia, July 18-23, 1993.

/24/ G. Hirzinger "Mechatronik-Konzepte beim Entwurf neuer, multisensorieller Leichtbau-Roboter", Second Conf. on Mechatronics and Robotics, Duisburg, 27. - 29. Sept. 93

Untersuchungsdesigns zur Nutzung von VR-Anwendungen

L. Goertz

Untersuchungsdesigns zur Nutzung von VR-Anwendungen

Lutz Goertz

Welche Personen nutzen in welcher Weise welche Anwendungen der VR? Und wie reagieren Personen auf das Medium "Virtual reality", wenn sie es zum ersten Mal nutzen?
Um diese Forschungsfragen beantworten zu können, stellt der Autor ein neues "Schema zur Klassifikation von Medien" vor und ermittelt hieraus drei Forschungsdesigns zu Studien über VR-Käufer, VR-"Neulinge" sowie individuelle Nutzungsgewohnheiten von VR-Anwendern.

Dr. Lutz Goertz,
wissenschaftlicher Mitarbeiter
am Institut für Journalistik
und Kommunikationsforschung
an der Hochschule für Musik
und Theater, Hannover

1. Die Notwendigkeit eines neuen Kommunikationsmodells

Wenn sich Medienwissenschaftler mit den "klassischen Massenmedien" Presse, Hörfunk und Fernsehen beschäftigten, ist die Erforschung der Mediennutzung vergleichsweise einfach:

Man untersucht u.a. die Zusammensetzung des Publikums nach demographischen Variablen, ermittelt mit Hilfe von Telemetrie-Geräten die Reichweiten von Sendern, die Einschaltquoten bestimmter Sendungen oder die durchschnittliche Anzahl von Lesern eines Zeitschriftenexemplars. Gemessen wird per GfK-Meter, welche Zuschauergruppen sich welche Sendungen auf welchen Kanälen ansehen. Umfragen und Beobachtungen zeigen uns, wie glaubwürdig das Fernsehen ist, welche Funktionen das Fernsehen am ehesten erfüllt oder welchen Tätigkeiten die Zuschauer während der Fernsehrezeption nachgehen.

Wenn wir aber diese Vorgehensweisen auf die Untersuchung eines interaktiven und komplexen Mediums wie "virtual reality" übertragen, verstricken wir uns in einer Vielzahl von Problemen, die uns dazu zwingen, neue Wege einzuschlagen:
- die Möglichkeiten des *Zugangs* sind bei der Virtuellen Realität weitaus vielfältiger als beim Fernsehen. Es gibt sehr unterschiedliche *Anwendungen*: Angefangen von der Bewegung in virtuellen Räumen über die Tele-Präsenz bis hin zur "Reality Built for Two". Sie weichen in ihrer Funktion und Nutzungsweise so stark voneinander ab, daß man die Anwendungen beinahe als eigenständige Medien ansehen könnte.
- Ungeklärt ist auch, ab wann man ein Medium als "interaktiv" bezeichnen kann und wann nicht. Die einen halten ein Medium erst dann für interaktiv, wenn ein Benutzer die Medieninhalte nach Belieben beeinflussen kann, für andere wiederum ist bereits der Fernseher per Fernbedienung ein interaktives Medium.

Fragen wie diese werden in der Literatur zu interaktiven Medien bisher nicht befriedigend geklärt (vgl. Kellerer 1993). Zur Lösung dieser Probleme ist es notwendig, die vorhandenen Modelle zur Beschreibung der *Massen*kommunikation zu modifizieren und besonders die Interaktivität stärker zu berücksichtigen.

Das folgende Modell (vgl. Maletzke 1963, S.41) sieht einen passiven Zuschauer (R) vor, der sich lediglich über Feedback-Kanäle wie Leserbriefe oder Anrufe beim Sender artikulieren kann. Der Kommunikator K (Journalisten, Medieninstitutionen) allein bestimmt die Gestaltung von Aussage (A) und Medium (M).

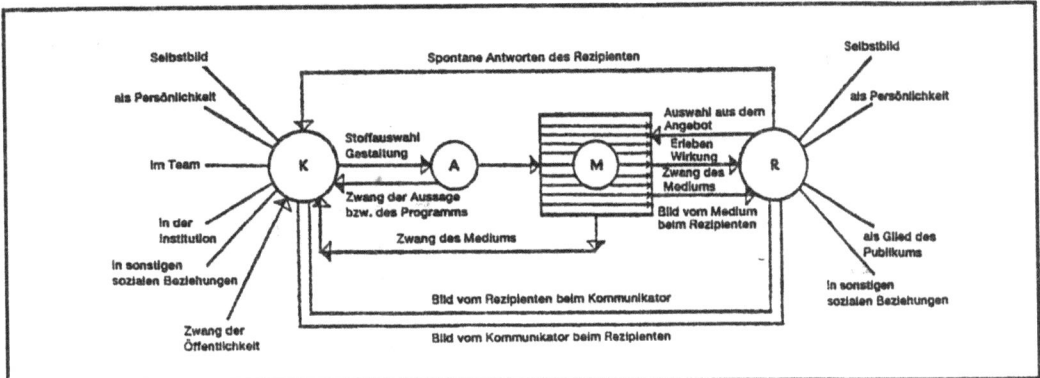

Bild 1: **Feldschema der Massenkommunikation nach Maletzke (1963, S.41).**

Das neue "Schema zur Klassifikation von Medien" hingegen betont das Zusammenwirken der einzelnen Komponenten im Kommunikationsprozeß von Massenmedien und interaktiven Medien[1]:
- Der alte "Kommunikator"-Begriff weicht dem *"organisierenden Beteiligten"*, dessen Aufgabe es ist, die Kommunikationstechnik bereitzustellen, aber auch zur Entstehung von Aussagen beizutragen.
- Der nun nicht mehr ausschließlich passive Rezipient wird zum aktiven *"Beteiligten"*, der bei interaktiven Medien die Aussagen selbst gestalten kann.
- Auch der Begriff des *"Mediums"* hat sich geändert: In Diskussionen bleibt häufig ungeklärt, ob Medien als Institution, als Endgerät oder als Speichermedium verstanden werden. Da hier nur die technischvermittelnde Bedeutung gemeint ist, ersetzen wir den Begriff durch *"Kommunikationsstruktur"*.

Wichtig ist ferner die Festlegung der Kommunikationssituation als *"Bezugsrahmen"*. Anders als noch bei den "klassischen Massenmedien" können die gleichen Endgeräte verschiedene Funktionen - *"Anwendungen"* - erfüllen. Eine schematische Darstellung der Handlungsmöglichkeiten für das Medium VR würde daher bei der Anwendung "Telepräsenz" anders aussehen als bei einer Anwendung in der Architektur.

Die Komponenten des Kommunikationsprozesses können auf verschiedene Weise zueinander in Beziehung stehen — man kann ihre räumliche und zeitliche Position zueinander bestimmen und man kann die Möglichkeiten betrachten, wie die Beteiligten Aussage und Kommunikationsstruktur "behandeln".

---

[1] Wertvolle Anregungen für dieses Klassifikationsschema erhielt ich von Ingrid Kellerer, Regina Cichon und David Urban.

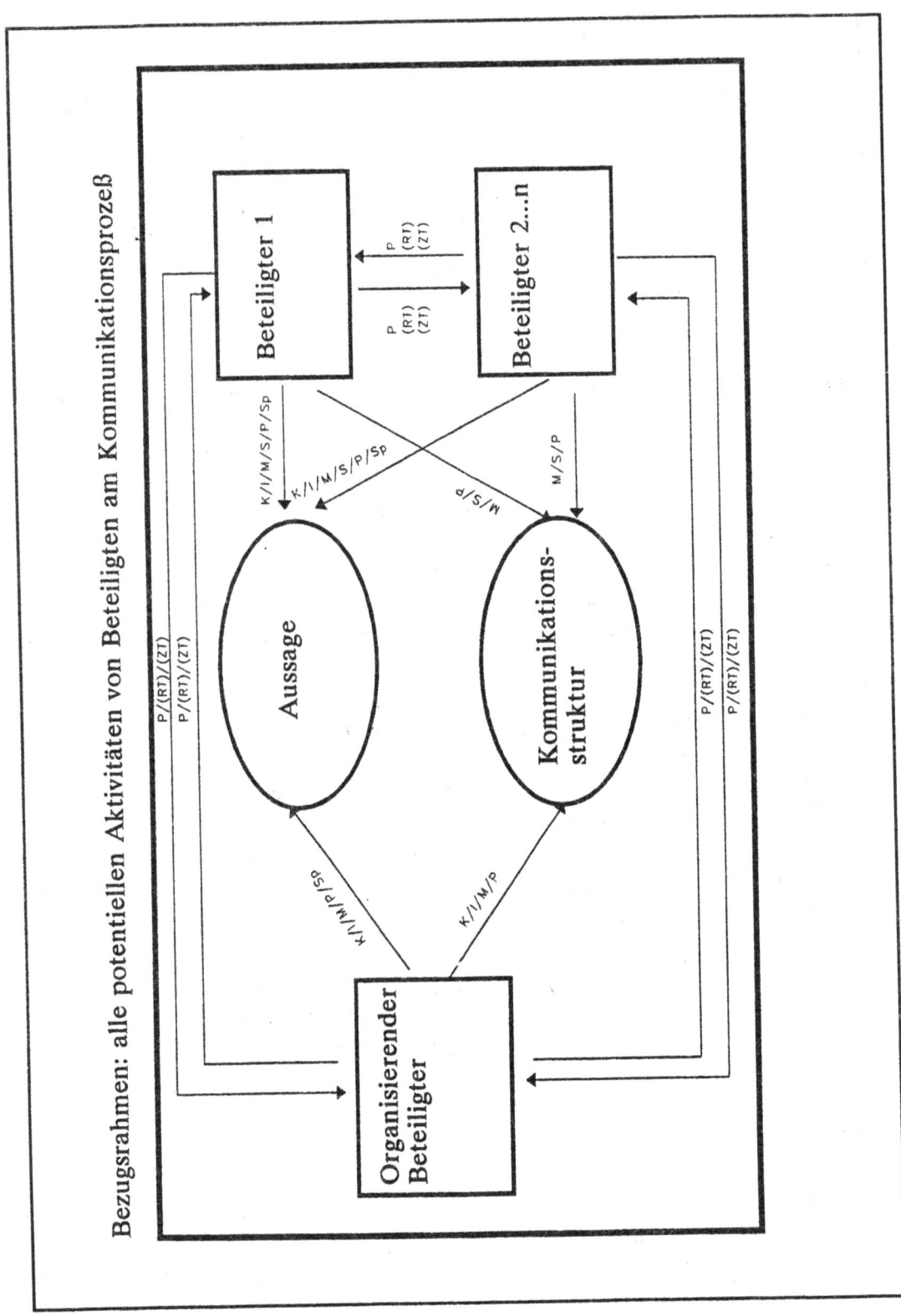

Bild 2: **Schema zur Klassifikation von Medien**

Legende zu Bild 2:

Handlungsmöglichkeiten

K - konstituieren - wer spielt die tragende Rolle bei der *Entstehung* von Aussagen und Kommunikationsstruktur?

I - initialisieren - wer *beginnt* die Kommunikation? Wer gibt den Anstoß für den Aufbau einer Kommunikationsstruktur bzw. die Übermittlung einer Aussage?

M - modifizieren - wer *verändert* während der Kommmunikationshandlung die Kommunikationsstruktur bzw. die Aussagen?

S - selegieren - wer *wählt* aus einem Angebot von Medienaussagen oder Kommunikationsstrukturen *aus*?

P - perzipieren - wer *nimmt* die Aussage bzw. die Kommunikationsstruktur *wahr*? Wer nimmt andere Beteiligte des Kommunikationsprozesses wahr?

SP - speichern - wer *speichert* die Aussagen, um zeitlich unabhängige Kommunikation zu ermöglichen?

RT - räumliche Trennung - sind die Beteiligten (also org. Beteiligte und andere Beteiligte sowie die Beteiligten untereinander) räumlich voneinander getrennt?

ZT - zeitliche Trennung - sind die Beteiligten zeitlich voneinander getrennt?

Durch die Differenz von *theoretischen* und *tatsächlichen Handlungsmöglichkeiten* sowie durch die Unterschiede zu Handlungsmöglichkeiten bei anderen Medien läßt sich ein Medium sehr genau klassifizieren. Betrachten wir einen Vergleich zwischen dem Medium Fernsehen und eine Anwendung der "Virtual reality" (Bild 3 und 4). Das "begehbare Haus" als VR-Anwendung in der Architektur besitzt für die Beteiligten mehr Möglichkeiten als die Fernsehrezeption: Der Rezipient kann den Kommunikationsvorgang (die Rezeption der Aussage selbst) *initialisieren* — ermöglicht durch die zeitliche Trennung vom Kommunikator. Er kann das vorgefundene Angebot *modifizieren*. Natürlich kann er aus dem Angebot auch in ganz anderer Weise auswählen (*selegieren*) als beim Fernsehen.

Diese neuen Handlungsmöglichkeiten sollte die künftige VR-Publikumsforschung besonders berücksichtigen. Gegenstände von Untersuchungen wären also nicht nur die demographische Zusammensetzung der Beteiligten oder ihre Einstellungen gegenüber dem Medium, sondern auch die individuellen Selektions- und Modifikationsweisen der VR-Nutzer.

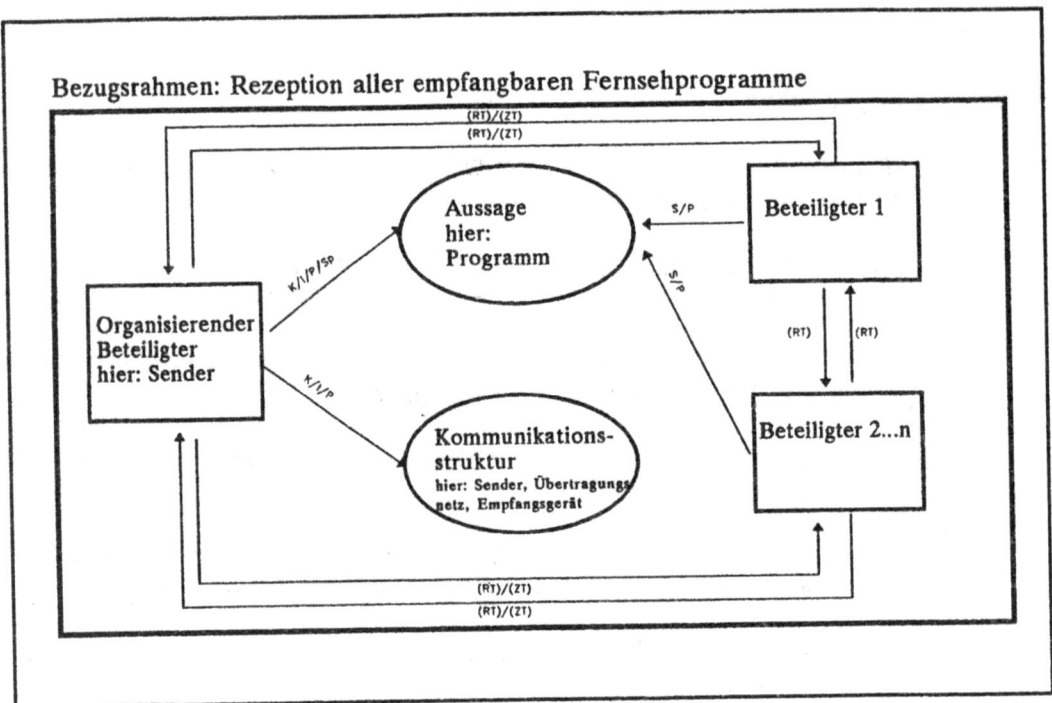

Bild 3: Darstellung des Mediums Fernsehen

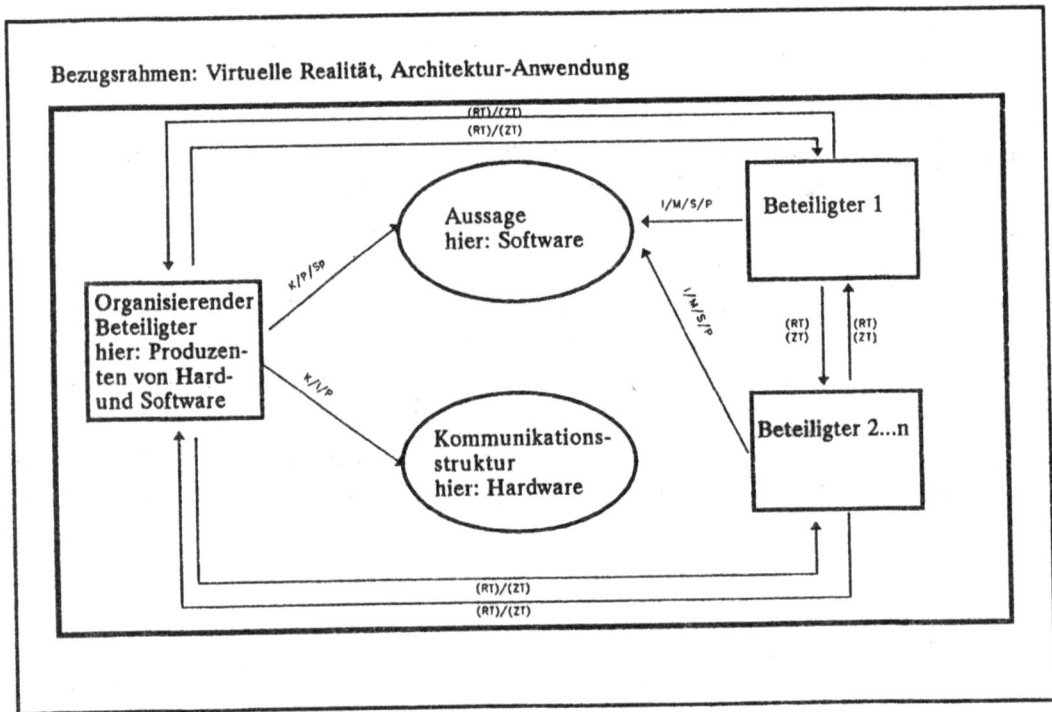

Bild 4: Darstellung einer VR-Anwendung

2. Implikationen des Modells für die weitere Nutzungsforschung

Design 1: "Typologie der VR-Anwender"
Ziel: Die Studie untersucht, welche VR-Anwendungen zur Zeit von wem wie häufig genutzt werden.

Begründung: Die bisherige Literatur (u.a. Willim 1993) schildert lediglich die *Art* der Anwendungen. Ob aber die Hauptverbreitung der VR vor allem im Unterhaltungsbereich, in der Kunst oder in der Wissenschaft liegt, ist noch nicht bekannt.

Methode: In einer schriftlichen Befragung sollten nach Möglichkeit *alle* deutschen Kunden von nationalen und internationalen VR-Händlern angesprochen werden.

In einem standardisierten Fragebogen können die Befragungspartner einschätzen
- *welche Gerätekonfiguration* (Kommunikationsstruktur) zum Einsatz kommt,
- *wieviele* Personen die Geräte nutzen,
- *wer* die Geräte nutzt (von 100% aller Benutzer: welches Geschlecht, Alter, Berufsgruppe/Zielgruppe),
- *welche Anwendungen* zum Einsatz kommen (Anwendungen mit nur einem oder mehr als einem Beteiligten; Themenbereich: Kunst, Unterhaltung, Wissenschaft, Haushalt).

Hierbei ist natürlich noch unklar, inwieweit die Vertreiber von VR-Geräten zu diesem Zweck ihre Kundendaten preisgeben.

Verwertung: Die Studie soll einen Überblick über den gesamten VR-Markt bieten und zeigen, wo die ökonomischen Schwerpunkte liegen. Ferner verweist sie auf Marktlücken, d.h. welche *Zielgruppen* von Herstellern verstärkt angesprochen werden könnten oder für welche *Anwendungen* mehr geworben werden müßte. Als Trendstudie über mehrere Befragungswellen ließe sich der gesamte Prozeß der Markteinführung verfolgen.

Design 2: Potentielle VR-Anwender und ihre Einstellungen
Ziel: Erforschung von Wissen, Einstellungen und ersten Erfahrungen von Personen, die als Zielgruppe für die Hersteller von VR-Systemen interessant sind.

Begründung: Bisher gibt es keine Erkenntnisse über Personen, für die VR als Medium interessant wäre, die es aber kaum kennen; je nach Ergebnis der ersten Studie sind dies beispielsweise Studierende, Auszubildende, Behinderte oder Mitarbeiter in Dienstleistungsberufen. Ein Experiment mit Vertretern dieser Zielgruppe könnte Hinweise darauf liefern, wie sich neue Interessen für "Virtual reality" gewinnen ließen.

Methode: Aus den o.g. Zielgruppen werden Testkandidaten ausgewählt (ca. 30 pro Gruppe). Hiervon sollte die Hälfte am Medium VR interessiert sein, es aber noch nicht verwendet haben, während die andere Hälfte "VR-Laien" sind.

Zunächst werden die Teilnehmer in teilstandardisierten Tiefeninterviews gefragt nach
- ihrem *Wissen* über das Medium (Anwendungsmöglichkeiten, Zugang),
- ihren *Einstellungen* gegenüber dem Medium VR (zwischen den Extremen "Technikeuphorie" und "Technikskepsis", Vergleich mit Vorteilen anderer Medien),
- ihren *Erwartungen* an das Medium (u.a. Inhalte, Qualität der Bild- und Tonwiedergabe, Angst vor "Raumkrankheit", Umgang mit Peripheriegeräten wie dem DataGlove).

In einem Experiment können diese Probanden anschließend die entsprechende Anwendung (bei Schülern beispielsweise ein Lernprogramm) für ca. 15 Minuten testen.

Nach dem Experiment folgt ein weiteres Tiefeninterview, das die *Veränderung* der zuvor gemessenen Dimensionen überprüft (z.B. Relativierung der eigenen Technikeuphorie). Hinzu kommen Fragen
- nach der eigenen *Motivation*, ein solches System auch weiterhin zu nutzen,
- nach dem *Aufwand* und den Kosten, die man für die Benutzung des Geräts investieren würde,
- nach dem *Ort* bzw. der Situation, für die man sich das Gerät wünscht (z.B. als Ausstattung in Universitäten, in "Spielhallen", in der eigenen Firma).

Verwertung: Die Studie kann u.a. belegen, ob VR lediglich von den Personen akzeptiert wird, die sich schon vorher dafür interessieren, oder ob es auch Personen fasziniert, die VR bislang nicht kannten.

Design 3: Nutzung der VR
Ziel: Diese Studie betrifft die *derzeitigen Nutzer* des Systems. Das Experiment kann Aufschlüsse darüber liefern, ob alle Nutzer bestimmte Anwendungen in ähnlicher Weise nutzen oder ob es eher individuelle Herangehensweisen gibt.

Begründung: Im Vergleich zu den etablierten Massenmedien ist der persönliche "Spielraum" bei VR-Anwendungen sehr groß. Vor allem im Bereich der Modifikation und Selektion von Aussagen ist bis jetzt praktisch nichts bekannt.

Methode: Für verschiedene Anwendungsbereiche werden jeweils 15 Probanden beobachtet, wie sie die Anwendung im "alltäglichen" Gebrauch nutzen. Gemessen werden u.a.
- die *Dauer* der VR-Nutzung,
- die *quantitative* Selektion aus dem vorhandenen Angebot (u.a. wieviele Räume aufgesucht werden, insgesamt zurückgelegte Wegstrecke, Art der Wegstrecke, z.B. Wege innerhalb eines Raumes oder zwischen Räumen),
- die *qualitative* Selektion aus dem vorhandenen Angebot (u.a. Dauer der Wahrnehmung des Raumes mit der gleichen Position und Blickrichtung, Häufigkeit der Veränderung von Raumposition und Blickrichtung),
- die *Art der Modifikation* des vorhandenen Angebots (u.a. wie häufig werden Gegenstände bewegt, wie häufig werden Gegenstände verändert, welche Gegenstände werden verändert),
- *Gewohnheit der Nutzung* (Veränderung der Blickrichtung als Orientierungsverhalten, Dauer von Phasen ohne Aktivität, Anzahl der genutzten Hilfsmittel wie Symbolsprache des DataGlove, Menüs).

Die Daten müssen nicht aus externer Beobachtung gewonnen werden, sondern lassen sich bereits im VR-Rechner aufzeichnen.

Verwertung: Durch die Kombination dieser einzelnen Dimensionen lassen sich Nutzungsmuster ermitteln, die u.a. darauf schließen lassen, inwieweit das Angebot von den Anwendern überhaupt ausgeschöpft wird, inwieweit individuelle "Vorlieben" innerhalb von Anwendungen existieren und mit welchen Hilfsmitteln die Benutzerfreundlichkeit einer Anwendung noch zu steigern ist.

Literatur

I. Kellerer: Interaktive Medien...Eine Annäherung in drei Schritten. Unveröffentlichte Diplomarbeit an der Hochschule für Musik und Theater Hannover, 1993

G. Maletzke: Psychologie der Massenkommunikation: Theorie und Systematik. Hans-Bredow-Verlag, 1963

B. Willim: Zukünftige Berufsperspektive: Cyberspace Designer. In ders.: Designer im Bereich Animation und Cyberspace: Aus- und Weiterbildungsmöglichkeiten in Deutschland. Drei-R-Verlag, 1993

Effizienzsteigerung bei der rechnerunterstützten Konstruktionstätigkeit durch die Synthese aus CAD und Virtueller Realität

K. Büttner, J. Reinemuth, H. Birkhofer

Effizienzsteigerung bei der rechnerunterstützten Konstruktionstätigkeit durch die Synthese aus CAD und Virtueller Realität

Klaus Büttner
Jürgen Reinemuth
Herbert Birkhofer

Abstract

Das Autorenteam beschreibt ein neues CAD-Konzept, welches aus der Zusammenführung von Techniken der virtuellen Realität und konventioneller CAD-Systeme entsteht. Einführend werden die derzeit auftretenden Defizite bei CAD-Systemen erläutert, die für die Entwicklung eines sogenannten CyberCAD-Systems ausschlaggebend sind. Darauf aufbauend werden neue Bedienmetaphern und eine Montagesimulationsumgebung beschrieben, die das Konstruieren mit CAD vereinfachen und so zu einer Effizienzsteigerung führen.

Dipl.-Ing. Klaus Büttner,
Wissenschaftlicher Mitarbeiter am
Fachgebiet Maschinenelemente
und Konstruktionslehre,
Technische Hochschule Darmstadt

Dipl.-Ing. Jürgen Reinemuth,
Wissenschaftlicher Mitarbeiter am
Fachgebiet Maschinenelemente
und Konstruktionslehre,
Technische Hochschule Darmstadt

Prof. Dr.-Ing. Herbert Birkhofer,
Leiter des
Fachgebiets Maschinenelemente
und Konstruktionslehre,
Techn. Hochschule Darmstadt

1. CAD

CAD-Systeme sind in den Konstruktionsabteilungen der Industrie weitgehend eingeführt und finden heute schwerpunktmäßig in der Phase des Ausarbeitens und der Zeichnungserstellung Anwendung [Feldle 90, Birkhofer 90]. Diese CAD-Systeme arbeiten als 2D-CAD-Systeme und unterstützen die Arbeit des Konstrukteurs auf der zweidimensionalen Darstellungsebene, wodurch sie - zwar recht komfortabel und durchaus effizienzsteigernd - nichts anderes tun, als das konventionelle Zeichenbrett zu ersetzen [Franke 93].

Zu einer anderen Art des Konstruierens führt der Einsatz von 3D-CAD-Systemen, die es ermöglichen, die räumlichen Gestaltvorstellungen des Konstrukteurs direkt in Geometrie umzusetzen. 3D-CAD-Systeme haben sich besonders in den Bereichen bewährt, in denen es darauf ankommt, einmal im CAD-System definierte Geometrie für nachfolgende Fertigungsschritte bereitzustellen (CAD/CAM-Kopplung), oder wo Produkte gestaltet werden, die eine komplexe räumliche Geometrie aufweisen, wie z.B. im Automobilbau [Pah/Bei 93].

In der industriellen Praxis entstehen Akzeptanzprobleme bei 3D-CAD-Systemen, die sich zurückführen lassen auf

- die Schwierigkeit des Nachweises wirtschaftlicher Vorteile von 3D-CAD-Systemen gegenüber 2D-Systemen,

- funktionale Defizite infolge der nicht an die Denkweise des Konstrukteurs angepaßten Bedienung des CAD-Systems: Das Subtrahieren eines Zylinders steht in 3D-CAD-Systemen für das Erzeugen einer Bohrung. Das Beispiel zeigt schon, wie wenig die Bedienmetaphern zur Erzeugung und Manipulation in heute marktüblichen CAD-Systemen dem Denken des Konstrukteurs angepaßt sind,

- den Informationsverlust durch Projektion räumlicher Geometrie auf die Bildschirmebene. Die Visualisierung räumlicher Geometrie auf dem ebenen Bildschirm erfordert eine Projektion. Eine Projektion ist immer mit einem Informationsverlust verbunden, was höhere Anforderungen an das räumliche Vorstellungsvermögen des Konstrukteurs stellt. Der Informationsverlust wird durch erweiterte Visualisierungsverfahren, wie Hidden-line-Darstellungen oder das Shading und Rendering von Geometrieobjekten auf dem Bildschirm nur zum Teil ausgeglichen.

CAD-Datenstrukturen haben sich zwar in den vergangenen zwanzig Jahren von 2D-Strukturen zu 3D-Strukturen weiterentwickelt, die Visualisierung von räumlichen Objekten beruht jedoch bis heute auf einer reinen 2D-Technologie. Neben diesem **Visualisierungsdefizit** als Abweichung zwischen dem 3D-Datenmodell und einer 2D-Visualisierung besteht bei heutigen CAD-Systemen auch ein **Manipulationsdefizit**: Auch bei der Eingabe und Manipulation von räumlichen CAD-Geometriedaten dominieren "ebene" Eingabemedien, wie Maus und Digitalisiertablett, mit denen sich die Manipulation von räumlichen Objekten schwierig gestaltet (**Bild 1**).

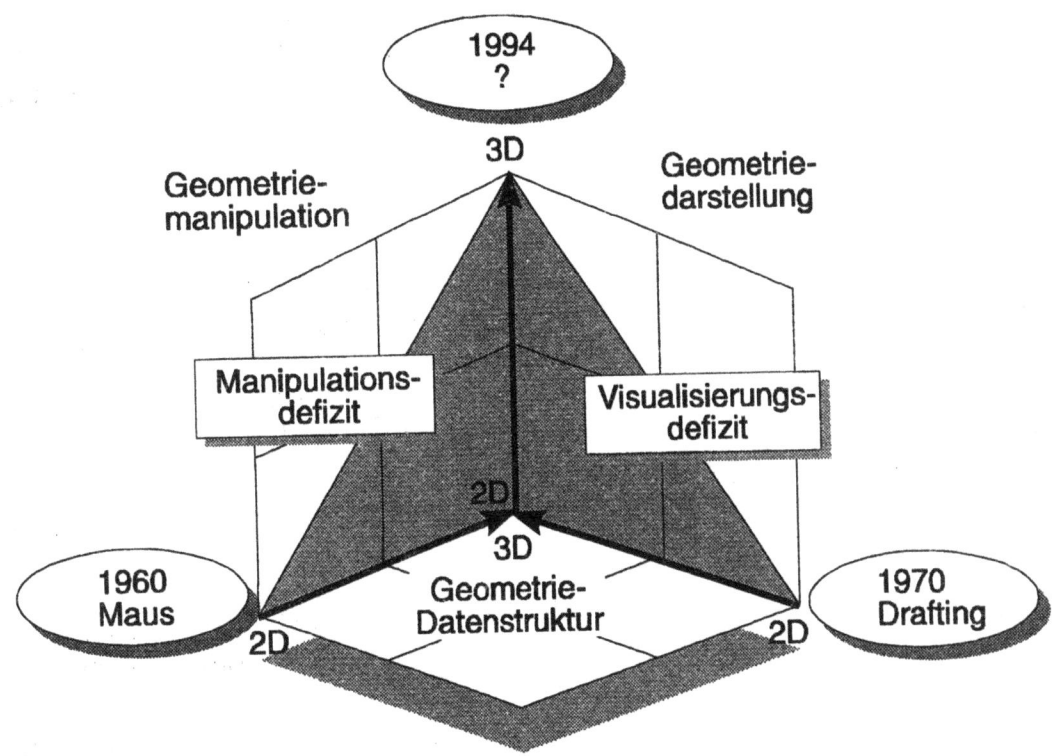

Bild 1: Visualisierungs- und Manipulationsdefizite von CAD-Systemen

Aus den genannten Defiziten können Anforderungen an künftige CAD-Systeme für den Maschinenbau abgeleitet werden:

Aus den funktionalen Defiziten heutiger 3D-CAD-Systeme ergibt sich die Notwendigkeit der Einführung von Bedienmetaphern, die an die Denkweise des damit arbeitenden Konstrukteurs besser angepaßt sind. Die Bedienmetaphern sollten sich dabei an der realen Erfahrungswelt des Konstrukteurs orientieren und die dem CAD-System zugrundeliegenden Datenstrukturen vor dem Konstrukteur weitestgehend verbergen. Auf keinen Fall dürfen sich die Bedienmetaphern an den CAD-Datenstrukturen orientieren, wie das heute leider noch allzu oft der Fall ist.

Visualisierungsdefizit und Manipulationsdefizit erfordern darüber hinaus das Überdenken der gesamten CAD-Benutzungsschnittstelle hinsichtllich deren Ein- und Ausgabefunktionen.

Die beschriebenen Defizite und die daraus abgeleiteten Anforderungen führen zum Konzept eines neuartigen 3D-CAD-Systems, welches den Anspruch hat, in eine neue Dimension von Mensch-Maschine-Schnittstellen beim Konstruieren vorzudringen. Realisierbar wird dieses Konzept durch revolutionäre Hard- und Softwareentwicklungen, die schon heute, oder aber in naher Zukunft auf dem Markt verfügbar sein werden und aus dem Bereich der Virtual Reality kommen.

2. Virtual Reality

Virtual Reality (engl.: Künstliche Wirklichkeit, Abk.: VR) wird heute als eine der künftigen Mensch-Maschine-Schnittstellen angesehen. Der Einsatz von Techniken und Hardwarekomponenten der VR zielt darauf ab, einem Benutzer den Eindruck zu vermitteln, er befände sich innerhalb eines dargestellten, vom Rechner generierten Szenariums [Felger 93]. VR als umfassendes Konzept bezieht sich nicht nur auf die Generierung visueller Bestandteile einer künstlichen Wirklichkeit, sondern umfaßt darüber hinaus auch Hör-, Tast-, Geschmacks- und Geruchssinn.

Heute liegen die Schwerpunkte der Anwendung von VR in den Bereichen Planung und Design, z.B. bei der Beurteilung von Gebäudeentwürfen, in Ausbildungssystemen wie Fahr- und Flugsimulatoren, in Umweltverträglichkeitsanalysen, in der Telepräsenz (Fernsteuerung von Maschinen), bei ergonomischen Studien, in der Prozeßsteuerung (räumliche Visualisierung von Anlagen und der Prozeßparameter), in der Verkehrsführung, der Kunst und der Unterhaltung und Werbung [Göbel 92]. Charakteristisch für diese Anwendungen ist ihr schwerpunktmäßiger Einsatz nach der Geometrieerzeugung im Bereich der Präsentation.

VR-Systeme arbeiten typischerweise mit stereoskopischer Bildpräsentation, d.h. der Benutzer erhält durch Verwendung entsprechender Hard- und Software einen räumlichen Eindruck der dargestellten Objekte. **Tabelle 1** stellt die heute gebräuchlichen Ausgabegeräte für Systeme der VR dar, die eine stereoskopische Bildpräsentation ermöglichen. Wesentliches Unterscheidungskriterium für die Ausgabegerätesysteme ist der Grad der Immersion (Einbeziehung) des Benutzers in die vom Rechner erzeugte künstliche Wirklichkeit. Während die Visualisierung mit Hilfe des konventionellen Bildschirms in Verbindung mit Shutter-Glasses nur eine geringe Immersion bewirkt - der Benutzer nimmt Teile der realen Umwelt weiterhin wahr -, ist die Immersion bei der Verwendung kopfgebundener Systeme, sg. HMD's (Head Mounted Displays) sehr groß, da der Benutzer keine

Eindrücke aus der realen Umgebung mehr wahrnimmt und sich gleichsam **in** der vom Rechner generierten "Wirklichkeit" befindet.

	Abbildung	Benennung	Immersion
Ausgabegeräte für stereoskopische Bildpräsentation		Hochfrequenzmonitor und Shutter-Glasses	klein
		Head-Mounted-Display (HMD)	groß

Tabelle 1: Einteilung üblicher VR-Ausgabegeräte

VR-Systeme erfordern darüber hinaus dreidimensionale, grafische Eingabegeräte, die **gleichzeitig** sechs Freiheitsgrade definieren können. Entsprechende Geräte sind der Datenhandschuh (Dataglove) oder der Space-Ball [Felger 93], die in **Tabelle 2** dargestellt sind.

	Abbildung	Benennung	Interaktion
Eingabegeräte für VR-Systeme		Space-Ball	konventionell
		Datenhandschuh (Dataglove)	Gestikerkennung

Tabelle 2: Einteilung und Beschreibung üblicher VR-Eingabegeräte

Die 3D-Eingabegeräte unterscheiden sich im wesentlichen hinsichtlich des Interaktionsprinzips. Während beim Space-Ball der Benutzer an die kinematischen Einschränkungen des Eingabegerätes gebunden ist und nur geführte Bewegungen ausführen kann, fällt diese Einschränkung beim Dataglove weg. Die Eingaben des Benutzers sind nicht mehr durch kinematische Restriktionen des Interaktionsgerätes, sondern nur noch durch die Beweglichkeit seiner Hand beschränkt. Dies erlaubt einen intuitiven Zugang zum System. [Pime/Teix 92]

3. Kombination von CAD und VR: CyberCAD

Die Verwendung der im vorhergehenden Abschnitt beschriebenen VR-Ein- und Ausgabegeräte erlaubt eine völlig neuartige Art und Weise der Interaktion mit CAD-Systemen. Die Grundlage dieses, mit CyberCAD bezeichneten Konzeptes bildet die Kombination der aus der VR bekannten 3D-Ein- und Ausgabegeräte mit den Fähigkeiten zur Geometriemodellierung und -manipulation von 3D-CAD-Systemen. Damit erzielen wir die durchgängige Dreidimensionalität von der Eingabe, über die Geometriedatenhaltung bis hin zur Visualisierung der Geometrie. Wir passen die Bedienmetaphern von CAD-Systemen an die neuen Ein- und Ausgabegeräte an, wobei die Anforderungen hinsichtlich der Funktionalität von 3D-CAD-Systemen berücksichtigt werden.

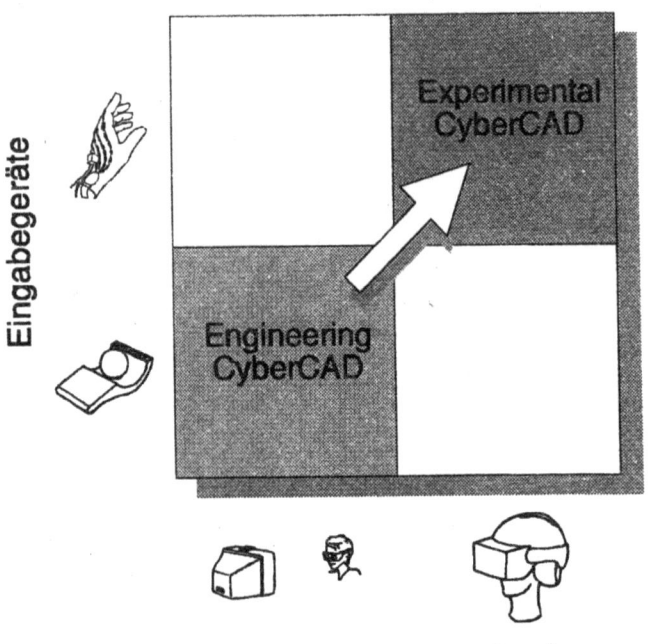

Bild 2: Die zwei Stufen der Entwicklung von CyberCAD-Systemen

Um die Entwicklungsmöglichkeiten eines solchen Systems aufzuzeigen, teilen wir CyberCAD-Systeme entsprechend ihrer virtuellen Ausbaustufe in zwei Katagorien ein (**Bild 2**). Die erste Stufe nennen wir Engineering CyberCAD, da der Stand der Technik in CAD und VR eine sofortige Realisierung erlaubt und unmittelbar Anwendungsmöglichkeiten vorliegen. Die zweite Stufe stellt ein Konzept für ein Experimental CyberCAD dar, welches, basierend auf den mit Engineering CyberCAD gewonnenen Erfahrungen, neue Anwendungsmöglichkeiten für CAD-Systeme unter nochmals verbesserter Mensch-Maschine-Interaktion erlaubt.

4. Engineering CyberCAD

Die eingangs erarbeiteten Defizite hinsichtlich Manipulation und Visualisierung werden im Engineering CyberCAD durch die VR-Hardware überwunden. Die Eingabe und Manipulation von Geometrie erfolgt mittels eines 3D-Eingabegerätes mit sechs Freiheitsgraden, beispielsweise einem Space-Ball. Die Visualisierung erfolgt mit Hilfe eines Hochfrequenzmonitors und Shutter-Glasses. Da nur die Visualisierung von Geometrie einer dritten Dimension bedarf, wird der Bildschirminhalt in einen dreidimensionalen Darstellungsbereich und einen ebenen Menü- und alphanumerischen Ein- und Ausgabebereich aufgeteilt. Ein Engineering CyberCAD-System kann auf der Basis eines konventionellen CAD-Systems implementiert werden, wobei die Geometrieverarbeitungsfähigkeiten des CAD-Systems genutzt und durch 3D-Ein- und Ausgabegeräte ergänzt werden. Der Screenshot in **Bild 3** zeigt eine mögliche Implementierung in ein 3D-CAD-System. Der Benutzer hat die Wahl zwischen einer 2D-Ein- und Ausgabe und einer 3D-Ein- und Ausgabe.

4.1. Bedienmetaphern

Auf der Basis neuer Visualisierungs- und Manipulationsmöglichkeiten durch neue Hardware schafft ein CyberCAD-System verbesserte und erweiterte Funktionalität durch neue Bedienmetaphern.

Metaphern sind "Bilder" der Realität, also Modelle und Strukturen der Wirklichkeit, die dem Benutzer eines Softwaresystems dessen Verständnis erleichtern sollen. Der Benutzer kann, bei geeigneter Wahl einer Bedienmetapher, aus dem wirklichen Leben bekannte Handlungsmuster direkt auf die vom Rechner erzeugte "Wirklichkeit" übertragen. Das Erlernen neuer Handlungsmuster kann so entfallen. Die Bedienung wird vereinfacht, die Akzeptanz erhöht und die Arbeitseffizienz gesteigert.

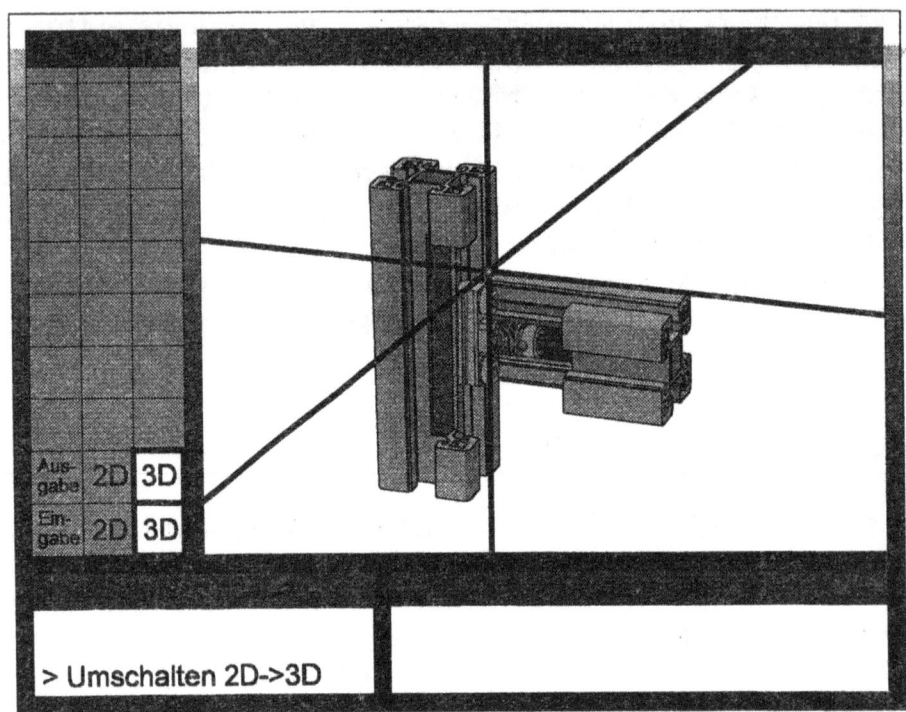

Bild 3: Screenshot eines Engineering CyberCAD-Systems

4.2. Metaphern zur Geometriemodellierung

Die im folgenden vorgeschlagenen Metaphern zur Geometriemodellierung zielen auf eine verbesserte Einbeziehung von CAD-Systemen in den Konstruktionsprozeß ab. Dafür müssen sie so gewählt werden, daß sie der Denkweise des Konstrukteurs angepaßt sind.

4.2.1. Geometriemanipulation durch direkte Manipulation (Drag and Drop)

Schon seit längerem sind die Drag- und Dropfunktionen aus grafischen Benutzungsoberflächen und teilweise auch aus 2D-CAD-Systemen bekannt. Sie erlauben dem Benutzer, Objekte jeglicher Art wie z.B. Texte, Icons, Bilder oder 2D-Vektoren durch Antasten und Verschieben mit der Maus direkt zu manipulieren. Ansätze dazu sind mittlerweile ebenfalls in ersten konventionellen CAD-Systemen zu erkennen. [SDRC 93]

Drag- und Dropfunktionen können jedoch bei marktüblichen Hardwareplattformen nur zweidimensional bleiben. Für CyberCAD-Systeme erschließt sich durch die dreidimensionale Eingabe und Darstellung die Tiefe des Raumes. Eine direkte Geometriemanipulation und -orientierung wird hierdurch möglich.

4.2.2. Geometriegenerierung und -manipulation durch virtuelles Abformen

Virtuelles Abformen erlaubt die Herstellung von Negativformen aus schon vorhandenen Objekten. Kombiniert man diese Technik mit dem bei [Daniel 93] beschriebenen Verfahren des wirkkörperorientierten Modellierens, erhält der Anwender ein mächtiges Werkzeug, um einfach und sinnfällig vorhandene Geometrie zur direkten Manipulation anderer Objekte zu nutzen.

In **Bild 4** wird das wirkraumorientierte Generierungsverfahren am Beispiel der Gestaltung eines Bildschirmfußes gezeigt. Dabei erzeugt ein Wirkkörper (Feststellhebel) durch seine Wirkbewegung (begrenzte Drehung um eine Rotationsachse) einen Wirkraum. Durch das Abformen dieses Wirkraumes am vorläufigen Bildschirmfuß wird seine vollständige Geometrie gestaltet.

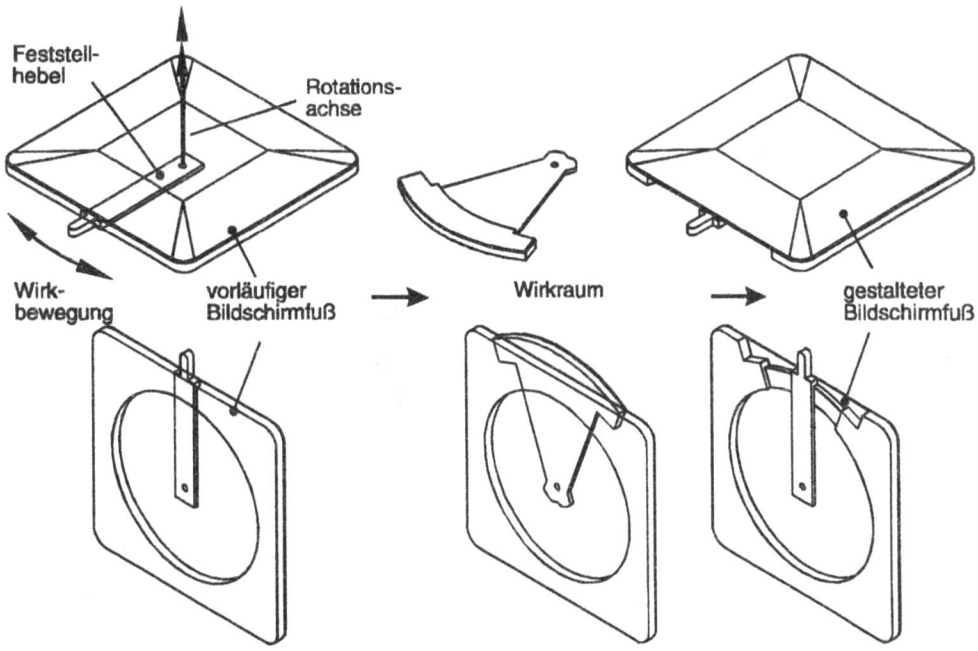

Bild 4: Beispiel für Wirkraumorientierte Generierungsverfahren

4.2.3. Geometriegenerierung durch virtuelle Bearbeitung

Die herstellungsorientierte Denkweise des Konstrukteurs führt bei der Suche nach Metaphern in den Bereich der Fertigungsverfahren. Der große Vorteil bei der Übernahme von Metaphern aus diesem Bereich besteht in der automatischen, impliziten Überprüfung der Herstellbarkeit eines Objektes. Läßt sich ein Werkstück virtuell fräsen, so werden, hinsichtlich der Zugänglichkeit und des Herstellungsablaufs, in der Realität keine Schwierigkeiten auftreten, sofern fertigungsorientierte Randbedingungen ebenfalls im System verfügbar sind. Nebenbei gewinnt man bei der Geometriemodellierung den NC-Code für eine spätere "reale" Bearbeitung.

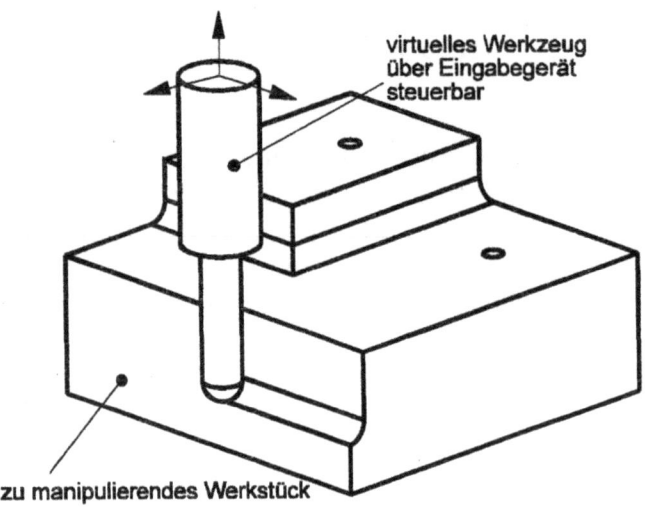

Bild 5: Virtuelles Fräsen eines Werkstückes

Was in **Bild 5** exemplarisch für das "virtuelle" Fräsen aufgezeigt wurde, gilt sinngemäß für andere Fertigungsverfahren, wie Drehen, Bohren, Schleifen, Funkenerodieren etc. Das Grundprinzip bleibt das Gleiche. Der Benutzer wählt ein Werkzeug, welches er direkt mit seinem Eingabegerät bewegen und steuern kann. Das zu bearbeitende, "virtuelle" Werkstück wird iterativ durch das Kollisionsvolumen von Werkzeug und Werkstück [Grätz 89] oder durch den exakten Wirkraum [Daniel 93] des Werkzeuges beschnitten.

4.3. Neue Anwendungsmöglichkeiten von Engineering CyberCAD

Über die reine Geometriemodellierung hinaus erschließen sich neue Anwendungsgebiete:

- CNC-Simulation bei Werkzeugmaschinen
- Robotertechnik
- virtuelle Montagesimulationsumgebung

Auf den letzten Punkten möchten wir näher eingehen.

Bei der Entwicklung räumlicher, komplizierter Konstruktionen gewinnt die Frage an Bedeutung, ob deren Montierbarkeit gewährleistet ist. Die Herstellung von Prototypen und Modellen führen zu einer Kostensteigerung. Bei einem Verzicht auf solche Hilfsmittel kann es unter Umständen zum "bösen Erwachen" bei der Montage des realen Objektes kommen.

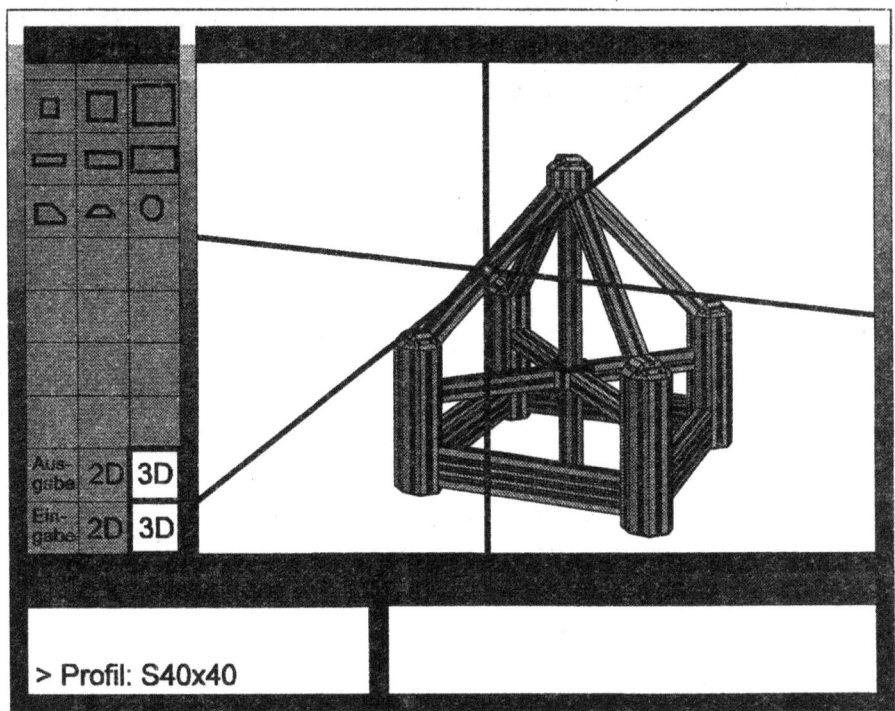

Bild 6: Konzept einer Montagesimulationsumgebung für ein Profilmontagesystem

Profilmontagesysteme sind baukastenartig strukturierte Erzeugnisse zum Aufbau von Maschinengestellen und sonstigen Rahmenkonstruktionen. Sie bestehen aus stranggepreßten Aluminiumprofilen und einer abgestimmten Verbindungstechnik [RK 93].

Das konzipierte System ermöglicht eine virtuelle Montage der Profile. Der Konstrukteur wählt das zu montierende Profil aus einem Menü und navigiert es an den Ort der Montage. Dabei überprüft das System online Interferenzen mit anderen Objekten. Auftretende Kollisionen müssen unterschieden werden:

1. Bei der Navigation zum Montageort kollidiert das zu konfigurierende Profil mit schon vorhandenen. Aufgrund der ungewollten Berührung darf die Bewegung der vom Benutzer vorgegebenen Zuführbewegung des Profils nicht zugelassen werden.

2. Taucht das Profil jedoch mit einer Verbindungsstelle in ein montiertes Profil ein, so wird überprüft, ob eine passende Ankopplung des

tangierten Profils innerhalb eines Snapradius möglich ist. Das Profil wird mit Verbindungselementen zusammengefügt. Die zugehörigen Verbindungselemente bestimmt das System selbständig.

Im Augenblick findet in Zusammenarbeit mit dem Fraunhofer-Institut für Grapische Datenverarbeitung in Darmstadt die Entwicklung dieser dreidimensionalen Montagesimulationsumgebung für ein Profilmontagesystem statt.

5. Ausblick: Experimental CyberCAD

Während beim Engineering CyberCAD die Einbeziehung des Konstrukteurs in die virtuelle Welt nur marginal vollzogen wird, erlaubt die Synthese von 3D-CAD und den VR-Interaktionsgeräten Dataglove und HMD eine umfassende Immersion des Anwenders in sein Konstruktionsszenario.

Eines der Haupteinsatzgebiete sehen wir im Modellieren von Freiformflächen. Der Konstrukteur wird mittels DataGlove in die Lage versetzt über Oberflächen zu streichen und dabei Material auf- oder abzutragen. Die Formgebung im Bereich des Karosseriedesigns von Fahrzeugen oder der Gußgestaltung wären denkbar.

Neben dieser neuartigen Modellierungstechnik gewinnt der Konstrukteur einen wirklichkeitsnahen Eindruck des modellierten Produktes und kann dieses so besser beurteilen.

Erleichtert wird die Handhabung modellierter Objekte. Sie können gegriffen und in natürlicher Weise gedreht und verschoben werden.

Erstmals bietet sich die Möglichkeit, die Handmontage in die Simulation mit einzubeziehen. Die Abschätzung von Montagezeiten kann durch die Zeitmessung bei einer virtuellen Montage des noch nicht existierenden Produktes substituiert werden.

Zu bedenken bleibt jedoch die Tatsache, daß der Konstrukteur für längere Zeit vollständig von der realen Welt abgekoppelt wird. Neben Bedenken, die Arbeitswissenschaftlicher und Mediziner ins Feld führen, müssen aus konstruktionsmethodischer Sicht alle Hilfsmittel, die während der CAD-unterstützten Konstruktionsphase benötigt werden, im CyberCAD-System dargeboten werden. Dabei ist an die Möglichkeit der Anfertigung einfacher Skizzen, Zugriff auf Literatur und elektronische Zulieferkataloge [Reinemuth 93] und die Einbindung von Berechnungs- und Auslegungsprogrammen zu denken.

6. Literatur

Birkhofer 90	**Birkhofer, H.:** Konstruieren im Sondermaschinenbau-Erfahrungen mit Methodik und Rechnereinsatz. VDI-Berichte Nr. 812, Düsseldorf: VDI-Verlag (1990)
Daniel 93	**Daniel, M.:** Funktionsorientierte Generierungsverfahren im Baugruppenzusammenhang für CAD-Systeme. Diss. TH Darmstadt 1993, VDI-Fortschrittsberichte 20/100, Düsseldorf 1993
Fel/Frö/Göb, 92	**Felger, W., Fröhlich, T., Göbel, M.:** Techniken zur Navigation durch Virtuelle Welten. FhG-IGD (1992)
Feldle 90	**Feldle, G.:** Methodische Entwicklung einer Pumpenbaureihe mit Rechnerunterstützung. VDI-Berichte Nr. 812, Düsseldorf: VDI-Verlag (1990)
Felger 93	**Felger, W.:** Konzept und Realisierung eines DZ für Anwendungen der VR, in: Proc. 3. GI-Workshop, sichtsysteme, Wuppertal, 18./19. November 1993.
Göbel 92	**Göbel, M.:** Virtuelle Realität-Technologie und Anwendungen. FhG-IGD (1992)
Grätz 89	**Grätz, J.F.:** Handbuch der 3D-CAD-Technik. Erlangen, Siemens 1989
Pah/Bei 93	**Pahl, G., Beitz, W.:** Konstruktionslehre. 3. Auflage. Berlin, Heidelberg, New York: Springer-Verlag (1993)
Pime/Teix 92	**Pimetel, K., Teixeira, K.:** Virtual Reality - Through the new looking glass, New York: Intel / Windcrest / McGraw-Hill (1992)
Reinemuth 93	**Reinemuth, J.:** Designing with Computer Based Catalogues using Hypermedia. Proc. of the International Conference on Engineering Design ICED. The Hague 1993, S. 1700-1707
RK 93	**NN:** BLOCAN - Profil-Montagesystem, Porta Westfalica 1992
SDRC 93	**NN:** I-DEAS Master Series - Product Catalog, Structural Dynamics Research Corporation 1993

Perspektiven der Virtual Reality

Virtuelles Modellunternehmen für Forschung, Lehre und Technologietransfer

J. Gausemeier,
P. Ebbesmeyer, M. Grafe

HEINZ NIXDORF INSTITUT
Universität-GH Paderborn
Rechnerintegrierte Produktion
Prof. Dr.-Ing. Jürgen Gausemeier

Virtuelles Modellunternehmen für Forschung, Lehre und Technologietransfer

Prof. Dr.-Ing. Jürgen Gausemeier
Dipl.-Ing. Peter Ebbesmeyer
Dipl.-Ing. Michael Grafe

Heinz Nixdorf Institut
Universität-GH Paderborn
Pohlweg 47-49, 33098 Paderborn

Tel.: 05251/60 32 62
Fax.: 05251/60 32 41

Zusammenfassung

Das Projekt „Virtuelles Modellunternehmen" hat zum Ziel, ein Industrieunternehmen mit seinen Leistungserstellungsprozessen anschaulich zu modellieren. Es werden die Arbeitsplätze in den verschiedenen Funktionsbereichen und ihr Zusammenwirken realitätsnah dargestellt. Der Aufbau des Virtuellen Modellunternehmens orientiert sich an den Hauptgeschäftsprozessen eines Industrieunternehmens, der Geschäftsplanung, der Produktionsvorbereitung und der Auftragsabwicklung.

Die stufenweise Umsetzung des Projekts beginnt mit der Konzipierung und prototypischen Realisierung einer virtuellen Fertigungsstätte. Dazu wird ein System entworfen, das sämtliche Wirkzusammenhänge innerhalb des Fabrikbetriebs sowohl in ihrer gestaltbezogenen als auch in ihrer funktionalen Ausprägung modellhaft beschreibt und informationstechnisch verarbeitet. Die Visualisierung erfolgt über eine fortgeschrittene interaktive 3D-Graphik, die sowohl eine immersive als auch eine nicht immersive Begehung des Virtuellen Modellunternehmens erlaubt.

1 Konzeption des Gesamtprojektes

1.1 Zielsetzung

In den letzten Jahren ist auf dem Gebiet Computer Aided Manufacturing (CIM) eine Reihe von Modellfabriken entstanden, die dazu beitragen, die wesentlichen Abläufe in Industrieunternehmen darzustellen und insbesondere die Rolle der Informationstechnologie zu verdeutlichen.

Diese Modellfabriken bestehen aus realen Arbeitssystemen wie flexible Fertigungszellen für die Teilefertigung, flexible Montagesysteme und automatisierte Transportsysteme. Für Forschungs-, Lehr- und Trainingszwecke auf diese Weise Modellfabriken aufzubauen, die der Komplexität von industriellen Produktionsunternehmen nahekommen, ist schlicht zu teuer. Ferner sind angesichts des rascher werdenden technologischen Wandels die jährlichen Kosten für die Erhaltung und Aktualisierung solcher Anlagen zu hoch.

Für den Einsatz in der Forschung, der Lehre und der Erwachsenenbildung sowie für den Technologietransfer ist ein Industrieunternehmen modellhaft nachzubilden. Das erfolgt unter Verwendung von „Virtual Environments" (VE)[1] und der Computeranimation. Neben der naturgetreuen Abbildung der Arbeitssysteme eines Industrieunternehmens soll insbesondere auch die Interaktion der Nutzer der Anlage mit diesen Arbeitssystemen möglich sein und die dadurch initialisierten Informationsverarbeitungsprozesse anschaulich visualisiert werden.

1.2 Präsentationskonzept

Die Anlage soll der Forschung, der universitären Lehre und der außeruniversitären Lehre wie der Erwachsenenbildung dienen. Angesichts der hohen Komplexität eines Industrieunternehmens, das durch diese Anlage repräsentiert wird, ist eine Strategie der Präsentation dieser Anlage erforderlich. Diese wird im folgenden beschrieben.

Die Besucher/innen erhalten die Gelegenheit, spielerisch aktiv die Zusammenhänge und die Wirkungen von Informationstechnologie in Industrieunternehmen zu erleben. Sie werden animiert, diese Gelegenheit zu nutzen. Größte Aufmerksamkeit bei der Gestaltung der Anlage muß darauf gerichtet werden, die zweifelsohne hohe Komplexität der Industriewelt zu über-

---

1. „Virtual Environments" (Virtuelle Umgebung): Interaktive, echtzeitfähige 3D-Computergraphik, die dem Besucher mittels spezieller Display-Technologie ein Eintauchen in die computergenerierte Szenerie ermöglicht sowie eine direkte Manipulation der Objekte erlaubt. (vgl. [BBB+92])

winden und einen roten, leicht nachvollziehbaren Faden in das Präsentationsprogramm zu bringen, ohne den gewünschten Freiraum und die Möglichkeit des Erlebens erheblich zu beeinträchtigen.

Der rote Faden wird erzeugt, indem wir ein beispielhaftes Industrieunternehmen mit seinen wesentlichen Geschäftsprozessen als Vorbild wählen. Das Virtuelle Modellunternehmen weist wie die weitaus größte Anzahl der realen Industrieunternehmen die in Bild 1 dargestellten drei Hauptgeschäftsprozesse auf:.

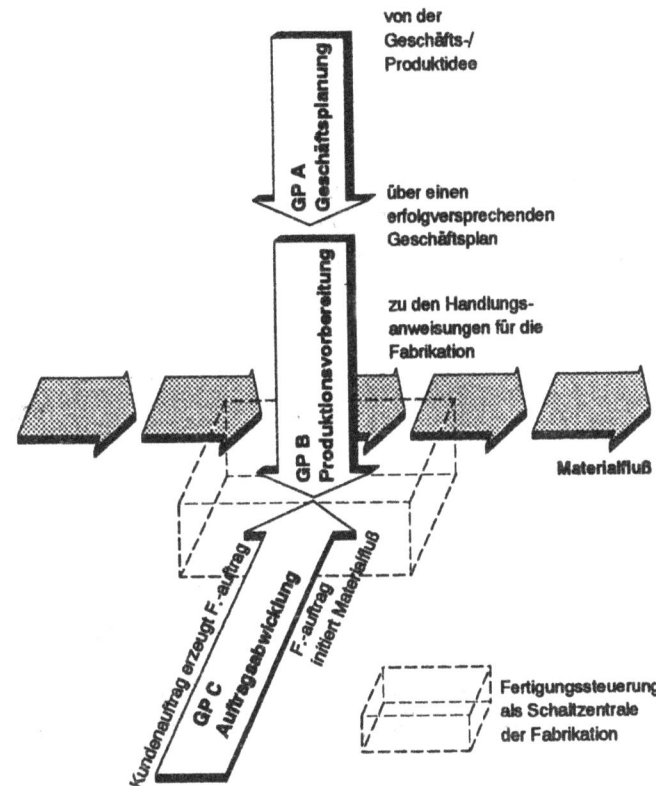

Bild 1: Hauptgeschäftsprozesse im Produktgeschäft

GP A Geschäftsplanung
Ausgehend von der Geschäftsidee werden die für die Planung des Geschäftes erforderlichen Informationen ermittelt. Dazu gehören im wesentlichen die Anforderungen an das neue Produkt sowie die für die Aufstellung des Geschäftsplanes (Deckungsbeitragsrechnung über den Produktlebenszyklus) notwendigen Informationen. Auf der Grundlage des Geschäftsplanes wird die Entscheidung gefällt, in den nächsten kostenintensiven Hauptgeschäftsprozeß einzutreten. Der Hauptgeschäftsprozeß Geschäftsplanung soll für die unternehmerische Effektivität (das unternehmerisch Richtige tun) sorgen. Die beiden übrigen Hauptgeschäftsprozesse dienen der Umsetzung der unternehmerischen Entscheidung – sie sind Effizienz–orientiert (es richtig tun).

GP B Produktionsvorbereitung (Fabrikationsvorbereitung)
Dieser Prozeß beginnt nach der Entscheidung im Marketing, ein neues Produkt zu lancieren, geht über die Funktionsbereiche Entwicklung/Konstruktion bis zur Schaffung aller weiteren Voraussetzungen für die Aufnahme der Fabrikation. Bezogen auf Bild 2 ist das ein Top-Down-Vorgehen im Bürobereich. Das unternehmensstrategische Ziel dieses Hauptgeschäftsprozesses läßt sich mit den Schlagworten Time to Market, Design to Cost umschreiben. Darunter wird das Ziel verstanden, die Zeit von der Produktidee bis zum erfolgreichen Markteintritt erheblich zu verkürzen. Der erfolgreiche Markteintritt verlangt, daß die Herstellkostenziele erreicht worden sind.

GP C Kundenauftragsabwicklung
Der Vertrieb holt Aufträge. Diese sind wie mit den Kunden vereinbart zu erfüllen. Ausgehend von diesen Kundenaufträgen erzeugt die Funktion PPS[1] Fabrikationsaufträge, die die Logistikkette beginnend bei den Zulieferern über die Teilfertigung und Montage bis zur Distribution in Gang setzen. Wesentliche unternehmensstrategische Ziele sind hier: Reduktion der Durchlaufzeit, Termintreue, Minimierung der Bestandskosten.

Die Anordnung der Hauptgeschäftsprozesse dient als Vorbild für die bauliche Struktur des Virtuellen Modellunternehmens. (Bild 2).

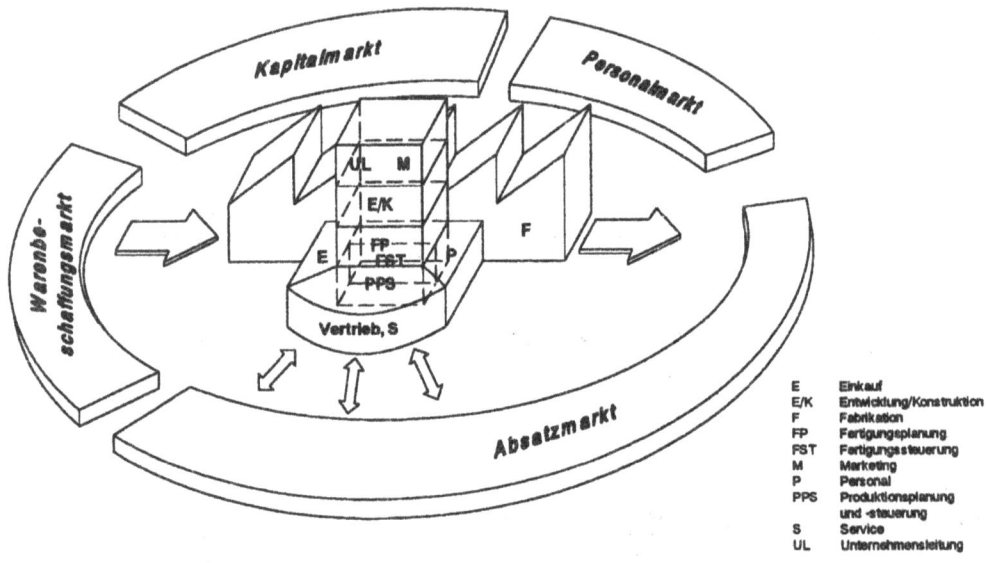

Bild 2: Aufbauschema des Virtuellen Modellunternehmens

---

1. PPS: Produktionsplanung und -steuerung

Auf das System der Hauptgeschäftsprozesse werden, wie Bild 3 zeigt, Sichten angewandt. Dies sind die logische Sicht, die verhaltensbezogene Sicht und die gestaltbezogene Sicht. Die Objekte dieser Sichten lassen sich zwei Kategorien zuordnen, nämlich den Erzeugnissen und den Produktionsmitteln. Die Erzeugnisse bestehen aus materiellen Komponenten wie Baugruppen, Bauteilen, Zukaufteilen, Normteilen etc. und aus immateriellen Komponenten, nämlich Software und Daten. Unter Produktionsmittel fallen Arbeitsplätze, automatisierte Fertigungssysteme und Fertigungsmittel.

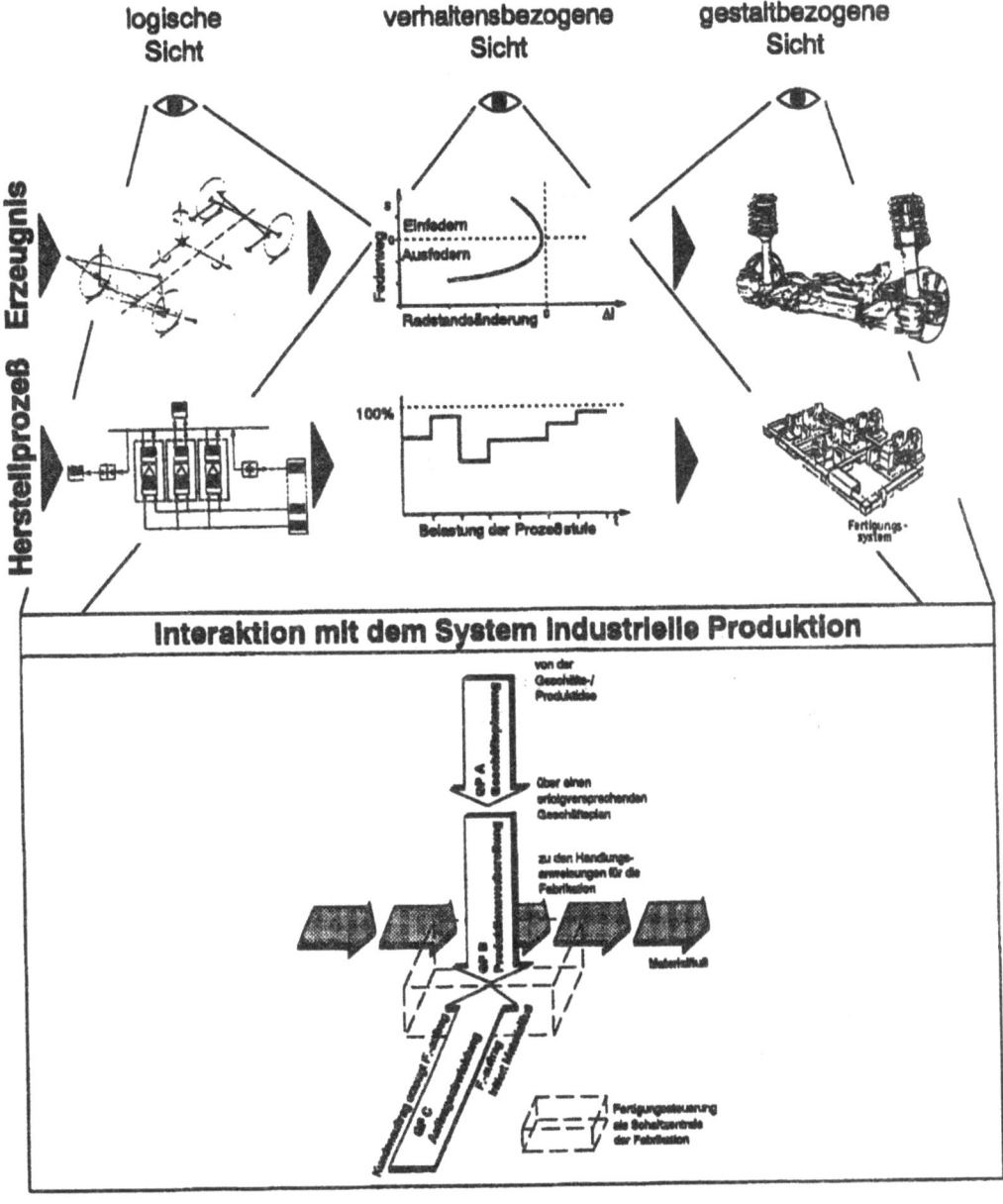

Bild 3: Sichten auf das System Industrielle Produktion

Der Aufbau des Modellunternehmens ermöglicht es seinem Besucher, sich fiktiv in die Funktionsbereiche eines Industrieunternehmens hineinzuversetzen und diese kennenzulernen. Der Besucher wählt einen Standort in einem der Geschäftsprozesse, von dem aus er sich durch die einzelnen Phasen des Prozesses bewegt. Im Geschäftsprozeß B, Produktionsvorbereitung, sind dies die Entwicklung/Konstruktion und die Arbeitsplanung. Im Geschäftsprozeß C, Kundenauftragsabwicklung, werden der Vertrieb, die Produktionsplanung und -steuerung sowie der eigentliche Fabrikationsbereich abgebildet.

Innerhalb der Funktionsbereiche findet der Besucher die dort zur Anwendung kommenden Produktionsmittel vor. In der Konstruktion sind dies z.B. die CAD-Arbeitsplätze, in der Fabrikation sind dies z.B. die Werkzeugmaschinen und Fördergeräte. Der Besucher sieht, wie mit Hilfe der Produktionsmittel die Erzeugnisse erstellt und modifiziert werden. Dies geschieht innerhalb der spezifischen Sicht des Funktionsbereiches auf Erzeugnisse und Produktionsmittel. So hat, wie in Bild 3 dargestellt, die Fertigungsplanung eine logische, die Produktionsplanung und -steuerung eine verhaltensbezogene und die Fabrikation eine gestaltbezogene Sicht auf das Produktionsmittel 'flexibles Fertigungssystem'.

Der Besucher kann einen Arbeitsplatz einnehmen und auf die für diesen Arbeitsplatz üblichen Software-Tools zugreifen. Die Handlungsoptionen und deren Auswirkungen werden anschaulich dargestellt. Anders als in einem realen Industrieunternehmen bietet das Virtuelle Modellunternehmen die Möglichkeit, auch abstrakte Objekte wie Informationen und Daten zu visualisieren sowie den Informationsfluß zwischen den Funktionsbereichen anschaulich darzustellen. Auf diese Weise können die funktionellen Zusammenhänge zwischen den einzelnen Funktionsbereichen eines Industrieunternehmens anschaulich dargestellt werden. Die wesentlichen Vorteile des Virtuellen Modellunternehmens lassen sich wie folgt zusammenfassen:

- Objekte und Prozesse in einem Industrieunternehmen und der Einsatz der Informationstechnologie werden viel anschaulicher als in der Realität verdeutlicht.
- Die Anlage ist hoch flexibel. Neue Objekte und Prozesse werden durch Laden neuer Programme und durch neue Datenmodelle repräsentiert.
- Die laufenden Kosten für die Weiterentwicklung, die Instandhaltung und die Aktualisierung der Anlage sind wesentlich niedriger als bei einer realen Anlage.

1.3 Visualisierungstechnik

Die Umsetzung der Präsentationsstrategie erfolgt auf der Basis interaktiver, echtzeitfähiger 3D-Graphik mittels leistungsfähiger Graphikworkstations. Das Prinzip der Visualisierung ist in Bild 4 dargestellt. Den Kern des Systems bildet ein graphisches Präsentationssystem, das aus verschiedenen Inputs die virtuelle Umgebung des Besuchers[1] generiert. Die Bilderstellung erfolgt interaktiv, d.h. die virtuelle Umgebung des Besuchers wird aus den statischen (z.B. Räume, Einrichtungsgegenstände) und dynamischen (z.B. Schalter, Maschinen) Objekten des Modellunternehmens in Abhängigkeit von Position und Blickrichtung des Besuchers berechnet. Zusätzlich besteht die Möglichkeit, Videos sowie den Output von IT[2]-Anwendungen in die virtuelle Umgebung miteinzubeziehen.

Die Visualisierung erfolgt abhängig vom Status des Besuchers immersiv bzw. nicht immersiv. Ein Besucher der Anlage kann das Virtuelle Modellunternehmen entweder aktiv oder passiv erleben.

Aktiver Besucher

Durch spezielle In- und Outputdevices (DataGlove, Head Mounted Display, Positionssensoren) kann der aktive Besucher in die Anlage 'eintauchen', d.h. es wird ihm der Eindruck vermittelt, sich räumlich in dem Virtuellen Modellunternehmen zu befinden. Er kann sich frei in dem Unternehmen bewegen, Funktionsbereiche aufsuchen und mit den virtuellen Objekten interagieren. Es können sich parallel mehrere aktive Benutzer an verschiedenen Orten des Virtuellen Modellunternehmens aufhalten.

Passiver Besucher

Die passiven Besucher begleiten einen aktiven Besucher auf seinem Weg durch das Modellunternehmen. Dazu wird das Sichtfeld eines aktiven Besuchers on-line auf eine Großbildwand hochauflösend projeziert bzw. auf einer Monitorwand dargestellt. Um den räumlichen Eindruck des passiven Besuchers zu verstärken, erfolgt die Bilddarstellung stereoskopisch auf der Basis der LCD-Shuttertechnik. Der passive Besucher hat keine Möglichkeit der Interaktion. Er kann lediglich entscheiden, welchen der aktiven Besucher er begleiten möchte. Die Anzahl der passiven Besucher ist nicht eingeschränkt. Es können so Besuchergruppen im Rahmen der Aus- und Fortbildung 'geführte' Begehungen durch das virtuelle Modellunternehmen durchführen.

---

1. Aufgrund der besseren Lesbarkeit wird die maskuline Form verwendet.
2. IT: Informationstechnik

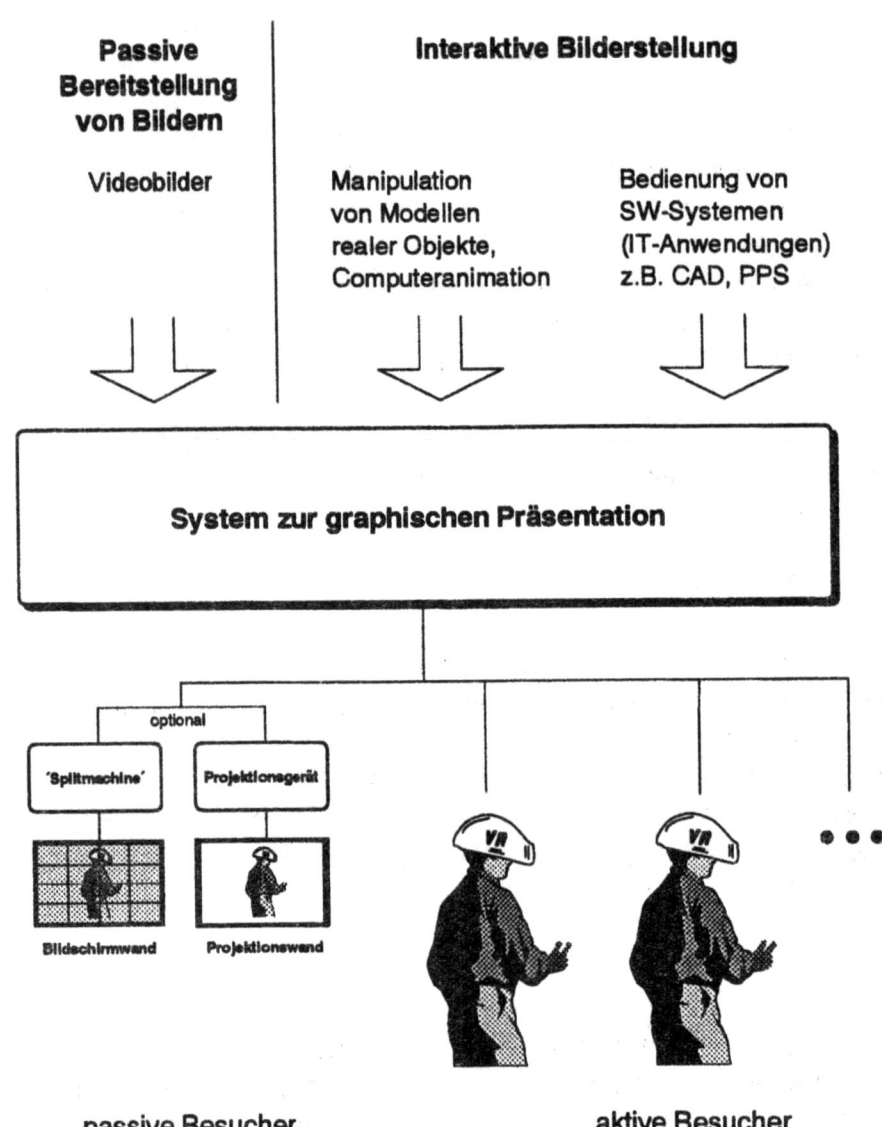

Bild 4: Prinzip der Visualisierung

1.4 Manipulationsmöglichkeiten

Neben der realistischen Visualisierung des Virtuellen Modellunternehmens trägt vor allem die Manipulationsmöglichkeit des aktiven Besuchers mit den Objekten des Modellunternehmens dazu bei, die komplexen Zusammenhänge zwischen den Funktionsbereichen und die Bedeutung der Informationstechnik in einem industriellen Produktionsbetrieb deutlich zu machen.

Wichtigstes Hilfsmittel dazu ist die interaktive Bilderstellung (vgl. Bild 4), durch die kommerzielle IT-Anwendungen wie CAD, PPS etc. in die Animation des Virtuellen Modellunternehmens integriert werden. Der Besucher erhält so die Möglichkeit, sich an einen realen Arbeitsplatz innerhalb des Unternehmens zu begeben und mit den dort eingesetzten Tools zu interagieren. Dazu einige Beispiele:

Ansicht auf einen Teil des Konstruktionsbüros, animiert oder als Video eines realen Büros.

Ansicht auf einen Arbeitsplatz im Konstruktionsbüro.

Neues Window, in dem ein CAD-Prozeß läuft, der vom Benutzer über die Benutzungsoberfläche des CAD-Systems interaktiv beeinflußt werden kann.

Bild 5: Präsentationsszenario im Bereich der Entwicklung/Konstruktion

- Präsentationsszenario im Bereich der Entwicklung/Konstruktion (vgl. Bild 5):
  Der Besucher 'betritt' das Virtuelle Modellunternehmen und kommt schließlich in das Konstruktionsbüro. Im oberen Teil von Bild 5 ist eine Teilansicht des Konstruktionsbüros wiedergegeben. Er 'tritt näher' an einen einzelnen Arbeitsplatz (es handelt sich um einen CAD-Arbeitsplatz). Sobald der abgebildete Bildschirm eine vorgegebene Größe erreicht hat, wird auf dem abgebildeten Bildschirm ein CAD-Prozeß (IT-Anwendung) eröffnet. Dem Benutzer stehen hier die Manipulationsmöglichkeiten eines CAD-Softwaresystems zur Verfügung; er kann selbst konstruieren.

- Präsentatioonsszenario im Bereich der Fabrikation (vgl. Bild 6):
  Analog zum vorher geschilderten Beispiel befindet sich nun der Besucher im Fertigungsbereich des Virtuellen Modellunternehmens. Dieser besteht unter anderem aus einer Teilefertigung und einer automatisierten Montagelinie, wie sie in Bild 6 dargestellt ist. Der Besucher bewegt sich durch die Anlage zum Prozeßleitstand. Er hat dort die Möglichkeit, mittels des interaktiven Prozeßleitsystems (IT-Anwendung) die Montagelinie zu beeinflussen, d.h. Systeme anzuhalten oder deren Zustand abzufragen.

Ansicht der automatisierten Montage aus der Sicht eines aktiven Besuchers.

Leitstand der automatisierten Montage.

Prozeß-Window, in dem das interaktive Prozeßleitsystem dem Benutzer zur Verfügung steht.

Bild 6: Präsentationsszenario im Bereich der Fabrikation

Die beiden Beispiele verdeutlichen das zweistufige Prinzip der Interaktion. In der ersten Stufe navigiert der Besucher durch das Virtuelle Modellunternehmen, bis er an einem Arbeitsplatz anhält. Dort eröffnet sich die zweite Stufe, in der er die Möglichkeit hat, eine IT-Anwendung zu bedienen. IT-Anwendungen und animiertes Szenario sind weitgehend synchronisiert, d.h. Manipulationen an einer IT-Anwendung wirken sich auf die animierte Szene im Präsentationsunternehmen aus. Wie bereits angedeutet, bietet die Computeranimation auch gute Möglichkeiten, immaterielle Szenen wie Informationsverarbeitung zu visualisieren. Dazu zwei weitere Beispiele:

- In eine Datenbank wird ein neuer Kunde eingetragen:
  Der aktive Besucher befindet sich an einem Arbeitsplatz innerhalb der Auftragsbearbeitung. Über eine Menüoption wird ihm ermöglicht, einen neuen Kunden einzutragen. Der Besucher füllt die Maske aus, und mit dem Befehl zur Datenfreigabe kann er auf einer 3D-Graphik den Weg der Daten durch das Datennetz bis zur symbolischen Datenbank verfolgen.

- Eine Zeichnung wird geändert:
  Der aktive Besucher befindet sich am Arbeitsplatz eines Konstrukteurs. Er sieht auf seinem Bildschirm ein CAD-System. Eine Konstruktionszeichnung wird aufgerufen und der Durchmesser einer Bohrung wird verändert. Die geänderte Zeichnung wird als Datei zur Fertigungsplanung gesandt. Dort erfolgt in analoger Art die Änderung des Steuerprogrammes für die Fertigung. Das geänderte Steuerprogramm wird über die Fertigungssteuerung zur Maschine gesandt. Dort wird aus Sicht der Arbeitsperson an der Maschine das Werkzeug gewechselt und mit den neuen Daten weitergefertigt. Der Besucher hat die Möglichkeit, die Datei auf ihrem Weg durch die verschiedenen Funktionsbereiche zu begleiten.

Des weiteren wird vorgesehen, den Fabrikationsprozeß zeitgerecht abzubilden. Damit ergeben sich folgende beispielhafte Möglichkeiten:

- Darstellung der Konsequenzen, die sich aus der Freigabe eines neuen Fertigungsauftrages mit höchster Priorität ergeben.
- Darstellung der Wechselwirkung zwischen den Durchlaufzeiten, Auslastungen und Beständen.

Mit den dargestellten Einflußmöglichkeiten lassen sich beide Hauptgeschäftsprozesse (Fabrikationsvorbereitung und Kundenauftragsabwicklung) anschaulich modellieren. Diese Manipulationsmöglichkeiten fließen in ein Unternehmensführungsmodell ein, das die Auswirkungen der Aktionen auf unternehmerische Führungsgrößen wie Umsatz, Erfolg (nach Managementerfolgsrechnung) und Liquidität aufzeigt. Über diese Manipulationsmöglichkeiten lernen die Besucher, eingebettet in Geschäftsprozesse, die verschiedenen Arten von informationsverarbeitenden Systemen wie CAD-, NC-Programmier-, Fertigungsleit- und Bürokommunikationssysteme kennen.

2 Realisierung des Fabrikbereichs

Die Umsetzung des Projekts „Virtuelles Modellunternehmen" geschieht stufenweise. In der ersten Phase erfolgt die Konzipierung des Bereichs Fabrikation sowie dessen prototypische Realisierung. Aufbauend auf die durch den Prototypen gewonnenen Erkenntnisse sind anschließend die Funktionsbereiche Fabrikation und Büro in ihrer endgültigen Ausprägung zu entwickeln und zu implementieren. Nachfolgend ist die Konzeption sowie ein erster Ansatz zur prototypischen Realisierung des Fertigungsbereichs beschrieben.

Eine realitätsnahe Simulation der Fertigungsstätte (Teilefertigung, Montage) macht es erforderlich, sämtliche Gegebenheiten und Eigenschaften, die einen realen Fabrikbetrieb kennzeichnen, modellhaft zu beschreiben und informationstechnisch zu verarbeiten. Dabei sind zwei Hauptaufgaben zu unterscheiden. Zum einen ist es notwendig, alle Abläufe und Wirkzusammenhänge innerhalb der Fertigungsstätte zu modellieren. Zum anderen müssen die in der Fabrik befindlichen Objekte durch realistische 3D–Graphik über eine VE–Benutzungsoberfläche dargestellt und animiert werden. Es besteht hier eine Analogie zu professionellen Flugsimulationssystemen, wo auf der einen Seite das Verhalten des Systems Flugzeug durch fortlaufende Integration der Bewegungsgleichungen simuliert und auf der anderen Seite dem Piloten das Systemverhalten durch eine Hochleistungsgraphik in Verbindung mit einer Kraftsimulation veranschaulicht wird.

Voraussetzung zum Betrieb einer Fabriksimulation sind detaillierte Informationen über das zu fertigende Produkt. Es müssen daher konkrete Anweisungen für den Fertigungsablauf (Arbeitspläne) vorliegen. Der Geschäftsprozeß B (Produktionsvorbereitung) ist zu diesem Zeitpunkt abgeschlossen. Die hier betrachtete Fertigungsstätte dient zur Herstellung mechanischer Komponenten mit komplexer Geometrie in kleinen bis mittleren Seriengrößen. Es kommen vorwiegend spanende Fertigungsverfahren zum Einsatz.

2.1 Systemarchitektur

Die Systemarchitektur des in Entwicklung befindlichen Fertigungsstättensimulators ist in Bild 7 wiedergegeben. Er besteht aus der VE–Benutzungsoberfläche sowie den Applikationen Betriebsmittelmanager, Steuerungsmodul und Navigator. Die Applikationen Betriebsmittelmanager und Steuerungsmodul greifen auf das Steuerungs- bzw. Betriebsmittelmodell zu.

Die zentrale Überwachung der Abläufe in der virtuellen Fertigungsstätte wird vom Steuerungsmodul durchgeführt. Es steuert den globalen Fertigungsablauf. Das Modul simuliert den virtuellen Materialfluß beginnend mit den Ausgangsprodukten (Rohteile, Halbzeuge) bis zum fertigen Erzeugnis.

Das Steuerungsmodul greift auf das Steuerungsmodell der Fertigungsstätte zu. Zur Laufzeit sind dort alle für den Fertigungsablauf erforderlichen Steuerungsinformationen (NC-Programme, Roboterprogramme, Steuerungsprogramme für Materialflußsysteme) präsent. Für jede Fertigungsein-

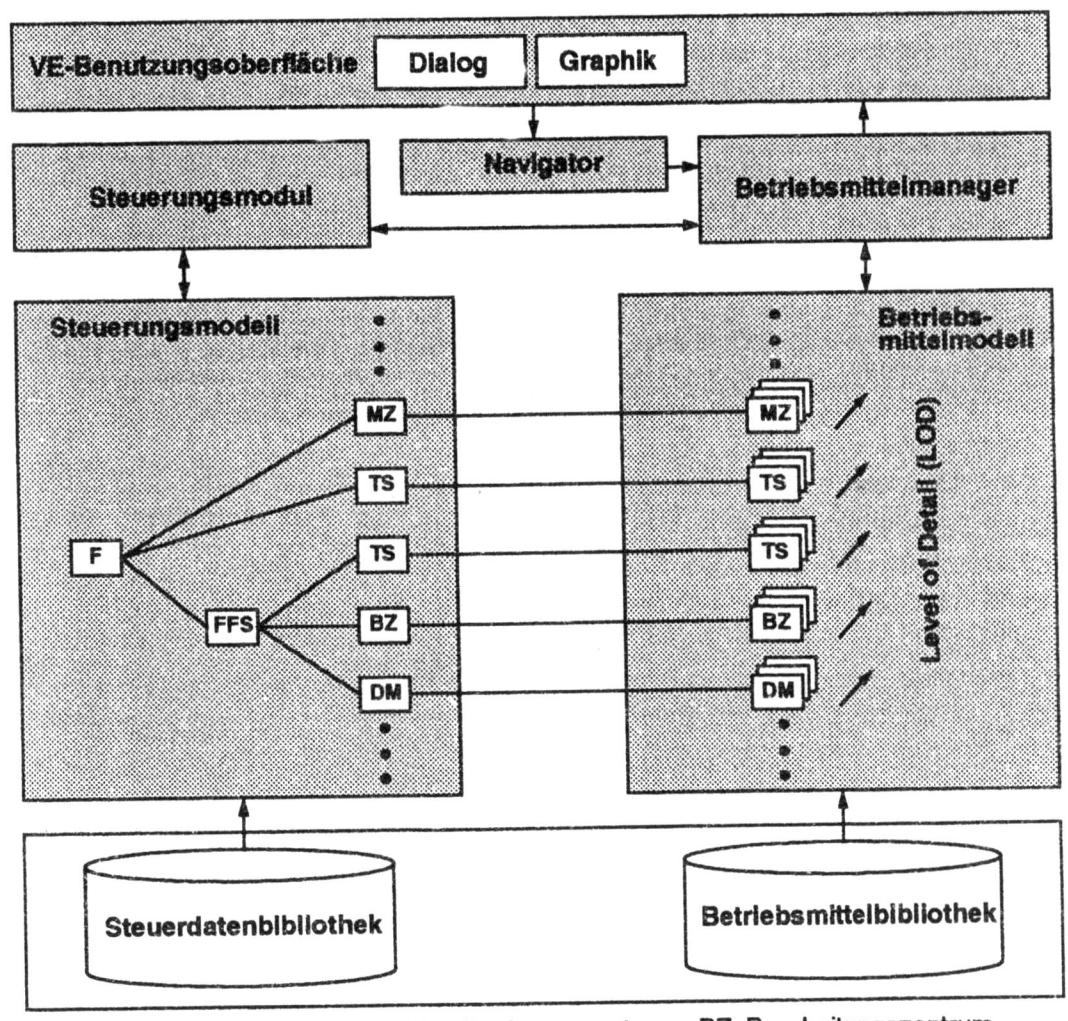

Bild 7: Systemarchitektur der virtuellen Fertigungsstätte

richtung existiert ein eigenes Steuerungsprogramm, das vom Steuerungsmodul permanent abgearbeitet wird. Die Fertigungseinrichtungen selbst sind gemäß Tabelle 1 in einer hierarchischen Struktur organisiert. Die von der Arbeitsplanung generierten Steuerungsdaten sind in der Steuerdatenbibliothek abgelegt.

Ebene	Fertigungseinrichtungen
1	Fertigungsstätte
2	Fertigungssysteme (Fertigungseinheit bestehend aus mehreren Bearbeitungsmaschinen bzw. Montagesystemen und einem internen Transportsystem)
3	Fertigungszellen (einzelne Bearbeitungsmaschinen, Montagesysteme) und Transportsysteme

Tabelle 1: Organisation der Fertigungseinrichtungen

Für jedes von einem Programm gesteuerte Objekt der Fertigungsebene 3 gibt es sowohl im Steuerungsmodell als auch im Betriebsmittelmodell ein Abbild. Im Betriebsmittelmodell ist die Information bezüglich der Gestalt und des Verhaltens der konkreten Maschine abgelegt. Dies erfolgt auf der Basis des in Bild 8 dargestellten Datenmodells für virtuelle Betriebsmittel.

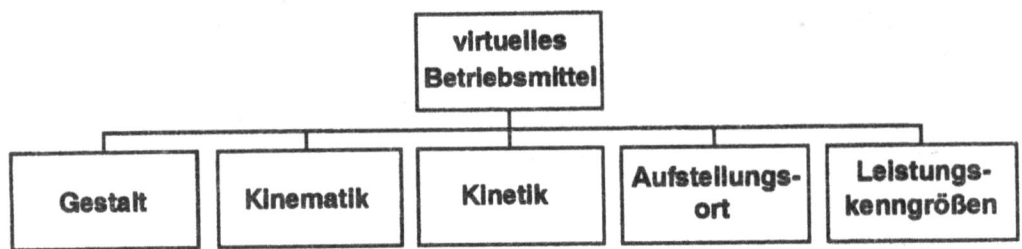

Bild 8: Grobstruktur des Datenmodells für virtuelle Betriebsmittel

Voraussetzung für eine realitätsnahe Simulation der Bewegungsabläufe von Fertigungsmitteln (z. B. Werkzeugmaschinen, Roboter, Transportsysteme usw.) ist es, daß sich deren virtuelle Abbilder exakt so verhalten, wie ihre realen Vorbilder. Daraus ergibt sich die Notwendigkeit, das reale Verhalten der Fertigungsmittel so genau wie möglich zu modellieren. Das objektorientiert aufgebaute Datenmodell ermöglicht es, die physikalisch-technischen Eigenschaften aller in der Fertigungsstätte eingesetzten Betriebsmittel mit der für eine realitätsnahe Simulation erforderlichen Genauigkeit abzubilden. Auf der obersten Ebene sind die folgenden Klassen zu unterscheiden:

- Gestalt (Volumenmodell)
- Kinematik (Bewegungsbeziehungen)
- Kinetik (Trägheitsmomente, Achsmomente usw.)
- Aufstellungsort
- Leistungskenngrößen (Schnittgeschwindigkeiten, Arbeitsraumgrenzen usw.)

Das Datenmodell ist in einer hierarchischen Baumstuktur organisiert. Es gibt verschiedene Ebenen in dieser Struktur, die von oben nach unten einen jeweils höheren Detaillierungsgrad repräsentieren (Level of Detail, LOD). Ein Industrieroboter besteht beispielsweise aus mehreren Arm- und Gelenkmodulen. Im Rahmen der gestaltbezogenen Sicht könnten in der Detaillierungsstufe 1 die Arme als einfache Quader dargestellt werden. In der nächsten Stufe würde die reale Kontur ohne Oberflächendetails sichtbar werden. Die feinste Auflösung schließlich läßt weitere Details wie Verschraubungen o. ä. erkennen. Eine ähnliche Abstufung ist auch für die Kinematik realisierbar. Die Bewegungen solcher Gelenke, die große Teile des Roboters bewegen, sind schon in der Detaillierungsebene 1 modelliert, während die Kinematik kleinerer Gelenke (z. B. ein Greifergelenk) erst in einer tieferliegenden Detaillierungsstufe abgebildet wird. Für die weiteren Klassen des Datenmodells ist zunächst keine Objekthierarchisierung vorgesehen. Die Verwendung von Objekthierarchien ist erforderlich, um bei den zu erwartenden sehr großen Datenmengen eine brauchbare Bildwiederholrate zu erzielen.

Aufgrund des sehr hohen Komplexitätsgrades und der herausragenden Bedeutung für den Fertigungsstättensimulator muß die Gestaltung des Datenmodells für virtuelle Betriebsmittel mit größter Sorgfalt erfolgen. In der zur Zeit laufenden ersten Entwicklungsphase werden die Anforderungen für die Klassen Gestalt und Kinematik ermittelt.

Der Betriebsmittelmanager ist eine Applikation, die über den Navigator die Information erhält, welche Objekte zum Beobachtungszeitpunkt im Gesichtsfeld des Fabrikbesuchers liegen. Er referenziert diese Objekte mit dem für den Beobachtungsstandort erforderlichen Detaillierungsgrad (LOD) aus dem Betriebsmittelmodell und fragt über das Steuerungsmodul den Status der zugehörigen Steuerungsprogramme ab. Dadurch kann der Betriebsmittelmanager die räumliche Lage der gestaltbezogenen Objekte zu einem gegebenen Zeitpunkt berechnen. Der Zeittakt wird vom Steuerungsmodul vorgegeben. Für eine Echtzeitsimulation muß der Betriebsmittelmanager die beschriebene Berechnungssequenz mindestens 15 mal pro Sekunde durchführen.

Die VE-Benutzungsoberfläche hat die Aufgabe, dem Benutzer unter Verwendung von Techniken der virtuellen Realität die Interaktion mit der virtuellen Fertigungstätte zu ermöglichen. Das Modul ist in seiner endgültigen Ausbaustufe in der Lage, gleichzeitig mehrere aktive Besucher zu verwalten. Für jeden Benutzer gibt es einen Renderer[1], der in Abhängigkeit von der jeweiligen Blickrichtung ein Bild der zum Beobachtungszeitpunkt sichtbaren Umgebung generiert. Jeder dieser Renderer ist mit einem separaten

---

1. Renderer: Software-Modul zur Bildgenerierung

Dialogmodul gekoppelt, das die Benutzereingaben interpretiert und über den Navigator an den Betriebsmittelmanager bzw. das Steuerungsmodul weitergibt.

Darüber hinaus verfügt der Fabriksimulator über ein modulübergreifendes, internes Kommunikationssystem, das den Informationsaustauch zwischen den einzelnen Komponenten und der Datenbasis steuert.

2.2 Steuerungskonzept

Das oben beschriebene System zur realitätsnahen interaktiven Simulation einer Fertigungsstätte stellt hohe Anforderungen an die Rechenleistung der Hardware. Für eine sinnvolle Implementierung ist eine Mehrprozessor-Hochleistungsgraphikworkstation der neusten Generation erforderlich. Die Steuerung ist daher so konzipiert, daß die für die Simulation notwendigen Algorithmen parallel ablaufen können.

Die globale Steuerung der gesamten Fertigungsanlage wird vom Steuerungsmodul durchgeführt. Das Steuerungsmodul ist ein eigenständiger Prozeß, der permanent auf einem für diesen Zweck reservierten Prozessor abgearbeitet wird. Er überwacht und kontrolliert die Fertigungszellen und gibt dabei Informationen an den Betriebsmittelmanager weiter. Es ist zu erwarten, daß mit steigendem Komplexitätsgrad der Anlage die Rechenleistung eines einzelnen Prozessors nicht mehr ausreicht, um den Betriebsmittelmanager in Echtzeit zu betreiben. Daher muß das System in der Lage sein, mehrere Betriebsmittelmanager im Parallelbetrieb zu verwalten. Für die einzelnen Betriebsmittelmanager ist dann je ein eigener Prozessor bereitzustellen.

Für den Steuerungsablauf ist es von besonderer Bedeutung, eine effektive Kommunikation zwischen dem Steuerungsmodul und dem Betriebsmittelmanager zu gewährleisten. Die Schnittstelle zwischen diesen Komponenten muß äußerst flexibel gestaltet werden. Es ist sicherzustellen, daß auch komplexere Steuerungsaufgaben bearbeitet werden können. Dazu zählt die Kompensation von Störungen wie z. B. ein vollaufendes Pufferlager infolge eines ausgefallenen Transportsystems. Die Systemsteuerung muß daher Eingriffsmöglichkeiten in den Fertigungsablauf über einen virtuellen Leitstand zulassen.

2.3 Realisierungsstudien

Der zur Überprüfung der Machbarkeit des Fabriksimulators entwickeltete Prototyp basiert auf dem Softwaresystem ROBCAD der Fa. Tecnomatix GmbH. ROBCAD ist in erster Linie eine Plattform zur Planung von Fertigungsprozessen mit Hilfe interaktiver 3D-Graphik. Eine herausragende Stärke des Systems liegt in der Fähigkeit, das Bewegungsverhalten komplexer kinematischer Ketten (insbesondere Roboter) sehr exakt zu simulieren und durch eine gut ausgebaute 3D-Graphik realitätsnah darzustellen. Daher ist ROBCAD gut geeignet, die Funktionalitäten des Betriebsmittelmanagers sowie in Teilbereichen die der Benutzungsoberfläche prototyisch umzusetzen.

Der Prototyp umfaßt zunächst eine exemplarische Fertigungszelle bestehend aus einer Drehmaschine, einem Bearbeitungszentrum und einem Industrieroboter (Bild 9). In diesem Beispiel wird der Drehmaschine vom Roboter ein durch ein Transportsystem angeliefertes zylindrisches Rohteil zugeführt. Nach der Drehbearbeitung entnimmt der Roboter das Teil der Maschine und gibt es an das Bearbeitungszentrum weiter. Abschließend wird das fertig bearbeitete Teil an ein weiteres Transportsystem übergeben. Die Steuerung wird durch die ROBCAD-interne Bewegungssimulation durchgeführt. Das Bild 10 zeigt beispielhaft den Aufbau der Simulation.

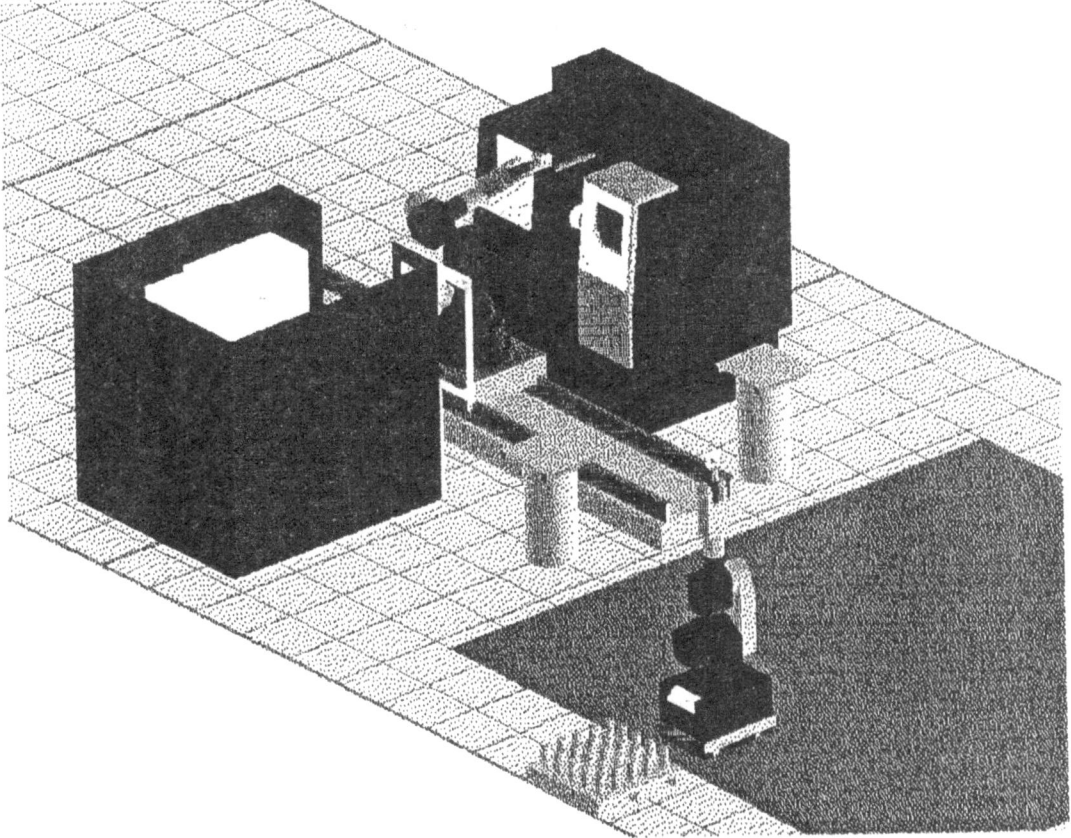

Bild 9: Exemplarische Fertigungszelle

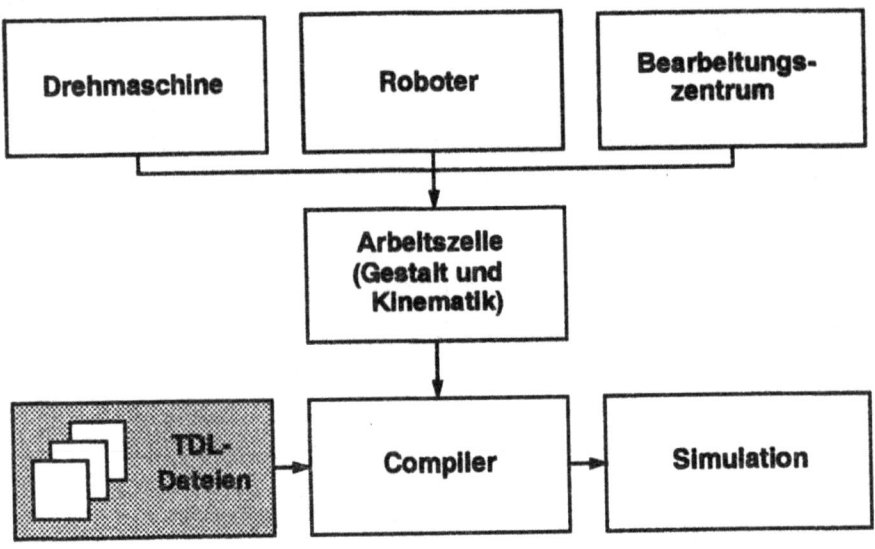

Bild 10: Beispielhafter Aufbau einer ROBCAD-Bewegungssimulation

Zur Durchführung einer ROBCAD–Simulation ist wie folgt vorzugehen: Im ersten Schritt werden die in der Fertigungszelle benötigten Werkzeugmaschinen gestaltmäßig modelliert sowie ihre kinematischen Eigenschaften beschrieben. Dazu stellt das System einen mit einem Modul zur Kinematikdefinition erweiterten Volumenmodellierer bereit. Das implementierte Datenmodell zur Beschreibung der Objekte berücksichtigt neben gestaltbezogenen Informationen insbesondere Bewegungseigenschaften. Die Modellierung von Industrierobotern ist in der Regel nicht notwendig, da ROBCAD eine Bibliothek mit allen marktgängigen Fabrikaten bereitstellt. Anschließend sind im nächsten Schritt die von den Maschinen durchzuführenden Bewegungsfolgen zu definieren. Hierzu dient eine systeminterne Simulationssprache TDL (Task Description Language). Abschließend müssen die Bewegungsabläufe der einzelnen Maschinen aufeinander abgestimmt und synchronisiert werden. Das Ergebnis ist eine ablauffähige Simulationsdatei. Die oben beschriebenen Arbeitsschritte werden graphisch interaktiv durchgeführt..

Der mit ROBACD realisierte Prototyp dient dem vorrangigen Ziel, die Einbindung einer nicht immersiven VE–Benutzungsoberfläche zu implementieren und zu testen. Es wurde zunächst eine auf der LCD-Shuttertechnik basierende stereoskopische Bildausgabe eingerichtet. Zur Zeit wird ein Modul entwickelt, welches die Navigation durch die Fertigungszelle mit Hilfe eines 3D–Eingabemediums (DLR–SpaceMouse) ermöglicht. Dies ist eine Grundvoraussetzung für den voll immersiven Betrieb mit aktiven

Bild 11: Betriebsbereiter VE-Prototyp

Benutzern. Bild 11 zeigt die betriebsbereite Anlage. Die Auswertung der ersten Tests zeigt, daß eine Fabriksimulation mit der vorstehend beschriebenen Visualisierungstechnik (vgl. Kap. 1.3) prinzipiell möglich ist.

3 Ausblick

Im Rahmen des Projekts „Virtuelles Modellunternehmen" ergeben sich eine Reihe von Problemfeldern mit zahlreichen Detailfragen aus den Bereichen der Ingenieurwissenschaften sowie der graphischen Datenverarbeitung. Als Grundlage für die Durchführung des Gesamtprojekts wurde ein Arbeitsprogramm erstellt. Derzeit befindet sich das Projekt in Phase 2, „Entwicklung des Prototypen". Auf Basis der in dieser Phase gewonnenen Erkenntnisse erfolgt im Anschluß die Phase 3, „Implementierung der 1. Ausbaustufe: Fabrikationsbereich". Als letztes wird in Phase 4 „Implementierung der 2. Ausbaustufe: Bürobereiche/Informationsflüsse" die Anlage komplettiert. Der gesamte Zeitbedarf des Projekts wird derzeit auf 10 Mannjahre geschätzt.

Ein Hauptproblem bei der Umsetzung einer realitätsnahen Fabriksimulation mit einer VE-Benutzungsoberfläche ist die hierzu erforderliche Rechenleistung. Wie bereits erwähnt, ist der erfolgversprechenste Weg zur Lösung dieser Problematik die Parallelverarbeitung der anfallenden Berechnungsprozesse. Da geplant ist, diverse Standardsoftwareprodukte auf UNIX-Basis einzusetzen, bietet sich als geeignete Hardwareplattform eine Mehrprozessor-Workstation an. Dies hat zudem den Vorteil, daß die Parallelverarbeitung und die Prozeßkommunikation zunächst auf einem konventionellen Workstationnetz getestet werden können.

Ein weiterer Lösungsansatz zur optimalen Ausnutzung der verfügbaren Rechenleistung besteht in der erwähnten Objekthierarchisierung. In Abhängigkeit vom Abstand eines Objektes zum aktuellen Betrachterstandort wird dieses nur in dem Detaillierungsgrad wiedergegeben, der für das menschliche Auge erfaßbar bzw. vom Auflösungsvermögen der Bildausgabeeinheit erzielbar ist. So ist es z. B. nicht sinnvoll, von einer vom Beobachter weit entfernt stehenden Drehmaschine Einzelheiten wie das Backenfutter darzustellen. Diese Generalisierungsstrategie muß vom Datenmodell für virtuelle Betriebsmittel bereitgestellt werden. Sie sollte nicht nur für gestaltbezogene Objekte gelten, sondern auch die Kinematik abdecken. Die diesbezüglich aufgezeigten Ansätze sind weiterzuentwickeln und zu verfeinern.

Für den Echtzeitbetrieb des Fabriksimulators ist es notwendig, daß alle Module auf einer gemeinsamen Zeitbasis operieren. Dies kann zu Problemen führen, wenn der Betriebsmittelmanager für die Abarbeitung einer komplexen Bewegungssimulation mehr Rechenzeit beansprucht, als für eine einfache Simulation. Der so entstehende Konflikt ist dadurch zu beheben, daß die langsamste Simulation den Zeittakt für die gesamte Fabrik vorgibt. Daher ist ein globales Timermodul notwendig, welches alle Vorgänge zeitlich überwacht und synchronisiert.

Die Problematik des gemeinsamen Zeittaktes steht im engen Zusammenhang mit der Gestaltung der Datenmodelle für die Kinematik und die Kinetik. Insbesondere ein Kinetikmodell, welches dynamische Zusammenhänge beschreibt, ist durch einen sehr hohen Komplexitätsgrad gekennzeichnet. Es beinhaltet die Bewegungsgleichungen für ein kinematisches System. Diese müssen zur Laufzeit ständig integriert werden. Auf diese Weise ist es beispielsweise möglich, die korrekte Zykluszeit für einen Industrieroboter zu bestimmen. Es gibt jedoch auch approximative Verfahren zur Ermittlung der Zykluszeit. Welcher Exaktheitsgrad hier erforderlich ist, muß noch durch eine Reihe von Studien festgestellt werden.

Im Vordergrund der derzeitigen Aktivitäten steht der Ausbau des Prototypen. Hier geht es zuerst darum, weitere Erfahrungen im Umgang mit einer VE-Benutzungsoberfläche zu sammeln. Gleichzeitig erfolgt die detaillierte

Konzipierung des Steuerungsmoduls, des Betriebsmittelmanagers sowie der erforderlichen Datenmodelle. Soweit es möglich ist, sollen für eine spätere Implementierung der Konzepte kommerzielle Softwarepakete eingesetzt werden. Zur Integration dieser Systeme in eine Gesamtumgebung müssen verschiedene Schnittstellen sowie diverse Pre- und Postprozessoren entwickelt werden. Die graphische Repräsentation dieser Softwarepakete innerhalb des Virtuellen Modellunternehmens muß gelöst werden. Ein möglicher Ansatz hierfür ist das Umlenken („mappen") des Graphik-Outputs auf die Oberfläche virtueller Objekte (z.B. Bildschirme).

Eine Klärung dieser graphikspezifischen Problemfelder wird in den nächsten Monaten erwartet, wenn am Heinz Nixdorf Institut eine Mehrprozessor-Hochleistungsgraphikworkstation (SGI Onyx4/2RE^2) verfügbar sein wird. Zudem wird das VE-Equipment um ein hochauflösendes HMD, einen Datenhandschuh und die entsprechende Peripherie ergänzt. Damit können dann auch Problemstellungen untersucht werden, die aus der immersiven Begehung des Modellunternehmens resultieren.

4   Literatur

[BBB+92]   G. Bishop et al. Research Directions in Virtual Environments. Report of an NSF Invitational Workshop. In *Computer Graphics*, Volume 26, Number 3, August 1992

[DG89]   Dassler, R.; Gausemeier, J.: Aufbau von langfristig tragbaren CIM-Lösungen. Teil 1: ZwF 84 (1989) Heft 6, Teil2: ZwF 84 (1989) Heft 8

[EAF+92]   Encarnaçao, J. L.; Astheimer, P.; Felger, W.; Frühauf, M.; Göbel,M.; Karlson, K.: Interactive Modelling in High Performance Scientific Visualization. *Computers in Industrie.* North-Holland 1992.

[FDF+90]   Foley, J. D.; van Dam, A.; Feiner, S. K.; Hughes, J. F. :*Computer Graphics Principles and Practice.* Addison– Wesley, 1990.

[FST92]   Funkhouse, T. A.; Sequin, C. H.; Teller, S. J.: Management of Large Amounts of Data in Interactive Building Walkthroughs, *ComputerGraphics*, 1992

[GFG93]   Gausemeier, J.; Frank, T.; Genderka, M.: Entwicklungstendenzen integrierter Ingenieursysteme. Ploenzke AG, Tagungsband EDM-Kongress 1993

[Gau77]   Gausemeier, J.: Eine Methode zur rechnerorientierten Darstellung technischer Objekte im Maschinenbau. Dissertation TU Berlin 1977.

[GGS93]   Gausemeier, J.; Gerdes, K.-H.; Schneider, W.: Verteilte Datenhaltung für Prozeßleitsysteme – Transputerbasiertes Konzept einer echtzeitfähigen Datenhaltungskomponente. Informatik – Forschung und Entwicklung, Springer Verlag, voraussichtlich Winter 1993

[Gri92]   Grieger, J.: *Graphische Datenverarbeitung: Mit einer Einführung in PHIGS und PHIGS+*, Springer-Verlag, 1992.

[Män88]   Mäntylä, M.: *An Introduction to Solid Modeling*, Computer Sience Press, 1988.

[SGM76]   Spur, G.; Gausemeier, J.; Müller, G.: COMPAC – The Use of Computer Internal Workpiece Modells for Design and Manufacturing. CIRP-Conference on Recent Advances in Computer Aided Design and Manufacturing, Paris 1976.

[Sut65]   Sutherland, I.E.: The Ultimate Display, In *Proceedings IFIP Congress*, 1965.

[NN93]   NN: Proceedings IMAGINA '93 – Mondes virtuels/Virtual Worlds. Monte Carlo, Février 1993.

[NN93]   NN.: Virtual Reality '93 – Anwendungen und Trends. IPA–/IAO–Forum, Stuttgart, Februar 1993.

Zur sozialen Dimension nutzerfreundlicher VR-Systeme

N. Degele

Nina Degele
LMU München
Institut für Soziologie
Konradstr. 6
80801 München

November 1993

Zur sozialen Dimension nutzerfreundlicher VR-Systeme

Dr. Nina Degele,
wiss. Ass. am Institut für Soziologie der Ludwig-Maximilians-Universität München

Zusammenfassung

Die VR-Forschung vertritt den Anspruch, interaktive Computersysteme nutzerfreundlich zu gestalten. Wie betriebliche Erfahrungen im Umfeld von KI-Programmen (Einsatz von Expertensystemen) zeigen, scheitern viele Systeme daran, daß sie an den Nutzerbedürfnissen vorbei konzipiert werden. Zur Vermeidung solcher Fehler trägt zum einen die Unterscheidung von system- und nutzerspezifischen Beiträgen zur Gesamtperformanz bei. Zum anderen ist eine genaue Zielgruppenbestimmung der zukünftigen Anwender erforderlich. Eine nutzerfreundliche VR-Gestaltung basiert somit auf einer systemischen Entwicklungsmethodologie, welche nicht nur die Eigenschaften, sondern vor allem die Wechselwirkungen der drei Komponenten "Mensch, Computer und Organisation" berücksichtigt.

1. Einleitung

Auch nutzerfreundlich konzipierte IuK-Technologien sind noch immer keine einfach zu bedienenden technischen Gebrauchsmittel, wie es inzwischen beim Telefon der Fall ist. Ein Anwender solcher Technologien setzt nämlich nicht nur ein neues Gerät oder Programm ein, sondern muß die Regeln des technischen Umgangs mit dem Gerät lernen. Dazu sind Wissen und Kompetenzen erforderlich. Sie differieren bei Entwickler und Anwender, Fachmann und Neuling, Computerspezialist und Computerlaie erheblich, was bei der Entwicklung interaktiver IuK-Technologien bislang nur unzureichend berücksichtigt wurde.

Die VR-Forschung nun vertritt den Anspruch, solche Technologien vor allem für Nicht-Experten nutzerfreundlich zu gestalten. Das Ziel ist dabei, dem Nutzer die perfekte Illusion des kybernetischen Raums zu vermitteln, um ihm eine möglichst authentische Interaktion mit der simulierten Welt zu ermöglichen. Dazu sollen die letzten Barrieren der Mensch-Maschine-Interaktion überwunden werden. Zur Disposition stehen somit Bildschirm und Tastatur, welche die Kommunikation auf Sprache und Zeichen reduzieren.

In diesem Vortrag interessiert nicht, ob und wie dies technisch möglich ist. Aus sozialwissenschaftlicher Perspektive wird vielmehr danach gefragt, ob das in der VR-Forschung postulierte Ziel einer "postsymbolischen Kommunikation" (Lanier) in dieser undifferenzierten Form tatsächlich mit Nutzerfreundlichkeit gleichzusetzen ist.

Dazu wird zunächst auf die Schwierigkeiten hingewiesen, die aufgrund des frühen Verbreitungsstands von VR-Anwendungen mit der Bestimmung nutzerfreundlicher Kriterien verbunden sind (2). Sodann wird der Vergleich von VR-Systemen mit strukturähnlichen Technologien, nämlich Expertensystemen, begründet (3), um auf den Zusammenhang von Nutzerfreundlichkeit und Performanz in einem "experten System" zu sprechen zu kommen (4). Schließlich soll die Bedeutung der angestellten Überlegungen für die eine praktisch relevante Entwicklungsmethodologie von VR-Anwendungen dargelegt werden (5).

2. VR in der Praxis

Ersten Schätzungen zufolge sind rund die Hälfte aller VR-Installationen im Forschungs- und Entwicklungsbereich beheimatet (Krüger 1993:36). Dabei bietet sich ein recht diffuses Bild:

- VR-Unterrichtsmethoden stoßen bei Kindern und Jugendlichen in zwei englischen Sommerschulen auf reges Interesse. Rückschlüsse auf spätere psychologische Folgen und eventuelle schädliche Wirkungen wollen die Autoren allerdings nicht ziehen (Schröder 1993).

- Im Rahmen eines Industrieprojekts zur virtuellen Layoutgestaltung in der Möbelbranche erwies sich die reine Gestensteuerung gegenüber einer gemischten Form der Benutzeroberfläche (Ikonen und Gesten) als unterlegen (Riedel/Herrmann 1993).

- Der Status der Virtualität in bezug auf die Requisiten ist umstritten: Sind für das Immersionserlebnis tatsächlich Datenhandschuh und Helm notwendig? Das Beispiel einer fünf-kanaligen Simulation zur Ausbildung von LKW-Fahrern zeigt, daß der Eindruck der Immersion auf konventionellem Weg ebenso effizient erzielt werden kann (Schmidt/Müller/Trost 1993).

- Eine Überlegenheit gestischer Kommunikation ist bislang eher in Randbereichen bzw. Ausnahmenfällen plausibel zu machen: ein im Krankenhaus liegender Hirnverletzter, der sein Sprachvermögen noch nicht wiedererlangt hatte, konnte nach dem Unfall mit Hilfe des Datenhandschuhs erstmalig mit seiner Umwelt kommunizieren (Warner 1992).

Diese verstreuten Eindrücke - von einem Forschungsstand kann noch nicht gesprochen werden - weisen auf ein grundsätzliches methodisches Dilemma hin, mit welchem Untersuchungen zu VR-Anwendungen konfrontiert sind: Ein frühes Verbreitungsstadium neuer Technologien gestattet nur punktuelle Einblicke in die kritischen Problembereiche, aus denen auf keine zukünftige Verlaufskurve geschlossen werden kann. Umgekehrt ist die weitere Entwicklung und Verbreitung eher beeinflußbar, wenn beabsichtigte und unbeabsichtigte Folgen noch nicht manifest geworden sind. Was ist daraus zu schließen?

3. VR und Expertensysteme

Die Verbreitung von VR-Systemen befindet sich gegenwärtig in einem Embryonalstadium. Wie es um ihre Nutzerfreundlichkeit bestellt ist, kann aus diesem Grund nicht direkt erschlossen werden. Deshalb soll hier der Umweg über den Vergleich mit einer strukturähnlichen Technologie, nämlich Expertensystemen, gegangen werden. Die Strukturähnlichkeit leitet sich aus folgenden gemeinsamen Merkmalen ab:

- **Ziel**: Beide Forschungslinien vertreten den Anspruch nutzerfreundlicher Interaktionsgestaltung.

- **Institutioneller Hintergrund**: VR- und Expertensystem-Forschung entstanden nicht isoliert (in der Wissenschaft, Industrie oder dem Militär), sondern im Schnittfeld dieser Bereiche.

- **"Verlängerung" von Standardsoftware**: Kommerziell vermarktbare Produkte der zwei Disziplinen setzen bei einer "evolutionären" Verlängerung von bereits standardisierter Software wie CAD (VR) und Datenbanken oder DSS (Expertensysteme) an.

- **Medienwirkung**: Beide Technologien lös(t)en eine ähnliche öffentliche Resonanz aus. Sie reicht von Befürchtungen, technische Systeme könnten Menschen ersetzen, bis zur Überzeugung, menschliche Leistungen würden nun endlich sinnvoll unterstützt werden.

- **Entwicklung**: In beiden Forschungstraditionen hat sich mit dem Prototyping das gleiche Prinzip des Software-Engineerings durchgesetzt.

- **Zielgruppe**: In beiden Fällen ist eine eindeutige Grenzziehung zwischen Entwickler und Anwender nicht möglich.

- **Nutzerfreundlichkeit**: Der einfache, d.h. wenig gewöhnungsbedürftige und leicht erlernbare Zugang zum System soll durch nutzerfreundliche Schnittstellen hergestellt werden: Während bei Expertensystemen natürlichsprachliche Nutzermodelle auf eine menschenähnliche Dialogführung zielen (Degele 1992), sollen VR-Requisiten die nicht-sprachliche, gestische Kommunikation adäquat nachbilden.

- **Mehrfachfunktionalität**: Expertensysteme und VR-Systeme werden eingesetzt, um Probleme zu lösen. Daneben bieten sie eine Reihe weiterer Funktionen (z.B. Dokumentation, Checkliste, Präsentation), welche die eigentlichen fachlichen Aufgaben sogar überdecken können (Degele 1994a).

4. Nutzerfreundlichkeit in einem "experten System"

Bei einer nutzerfreundlichen Kommunikation mit dem Computer sollte die Interaktion mit der Aufgabe und nicht mit dem Gerät im Vordergrund stehen. Es geht also mit anderen Worten um das ausgewogene Verhältnis der Komponenten Mensch und Maschine, die gemeinsam ein "expertes System" bilden. Was zeichnet ein solches Mensch-Maschine-System aus? Diese Frage kann vor dem Hintergrund der erwähnten Mehrfachfunktionalität von VR-Systemen konkretisiert werden.

Der Computer entfaltet im Idealfall seine Stärken dort, wo der Mensch schlecht ist: bei der Bewertung von Rechenvorgängen, der Speicherung großer Datenmengen und der Erinnerung indizierter Daten. Sollen die menschlichen Stärken im in einem solchen "experten System" nicht nur erhalten bleiben, sondern verstärkt werden, müssen menschliche und maschinelle Performanz in doppelter Hinsicht differenziert werden:
- System- und Nutzerbeitrag zur Gesamtperformanz
- fachliche und dialogspezifische Performanz

	Realisierung der Performanz	
Art der Performanz	System	Nutzer
Dialog	NL/Gesten	Kompetenzen
Inhalt	Fachaufgabe	Fachwissen

Abb. 1: Verortung der Performanz (Erklärung siehe Text)

Eine solche Unterscheidung taucht bislang weder in der KI- noch in der VR-Forschung auf - was nicht ohne Konsequenzen bleibt:

Technische Bemühungen zur Nutzerfreundlichkeit sind im Schnittfeld von System und Dialog zu verorten. Schwierigkeiten entstehen dann, wenn in das System Leistungen verlagert werden, die als nutzerfreundliche Merkmale vermutet werden, sich tatsächlich aber kontraproduktiv auswirken. Grund: "Dialogperformanz" ist eine genuin menschliche Eigenschaft, die sich auf alle Sinne bezieht und mehrere Kommunikationsebenen (z.B. Kontextwissen) umfaßt. Sie müßte komplett formalisiert und implementiert werden, um tatsächlich zu funktionieren. Genau dies ist empirischen Untersuchungen zufolge aber zweifelhaft:

- Natürlichsprachliche Zugänge zu Datenbanken haben sich nicht bewährt, weil sie die fachlichen Grenzen des Systems verwischen statt über sie Aufschluß zu geben (Ogden/Sorknes 1987; Diaper 1989; Krause 1988).

Ebenso wirkt sich die mangelnde Differenzierung nach Nutzerkompetenzen bei einer einheitlichen Entwicklungsmethode von DV-Systemen äußerst hinderlich aus:

- Fachwissen (Inhalt/Nutzer): Laien bereiten Informationen anders auf als Experten (weniger abstraktes Denken, Beschreibung von Prozessen statt Entwicklung hierarchisch abgestufter Themenorganisationen). Der Bau von Expertensystemen gestaltet sich für fortgeschrittene Benutzer einfacher, und sie kommen zu besseren Ergebnissen (Paris 1988; Collins 1990; Wozny 1989; Lamberti/Newsome 1989). An ihnen orientiert sich auch die Entwicklungsmethodologie, weshalb von Laien genutzte Systeme schnell an die gemeinsame Performanzgrenze stoßen

- Kompetenzen/Computerwissen (Dialog/Nutzer): Computerneulinge gewinnen mit grafischen Präsentationsformen (Menüs, Ikonen) schneller ein Verständnis für das System als mit rein sprachlichen Präsentationen (Streitz/Spijkers/van Duren 1987; Jones 1988; Hutchins/Hollan/ Norman 1986), während Fortgeschrittene sehr schnell und sicher mit Texten umgehen können. Der Einstieg in eine Programmungebung und die sichere Beherrschung der Software sind aber unterschiedliche Dinge: Auch bei inzwischen zu Standardsoftware avancierten grafikbasierten CAD-Programmen sind die Einarbeitungszeiten noch immer recht lang.

Die Beispiele machen deutlich, daß sich die Performanz eines Gesamtsystems nicht additiv aus den Teilperformanzen der Systembestandteile zusammensetzt. Vielmehr geht es bei der Gestaltung von tatsächlich "experten Systemen" um das organisatorisch intelligente Zusammenfügen der Komponenten. Diese Überlegungen führen zu einem organisatorisch erweiterten Entwicklungsmodell.

5. VR-Entwicklung als Organisationsprozeß

Eine nutzerfreundliche Gestaltung von VR-Anwendungen erfordert eine systemische Betrachtungsweise. Dabei steht die Performanz des Gesamtsystems "Mensch-Maschine-Organisation" im Vordergrund und nicht die isolierte Performanz der Einzelkomponenten. Vor diesem Hintergrund können aus den zusammengefaßten Defiziten bisheriger Ansätze allgemeine Entwicklungsanforderungen abgeleitet werden, die projektspezifisch zu konkretisieren sind:

- Gängige Gestaltungsmaximen orientieren sich fälschlicherweise an einem idealen Nutzer, der Wissen über die Domäne, Wissen über die Repräsentation dieses Wissens im Computer und technische Anwendungskompetenzen mitbringt.

- Eine praktisch relevante Zielgruppenbestimmung hat am tatsächlichen Vorwissen der zukünftigen Nutzer anzusetzen. Dieses ist nach inhaltlich-fachlichen, nutzungstechnischen und sozialen/kommunikativen Kompetenzen zu differenzieren (Degele 1994b).

- Eine auf den "Normalnutzer" zielende Systemgestaltung orientiert sich nicht an technischen Möglichkeiten, sondern am organisatorischen Umfeld: Gemäß dem am MIT vertretenen Prinzip des "Put That There" (Keeler/Denning 1991) können zwei nicht perfekte Kommunikationskanäle, nämlich Sprache und Gesten, konstruktiv miteinander kombiniert werden.

Die Realisierung solchermaßen "gemischter" Systeme erfordert eine eingehende Analyse der betrieblichen Hintergrunds, die bei der Zielgruppenbestimmung ansetzt - also beim Nutzer. Hier wird der Erfolg von VR-Entwicklungen zu einem maßgeblichen Teil vom frühen Einbezug der zukünftigen Anwender (Stichwort Partizipation) abhängen - aber das wäre bereits wieder ein eigenes Thema.

Literatur

Collins, Harry M. (1990) Artificial experts: social knowledge and intelligent machines. Cambridge/Mass.

Degele, Nina (1992) Oberflächliche Intelligenz oder Intelligenz auf der Oberfläche? In: Computerwoche Nr.38: 43-45

Degele, Nina (1993) Mit Cybernauten auf Reisen durch künstliche Welten. in: Computerwoche Nr.11. S.103-106

Degele, Nina (1994a) Der überforderte Computer. Zur Soziologie menschlicher und künstlicher Intelligenz. Ffm (im Erscheinen)

Degele, Nina (1994b) Was müssen NutzerInnen von Expertensystemen wissen? in: Ronald Hitzler/Anne Honer/Christoph Maeder (Hg) Expertenwissen. Opladen (im Erscheinen)

Diaper, Dan (1989) The wizard's apprentice: a program to help analyse natural language dialogues. in: Alistair Sutcliffe/Linda Macauley (Hg) people and computers V. Proceedings of the fifth conference of the British computer society. Cambridge. S.231-243

Hutchins, Edwin L./James D. **Hollan**/Donald A. **Norman** (1986) Direct manipulation interfaces. in: Donald A. Norman/Stephen W. Draper (Hg) User centered system design. New perspectives on human-computer interaction. Hillsdale. S.87-124

Jones, Sara (1988) Graphical interfaces for knowledge engineering: an overview of relevant literature. in: the knowledge engineering review 3. S.221-247

Keeler, Mary A./Susan M. **Denning** (1991) The challenge of interface design for communication theory: from interaction metaphor to contexts of discovery. in: Interacting with computers 3. S.283-301

Krause, Jürgen (1988) F&A und Q&A: Informationsabfrage in natürlicher Sprache. Was können die neuen Softwarepakete der Künstlichen Intelligenz leisten? in: Rüdiger Weingarten/Reinhard Fiehler (Hg) Technisierte Kommunikation. Opladen. S.93-108

Krüger, Wolfgang (1993) Virtual reality - Anwendungen in Wissenschaft, Technik und Medizin. in: Informationstechnik und technische Informatik 35, Heft 3. S.31-37

Lamberti, Donna M./Sandra L. **Newsome** (1989) Presenting abstract versus concrete information in expert systems. in: International journal of man-machine studies 31. S.27-45

Ogden, William/Ann **Sorknes** (1987) What do users say to their natural language interface? in: Hans-Jörg Bullinger/Brian Shackel (Hg) Human-computer interaction - Interact '87. Amsterdam. S.561-566

Paris, Cécile L. (1988) Tailoring object descriptions to a user's level of expertise. in: Computational Linguistics 14 (3). S.64-78

Riedel, Oliver/Günter **Herrmann** (1993) VIRUSI Virtual User Interface - Iconorientierte Benutzerschnittstelle für VR-Applikationen. in: H.-J. Warnecke/H.-J. Bullinger (Hg) IPA-/IAO-Forum Virtual Reality '93. Anwendungen und Trends. Berlin. S.227-243

Schmidt, Rudolf/Werner **Müller**/Norbert **Trost** (1993) "Virtual reality" am Beispiel einer fünf-kanaligen LKW-Fahrsimulation. in: H.-J. Warnecke/H.-J. Bullinger (Hg) IPA-/IAO-Forum Virtual Reality '93. Anwendungen und Trends. Berlin. S.271-280

Schroeder, Ralph (1993) Virtual reality im Unterricht. in: H.-J. Warnecke/H.-J. Bullinger (Hg) IPA-/IAO-Forum Virtual Reality '93. Anwendungen und Trends. Berlin. S.101-113

Streitz, Norbert A./Will A.C. **Spijkers**/Lidewij L. van **Duren** (1987) From novice to expert user: a transfer of learning experiment on different interaction modes. in: Hans-Jörg Bullinger/Brian Shackel (Hg) Human-computer interaction - Interact '87. Amsterdam. S.841-846

Warner, Dave (1992) Medical rehabilitation, cyberstyle. in: AI Expert - Virtual reality special report. S.19-22

Wenzel, Sigrid/Hans Josef **Claßen** (1993) Die Anwendung von Virtual Reality bei Telerobotik. in: H.-J. Warnecke/H.-J. Bullinger (Hg) IPA-/IAO-Forum Virtual Reality '93. Anwendungen und Trends. Berlin. S.259-269

Wozny, Lucy Anne (1989) the application of metaphor, analogy, and conceptual models in computer systems. in: Interacting with computers 1. S.273-283

Virtual Reality and the Future of Interactive Games

W. Giles, R. Schroeder, B. Cleal

Virtual Reality and the Future of Interactive Games

Warren Giles, Dr. Ralph Schroeder, Bryan Cleal

Department of Human Sciences
Brunel University
Uxbridge, Middlesex UB8 3PH
United Kingdom
Tel: 0895-274000 ext.3417
Fax: 0985-232806

Abstract:

The field of entertainment has become the most popular and most commercially successful application of virtual reality technology. With several VR games already on the market, more than a dozen firms in the process of producing entertainment applications, and several dozen more at the stage of actively pursuing entertainment possibilities, this is an area which can no longer be ignored. This paper offers a comprehensive survey of active, ongoing and planned VR-in-entertainment projects, the prospects for their marketability, health and safety issues and the implications of VR games for VR research and development as a whole.

Virtual Reality and the Future of Interactive Games

I. Introduction

Entertainment games have become the most well-known application of virtual reality (VR) technology. Here, we present an overview of VR-in-entertainment projects, both existing and planned, and examine the issues and prospects of VR in this field. To do this, we present, first, a typology of VR (HMD, desktop), of location type (arcade, home-based, networked) and type of entertainment (sport, adventure games, flight simulation, etc.). Next, we examine some examples of these games, evaluate the reasons for their success and failure, assess the existing and potential market for VR in this area, the trade-off between the limitations of existing VR technology against providing a truly immersive and interactive experience, and competition and convergence with other emerging entertainment formats (CD-I, 3DO, multimedia, networked TV and computing).

One reason for the urgency of these topics is that with the dominance of applications in the field of entertainment, the question is bound to be raised whether VR can provide experiences that are as 'immersive' and 'interactive' (and therefore as much fun and as popular) as related technologies such as simulators, 2-D graphics, motion platforms and 2nd person VR. The competition in this field can be expected to be fierce, with consumers no longer attracted by the novelty of VR. Health and safety issues will also be pushed to the top of the agenda with the take-off of VR in entertainment. The way in which the VR community responds to these challenges will have an important ramifications for non-entertainment VR uses.

II. VR Games and Interactive Gaming

II.1. A Typology

It is important to mention that we will be discussing some games which do not fall within the category of 'immersive' VR. There are an increasing number of games which claim the label VR but which are really simulation games, albeit sometimes machines which are highly 'realistic' and which afford a strong sense of being inside another environment (or 'presence'). We will include some of these and other games for the purpose of making comparisons and return to the issue of what defines VR in the final section of this essay.

Before we present our typology, a few words of explanation may be useful. Location Based Entertainment (LBE) refers to systems designed for use in public, where the user travels to an arcade, shopping mall, or centre where there are a number of experiences on offer. A single Theme LBE (STLBE) is one where only one type of game is on offer, for example; Kinney Aero's 'Fightertown' or Virtual World Entertainment's 'Battletech' (see below). Theme parks are included in the definition of LBE, although below we will also refer to Family Entertainment Centres (FEC), a new generation of arcades that seeks to escape the older somewhat 'shabby' image of game arcades. The remaining terminology will become apparent in the course of the essay.

VR and other Hardware	Entertainment Type	Location
Head-mounted display	Sport	Home
Wide-Screen	Flight Simulation	Location-based entertainment
Screen monitor	Adventure	Single-theme LBE
Motion platform	Shoot 'em up	
Capsule	Simulation	
Network		

II.2.   Immersive VR gaming, Markets and Players, Settings

II.2.1. Immersive VR gaming: Some comments on 'presence' and interaction

At this stage we can discuss some of the features of VR games in more detail. A key point that is often overlooked is that the way in which different systems create a sense of 'presence' in a virtual environment and the type of interaction which they allow varies a great deal from one game to the next. This difference, however, is crucial to the success of the VR game.

We can begin by looking at some features of the most well-known immersive VR game. An interesting feature of W Industries' 'Virtuality' games is that what the head-mounted display adds to the gaming experience depends very much on the game. In the sit-down games of 'Heavy Metal' and 'Flying Aces', which involve driving an armoured robot vehicle and flying a First World War plane respectively, players tend to look in the direction they are going (ie. straight ahead) and because they are concentrating on this task, the use of the HMD could be said to detract from the game rather than adding to it (although players may, of course, still be attracted to using a VR game).

'Legend Quest' and 'Dactyl Nightmare', by contrast, are stand-up games in which players navigate around the virtual environment by using a hand-held joystick which also serves as a weapon against enemies. Since players can move both their real and their virtual bodies in this case, the HMD is used extensively and is much more useful in this case. The same applies to the player's real and 'virtual' arms. It should be added that this contrast between the two types of games also has to do with the fact that in the one case, the player is in a vehicle and is manipulating the vehicle rather than the environment (this type of experience of being in a vehicle or at one remove from direct interaction has been called 2nd person VR), whereas in the other games the player interacts directly with the environment (or 1st person VR).

The point is not that one set of games is necessarily more enjoyable than the others, but that it is important to think carefully about the type of game in which VR technology fulfills its potential and enhances the game experience, as opposed to games where existing technologies may be just as good if not better for particular types of experiences - apart from the novelty attraction of VR.

It is also worth considering which type of game or entertainment is best matched with which type of technology. The different gaming genres can be divided (using a typology that departs somewhat from Adam et al., 1992) into role-playing games, shoot-em up, adventure, racing, strategy, puzzle, combat, sport, flight and other types of simulation. Broadly speaking, it could be said that capsules (or cabs) are best employed in flight and racing simulations, motion platforms are best applied to flight simulation, stationary cabs are most suitable to racing games, and stand up units to puzzle environments where exploratory movement with a virtual body is important. Treadmills and stand-up motion platforms, finally, are likely to be best suited to the sport- and ski-simulation leisure systems.

Immersive games should in the future look to maximise their central advantage over screen games by creating an absolute need to look all around, up and down. Sitting a player in a seat does not encourage this (even First World War pilots got lazy about twisting around for a view from their seats). Standing does promote this because in this way there is no fixed 'front' or 'back'. If all round vision is not a pre-requisite of game play, then the player becomes transfixed by the image directly to his or her front.

Apart from the novelty value which VR games trade on, it is important to consider what makes a player want to return to an experience. Observation would suggest that the key lies in creating a game which demands increasing levels of skill and advancing through different levels of play, each with its own characteristics and difficulties to be overcome. Video games have clearly developed this to a very advanced level, and it is interesting to think about the unique possibilities which VR may offer in this respect. It is not enough to put a number of players into an environment together and let them proceed to overcome a series of hurdles on increasing levels of difficulty - because unlike in video games, players inside a virtual environment take some time to work out how to co-operate or behave with one another.

Perhaps it will take some time before the skills, fast pace and content which make video games so popular and enjoyable can be adapted to VR. Another possibility is that this type of experience may not be most suitable for virtual environments, where (slow) exploration and different type of interaction may be appropriate. This can be illustrated through a brief contrast with the kind of team play and interaction in simulator games such as Kinney Aero's 'Fightertown' and Virtual World Entertainment's 'Red Planet'. In the 'Red Planet' game, a series of 6 capsules with screens are networked for a game which involves a short (10 minute) flying mission against other players. Here the gaming experience depends entirely on the skills needed to fly against other players - in other words, on interaction with them - something which can be quickly achieved in this setting. Otherwise, it would be difficult to see what sets this game apart from a solo (screen-based) arcade flying game.

The 'Fightertown' game, which, like 'Red Planet, includes lengthy briefing and debriefing sessions, involves being networked in a very realistic cockpit (sometimes motion-platform based) with a control tower and with other players and it includes a photorealistic wide-screen display. The mission that players fly in this case comes close to requiring the kind of skill and sophistication of the display that is used in military and commercial pilot-training and this makes the game technically complex and therefore highly absorbing and demanding. Here it is the 'realism' of the environment and of the controls which are paramount and make this an engrossing experience. Hence in this case, although the experience lasts 30 minutes, some players have become frequent users, forming teams and becoming highly skilled pilots.

In short, these two simulator games yield very different experiences, and 'Fightertown' in particular affords a high degree of realism and concentration on the game. It may be that immersive games are not as well suited to this kind of 'action' game as simulator capsules and cockpits, especially since an HMD, as we have seen, does not lend itself to 2nd person VR and an immersive VR joystick or glove is inappropriate for flying or driving. A different way of highlighting this is to mention the 'Mandala' system which uses a video camera to capture the user's silhouette and projects it onto a 2-D screen with which the user can interact. This system provides a sense of 'presence' which is more suited to playful bodily movements rather than to 'action' and may provide a better model for immersive VR systems which give the user a 'virtual' body (further details of this contrast can be found in Schroeder, 1993).

Alternatively, perhaps some entirely new type of experience and team play will be found which capitalizes on the unique characteristics of VR. One possible precedent here may be multi-user dungeons (MUD's), which allow players to adopt roles, create rules **and** communicate them directly with other players, a combination which is impossible in any other gaming format. Such a creative leap is almost certainly necessary if VR is to sustain its appeal beyond novelty. Put differently: although the conventional wisdom has it that the technology must develop further before VR games can really flourish (which may be true in certain technical areas, such as screen resolution and display quality), we would suggest instead that at present, VR entertainment is technology-led and that the ideas about how to use this technology do not yet match up to its potential. Nor, in a number of instances, does the use of VR technology in existing games necessarily represent an improvement over the non-VR technology used in other games.

II.2.2 Settings

It is also important to think about the most suitable settings for various types of VR entertainment. So, for example, location-based VR systems are likely to be confined to an experience lasting up to half an hour ('Fightertown' and 'Legend Quest') and, if networked, to involve a up to a dozen players. It is difficult to imagine longer or more involved games. Also worth mentioning is that an different kind of locations may make a difference to the game experience. So, for example, a noisy and crowded arcade is likely to detract from the intensity, and thus the enjoyment, of an immersive VR experience. In this case, only a short experience is possible and it is unlikely that regular use will materialize (quite apart from anything else, it is difficult not to be at least peripherally self-conscious of wearing an HMD and moving in a strange manner, even if the experience is absorbing). An STLBE (or enclosed capsule) avoids these problems.

Home games using an HMD, by contrast, must be designed to be used for long periods in order to have an appeal that can be compared to home video game use. And if these games are networked, either for several players in one location or for a large number connected via a telecommunications network (on a pay-as-you-play basis), they must provide a kind of experience of playing with other players that exists to date only in television team adventure- game shows (here it is also necessary to consider how best to meet the needs of those who are only spectators, as opposed to participants).

II.2.3. Markets and Players

The future of VR as a means of entertainment is, of course, largely a matter of speculation. But it may be interesting to note some patterns of VR use at this very early stage of VR use and to make some comparisons with related technologies and forms of entertainment.

If we consider, first, the idea that VR may become a networked interactive medium: Several projects are already at the stage of exploring this possibility for VR. Here, the comparison with television, which is the main form of leisure in advanced societies, immediately comes to mind. Two points can be made in comparing television to VR: One is that although people spend more time with television than pursuing any other form of leisure, they do not rate it very highly (in fact, it rates among the lowest) in terms of satisfaction (Argyle, 1992: 106). If, therefore, VR is to succeed in this area, it may have to offer more than 'passive' television watching in order to overcome this combination of popularity and dissatisfaction (unless it goes down the road of using narrative, like other new formats such as CD-I).

Secondly, and directly following on from the first point, VR is not only an 'active' but an intrinsically inter-active technology. But although interactive media are widely seen as the wave of the future, research emerging from interactive television projects in the past, coupled with the fact that audience habits are likely to change only very slowly (Neumann, 1991), suggests that widespread interactivity may develop more slowly and that there could be less demand for this than anticipated. Interestingly, a recent pilot study of networked households carried out by AT&T (reported in 'The Guardian', 29.7.1993: 17) indicates that there _is_ demand for networked interactive multi-media in one area: namely, game playing.

A different picture emerges by drawing on the experience of video games. This comparison is all the more timely since SEGA has announced the launch of a VR game with an HMD in late 1992 and Nintendo has teamed up with Silicon Graphics, a firm with extensive VR experience, to produce a VR game within two years. The value of this industry is enormous, such that the UK console market in 1992 was thought to be worth £566 million and in 1993 a predicted £750 million (Euromonitor Market Research, 1992). This compares to a market in 1992 for home computer software of £150 million. Sega figures for the American market show that in 1991, $10 billion was spent on 'interactive entertainment', of which $7 billion was on arcades and the remaining $3 billion on computer games (New Media, August 1993: 40). Provenzo puts the size of the video game industry in 1990 at $4 billion (this refers to the world market, Provenzo, 1991: 10). It should be added that in 1991, the video game console market was dominated by only two firms, with Nintendo holding 45% and Sega 50% of the market (Mintel Leisure Intelligence, vol.1, 1992). A third of Japanese households are thought to own Nintendo systems (Independent 13.10.92).

An important point is that the British Market for videogames, for example, is overwhelmingly male (80%) and that ownership of videogames is highest amongst the youngest group, up to and including teenagers, and the 35-44 year old group (Mintel Leisure Intelligence, vol.1, 1992). Nintendo of America initially targetted the male population between 8-15, 'the traditional heavy users', but later found that

> the biggest group of primary users continues to be boys in that 8 to 11 group, accounting for about 36 percent of our total users, and the second biggest group, just a point and a half behind that, are adults 18 plus. (Peter Main, quoted by Provenzo, 1991: 14).

Again, in the UK, the penetration of video consoles into households with children in the group 10-15 years old is 29%, which represents almost three times the national average (Mintel Leisure Intelligence, vol.1, 1992). Apart from the gender and age differences, there are no clear patterns in socio-economic terms, at least in the UK (Mintel Leisure Intelligence, vol.1, 1992).

The market for LBE games, as we have noted above, is also a large and commercially attractive one. The popularity of these games can be indicated by pointing to the fact that the Virtual World Entertainment game 'Battletech' sold 30000 tickets in Tokyo within the first month (early 1993) and in the United States, the total is approaching 350,000 (Sprout, 1993: 20). In this market, the several VR games already described must compete with a highly sophisticated market of motion-platform and simulator games which change rapidly to meet the ever higher expectations of customers. One measure of this sophistication is that one of the most popular games at present is the SEGA R-360 flight simulator capsule which is able to spin the user through 360 degrees at a stomach-churning pace. It is important to think about what kind of motion platform is applicable to immersive VR (certainly not one which, because of its fast pace and ability to spin the player 360 degrees, may add to the simulation sickness problem of VR!).

The issue for VR games is what part it will play within this large market for interactive games and leisure: Is VR most suitable for LBE use, for networked experiences or for non-networked home use? At present, VR is mainly applied within LBE settings, but this may change rapidly depending on the availability of new technologies and their cost. Whether VR will play a major part in non-LBE or STLBE settings (which, in the longer term, is tied to the convergence of computer and communication technologies) depends on whether it can deliver long-lasting, truly interactive (with the environment and with others), interesting, unique and exciting experiences. Even if it does so, a further and possibly crucial factor will be health and safety, to which we may now turn.

II.3. Health, Safety and the Public

Health and safety issues can be divided into those that relate to location-based entertainment and are not specific to VR systems, such as cleanliness, and VR-specific questions such as eyestrain. Simulator sickness falls between these inasmuch as there are similarities and differences with other types of simulators (see, for example, Biocca, 1992). Here we do not wish to comment on health and safety in VR or VR games as such (which we would not, in any case, be qualified to do), but rather to provide an overview of the issues involved.

A problem that arises with location based entertainment is that these systems may require an attendant to ensure that the systems are properly used, that moving parts do not result in physical injury and that the machine is kept clean. The last point applies particularly to the problem of disinfecting the head-mounted display (for a more detailed list, see Kalawsky, 1993: 40). LBE's have the opportunity to use the de-brief period after an experience as a safety device, which can ensure that disorientation after the game do not pose a threat, for example, once the ex-player finds him- or herself behind the wheel of a car on the way home.

This leaves motion-sickness and eyestrain. The former, also known as 'simulator sickness', has been the subject of extensive research in relation to flight simulation (the most up-to-date survey of research which relates simulator sickness to virtual environments can be found in the journal 'Presence', vol.1, no.3, 1992). Two findings are worth highlighting in this context: One is that there are great differences in the degree to which different groups of people are prone to simulation sickness, depending, for example, on age (Biocca, 1992: 338-40). The second is that the increased 'realism' of virtual worlds may increase rather than diminish some simulator sickness effects (Biocca, 1992: 341). In summarizing the research and answering the question 'Will Simulation Sickness Slow Down the Diffusion of Virtual Environment Technology?', Biocca argues that this slowing down may well happen but that, in any case, the problem is unlikely to go away (1992: 341).

The separate problem of eyestrain is one which is more easily susceptible to a technical solution since the parameters for creating a display which meets the requirements of the user are well-known (see Kalawsky, 1993). For this reason, we would expect to see rapid progress in this area in the years to come and those developing VR entertainment applications face a simple trade-off between cost and display quality - where quality can be directly related to overcoming the discomfort and longer-term effects of the user's experience (which is not to say that this will be an easy problem to solve).

Turning now to the second aspect of health and safety, public fears and addiction: Although the possible reaction to the widespread use of, say, home VR games is an unknown quantity, there is an important precedent in the reaction to the sudden popularity of computer and video games and, in terms of addiction, to the introduction of television. Computer games enjoyed a long period of popularity among computer enthusiasts before they became a commercial success. When computer games became sold by the millions in the early 1980s, however, there was a public outcry. Parents worried that their children would become 'addicted' to these machines and the media devoted considerable attention to the subject. When the computer game boom subsided in the mid-80s, these fears and the attention ebbed away with them, though the recent success of console games has reopened the debate.

Among the reasons for this reaction, according to Shotton (1989), is the general fear about new technologies which are popularized very quickly. The personal computer had only just moved into the home when computer games spread like wildfire. In the past, technologies were introduced much more slowly and still aroused anxieties (automobiles, microwaves). Since VR has moved from being virtually unknown to being widely known in a very short time – and becoming widely known, moreover, mainly in the form of games – a reaction of this type is likely.

Apart from the general anxiety about children and young people spending time with an 'unknown' technology, we can distinguish more specifically between several likely concerns: the supposed 'drug-like' quality of VR and the possibility that this may lead to social dysfunctionality or a skewed perception of real life; the question of long-term use or dependency (Shotton, 1989); the 'deviance' or 'deliquency' associated with the arcade; and the public reaction to health and safety issues, again, in the narrow sense. Regarding the last issue, the extent of the problem was recently highlighted by extensive coverage (including a front page story) in the British newspapers about possible damage to vision as a result of playing HMD games.

To take these three areas in reverse order: Health and safety concerns in the narrow sense will draw on professional expertise, but in the absence (so far) of established research on VR in this area, these experts will not be able to provide reassurance and will therefore, if anything, add to these fears. On the other hand, the publicity relating to this type of concern is, for better or worse, often of a transient nature, with a brief flare-up followed by a tailing-off into oblivion. The same may apply to arcade games which have in the past led to public concerns about the atmosphere of these venues and the addictive nature of the games (on this point, see Haddon, 1993). These have nevertheless subsided and many arcades have become FEC's and implemented a 'family' oriented atmosphere.

The questions of long-term use or dependency again have an immediate precedent in the 'computer addiction' scare which has been discussed most extensively in the Shotton's (1989) book with this title. Her basic conclusion was that even if some computer users could be identified as being 'dependent' on computers, there is no evidence to suggest that this dependency is crucially reinforced by computers or by computer technology per se or that it has ill-effects. Furthermore, 'dependents' are likely to be those who may be predisposed to spending time with inanimate objects or to seek pleasure in solitary activities anyway. This conclusion does not necessarily apply to VR, but may do more so in the future with the introduction of home VR systems or networked VR (perhaps on the model of the existing use of Multi-user dungeons of MUD's).

The final possibility for public concern is related to the 'drug-like' quality of VR. This is likely to continue to be a popular focus of discussion, if for no other reason than that the name and the features of the technology, which cut the user off from the outside world, lend themselves to it. It is unlikely that this issue will merit real concern until compelling VR systems come into use which allow long-lasting and frequent exposure, but in this case, it can be predicted that this will result in intensive debate since VR fits well with many other contemporary beliefs about human experience, such that experience is increasingly remote from reality, that interpersonal relations are becoming more and more impersonal, that the media do not reflect the real world, that children who spend a lot of time watching violent television programmes become violent as a result, and the like. Or, to put it briefly, VR may become the perfect reflection for other social ills (see also Schroeder, 1993), whether this is justified or not.

III. The Future of Interactive Games and the Impact on VR

The success of VR entertainment raises important questions for the VR field as a whole: Parallels with the personal computer suggest that a 'non-serious' application like computer games may give a new technology a negative image. Furthermore, there may be concerns among parents that children are becoming too dependent on the worlds inside their head-mounted displays, which look set to become available for home use later this year. Again this may raise questions like those posed in the past by computer games and these are bound to have an influence on how the public perceives the VR community.

Entertainment games will also change the face of VR research and development, presenting opportunities for amateur software developers and for those who wish to put together inexpensive systems, as well as focusing efforts to build affordable VR systems for the consumer market with adequate display resolution. In sum, VR in entertainment will dominate the VR industry and VR applications within the foreseeable future. Even if there may be limits to the extent to which this area monopolizes the VR field, it is important for the VR community to understand the implications of this trend.

A different issue is the extent to which VR will be able to compete with other entertainment formats such as CD-I or 3DO. The capacity of CD-ROM disks, for example, will allow live action from films and video footage to be incorporated within games. At some stage in the future, the question may thus arise whether this capability gives a decisive advantage to these formats, or if perhaps some means will be found to incorporate this capability into VR systems too? A related difficulty is that many games, whether they are immersive or not, use the label VR. With the coming convergence of a variety of media and computer technologies, the problem of defining what is unique about VR, which we mentioned earlier, is likely to become more problematic rather than less so.

Here we have focused on leisure, but there are clearly valuable lessons in this area of VR application for other uses of VR, and perhaps for the future of VR generally. If, as looks increasingly likely, VR games and leisure applications will provide the most widespread use of VR, it important to recognize that the nature of the VR experience varies a great deal with the type of system, its setting, as well as the nature of the game.

Appendix: A VR entertainment guide

The following overview of VR in entertainment represents a comprehensive list of existing and planned systems (drawing on Sprout, 1993). For the sake of completeness, it is necessary to mention the Mattel Power Glove, which is no longer available.

Existing immersive (ie. with HMD) LBE VR games:

- W Industries' 'Virtuality' (this includes a number of different games, some of which will be described below).
- Straylight's 'Cybertron' (which includes a 'Lawnmower Man' type frame which suspends players allowing them motion).

Existing simulator LBE VR-like games:

- VWE 'Red Planet' and 'Battletech' (networked capsules with screens).
- Kinney Aero's 'Fightertown' (networked jet mock-ups, some including motion-platform, wide screen 3-D graphics).
- Namco/Evans&Sutherland 'Galaxian 3' theater 6 (6 seater theater with wide screen 3-D graphics

Existing home VR-like games

- Vivid Group's 'Mandala' (interactive 2-D video, also for LBE-like use)
- Ixion Inc. 'VR slingshot' (screen monitor, home, networked (HMD potential))

Planned immersive (HMD) VR projects:

- Visions of Reality/Sense 8 'Desert Storm II'(home, networked)
- Virtual Interfaces 'The Visor'
- Virtual Visions 'Virtual Zone' (sporting game, networked)
- Virtual Images 'Reality+' (home, networked)
- Horizon Entertainment/Spectrum Holobyte/Paramount/W
- Industries (networked, LBE)
- Xtar Electronics 'Nightfighter' (LBE, motion)
- SEGA home video game with low-cost HMD
- Origin Systems 'Ultima'
- NEC ski trainer
- Matsushita Shiatsu massage lounger and cycle trainer

Planned non-HMD VR projects:

- Nintendo/Silicon Graphics (possibly screen 3-D home game)
- AWH Video enterprises (educational VE's, LBE type)
- IWERKS/Evans&Sutherland 'Cinetropolis'(hanglider with large-screen monitor.

Other:

- IWERKS/SimGraphics 'V Actor' (allows real-time manipulation of virtual body in 3-D)

Acknowledgments:

We would like to thank Mike Bevan, Randy Sprout and Kevin Williams for their valuable advice on VR games. This research was made possible by support from the Brunel University Research Initiative Enterprise Fund.

References:

Adam, Pascal et al. (1992) 'Systemes Ludiques et Realites Virtuelles' in Interface to Real and Virtual Worlds (Paris: EC2).

Argyle, Michael (1992) The Social Psychology of Everyday Life (London: Routledge).

Biocca, Frank (1992) 'Will Simulation Sickness Slow Down the Diffusion of Virtual Environment Technology' in Presence: Teleoperators and Virtual Environments, vol.1, no.3, pp.334-345.

Haddon, Leslie (1993) 'Interactive Games' in Philip Hayward and Tana Wollen (eds) Future Visions - New Technologies of the Screen (London: British Film Institute), pp.123-147.

Neumann, W. Russell (1991) The Future of the Mass Audience (Cambridge: Cambridge University Press)

Provenzo, Eugene (1991) Video Kids: making sense of Nintendo (Cambridge: Harvard University Press)

Schroeder, Ralph (1993) 'Virtual Reality and the Real World: History, Applications, Projections' in Futures: a journal of forecasting, policy and planning, vol.25, no.9.

Shotton, Margaret (1989) Computer Addiction? A Study of computer dependency (London: Taylor and Francis).

Sprout, Randy (1993) 'Virtual Reality Entertainment Developers: An Industry Overview' in Pix-elation, vol.2, no.2, pp.8-22.

If you have any concerns about our products,
you can contact us on
ProductSafety@springernature.com

In case Publisher is established outside the EU,
the EU authorized representative is:
**Springer Nature Customer Service Center GmbH
Europaplatz 3, 69115 Heidelberg, Germany**

Printed by Libri Plureos GmbH
in Hamburg, Germany